中央编译局文库编辑委员会

主　　任：贾高建
委　　员：贾高建　俞可平　魏海生　陈和平　柴方国　杨金海
　　　　　王学东　何增科　季正聚　郗卫东　张文成　曹荣湘
　　　　　卿学民　刘明清　薛晓源

中央编译出版社文库编辑中心编辑小组

刘明清　薛晓源　谭　洁　尹承东　董　巍　贾宇琰　冯　章
苗永姝　邓　彤　侯天保　盛菊艳　李媛媛　薛迎春　董　妍

国家"十二五"重点图书

国际共产主义运动历史文献

第42卷

主　编　王学东
副主编　戴隆斌（常务）童建挺

共产国际执行委员会第六次扩大全会文献(2)

本卷主编　吕瑞林　戴隆斌

《国际共产主义运动历史文献》顾问委员会

贾高建 俞可平 顾锦屏 高 放 张中云 殷叙彝 胡文建
宋洪训 顾家庆 洪肇龙 沈志华 杨光远

《国际共产主义运动历史文献》编辑委员会

主　　编：王学东
副 主 编：戴隆斌（常务）　童建挺
编　　委：（以姓氏笔画为序）
　　　　　王　瑾　吕瑞林　邢艳琦　许宝友　张文成　张文红
　　　　　陈新明　林德山　胡振良　姚　颖　彭萍萍　薛晓源

参加本卷译校工作的有

秦德芬　齐春子　王文郁　伊阳明　蒋素琴　杨永红　亓成章　孔庆风
宋献澎　马贵凡　范建中　侯静娜　戴隆斌　杨志超　孙士明

参加本卷编辑出版工作的有

盛菊艳　苗永姝　薛晓源

丛书编务统筹

苗永姝　李媛媛　董　妍

总　序

　　国际共产主义运动，是由以马克思主义为指导的无产阶级政党领导的国际性的无产阶级革命运动，其宗旨是推翻资产阶级统治和一切剥削制度，建立和发展社会主义制度，进而最终实现人的彻底解放，建立共产主义社会。

　　国际共产主义运动迄今已有一百六十多年的历史。19世纪40年代，马克思、恩格斯在创立科学社会主义理论的同时，努力把它与当时西欧无产阶级的革命实践相结合，于1847年6月创建了第一个国际性的无产阶级政党——共产主义者同盟，亲自拟定并于1848年2月公开发表了同盟纲领《共产党宣言》。这标志着国际共产主义运动的兴起。

　　自从共产主义者同盟建立以来，历经第一国际（国际工人协会）、第二国际、第三国际（共产国际），国际共产主义运动由小到大、由弱到强，从西方推进到东方、从欧洲扩展到全球，终于突破资本主义链条上一个又一个薄弱环节，取得了社会主义由一国到多国的胜利。二战后社会主义阵营的建立、民族解放运动的胜利进军、社会主义国家革命与建设的重大成就，为国际共产主义运动史书写了辉煌的篇章。20世纪末，由于东欧剧变、苏联解体，国际共产主义运动遭遇了严重挫折。但是，历史并没有因此而终结。由《共产党宣言》奠基的国际共产主义运动仍在曲折中前进。各资本主义国家中的共产党、工人党仍在不断探索无产阶级取得解放的道路；中国等社会主义国家仍继续高举社会主义伟大旗帜，为完善社会主义、最终实现共产主义而不懈奋斗。

国际共产主义运动一百六十多年跌宕起伏的发展历程，积累了卷帙浩繁的文献档案，留下了丰富的历史遗产。深入发掘和充分利用这些文献档案，对于我们准确地了解和把握国际共产主义运动的发展进程及各个时期的特点，科学地研究和总结国际共产主义运动丰富且宝贵的经验教训，具有极其重要的意义。特别是无产阶级国际组织，作为国际共产主义运动的重要载体，其文献档案对于国际共产主义运动史研究更是具有特殊的重要意义。

早在1984年春，中国国际共产主义运动史学会就发起编辑出版《国际共产主义运动史文献》。当时由中共中央编译局、中国社会科学院马列主义毛泽东思想研究所和近代史研究所、中共中央党校和中国人民大学等单位共同组建了编辑委员会。编委会商定：这套文献主要收编共产主义者同盟、第一国际、第二国际、第三国际、共产党和工人党情报局这五个国际组织已发表的全部文献档案，包括历次代表大会、代表会议和其他重要会议的记录、决议和有关文件；收编材料力求齐全；凡外国有选编完整的版本者，根据外国版本翻译；凡文件散见于外国不同出版物者，尽力搜集完整，组织力量统一编译；文件完全按照原件翻译，译文力求准确，不作修改删节，以便读者根据完整、准确的第一手材料了解这些国际组织的历史。在当时代管全国哲学社会科学基金的中国社会科学院科研局的资助下，经过编辑委员会、编译工作者和中国人民大学出版社的共同努力，这套文献于1986年开始陆续出版，截至1997年共出版了21卷。

到上世纪末，文献的编辑出版工作遇到了巨大困难。首先是编委会发生了重大变故，主编林基洲、副主编王颖和校纪英相继谢世；其次是出版经费难以为继。为继续出版这套文集，中国国际共产主义运动史学会多方努力，组成以会长顾锦屏为主编的新编委会，从全国哲学社会科学规划办公室争取到一笔资助，于1999—2001年又出版了两卷。此后，因缺乏经费，编辑出版工作完全陷于停顿。

2010年，在中共中央编译局和中国国际共产主义运动史学会的鼎力支持下，中央编译出版社以这套文献申报国家出版基金项目，获得立项资助。中共中央编译局对此项目高度重视，在国家出版基金资助的基础上，给予了相应的资金支持，组建了新编委会，成立了专门机构负责文献整理和编辑工作，并将这套文献纳入"中央编译局文库"出版规划。

经新编委会研究决定，这套文献定名为《国际共产主义运动历史文献》，在其前身《国际共产主义运动史文献》的基础上重新编辑出版。通过进一步广泛搜集资料和适当改变编辑方式，新《文献》的资料更详尽、收文更齐全。例如，在原《文献》的某些卷次中，对已出版的马克思主义经典著作中译本只列目录，不收正文，而新《文献》则全部依据最新的中译本收录，以方便读者查阅。此外，《国际共产主义运动历史文献》扩大了文献资料的搜集和选材范围，采用开放式结构，规模暂定60卷，约2500万字。

中共中央编译局和中国国际共产主义运动史学会对这套文献的编辑出版工作给予了强有力的支持，中央编译出版社为这套文献的立项和出版做了大量艰苦细致的工作，文献的前两任编委会和编译工作者在十分困难的条件下为这套文献奠定了良好的基础，中国人民大学出版社为这套文献的重新编辑出版提供了帮助，在此一并表示衷心感谢。

《国际共产主义运动历史文献》
编辑委员会
2011年12月20日

编辑说明

共产国际执行委员会第六次扩大全会于1926年2月17日至3月15日在莫斯科举行。此次扩大全会共举行会议20次。参加全会的有来自32个国家的代表130人。全会议程如下：(1) 共产国际执行委员会工作报告；(2) 英国共产党工作报告；(3) 关于共产党人在工会运动中的任务的报告；(4) 关于第二次组织会议工作总结的报告；(5) 德国问题委员会的报告；(6) 其他各委员会的报告。

全会主要讨论了运动的当前任务、工会问题以及德、法、美、英、中、捷等国问题，并通过了相应的文件和决议。通过了《国际共产主义运动的当前问题》提纲，进一步肯定上一次全会对世界形势的估计，认为资本主义的稳定只是暂时的和相对的，并不表明它已度过腐朽、没落阶段。全会根据最近时期广大社会民主党工人表现的团结愿望，要求各支部响应社会民主党工人争取统一的努力，认真执行统一战线策略。针对社会民主党首领的破坏，坚持以往政策，不与社会民主党上层结成议会联盟，不与之合并。全会关于中国问题的决议，高度评价中国五卅运动和省港大罢工，认为这是全国革命运动的转折点；中国共产党及其领导的工人阶级已成为民主群众运动的领导力量；革命武装力量的任务是坚决打击封建军阀集团，成为反对外国帝国主义者、维护民族独立的中流砥柱。指出，国民党是工人、农民、知识分子和城市民主派的革命联盟，广州政府已经成为中国人民争取独立的先锋队和今后在国内进行革命民主建设的榜样。

《共产国际执行委员会第六次扩大全会文献》分两卷出版，收录的内容包括两个部分：（1）共产国际执行委员会第六次扩大全会会议记录；（2）共产国际执行委员会第六次扩大全会会议提纲和决议。本次会议的文献材料译自莫斯科—列宁格勒国家出版社1927年出版的《共产国际执行委员会第六次扩大全会速记报告》(Шестой расширенный пленум Исполкома Коминтерна (17 февраля – 15 марта 1926 г.). Стенографический отчет. Государственное Издательство Москва – Ленинград. 1927)。

本卷的部分内容曾刊译于生活·读书·新知三联书店1965年出版的《共产国际文件汇编》（第二册）和中国社会科学出版社1981年出版的《共产国际有关中国革命的文献资料（1919—1928）》中。本卷主编在编译过程中借鉴了上述两文献的相关成果。

本卷主编依据中央编译局编译马克思主义经典著作的标准重新统一了人名、地名、组织机构名、报刊名等专用名，并对书中个别译文进行了重新校订。书中除译者加的译者注外，主编加的注释标明为编者注，未标明者为原书注释。

本卷的内容主要包括：共产国际执行委员会第六次扩大全会第十四次会议至第二十次会议记录、共产国际执行委员会第六次扩大全会的提纲和决议。

目 录

共产国际执行委员会第六次扩大全会会议记录

（1926年3月4日—3月15日） ········· 1

第十四次会议（1926年3月4日） ········· 3
    讨论洛佐夫斯基的报告（续） ········· 3
    布朗作关于英国问题委员会的报告 ········· 32
    表决并通过英国问题委员会的工作报告和决议 ········· 38
    宣读巴什基尔劳动妇女乌法代表大会发来的贺电 ········· 38

第十五次会议（1926年3月5日） ········· 39
    讨论洛佐夫斯基的报告（续） ········· 39
    洛佐夫斯基作总结发言 ········· 75

第十六次会议（1926年3月8日） ········· 97
    佩珀作关于政治委员会问题的报告 ········· 97
    季诺维也夫作总结发言 ········· 103
    博尔迪加的声明 ········· 148
    佩珀的声明 ········· 149

第十七次会议（1926年3月11日） ········· 150
    达勒姆作关于第二次组织会议的总结报告 ········· 150

洛佐夫斯基作关于工会问题委员会的报告 …………………… 168
库西宁作关于群众工作问题委员会的报告 …………………… 172
讨论群众工作问题委员会的报告 ……………………………… 179
库西宁作总结发言 ……………………………………………… 195
表决并通过关于改进执行委员会工作问题的报告 …………… 199
科恩布卢姆作关于捷克斯洛伐克问题委员会的报告 ………… 199

第十八次会议（1926年3月13日）………………………………… 202
向中国女工献旗 ………………………………………………… 202
表决并通过德国、英国、法国、捷克斯洛伐克、意大利、
　美国和中国支部代表团向扩大全会提交的执行委员会报告
　的决议 ………………………………………………………… 204
赫塔·施图尔姆发表声明 ……………………………………… 204
通过群众问题委员会提交的决议 ……………………………… 206
表决并通过关于捷克决议 ……………………………………… 207
罗易报告东方问题委员会的情况 ……………………………… 207
表决并通过中国问题决议 ……………………………………… 207
雷梅尔报告斯堪的纳维亚问题委员会的情况 ………………… 208
表决并通过挪威问题决议 ……………………………………… 209
表决并通过日本问题委员会和民族问题委员会的决议 ……… 209
什麦拉尔就有关决议推迟表决作说明 ………………………… 210

第十九次会议（1926年3月14日）………………………………… 211
格施克宣布会议议程 …………………………………………… 211
多勃罗贾努发表声明 …………………………………………… 211
安贝尔－德罗作法国问题委员会的报告 ……………………… 213
表决并通过法国问题委员会的决议 …………………………… 218
特兰就法国决议的声明 ………………………………………… 219

  布哈林作关于德国问题委员会的报告 …………… 220
  就德国问题进行讨论 ………………………………… 226
第二十次会议（1926年3月15日）…………………… 258
  继续讨论德国问题 …………………………………… 258
  布哈林作总结发言 …………………………………… 300
  表决并通过德国问题委员会的决议 ………………… 316
  弗格森作关于美国问题委员会的报告 ……………… 317
  多尔西就美国问题委员会报告作声明 ……………… 318
  桑伯恩就美国问题委员会报告作发言 ……………… 320
  表决并通过美国问题委员会的决议 ………………… 322
  表决并通过季诺维也夫作的政治提纲 ……………… 322
  季诺维也夫作总结发言 ……………………………… 323

共产国际执行委员会第六次扩大全会提纲和决议 …… 343
  根据执行委员会报告通过的决议 …………………… 345
  国际共产主义运动的当前问题
  （根据季诺维也夫同志报告拟定的提纲）………… 346
   一、资本主义的"稳定"和世界革命的策略 ……… 346
   二、国际工人运动中的新现象和统一战线策略 …… 360
   三、共产国际各支部的危机和反对"左"右倾的斗争 …… 367
   四、共产国际的任务 ……………………………… 370
  共产党人在工会运动中的当前任务
  （根据洛佐夫斯基同志的报告所拟定的提纲）…… 383
   一、世界工会运动中的新情况 …………………… 383
   二、工人群众生活水平的降低 …………………… 384
   三、阶级合作的各种新形式 ……………………… 384

四、美国劳联对欧洲改良主义工会运动影响的加强……………… 385
　　五、各殖民地半殖民地国家工会运动的迅速发展………………… 386
　　六、改良主义工会中左翼力量的形成……………………………… 388
　　七、苏联工会影响的增长和各国工人代表团对苏联的向往……… 389
　　八、英俄团结委员会………………………………………………… 390
　　九、阿姆斯特丹国际内部各种派别的斗争………………………… 391
　　十、全俄工会中央理事会和阿姆斯特丹国际……………………… 392
　　十一、我们在争取统一斗争中的有利条件………………………… 393
　　十二、为反对开除、分裂和迫害革命的工会运动而斗争………… 394
　　十三、我们在争取实现统一的斗争中的不利条件………………… 395
　　十四、为统一的国际而奋斗………………………………………… 397
　　十五、红色工会国际在中央和各地方的巩固……………………… 398
　　十六、到工会中去，到群众中去！………………………………… 399
　　十七、行动纲领……………………………………………………… 400
从组织上掌握在共产党影响下的群众的方法和方式……………… 402
第二次组织会议工作总结……………………………………………… 407
关于改进共产国际执行委员会工作问题的决议……………………… 413
关于德国问题的决议…………………………………………………… 417
　　一、德国的形势……………………………………………………… 417
　　二、争取群众的方针………………………………………………… 418
　　三、极左倾向………………………………………………………… 419
　　四、马斯洛夫——鲁特·费舍集团………………………………… 422
　　五、克服右倾………………………………………………………… 424
　　六、德国共产党的领导……………………………………………… 426
　　七、德国共产党的当前任务………………………………………… 427
关于法国问题的决议…………………………………………………… 430

  一、经济状况 ………………………………………… 430
  二、党内情况和党的任务 …………………………… 437
  三、反对共产党内的右派 …………………………… 449
关于英国问题的决议
（共产党的成就以及国际各支部从这些成就中应当得出的结论）……
………………………………………………………… 466
  一、英国形势 ………………………………………… 466
  二、英国工人阶级的革命化 ………………………… 467
  三、英国工人阶级革命化的征兆 …………………… 467
  四、共产党的成就 …………………………………… 468
  五、共产党的任务 …………………………………… 470
关于美国问题的决议 ……………………………………… 472
关于挪威问题的决议 ……………………………………… 478
关于中国问题的决议 ……………………………………… 481
对捷克斯洛伐克共产党右派集团备忘录的答复 ……………… 487

共产国际执行委员会
第六次扩大全会会议记录

(1926年3月4日—3月15日)

第十四次会议

（1926年3月4日）

主席：格施克

讨论洛佐夫斯基的报告（续）

雷登斯（波兰）：

同志们！对待工会问题的态度如何是衡量各国共产党是否成熟的一个最鲜明的标志。在工会里，特别是在西方的工会里，集中了千百万积极的工人，因此，工会对于无产阶级斗争和无产阶级革命来说具有特别重要的意义。共产党之所以至今尚未领导西方的群众性工人运动，原因就是不了解这个基本情况。

共产党在工人运动中的任务是什么呢？第一，是扩大、巩固工人运动的无产阶级基础；第二，是领导运动。但是，迄今为止，各国共产党将其全部注意力，有的放在巩固这个基础上，有的放在建立思想体系即思想领导上。因此，它们一直未能掌握工会群众，未能领导群众运动。

在波兰的工作中，我们犯了这两方面的错误或者说产生了两种倾向。当然，这些错误或倾向不是波兰所独有的，而是国际性的。1923年底，第一个错误即机会主义倾向，使我们遭受了失败。当时，党为了统一而丧失了自己的形象，融入了社会民主党的队伍。比利时的雅克莫特同志在这里的发言就是对这种倾向的一个说明。比利时党在冶金工会选举时作了让步,但它没有告诉工人,它为什么作出让步。当然,在一定条件下,共产党可以或必须作出让步,但不能不经过斗争就作出让步,不能不向工人说明为什么作出让步。比利时运动的机会主义倾向,就在于此。

但是,在我们认识到这个错误之后,我们又走向另一个极端,即第五次代表大会一系列其他党都曾产生过的那种极左倾向。党把主要的注意力都用到彻底划清工人群众的先锋队同工人阶级其他阶层的界线上去了。不管我们多么强调必须为工会运动的国际统一而斗争,但这一斗争仍始终停留在宣传鼓励上。

其实,争取国际统一的斗争的全部重负,至今还只是由苏联的工会和英国那些由于某种历史条件而能够把反对派广大群众团结在自己周围的工会承担着。现在,争取国际统一的斗争已经具有长期性质,摆在其他各国共产党面前的任务,是积极参加这一斗争,从宣传鼓动方法过渡到动员群众方法上去。

目前的形势对完成这些任务特别有利。从洛佐夫斯基同志的报告中,我们可以了解到现在的斗争条件和英美帝国主义的进攻情况。英美的进攻对工人阶级影响很大,使阶级关系变得更加紧张。根据一些国家的例子可以证明,虽然对抗运动发展的速度和性质在各个国家不尽相同,虽然这取决于每个国家的经济条件和政治条件,但是,对抗情绪在普遍高涨是不容置疑的。在美国,资产阶级可以拿出一点儿超额利润赐给工人阶级上层即工人贵族,因而那里的对抗运动比较弱。而在欧洲各国,这一运动正在日益发展。波兰的运动就是一个明显的例子。波兰是个交通枢纽,通往各帝国主义列强的道路在这里交错,此间的帝国主义政策需要有能够增加波兰经济实力的手段,因此,资本对波兰的进攻异常猛烈。美英资本对资产阶级波兰的奴役在不断加强。波兰的所有工业部门被美国的火柴工业、烟草工业和锌工业等国际托拉斯控制,现在,是哈里曼托拉斯正在控制它。缺少完善的技术设备，不能广开销路和资金不足等情况助长了资本的进攻。如果说现在在法国组织一个钢铁托拉斯，而那里的人们认为，经过生产改组，钢铁托拉斯能把产品价格降低5%—10%的话，那么，在波兰，要做到这一点，就只能采用进一步压榨工人阶级血汗的办法。

最近，资本的进攻是如此之猛烈，它不仅触及了广大群众，而且触及了工人贵族，也就是资产阶级赖以同工人阶级作斗争并一向对之宽容的那些工人阶级阶层。因此，出现了非常有利于争取居民中中小资产阶级阶层的局面。结果，不但工人阶级，而且广大小资产阶级阶层，都渐渐走上了革命运动的轨道。

维持军阀警察国家机器的沉重负担、城乡广大劳动群众的贫困化和争取国外销售市场的重重困难，越来越加剧了波兰的经济危机，激化了阶级矛盾。

最近几个月，由于失业（已达50%）和工人阶级生活条件的恶化（工资减少20%—40%），对抗运动出现了发展迹象，失业者骚动有所加强，在华沙、扎维尔切等地已发展到群众性的运动。大家知道，不久前，在卡利什发生了失业者暴动，工人将该城占领了几个小时。原来有工作的工人还只是由于担心失业而消沉，但近几个月，在他们当中，可以看到有活跃、斗争和对抗运动发展的迹象。

最明显的例子是下面这一事实：在克拉科夫地区的社会妥协派营垒中，出现了强烈反对联合政府的工会反对派。这种情况在切申的西里西亚和其他许多地区也有发生。在一些很重要的工会里（如铁路工会、矿业工会等），对抗情绪正在发展。现在，以波兰社会党代表身份对联合政府表示支持的人同那些不得不到工会群众当中劝导群众帮助政府的人正在进行角逐。在工会中央委员会最近举行的一次会议上，上西里西亚三大工会（即化工工会、铁路工会和矿业工会）的代表主张进行反对联合政府的红色党团革命。

由于受历史条件所限,波兰的工人运动一直处在民族主义的强大影响之下。但是现在,由于波兰资产阶级的帝国主义政策的破产,这种民族主义正在日益削弱,其明显的证明是,如今,在波兰工人运动中可以看到对苏联的向往。不久以前,甚至谈向苏联派代表团都很困难,现在,不仅可以谈,不仅工人们愿意谈,而且已经有社会民主联盟决定派代表团到苏联去。这也证明对抗情绪在增长。

最近,在波兰的工人运动中出现了各种形式的对抗运动。对抗运动不但在阿姆斯特丹工会中正在形成,而且还试图建立自己的工团主义(当然不是西欧式的工团主义)组织。最近,在罗兹有几个对抗组织召开了代表大会,他们的目的是要建立一个新的工会组织。这是局部现象。我们坚决反对分裂主义倾向,但是,一旦建立起平行的激进组织,我们就应该在其中做工作,为了工会的统一去争取这个组织。

在某种意义上,波兰争取统一运动的经验可以作为西欧工会运动的借鉴。这就是说,在波兰,可以看到捷克斯洛伐克同志在这里所说的那种现象,即工会运动的分散状态。我们给自己提出了一项任务,这项任务实际上已经开始解决,这就是要把现有一切工会中的群众纳入一个轨道,联合成一个强大的工会工人运动。在波兰,1924年,所谓阶级工会有30万人,而民族主义工会会员(根据他们的统计)达50万人。这个数字不符合实际,但起码会达到20万人。由于历史情况的缘故,上西里西亚、波兹南等地的大批工人群众都参加了民族主义工会。而如果所谓的阶级工会和民族主义工会的领袖们都联合在联合政府周围,那么,这些组织的群众则会愈益迫使他们去抵抗资本的进攻。最近,民族主义工会内部发生了激烈的斗争,在这方面,它们有时甚至走在所谓的阶级工会的前面。这种情况在冶金工人、铁路工人和其他工人那里也时有所见。因此,需要把所有工会中的工人阶级联合起来。这项工作任务早就摆在了我们面前,但至今收效甚微。因为共产党人的偏见很难克服。在这里,比利时的同志也指出了国际运动中的这种现象和这些任务。

如何进行争取联合的斗争呢?在这方面,波兰工人运动的经验给人以一些启示:共同斗争也是联合工人群众的一种有力的促进因素。最近,波兰共产党几乎在同资产阶级的所有战斗中都提出了所有工会组织共同斗争的口号,并且波兰共产党不止一次地成功地将群众联合起来进行共同斗争。去年夏天,冶金工人罢工时就是这样,最近,电车工人罢工时也是如此。进行斗争,不仅需要共同的行动,而且也需要总的组织即不断地协调行动。这种感觉是如此深入工人群众,以至在一次取消电车工人罢工的大会上,当同志们提出将两个工会即阶级工会和民族主义工会联合起来的口号时,这个口号得到了与会者雷鸣般的响应。

为了动员群众团结起来,只是在采取行动的时候这样做是不够的。我们应当告诉群众,在日常的斗争中需要有组织上的统一。因此,我们的主要任务是把争取统一的斗争转移到工厂去。只有在工厂里,我们才能克服工人群众的消极情绪,引导他们参加工会,再在工会中把他们团结在党的周围。

现在,资产阶级考虑到对抗运动的发展,开始以其策略和组织与之相对抗。以波兰工人运动为例,我们可以看到,资产阶级在考虑启用它在 1925 年建立工贼组织和法西斯组织的做法。在波兰的主要工业区之一,**栋布罗瓦**地区,最近几个月,人民民主党就成立了名为"波兰工作"的法西斯主义矿工工会。该工会在几个矿井设立了分部,以恐怖和解雇等威胁手段强迫工人入会。

在西欧国家,除意大利外,这种法西斯主义工会组织仅仅处于萌芽状态,她们具有各种不同的性质。在法国,实际上可以认为成立了比波兰更激进、更有蛊惑性,而且能够影响广大群众的法西斯主义组织。对这些组织采取抵制策略是根本不会给我们带来任何成果的。应该到这些组织内部去进行斗争。

资产阶级竭力要削弱争取统一的斗争，它使用的另一种方法是妥协派的策略。妥协派常说，当然，我们赞成统一，但实现统一的唯一方法，是请你们参加我们的工会，请你们遵守工会纪律，不要听共产党的话。当然，这是一种手腕，但是，对这种手腕共产党应当做出回答。对于共产党来说存在一个问题，这就是要建立一支我们能够借以对抗妥协派并将群众团结在自己周围的力量。我们的策略取决于我们能够如何使用这支力量来促进阿姆斯特丹工会内部阶级对抗的发展。一种方法是靠加强暂时并存的工会来促进这种发展；另一种方法是加入阿姆斯特丹工会，轻而易举地把它们消灭掉。我们的策略应当因时因地制宜。

为了完成所有这些艰巨的任务，共产党应当按照洛佐夫斯基同志在报告中所说的那样去做，即共产党应当出现在工会组织中。共产党对待工会工作的态度决定着整个问题。可是，至今，工会工作的全部重担，而不是由共产党负责工会工作的部门挑着，就是由共产党在工会中的工作人员肩负着。这是对待这项工作的非常错误的态度。只有共产党全党都来做工会的工作，才能推进动员群众加入工会的工作，推进争取统一和争取建立革命工作的斗争。然而，迄今为止，工会工作充其量不过是次要的工作。因此，只有每一个共产党员都懂得工会工作任务不是某一个工作部门的任务，懂得这是争取工人阶级大多数，是使胜利早日到来的工作，那时才有可能去争取工会，才有可能积极地卓有成效地去为统一而斗争。对于党的共产主义群众来说，工会工作还具有另一个重大意义。工会是共产主义学校，同时工会也可以而且应该成为共产党员的学校。工会中的共产党员在日常工作中，在同工人群众的日常接触中，可以学会正确地估计工人群众中的力量对比、倾向和情绪，学会领导群众和赢得他们的信任。

在工厂要开展广泛的工会运动,那里的领导机关当然是工厂支部。但是,对整个工会运动来说,党是通过共产党党团来领导的。共产党党团至今还没有符合它们所应完成的那些任务的要求。共产党党团应当成为工人群众能够将其视为工会运动的积极领导者那样的核心力量。它们也应当从事日常工作,应当争取实施工人的各种局部要求,并从思想上加强工会。它们应当深刻地意识到,它们是工人群众的领袖。现在,党团的工作是断断续续地从一次会议或代表大会到另一次会议或代表大会。这种临时性的、不持续的工作方法不可能赢得群众的信任,不可能将群众团结在党团的周围。这样,党团只能成为工人群众的尾巴,而不会站在他们的前头。

凡是有共产党员的地方,当然就应该有党团组织。在波兰,实际上在所有所谓的阶级工会组织中都有党团组织,在其他工会中实质上不存在党团组织。现在,迫切需要在所有的工人组织中,而首先是在所有工会组织中建立共产党党团。在民族主义工会中虽然有党团组织,但也是处于萌芽状态,而且只限于上西里西亚地区。

至于那些有几种工会组织并存的国家,而首先是像捷克斯洛伐克、罗马尼亚等这些工会组织分散的国家,情况也是一样。

在争取工会运动的国家,统一和争取工人阶级大多数是目前斗争发展阶段的主要任务,摆在各国共产党面前的这项任务是极其艰巨的。完成这项任务需要有很大的自制力和很大的耐心。各国共产党都应当有这种认识。蒙穆索同志在他昨天的发言中谈到了革命工会运动所面临的种种困难。当然,困难是很大的,在一些国家里不仅政府,包括政府的军队和组织都站在妥协派一边,而且工人运动被迫转入地下,如波兰、罗马尼亚、匈牙利、保加利亚等国就是这样;在那些有数十个工会组织被摧毁,数十名工会工作人员被投入监狱的国家,困难还要大得多。我们应当估计到这些困难,但不能太看重它们。其实这是任何一个争夺政权的阶级都要面临的困难。如果我们真想实现无产阶级的革命事业，我们就应当解决我们所面临的任务。我们在考虑到各种困难的同时，应当坚定不移地耐心地坚持进行斗争，我们可以相信，尽管对抗运动可能发生各种摇摆，但它的发展必将给工人阶级增添新的力量。成就的大小取决于共产党是否能迅速克服它们在群众性工会运动中工作的旧习和错误。抵抗资本进攻斗争的发展速度和反帝斗争的发展速度也取决于此。

在最近这个时期，所有共产党都应该从宣传鼓动方法过渡到动员群众方法上去。只有将群众争取过来进行阶级斗争，把反对派分子团结在自己周围，共产党才能推进争取国际工会运动统一的斗争并在斗争过程中为必胜的无产阶级革命创造条件。（鼓掌）

许勒尔（青年共产国际）：

同志们！我想提出一个对于争取工会统一的斗争具有特别重要意义的问题，这就是将年轻的工人组织到工会中去的问题。我们在这方面的情况是很不妙的。我不想列举很多数字，而只想讲两个很有趣的例子。在德国，有庞大的工会组织，但据全德工会联合会最近统计的材料表明，18 岁以下的会员只有 26.7 万人。在英国，共有 300 万青年工人，参加工会组织的大约（无准确数字）只有四五十万人。

同志们，为什么说将青年工人组织到工会中去在当前具有特别重要的意义呢？

有两个原因：

1. 因为现在的青年工人在工业部门和工人阶级斗争中起着重要的作用，因为有人越来越想把他们当做对付成年工人的工具。

2. 因为通过组织青年群众，我们可以创造条件将最广大的青年无产阶级群众引导到接受共产党影响的轨道上来，使他们接近少数派革命运动，接近共产党和共青团。至于为什么有人想把青年工人当做对付成年工人的工具，为说明问题起见，我想举一两个清楚表明青年工人这个因素如何之重要的例子：

（1）青年工人领取低工资会导致成年工人工资的下降。

（2）在许多地方，恰恰是在目前的失业时期，青年工人正在把成年工人从其职位上排挤下去。

（3）一旦发生冲突、罢工或同盟歇业，在大多数情况下，徒工都要留在企业里，被迫从事成年工人的工作，从而变为工贼。

同志们，这种现象很普遍。对于工人阶级来说，这比想象的要危险得多。不久前，我们目睹了一场英国铁路的严重危机。仔细研究一下这次危机的部分细节是很有意思的。仲裁委员会作出的仲裁说，目前规定的全体铁路工人的工资额不能变动，但2月1日以后转入成年类别即满20岁的青年工人，以及所有在2月以后参加工作的工人都要领取较低的工资。结果，在英国铁路上，从事同工种工作的两个工人领取不同的报酬；其结果是，不但一部分工人被用作反对另一部分工人的工具，而且更糟糕的是，这会破坏一般工会组织的整个基础，会使工会出现分裂的危险。这就是说，在极其重要的国家或极其重要的工业部门，正是青年成了爆炸性材料，这种材料不仅会恶化工人阶级的处境（要知道，如果青年做工便宜，企业主何必雇用工资高的工人呢？），而且会使像铁路工会这样历经几十年时间建设起来的，无论是改良派，还是一般工人都引以为自豪的工会濒临灭亡。

同志们，所有这些情况绝非无关紧要，而且不单单使共青团感兴趣。1922年，英国码头工人罢工时就发生过这样的情况：英国一家最大的公司，即位于巴罗因弗内斯的维克尔斯公司的徒工自己建造了整个一艘轮船，当然是在师傅的协助下建造的，因而给正在举行罢工的工人以很大的打击。这样的例子举不胜举。

同志们，现在，我来谈第二点，即工会组织可以提供在青年中广泛开展工作的可能性，工会组织是青年的第一所阶级斗争和共产主义的学校，通过工会，我们可以把青年工人吸引到自己方面来。这一点至今还没有被充分意识到。我们应该懂得，他们作为青年，作为共产国际不可分割的一个组成部分，如果我们不把他们组织到工会中去，我们就不可能对年轻的无产阶级群众施加影响。

把青年组织到工会中去有许多障碍，其中最大的两个障碍是：

1. 普遍的漠不关心。
2. 改良主义的行会观点。

关于漠不关心这个问题，没有必要作进一步的阐述。人们通常认为，这只是涉及青年的问题，对于成年人没有任何意义。可是他们没有考虑到，整个无产阶级的处境因此而在大大地恶化。此外，还存在一种对待这个问题的纯改良主义态度。他们列出尽可能多的理由，目的是为了证明青年工人不应加入工会。

有人说，16岁以下的青年不应加入工会，他们不能参加工会生活；他们需要学习，因而不能参加罢工等行动。在大多数国家，许多工会还有这样的规定；或排除一定年龄以下的青年工人加入工会的可能性，或使他们处于一种工会对他们失去任何吸引力的无权地位。

如果我们现在给自己提出把广大青年工人群众组织起来的任务，那么，我们就必须为这个组织制造一种条件，即必须使工会对青年工人具有吸引力，使工资微薄的青年工人准备加入工会，而不加入资产阶级想方设法引诱他们参加的那些组织。工会里的共产党员应当注意使关系到青年工人的各种问题，如工资、教育、专业训练、学徒、劳动卫生保护、集体合同等等问题，能在工会里得到应有的重视。对于我们来说，同样重要的是要直接去为废除一切过时的规章和条例而斗争，因为根据这些规章和条例的规定，16岁以下的青年工人不得加入工会，或者成为在工会中不享有充分权利的会员，或者最后被允许参加不享有充分权利的工会分部。但是,我们只给我们的同志一般性的指示是不够的。我们希望,在非常有利的时机到来时,我们能够广泛地开展将广大青年群众组织起来的运动。运动的方式在不同国家应该有所不同,但这个任务对于所有国家来说都是很迫切的。例如,在英国,我们已经在党和少数派运动的支持下着手开展共青团运动。我们的共青团在工会里提出建议,要求地方组织、工会理事会和工会组织召开青年工人行业代表会议,在这些代表会议上,必须对阻止青年加入工会的理由展开辩论;还必须讨论吸引青年加入工会所需要的实际措施。可以说,我们在这方面取得了很大成绩。我们认为,如果我们坚持我们的要求,即坚持把工人阶级百分之百地组织起来,或在目前把青年工人百分之百地组织起来,那么,就连坚决反对共产党的政策,反对我们的总策略的改良主义工会领袖也会说:"共产党犯了许多错误,我们不同意他们的观点,但在这一点上,他是对的。在这件事上,他们比其他政党和工会做的工作都多,因此,我们只好支持他们。"这也可以为我们在工会里造成广泛而巨大的影响。

因此,有一个同工会少数派革命运动的合作问题。在不同国家,少数派革命运动采用的形式和名称是不同的。我们要强调指出,对于各种形式的少数派运动来说,尤为重要的,是让青年以享有充分权利的会员身份加入工会。在这个问题上不应抱幻想,认为改良主义官僚或改良派根本不懂青年问题的重要性。现在,到处可见,正在围绕青年进行斗争,就连基督教工会和基督教改良派对青年也越来越感兴趣了,他们在搞运动,在举行代表会议、代表大会,等等。因此,为使少数派运动取得更多更大成绩,最重要的是不让他们得逞,是要把大量年轻、朝气勃勃和充满激情的后备力量即工会里成千上万的青年工人争取到自己方面来。但是,要做到这一点,只有在少数派运动关注我前面所讲的那一点,即吸引青年加入相应的组织时才是可能的。共青团和少数派运动必须密切合作。我不是讲组织上、形式上的合作，而是实际的合作。我们的少数派领导人应该懂得，他们需要这种合作，他们应当同青年共产国际一起提出青年感兴趣的要求，应当开展运动将青年组织起来并吸引青年工人参加斗争。党内有一些同志还不懂得，工会里的共产主义青年可以起到非常重要的、别人难以代替的作用。比如，他们认为，在工会里不需要有共产主义青年团组织。在组织工作会议上辩论时，有一些同志就说，有共产党党团就够了，不需要共产主义青年团组织。我不想在这里谈这次辩论的情况，何况问题已经按照我们的愿望解决了。可是有的同志还不完全懂得，共产主义青年团是一个促进因素，这个因素通常可以使少数派运动和党有可能接近工会里的青年工人，使他们走上接受我们影响的轨道和使他们成为未来战斗中的一支决定性力量。我们共青团在工会中的工作还很薄弱，这一点谁都不否认。我们只是在个别国家取得了一些较为可观的实际成就，但总的说来，工作还很薄弱。我们应当响应全会的号召，将工会工作作为我们群众工作的主要任务提到首位。在青年共产国际全会上，我们特别注意研究了这项工作的具体细节。我们不仅打算加强这项工作，而且还要扩大工作范围。我们清楚地知道，我们在工会里的党团组织应当成为生机勃勃的、有工作能力的机关，它们不但应当包括将要讨论工会运动问题的一些小组的部分共青团员，而且应当成为工会中有对抗情绪的有广大青年工人群众集中在自己周围的核心。

此外，必须在工会里创造一定的条件，以便使青年接受共产党的影响。为此，我们建议工会在必要的时候或者定期地召开青年会议和代表会议，讨论青年关心的工会问题，开展有利于青年工人和成年工人之间团结的运动。

同志们，现在，我再谈一谈即将到来的战斗问题。所有同志都知道，我们不应当从这次全会上回到什么世外桃源去，而应当回到与工会斗争所震撼了的世界去。例如，在英国，明天可能出现这样的局面：冶金工业企业主提出最后通牒,以总同盟歇业威胁60万冶金工人和造船工人;采矿工业的危机即将来临,这次危机对90万工人是个威胁。在这两种情况下,大部分青年都要被卷入这场斗争,这就产生一个实际问题:我们如何对待这些青年工人。这60万工人分散在这场斗争所要冲击到的41个工会组织里。我们没有关于这些青年的准确数字材料。但众所周知,在这41个工会中,仅机械制造工会就有徒工1.8万名,我还没说青年工人。根据合同,这些徒工在发生罢工或同盟歇业的情况下,不参加总的行动,而应该继续工作。因此,大家可以看到,发生同盟歇业时,大部分青年都必然要成为工贼。

由此产生了一个实际问题:我们应当怎么办?是应当像官僚们那样维护这种使青年变成工贼的规章制度呢,还是应当号召青年起来斗争和一旦有可能为青年提出专门的要求呢?

我们希望共产国际这次全会明确地告诉所有的党:在争取工会运动的统一斗争中,摆在你们面前的一项重要任务,是建立成年工人同青年工人之间的团结一致关系,也就是切实地将青年工人群众组织到工会中去。这还意味着要组织一个很大的运动,还意味着必须采取一系列措施,吸引青年加入工会,以使他们在即将到来的战斗中同我们并肩作战。洛佐夫斯基同志说,这个问题大家都认识到了。如果真是这样,那对我们是再好不过了。这可以使我们产生一些十分美好的希望。但是,从认识到实现有一个很大的距离,我们还必须花费很多的精力来争取实现我们的希望。

同志们,我们要关心这项工作的完成,我们希望共产国际给我们以有力支持。

博尔迪加(意大利):

同志们!现在,我想谈两个问题,即国际工会的统一问题和意大利的工会策略问题。

在第五次代表大会上,当我了解到我们工会策略的新方案即国际工会统一的提案时,我曾表示反对这个方案,尽管不是完全反对,因为当时这个问题刚提交讨论,各代表团还没有来得及认真进行讨论。

当时,我注意到,共产国际经常在工会运动和政治运动之间的关系问题上改变自己的总决议。

在第二次代表大会上,当时工会国际还不存在,曾提出过为与一些接近我们的左翼工会组织派代表参加共产国际代表大会提供条件的建议,我当时就不同意让工会组织出席我们政党的世界代表大会。

在共产国际第三次代表大会上,问题从另一个方面得到了解决,根据众所周知的理由,针对阿姆斯特丹国际的决定成立红色工会国际。

在第五次代表大会上,观点又有所改变。没有让我们立即放弃红色工会国际,但是,建议红色工会国际同阿姆斯特丹国际合并。

现在,很清楚,这里谈的不只是旨在扩大我们对群众的影响和把他们吸引到红色工会国际中来的鼓动口号,而是更深一层的意思。现在的目标是建立统一的工会国际,是彻底解决世界无产阶级工会运动与政治运动之间的关系问题。

虽然,有人对我们说,这需要做长期的准备工作,只有在一定的条件下才能实现统一,而为了促进统一,又必须有一定的保证。但是,现在,我们毕竟是在同新的制度打交道。共产国际和统一的工会国际将同时存在。在统一的工会国际中,我们要有一个由政治国际领导的并企图有朝一日在统一的工会国际中掌权的党团。

这个决定,就其提出的非常简单的论据而言,是完全合乎逻辑的。既然我们主张每一个国家有一个统一的工会中心,既然我们反对分裂工会,即便是在全国工会中心掌握在黄色工会手中的情况下,那么,为什么不能在国际范围内对工会国际实行这种统一的方针呢?

我认为，不难回答这个问题。我们的国内策略和国际策略之间的区别何在呢？在于这样一个简单的事实：在国内，我们在做争取工会统一工作的同时，我们要向工会渗透并巩固我们在其中的阵地，我们要扩大对广大群众的影响，我们有可能有朝一日掌握工会领导权，这是夺权斗争取得成功的一个很重要的因素。从各方面来看，这样做都是有巨大意义的，因为这意味着我们在那些无论在夺权斗争中还是夺权之后都必然要起重大作用的组织中巩固了我们的阵地。此外，我们在工会里的党团组织在决战时期必然要引导我们去夺取中心机构。当群众被吸引到运动中来，斗争出现有利转机的时候，我们就可以通过代表大会或其他什么方式，甚至不惜用武力政变的方式，来掌握整个工会机构，因为改良派除了同资产阶级国家的联盟没有任何招架之力。

在国际范围内，问题则是另一个样子。那里的夺权斗争和夺权行动本身采用的是完全不同的方式。不能认为，决定性的夺权斗争将在所有国家同时进行。无产阶级只能分阶段地一个国家一个国家地夺取政权。因此，国际工会机构中心永远不会被迫转移到我们手中。社会民主党将会防备我们夺取这个中心，它会随着革命的转移而把这个中心从一个地方转移到另一个地方，转移到距离工人阶级取得胜利地点很远的国家。因此，需要在无产阶级面前揭露阿姆斯特丹国际，说明它不是群众性的无产阶级组织，而是与劳工局和国联狼狈为奸，不让无产阶级和革命夺权的资产阶级机关。因此，我认为老的提法"莫斯科与阿姆斯特丹针锋相对"更为恰当，而且有利于争取群众。

但是，这个论据可能显得很抽象，所以，我再来谈谈与已经形成的局面有直接关系的一些论据。

工会运动有哪些重要事实呢？我们总的前景如何呢？

从洛佐夫斯基同志的报告中可以看出，我们确信，资本主义危机的发展在目前可以造成对我们非常有利的局势。那么，为什么我们在这种时候要在策略上作出这种无疑是符合对未来的悲观主义展望和对我们独立的工会工作的悲观主义估计的改变呢？

另一个事实是东方的工会运动。报告人强调指出了中国工会运动的重大意义，因为已经有 100 万有组织的工人参加了这一运动。这很重要，因为我们在民族问题上的策略的基本前提之一，就是在殖民地国家的被压迫民族中开展具有鲜明阶级性的运动。我们确信，我们能够把殖民地和东方绝大多数工会组织吸引到红色工会国际中来。这又是一个论据，它促使我们在保持住共产国际的同时，还要保持住工会国际，而不是去取消它。

此外，还有人向我们指出美国的影响在日益增大，这种影响加强了资本主义通过资产阶级对工人影响的渗透和实行阶级合作对革命力量的抵抗。我认为，这一事实也证实了我的看法。正如洛佐夫斯基同志所说，随着美国资本主义开始在欧洲起着越来越大的作用，美国工会组织对阿姆斯特丹国际的影响也会日益增大。重心将逐渐转到美国工会。这证明我关于黄色工会国际的中心要转到世界反动派和机会主义最大的堡垒中去的看法是正确的。

如果我们面前不是悲观的前景，我们就不能容许与阿姆斯特丹国际合并。相反，应当支持红色工会国际，它需要继续存在下去。这根本不排除那些可以扩大我们对群众的影响的行动。可以并且需要向阿姆斯特丹国际及其所属组织提出建立统一战线的建议。英俄委员会应当做为努力设法吸收其他组织参加的俄英工会统一战线委员会，并本着这种精神继续工作。作为宣传鼓动手段，这是很重要的。这样可以收到相当令人满意的效果。但另一方面，应该对斗争的发展前景有清楚的认识。

对于我们英国的策略来说，最重要的，是不能把我们的全部注意力和无产阶级的注意力都用到左翼在工会运动中的作用上。任何时候都不应忘记共产党本身，即使它现在是个很小的少数派。必须让共产党在英国社会危机和斗争的各个发展阶段起到无产阶级领导革命总司令部的作用。

现在，我简单谈一谈我们意大利党的工会工作问题，这些问题在我们第三次代表大会上曾引起很大的争论。

意大利工会运动的状况是很清楚的。法西斯主义反动派捣毁了红色工会也就是坚持以阶级斗争为基础的工会机构，企图在现在建立法西斯主义工会组织网。为解决这个问题，法西斯主义采用了两种方法。它采用的第一种方法，是使自己的组织具有以自由或自愿参加为基础的联合体性质。当时，法西斯主义工会感到自己能够同非法西斯主义工会进行竞争。当然很清楚，法西斯主义工会组织得到了国家的大力支持，而反动派的全部压力都加到了非法西斯主义工会组织身上。但是，尽管如此，法西斯主义不得不承认，它的计划未能实现。它可以对农民直接采用恐怖手段而使之俯首听命，但它没有能力把工人群众置于自己的影响之下。而且工业无产阶级过于集中，因此，它不能像镇压乡下农民那样来镇压他们。大家知道，工厂内部规章委员会进行选举时，虽然在斗争中困难重重，有迫害行动，等等，但几乎总是阶级组织的名单取胜。法西斯主义看清这一点之后，为了解决问题，它从根本上改变了自己的工会策略。特别法令使法西斯主义工会组织变成了国家承认的唯一法定的工会组织，工人们的任何行动都受到法律的禁止。实际上，法西斯主义工会组织通过同企业主组织签订契约确定了自己的垄断地位。根据新的规章规定，只有法西斯主义工会组织有权同企业主谈判和签订协议。因此，自由工会虽然表面上也得到了国家认可，但是做不了什么工作，更不用说在它们面前还有一些其他困难了。

在这之后一个时期，我们的工会策略应当做彻底的改变。以前的形势曾使我们有可能在工厂内部规章委员会选举时以红色工会组织的名义在工人中间同法西斯工会组织作斗争。这是为了实行长期的统一战线。

在红色工会组织的名单和法西斯主义工会组织的名单同时提出的工厂，尽管有法西斯制度，但大多数工人还是投红色工会组织的票。建立新规章之后，内部规章委员会逐步被取消，在工厂里再也没有可能做合法的工作了。红色工会组织虽然被承认有存在的权利，但纯粹是理论上的，而实际上，它们的房间被霸占，图书馆被没收。

目前，我们的策略很清楚。我们应当把我们的活动转移到工厂去，在那里，我们可以接触工人群众并同他们保持进行斗争所必需的联系。为此，在我们党的代表大会上曾提出两种相互矛盾的方案或解决问题的方法。

应该指出，工会组织确实在日益减少。绝大多数工人没有被组织起来，我们应当想方设法使全体工人群众都行动起来。但是，应当以工会组织的名义来做这项工作。我们的观点是，不应该放弃以传统红色工会组织和总工会为旗帜的口号，而应当在这些多次领导意大利工人斗争的组织的旗帜下工作。虽然，现在这些组织基本上都不起作用了，而且其中没有受到损失的那些组织都掌握在改良派手中，改良派准备随时同法西斯主义妥协，而只因法西斯分子不愿意而未能达成妥协。虽然如此，我们还应注意，当工人阶级感到有些自由，无产阶级可以重新开展斗争的时候，一旦需要，无论情况如何，我们都应以传统工会组织的名义，而不是以其他什么名义来进行斗争。因为，在压力减轻的时候，如果我们把这方面的旗帜丢给改良派，他们就会重新接过去，利用工人群众的信任进行投机，重新开辟工会组织活动场所，隔断我们同群众的联系。

我们党的左翼是这样考虑目前的工作的：我们已建议在每个企业建立工会分部。工会组织不应当消亡；在这个困难时期，它们应当坚持下去，因为它们知道，它们的活动不久就可以恢复。因此，需要在每个企业建立秘密委员会，以组织工人和收缴会费。这些工厂分部要同工会建立联系，即使工会掌握在改良派手中。这样，当我们能够取得自由的时候，我们就已经有了群众组织的骨干和比社会民主党更大的影响。

企业里的这些委员会应当同没有参加组织的工人群众建立联系，并在他们当中做工作。工人与企业主每次发生冲突的时候，它们应当建立吸收企业全体工人参加的临时鼓动委员会，这就是我们的方案。但是，中央提出了另一种解决问题的方法。这种方法很难表述出来，因为，在代表大会上辩论时，中央的观点说明很含糊。后来，又根据会上提出的不同意见作了修改，所以，在埃尔科利同志的报告和提纲中就变成了一种模棱两可的东西。实际上，在我们看来，我们中央的整个理论路线表明，在这些问题上，中央既没有坚持马克思主义的观点，也没有坚持列宁主义的观点。事实上，按照中央的意见，是要在企业里建立新的范围即新的组织网，以期代替被法西斯主义破坏了的、以及还存在的老工会组织。

我们中央的观点遭到了非常强烈的反对，因此，我们认为，出席代表大会的共产国际代表势必赞同我们的观点。

我们中央的工会策略使我们面临着分裂的危险。中央的方案是什么样的呢？它可以归结为：建立拥有自己网点的常设组织即**争取工会统一的鼓动委员会**。这个方案说明不了什么问题。开始是讲鼓动委员会，后来鉴于有批评意见，便硬在其名称上加上了**"争取工会统一"**字样。

中央多数派代表打算同各地方委员会和地区委员会，同各级代表大会等机构一起建立既吸收有组织工人参加又吸收没有加入组织的工人参加的常设机构网，实质上，他们提出了一项可以为改良派提供借口将共产党人开除出总工会的计划。至少要给我们造成脱离那些在目前这个时期将具有重要意义的组织的危险；而一旦出现较为有利的形势时，就会发现，只有少数工人在我们的组织里。

这里所谈的不只是两个区别不大的方案问题，而是意大利共产党的基本工作问题，因此，我们提请共产国际特别注意这个问题。

多尔西（美国）：

洛佐夫斯基同志在报告中详细地分析了欧洲工会美国化的种种尝试。我也想谈谈这些洛佐夫斯基同志称之为"工会美国化的新倾向"的尝试。同时，我还想谈谈美国工会运动的新趋势。现在，美帝国主义正经历着一个新的上升时期，其任务之一是要持续不断地提高工业产量。另外，企业主制定了一系列加强和改善阶级合作的新方法。工会官僚们也在这方面为之效犬马之劳。这种倾向流传很广，其表现形式是如此之多，以至可以认为它已自成体系。我们把这种倾向称为美国工人运动的新趋向，在这里，我们可以考察一下它的四个不同阶段。下面，我简要地加以说明。

首先，我们来看看工业。在工业部门，阶级合作的方式多种多样，如建立工厂（企业主）工会组织的运动就是其中一种。早在10至12年以前，美国企业主就给自己提出了消灭一切工人组织的任务。现在，他们改变了政策。美国一些大企业家开始懂得，有必要建立某种工人组织以便能控制工人和进一步强化他们的劳动，同时能阻止有战斗精神的工会的发展。为此，他们也建立工厂工会。工厂工会纯属美国的一种现象。据我所知，任何其他国家都没有多少与美国工厂工会相类似的组织形式。简单地说，美国工厂工会的组建方法是这样的：企业主在自己的工厂组织选举，建立由企业各车间代表组成的委员会。以后，这个委员会要在工厂里贯彻执行企业主的政策。这种组织就叫做工厂工会。现在，在美国大多数大生产企业里都有工厂工会。虽然没有关于这一运动规模的准确统计材料，但估计约有200万工人参加了工厂工会。

工厂工会运动是为加强和发展阶级合作而采取的一个明确的步骤，与此同时，在工会官僚当中还发展着另一个明确的运动，我们称它为"巴尔的摩—俄亥俄计划"。1922年，美国铁路工人罢工之后，工会组织实际上已被摧毁，工会官僚们为了保留只是徒有其名的铁路工会组织，而屈从于企业主的意志。这是在企业主的软硬兼施之下作出的让步，其表现形式即是"巴尔的摩—俄亥俄计划"。"巴尔的摩—俄亥俄计划"原则上承认工厂工会组织的基本思想，即为增加产量而同企业主合作的思想。铁路工人工会的领袖本着这种思想同巴尔的摩—俄亥俄铁路企业签订了协议。作为交换条件，企业主同意工会组织可以进行某些公开活动。工会官僚们则同意在强化劳动方面为企业主效劳。这一运动涉及许多其他铁路，并得到美国劳工联合会的支持。因此，它成了整个美国工人运动的纲领。这样一来，一方面、企业主为提高劳动生产率要建立生产工会；而另一方面，工会官僚们要承认同样是以强化劳动原则为基础的"巴尔的摩—俄亥俄计划"。现在，在美国有一种将"巴尔的摩—俄亥俄计划"和生产工会合并成为介于上述两种倾向之间的一种中间组织的倾向在发展。实际上，这两种运动都必然要给工人运动造成损失，因为它们有碍于阶级团结的加强，不利于革命精神的发展，是工业部门开展真正斗争的障碍。

我们党面临的重大问题之一，即是同工业部门中的这种新的阶级合作运动作斗争的问题。我们的纲领，也就是我们的基本口号，是反对"巴尔的摩—俄亥俄计划"。我们应当使整个工会组织革命化，加强这些工会组织，清除卖身求荣的工会官僚和把没有加入组织的工人组织起来。当然，对工厂工会，我们应当实行另一种政策。我们应当渗透到有群众性的工厂工会中去，应当在其中做工作，并应把委员会等机构，以及企业的选举活动作为在工人当中进行宣传鼓动的工具加以利用，这样，最后就能够组织起反对企业主的斗争，并能够把没有加入组织的工人组织到工会中去。经验证明，在没有加入组织的工人居多数的工业部门，工人们正在试图将工厂工会作为他们同企业主作斗争的工具。我们应当利用这个潮流，尽可能利用工厂工会，至少可以把它们作为组织真正的反企业主斗争的出发点。我们面临的重大任务之一，是把没有参加组织的群众组织起来。在解决这个问题的过程中,我们应当制定以"摧毁工厂工会,建立真心的工会"为口号逐步向这些工厂工会渗透的计划。我们已经有了最近十年在工厂工会中工作的经验。经验告诉我们,我们可以利用投入这些组织的工作为开展真正的反企业主斗争运动奠定基础。此外,这种新的强化阶级合作的做法在金融界也有体现。关于工人银行和一般的工会资本主义体系,大家听到了许多。这一运动的基础是:在美国,有许多工人(我没有准备数字,但这种工人是非常非常之多的)可以靠自己的工资积蓄些钱。当然,是企业主首先估计到了这种情况。大约在20年前,他们开始通过设立工厂储蓄所筹集这些资金。后来,他们制定了供给工人全部生活必需品的制度,目的是为了预先把工人们的积蓄集中到自己手中,进而用这些资金扩大自己的事业。最近几年,工会官僚们注意到许许多多的这种工人银行的存在,于是,开始根据自己的需要把它们组织起来。结果,我们有了工人银行的发展和一般的工会资本主义。目前,这种银行已有10个,资本总额达2亿多美元。除此之外,工会还开始参与经营资本主义企业。在这方面,一个有代表性的现象是组织工人保险公司。现在,美国的一些工会拥有自己的矿井,自己的建筑物,等等。将来,工会打算进一步扩大这方面的活动。这些工人银行、工人保险公司、矿井和其他企业并不具有合作企业性质。这些企业的大部分股票都属于领导工会的一小撮官僚。他们完全控制了这些企业并利用这些企业谋取私利。在物质方面,他们已经很少依赖于下层。总之,这方面的整个发展具有威胁性质,对工人运动极为有害。这种活动会使工会脱离斗争,会扼杀工会的革命精神。我们的重大任务之一,是反对这种表现与新阶级合作运动的工会资本主义。在这方面,除了开展一般的反对阶级合作的思想运动和一般的活跃工会的运动之外,我们还应做些什么呢?还应当开展专门的反对工会资本主义的运动。我们应当积极地进行斗争,反对在资本主义基础上建立新的工会机关即工会银行。

而后，我们还应继续前进，把这些工会银行，工会保险公司和其他企业变成为工人合作组织。但是，到此还不能止步，我们还要继续前进，要在美国开展广泛地宣传鼓动工作，说明用自己节余的钱向苏俄社会化工业投资的必要性。

新趋势的第三个发展阶段反映在国内政治形势方面，与组织新政党有特别密切的关系。龚帕斯官僚们的老政策是要把工人阶级完全置于两个老资本主义政党的控制之下，可是现在，就连这些官僚们都认为这个政策过时了。美国工人开始意识到，他们需要有自己的政治纲领。他们开始反对同资本主义政党合作的老龚帕斯改策。因此，在这一时期就出现了新趋势的第三个发展阶段。有组织的工人的中间阶层即所谓进步的官僚分子阶层，这时提出了阶级合作的新的政治纲领，他们企图将工人建立新政党的运动纳入阶级合作的轨道，妄想把这一运动变成争取建立小资产阶级第三党，改变老龚帕斯不同政治路线等等的运动。针对这一运动，我们当然要提出建立工人党的口号。我们不仅要反对老龚帕斯的政策，而且也要反对小资产阶级政党内的阶级合作。

最后，我们谈第四个发展阶段，即这个新趋势的第四种表现。这种表现对全世界的工会运动和革命运动都具有很大影响。在美国，工会帝国主义制度正在发展。美国工会官僚对美国资本家的帝国主义政策俯首帖耳。他们在各个方面和在全世界即美国资本主义企图夺取原料来源控制的一切地方支持美国资本家的计划。美帝国主义的主要目标之一是掌握对北美、中美和南美的绝对统治权，在这方面，美帝国主义得到了美国劳联官僚们的大力支持。为便于美帝国主义在拉美的活动，工会官僚们建立了泛美劳联。该组织自觉地执行美国资本家的计划，公然极力设法缓解中美和南美工农群众对美帝国主义日益增长的不满情绪。美帝国主义对中国的政策和它在欧洲推行的道威斯计划也始终得到了工会官僚们的支持。但是，在所谓进步的和极右的官僚分子之间毕竟存在着某种差别，尽管这种差别还没有大到足以在目前引起严重分化的程度。例如，在苏联问题上，工会官僚反对承认新制度甚至比美国资本家还要强烈。这个说法大家可能认为是危言耸听，然而，这是确凿的事实。我们党必须同工会官僚的好战帝国主义作斗争。这一斗争的一个值得一提的阶段，现在可以在拉美的事态中看到。为了同泛美劳联作斗争，我们组织了全美反帝联盟，并在整个中美和南美开展了有力的反对帝国主义的运动。

我提请大家注意的这四个发展阶段，是美国工人运动新趋势的重要表现。同这些现象作斗争应该是我们党的主要任务之一。我们不能孤立地去研究它们，而只能从加强和扩大同企业主实行阶级合作的总趋势上去研究他们。虽然在工人运动中有这种新趋势，但是，在美国还存在着动员工人同企业主和工会官僚作斗争的基础。因为那里有一种还不十分固定，但毕竟存在的情绪。由于有这种情绪，美国工人以为，他们是在靠帝国主义的超额利润生活，以为在美国金融里存在着某种首先掠夺这个工人阶层，而后掠夺其他工人阶层的超帝国主义组织，而且这种组织横行无阻。但事实上，同志们，美国的情况并非如此。帝国主义者不是自愿把超额利润赐给工人的。不错，美国工人的生活条件比其他任何国家工人都要好得多。这种较好的待遇是帝国主义的产物，但是，美国的工资通常并不像人们所想象的那样高。现在，美国工人的中等工资水平每周不超过 27 美元。大家到美国去过一过 27 美元的生活，就可以发现，那里的工资是多么低微。大家要相信，美帝国主义者掠夺了你们，而美国广大群众，特别是不熟练和半熟练工人的生活水平不仅很低，而且普遍在下降。不久前出版的道格拉斯的一本书证实，美国实际工资确实在缓慢下降。正如白劳德同志在最初的一次会议上发言时指出的那样，现在，美国工人的实际工资比 25 年前降低了 5%。这就是说，现在的工人用自己的实际工资能够买到的东西比25年前要少。这是一个很重要的事实。这个事实只能导致这样的结果，即工人群众的普遍不满。哪里有工人的不满情绪，哪里就能有左翼运动的基础。我不想制造这样的印象：似乎工人的生活水平大大降低了。我认为，白劳德同志是想用自己的发言来纠正那种普遍以为美国的工资似乎在不断提高的看法。实际上，工资不但没有提高，而且出现了不断下降的趋势。在工业部门，除了实际工资下降（这为左翼工人运动奠定了基础）这个因素之外，还存在一些局部危机，这些都为我们的工作开辟了广泛的可能性。

例如，拿采煤业来说，这个部门取得了巨大发展，但是，它正在经历这样一个过程：煤炭加工业正在从工人已经组织起来的地区向工人参加组织的比例很小，或不客气地说，工人根本没有组织起来的地区转移。这种情况会引起这些工人的强烈不满，因为它要导致大批工人失业，要降低工资水平，并会使工人多年为之奋斗的一切化为乌有。因此，我们在这里有同工会官僚和矿场主进行实际斗争的基础。

纺织工业部门中的进程虽然与此不完全相同，但导致了同样的结果，它使那些由于生产单位南迁，处境恶亿，而要起来为改善这种处境作斗争的广大工人阶层走上了革命道路。

危机也笼罩着服装生产业。最初，服装生产是在大城市，后来工人组织起来了，他们成了美国最好，而且是最革命的工人阶层。这时，为逃避工会的监督，企业主开始把生产从大城市转移到小居民点和乡镇地区。这就给城市工人造成了危机，同样为强大的左翼运动奠定了基础。

不过，同志们，美国总的客观形势当然不利于发展像我们在英国看到的那样强大的革命左翼。这是很清楚的。但是，既然美国存在组织左翼的条件，我们就应当利用这些条件。这是我们党的重要任务之一。我们要扩大工会宣传联盟，为此，我们应当把斗争集中在工人们所面临的诸如降低工资之类的迫切问题上。我们应当首先提出反对降低工资的口号。我们应当率先领导工人进行提高工资的斗争，应当率先领导工人同企业主的日常斗争。这应该成为扩大工会宣传联盟的主要任务之一。我们还应该开展一个有力的运动，将没有加入组织的工会组织起来。这项任务的重要意义不能低估，这是工会运动革命化的康庄大道。要知道，尤其在美国，我们应该提出将没有加入组织的工人组织起来的口号。当然这两项任务是紧密交织在一起的。我们应当在所有生产部门开展这一运动，并应当在运动中利用工厂工会。当然不能把工厂工会的重要性估计得过高。关于工厂工会，大家在莫斯科已经讲了很多，这也是因为我们党根本没有估计到工厂工会的重要性。这个问题在这里讨论之后，虽然我们党已经认识到它们的作用，但还应警惕走向另一个极端，不能对它们估计过高。我们希望我们党懂得，在各条战线上将没有加入组织的工人组织起来的重要意义。

另一个重要方面是清除腐败官僚。对这个问题我不想多谈。过去，我们作过斗争，现在，我们还在作斗争，但是，清除工作进行得不很坚决，因此，没有收到预期的效果。所以，我们应当更加坚定不移地提出工会民主化的口号。制定工会工作纲领时，我们应当根据我们可以向群众提出的并能为群众所理解的实际纲领，提出一些跨民族工会、州联合会和美国劳联民主化的口号。争取建立工人党的运动当然应在我们的纲领中占有同合并问题同样重要的位置。这是我们的基本政策方针，我们要在斗争中坚持这个方针。我们应当在此基础上建设我们广泛的左翼。我们可以用这些口号在工会中组织广泛的，旨在反对工会官僚和企业主的反对派运动。但是，即便我们提出这样的基本要求纲领，我们也还不能使所有人都来参加。我们应当从那些比我们将其作为左翼纲领基础的问题更为简单的问题出发，同他们建立统一的战线。

关于我们工会工作中的缺点问题，我再谈几句。目前，我们党面临的最大危险毫无疑问是来自于极左倾向。在这方面，我们应当竭尽全力巩固我们工会工作中的政治路线。现在这条路线还没有被讨论。我们应当克服的一个缺点，是忽视工会宣传联盟和忽视在工会中组织左翼的纲领。因此，虽然党要利用自己的机关来领导反对企业主和工会官僚的斗争的这种愿望是值得称赞的，但是，在目前情况下，这种愿望还未能实现。所以，我们应当建立左翼，通过左翼来做工作。当然，这时也不能把党藏在背面，党也应该同我们一起做工作，但是，工会中的广大左翼力量应该是动员群众的主要工具。无烟煤矿工人罢工时，我们未能把这个左翼组织起来，结果给我们的工作带来了很大损失。党应该懂得，工会左翼不是同共产党竞争的组织，而仅仅是党为开展工会工作而创造的一种工具。

我们在工会工作中表现出来的另一种同样需要纠正的极左倾向，是与我刚才说的那一种倾向紧密相关的。这种倾向是过于要求密切与左翼机关，特别是与工会宣传联盟的关系。我们把《劳工每日先驱报》同党的正式机关联合在一起，这是一个错误，应当加以纠正。此外，党在许多类似场合也都曾表现出这种倾向。例如，我们本应同企图将宣传联盟文学部同党的文学部合并在一起的行为作斗争，然而这项工作却已基本完成。还有许多其他例子说明存在着这种取消联盟而把它同党合并在一起的倾向。最后应该明白，把我们联盟这样的机关同党联系在一起，这是错误的。联盟应该是个单独的组织。

我们还有另一个缺点。我刚才说的这两个缺点即是极左表现的实质所在。极左是我们党在工会问题上的总缺点。它尤其表现在运用统一战线策略方面。我不想详细谈这个问题。这方面的策略错误的一个典型例证是1923年我们同进步派和农工党的分裂。我认为，这次分裂是可以避免的。我们在缝纫业的统一战线中也有分裂，但比分裂本身更糟糕的是党还不断地为工作辩解。波士顿毛皮业工人的分裂、在芝加哥同进步派的分裂，这些都是我们统一战线策略上的错误所致，这些错误都没有加以分析，都没有被意识到是错误，而相反被认为是正确的。这个事实为后来这类性质错误的产生打下了基础。

在我们党的工会工作中出现的另一个极左倾向，是试图提出过激的统一战线运动纲领和一般的工会工作纲领。这样的例子可以举出很多，但我只讲最典型的一个。这就是我们在采矿工人工会开展的争取恢复亚历山大·霍维特职务的斗争。情况是这样的：霍维特被美国采矿工人工会主席开除了，我们掀起了支援霍维特的运动，我们确实动员了70%—90%的采矿工人工会会员。这是美国工人运动中的一个历史性事件。如果我没记错的话，在1923年的采矿工人代表大会上讨论了霍维特事件。我们党未能完全估计到这场斗争的政治意义。正当需要把全部力量集中到代表大会上的这一斗争阶段即动员代表大会上1800名代表参加支持亚历山大·霍维特的运动时，党却提出了一个全新的政治要求纲领，从而转移了代表们对斗争的中心问题的注意，而把注意力集中到作为代表大会中心议题的这个新的政治要求纲领上去了。本来为了进一步加强论点，这个问题在会前就作过讨论，然而我们党未能估计到真正的必要性，不适时地提出了一些要求，从而破坏了我们支持霍维特的斗争。我举出霍维特这个事件，是把它作为所谓**不应该**在工会里搞斗争，**不应该**组织左翼和**不应该**在工人当中**传播我们党的影响**的一个典型例子。

现在，我举一个在司机工会中做工作和建议以反对拉福莱特斗争为基础同进步派结成统一战线的例子。提出这种建议等于建议社会民主党工人以统一战线方式反对社会民主党。这是不可能的事。无论在欧洲还是在美国，这都是不可能的。以这样的纲领为基础，不可能在统一战线运动中取得成就。我还要谈谈极左倾向的另一个例子，这就是不断地贬低争取从组织上监督工会的意义。我们看到，这里提出一项议案，反对控制伊利诺伊州采矿工人工会,而不顾该工会有70%的会员支持我们的纲领这一事实。在费城的服装工人代表大会上,正是出现了这种倾向而没有去进行争取掌握工会的斗争。同时对党参加工会选举的必要性也没有给予应有的重视。这些现象都应当消除,党是应该参加工会的选举活动。

另一种倾向是"双重工联主义"。现在,这种倾向在全党都有表现。这不是表面上的潮流,它已经有30年的传统。我们党应当竭尽全力去克服这种倾向。特别是近半年来,这种倾向已经以各种不同方式表现了出来。

我的时间快到了,我不能按我所想的那样详细谈这些极左倾向。

我们在工会工作中的缺点的另一个显著特点也是极左倾向,其表现是忽视工会中的日常斗争。这是一种危险倾向。它可能妨碍我们从思想上和组织上对工人施加影响。在我们党内轻视在工会中从事实际工作的同志而仅仅集中搞理论问题的倾向是一种错误倾向。工会中的实际工作被认为是工团主义思想的证据。同志们,这种现象应该消除。在我们党内,可以看出,有人企图从理论上给反对做日常工会工作的行为找根据,这种倾向同样需要反对。我们应当向同志们,甚至向领袖们说明在工会中做这种实际工作的必要性。蔑视做这种工作的人的倾向,应当从党的队伍中清除掉。

还有一个问题,我想讲一讲。这是我们党另一种极左表现的例子,这就是对工会运动在一般革命斗争中的重要性普遍估计不足。这种倾向的一个最明显的表现是我们党只有32%的党员是工会会员。为什么这个数字不增加一倍呢?为什么不是70%,而仅仅是32%呢?

常常有人辩解说,没有我们党员可以参加的合适工会。这个借口是经不起批驳的。在我们党内,有许多党员断然拒绝参加工会。不仅如此,他们还攻击在工会中从事实际工作的党员,说什么,要求在工会中做工作，这是工团主义思想在作祟。

最后，我还想讲下面几句话：共产国际必须解决这个问题。我们党的全体党员都在等待着关于这个问题的解决，一些人不怀好意，一些人抱有希望。我的看法是，共产国际应当做出十分明确的决议，因为回避已经出现的有争议的政治问题，会给我们党造成不良的后果。决议应该重点谈工会工作，应该指出工会问题的明确解决办法；决议应该指明我们在工会工作中所犯的种种错误，而且必须改正这些错误。我们党的主要错误是来源于极左倾向。需要向我们党说明，这些错误是由极左的宗派主义立场造成的，而这种立场在我们工作中是由多种方式表现出来的。

主席格施克：

对洛佐夫斯基同志报告的继续讨论移到下次会议。现在，由布朗同志代表英国问题委员会作报告。

布朗作关于英国问题委员会的报告

同志们！英国问题委员会的任务，主要是系统地检查我们党最近所做的工作和使整个共产国际从中汲取教训。

委员会特别注意了以下五个问题：

1. 英国总的形势。
2. 英国工人阶级的革命化。
3. 革命化的征兆。
4. 共产党的成就和共产国际应从中汲取的教训。
5. 共产党当前的任务。

我不去分析英国的形势，因为在主报告和提纲中已经作了分析。

英国的霸主地位已经转到美国。肯定这一事实，具有十分重要的意义。这反映在英国贸易入超上，反映在长期的失业现象和主要工业部门产品的缩减现象上；因此，产生了一定的殖民地政策，对民族资产阶级某些集团作出了让步，出现了发展的殖民地工业。虽然后者可以增加某些英国资本家集团获取的利润，但英国本土的工业形势日趋恶化。其结果是英国的工人阶级开始向左转，走上革命道路，因为资本家力图依靠损害工人阶级的利益来夺回他们原有的地位，试图降低工资和以企业与政府的联合力量在英国展开攻势。

委员会主要指出了以下几个促进英国工人阶级革命化的因素：

1. 资本家恢复他们原有地位的企图。
2. 无产阶级同麦克唐纳政府打交道所取得的经验。
3. 苏联在社会主义建设事业中的成就：苏联对没落的资本主义英国的工人阶级有很大的吸引力。

整个英国工人阶级革命化，向左转的征兆是：

1. 社会主义思想的增长。过去，在英国，狭隘工会观点和工联主义观点居统治地位；社会主义思想没有在那里扎下根；如今，在帝国主义时代，社会主义思想很快就以列宁主义这个最成熟的形式在那里扎下了根。工联中的左派力量日渐加强，思想上日趋成熟，其组织形式是"少数派运动"。除少数派运动之外，在工联中还形成了左翼，对总委员会及其政策有一定影响。
2. 斯卡伯勒职工代表大会通过的决议。决议标志着同工联原有立场和一般改良主义工会运动原有立场的彻底决裂，通过了旨在反对帝国主义，反对道威斯计划和争取建立工厂委员会的决议。
3. 争取统一国际工会运动的斗争。
4. 反对工党利物浦代表会议决议的斗争。
5. 工党左翼开始发展。

6. 群众失业者运动。

7. 工人要求释放被捕和被判刑的共产党领袖的运动（有 30 万名工人在社会请愿书上签名）。

8. 对整个国际工人运动有重大影响的"红色星期五"运动；在运动前夕和运动期间一些行动委员会的建立和工会联盟的建立。

9. 在独立工党中开展的同共产党人结成统一战线的运动和独立工党党员对其领袖施加的压力。众所周知，这一运动迫使独立工党在第二国际里提出了同第三国际召开联合代表会议的决议。

10. 共产党影响的日益增长。

谈到我们党的教训和成就，必须明确以下几点：

第一，我们英国党只有 6500 名党员。在英国工人阶级当中，改良主义传统根深蒂固。英国有一个强大的，组织得很好的改良主义运动。英国工人阶级与其他国家和大陆的工人阶级不同，它过去没有革命传统。

虽然存在这些不利因素，但是，我们党能够制定和执行正确的政策，并借助这种政策取得一定的成就。党使全体党员群众相信了自己政策的正确性，并帮助他们掌握了政策，同时将少数党员干部培养成了英国工人运动和国际工人运动的积极战士。

英国共产党之所以能够取得成就，除了因为有正确的政策之外，也是因为自 1924 年以来党内一直没有发生过派别斗争。党的领导机关集体办公，齐心合力，能够调动每个成员的积极性。

第二，党能够比共产国际的大多数其他党更好地开展工会工作。它力求深深地扎根于工会运动之中，在那里占领阵地并有计划地领导党员做工会工作。结果，这些党员在日常斗争中和工会工作中的个人愿望与日俱增，政治形势日益扩大。

第三，除此之外，党架设了通向群众的牢固的桥梁。如果没有这座桥梁，没有辅助组织，共产党就不可能在工人阶级当中产生巨大的影响，而自然会脱离工人运动，变成与世隔绝的组织。英国党能够克服这个危险。它能够借助于少数派、工党左翼和通过党团在工联、合作社、工党中进行工作，成功地架设了通向群众的桥梁。

第四，党为同工党联合作了斗争。从第三次代表大会即列宁提出这一策略时起，英国共产党坚定不移地在英国贯彻执行了这一策略。党之所以取得成就，在很大程度上就是因为这个缘故。很明显，这一策略的凶猛反对者是纽博尔德、威尔金森之类的叛徒。他们早已投入改良主义阵营，并在同共产党对抗。

党也在进行反对工党开除个别共产党人的斗争。

第五，与大多数支部不同，英国党能够把失业者斗争同有工作工人的工会斗争紧密地结合起来。在英国，有失业者组织，党在争取使这种组织同本地工联组织建立密切的联系。党已成功地建立了由失业者组织代表和工联代表组成的咨询性质的全国委员会。

第六，党能够比大多数其他支部更好地引导党员群众参加党的工作。

第七，党非常巧妙地开展了工会运动的国际统一运动。这一运动的开展，使英国左派工会领袖对广大群众的工作得到了加强，因此，共产党和共产国际开始考虑由群众来进行这场争取统一的斗争。

第八，党能够给煤矿工人以最广泛的支援：它不仅宣布全力准备同煤矿工人肩并肩地战斗在最前列，并且在每一个单独的斗争阶段都能给煤矿工人以及整个工人阶级提出正确口号，制定斗争纲领。

第九，党比以前更有力地开展了殖民地工作，从而取得了一些初步的重大成就。因为党让工联组织特别关注了殖民地的劳动条件，注意了印度等国的工人斗争，从而动摇了广大工人群众当中那种陈腐的帝国主义思想。

第十，与此同时，党不仅在军队中开展了强有力的宣传工作，而且还能使整个工人阶级、整个工人运动认识到对陆、海军施加影响的必要性。党在致工党和致工会总委员会的公开信中，以及在工会组织中做工作时，都曾要求必须就英国无产阶级所面临的经济斗争问题在陆、海军士兵中开展宣传工作，而且取得了很大成绩。

最后，我要说一下：委员会没有给自己提出与英国党制定详细行动纲领的任务。提出这种任务未免是多余的，因为在所有基本问题上，党都找到了正确的口号，作出了符合工人阶级利益的决定。而现在，只需要确认现在正在执行的那些路线的正确性。

共产党的任务如下：

1. 必须更加有力地加强少数派运动，要使它成为英国工会运动中左派积极分子的真正的领导机关和统一机关。

2. 党的重要任务之一，是使工党左翼成熟起来，以抵制麦克唐纳、托马斯—斯诺登的帝国主义政策。

3. 为工会运动的国际统一而斗争，并将这一斗争同工人阶级争取提高工资和改善宗主国、殖民地劳动条件的斗争紧密地结合起来。

这是摆在英国党面前的三项重要任务。

4. 殖民地的工作向英国这样的小党提出了很高的要求，因此，我们应当比以前更加有力地开展这一工作。

与此项工作相联系，党应当同时加紧开展运动以反对道威斯计划和洛迦诺公约，反对英国资产阶级的帝国主义政策。

5. 必须注意通过在较大型企业更深扎根，以生产支部为基础改组党使其更加布尔什维克化等途径从组织上加强党。

6. 提出了制定英国土地政策并在农村劳动居民中开展工作的任务，对此，我们党至今还没有给予注意。在自由党准备通过提出一些蛊惑人心的土地口号来恢复其失去的影响的时代，这是非常需要的。工党向农业地区渗透的事实也使我们不得不做这些工作。

这就为党提出了新的任务，为卓有成效的工作开辟了新的天地。

7. 党应当同英国无产阶级广大群众对议会抱有的幻想作最坚决的斗争。党应当坚定不移地重申，工人阶级不可能通过纯议会斗争方式取得自由。党应当全力支持英国现在进行的激烈斗争，支持工人阶级和工人运动的新动向（探索总罢工或至少是群众性罢工和一些重要工业部门联合罢工等新的斗争方法）。如今提出的总罢工思想根本不同于战前在法国居统治地位的那种工团主义思想。这是在寻求新的斗争方法，虽然，工人们还没有认识到进行武装斗争的必要性，但是，党应当全力支持总罢工思想，同时要向工人阶级说明，在资产阶级有充分准备、有组织地同工人阶级进行斗争的情况下，总罢工本身不可能使政权转到工人手中，为此，还必须采用其他斗争方式。

8. 党面临着扩大党员队伍的任务。我们的运动的历史已经表明，人数不多的党即便有革命的形势也不能完成无产阶级革命。在共产党的党员中必须有一定比例的工人。需要有一个在决定时刻能够从组织上掌握斗争领导权的组织。我们给党提出了在这一年内把党员数量增加两倍或三倍的任务。我们认为，按照去年的发展速度，有正确的政策，党是可以完成这个任务的。

9. 委员会讨论了所有共产党具有的共同性的其他任务。例如，协助开展妇女工作。在英国，这项工作具有很重要的意义，因为在英国纺织、金属加工等大型企业中有相当数量的女工，妇女工作的重心应该转移到企业中去。

最后，委员会讨论了青年工作的任务。这对我们英国党也具有很重要的意义。在这个工业国家，青年工人由于失业而感到非常苦恼，他们找不到相对稳定的工作。对于即将成为英国的一个群众性大党来说，青年工人是最好的发展对象。我们应当在近几年内建成这样的大党，以便抵抗英国资产阶级对全世界（无论宗主国，还是大陆和殖民地）革命运动的进攻。英国无产阶级即几百万英国工人群众，要比现在统治英国并在地球上大多数国家进行掠夺的少数人强大得多。因此，我们面临着建立千百万群众的革命领导机关的任务。这就是我们这个很小的，但积极而又善于安排自己工作的共产党的任务。

表决并通过英国问题委员会的工作报告和决议

主席格施克：

我们刚才听取了布朗同志的报告，英国问题委员会的决议就是根据这个报告制定的，决议已经发到同志们手中了。现在，请会议表决英国问题委员会的工作报告和它提出的决议。请表决。决议一致通过。

宣读巴什基尔劳动妇女乌法代表大会发来的贺电

会议在宣读了巴什基尔劳动妇女乌法代表大会发来的贺电之后闭幕。

（会议休会）

第十五次会议

(1926年3月5日)

主席：什麦拉尔

讨论洛佐夫斯基的报告（续）

奥格尼亚诺维奇（南斯拉夫）：

同志们！南斯拉夫共产党在争取工会统一的斗争中不得不作出极大的努力和克服极大的困难。在南斯拉夫，争取工会统一的斗争，由于社会民主党人同以塞尔维亚资产阶级为代表的军事和君主主义反动派相勾结而变得很复杂。

南斯拉夫的工人运动和无产阶级的处境很困难，其原因，部分是社会民主党的分裂倾向，部分是塞尔维亚资产阶级对我们整个运动和无产阶级发动的新攻势。

克罗地亚民族共和国和农民运动的上层领导投降一昼夜之后，即3月28日，塞尔维亚资产阶级，刚刚巩固其抵抗克罗地亚民族农民运动的前线地段，便转而向无产阶级发起了进攻。

这次进攻最初表现为增加捐税，主要是降低工资和提高物价。3月28日就确定征收工资税和无产阶级负担的许多其他捐税的附加税。这样，国家预算收入的四分之三是间接税，总额达90亿第纳尔。捐税负担是如此之重，以至于现在许多省份职工50%的工资竟被作为工资税扣除。工资税收入被认为是完全有保障的收入。

　　工业组织也参加到国家降低工资的行动中来。企业主已经开始一个工业部门一个工业部门地压低本来就很微薄的名义工资。尽管物价不断上涨，实际工资相应下降，但资本家还要降低名义工资。

　　工业金融资本的进攻取得了部分成功，其主要原因是：

　　1. 工人阶级状况非常糟糕。120万工人当中只组织起来7%，而这7%还分散在各种不同的组织之中，如社会民主党组织、独立组织、革命组织、克罗地亚民族主义组织、塞尔维亚民族主义组织、基督教组织、自治组织，等等。

　　有时，在同一个工业部门有八九个相互竞争的组织。大家想一想，这会给无产阶级造成什么样的印象？会对无产阶级的防卫能力产生怎样的影响？

　　2. 南斯拉夫受到失业的猛烈冲击已经整整两年了。25万失业者没有得到国家的任何补助。最近，国家才给社会民主党职业介绍所拨款300第纳尔，救济失业的社会民主党工会会员。

　　企业主开始要求降低工资时，社会民主党人曾表示原则同意，说这是发展南斯拉夫工业的需要，是为了使南斯拉夫工业能够同外国工业进行竞争。这是地地道道的社会民族主义。

　　对社会立法也发起了进攻。政府和南斯拉夫资本家找到了以阿尔伯·托马和国际劳动局为代表的新盟友。阿尔伯·托马决定在巴尔干扮演阿姆斯特丹先锋队的角色。企业主向这位阿姆斯特丹代言人兼国联大使声称，在南斯拉夫不能履行华盛顿协议。对此，阿尔伯·托马回答说："不言而喻，在法国，人们也在等待德国履行国际条约。"换言之，这就是说，企业主先生们，请不要客气，不会对你们采取任何措施，连道义上的影响也不会施加。社会民主党的庞大战略手腕是为企业主效劳的第三个因素。要降低工资时，社会民主党就执行分裂政策：它以"联合"代表大会为幌子召开了分裂主义代表大会,依仗白色恐怖加紧玩弄它反对的以阶级斗争为基础的独立工会的策略。社会民主党的分裂主义策略得到了共产党的叛徒日沃特·米洛伊科维奇的帮助。过去季诺维也夫同志几乎认为他不是个反革命,现在,已经没有人不怀疑他的革命性了。

在"联合"代表大会上,社会民主党人准确无误地抄袭了红色工会国际的工会战略。社会民主党人过去一直攻击共产党人同"没有加入组织的匪帮"打交道,而现在,他们却邀请没有加入组织的工厂工人参加他们的代表大会。但是,工人们并没有完全响应他们的号召,因而代表大会未能使社会民主党人如愿以偿。

这次代表大会之后,社会民主党人揭下了他们的假面具,彻底暴露了他们分裂主义者的真面目。

为了反击政府和资本家向社会立法和工资的进攻,独立工会立刻向社会民主党人提出了统一战线的建议。社会民主党没有作出正式答复,但是,他们在工会的《团结》报上刊登一篇题为《让我们过安静日子吧,恶棍!》的文章。这就是他们对革命者的回答,而且还竟敢说,红色工会国际这个词使阿姆斯特丹工人感到恶心!

"联合"代表大会一结束,阿姆斯特丹分子就产生了仿效法西斯主义策略即垄断工会运动的念头。政府不等宣布选举开始,便把各个选举办公室交给社会民主党人,而社会民主党人则从候选人名单中勾掉了一些省少数派即独立工会代表的名字,在选举办公室里自行确定了候选人,从而剥夺了工人们可以在选举中提出候选人名单的权利。现在,只有工会官僚有权提出候选人名单,而且只有注册的人可以提出候选人名单,如在塞尔维亚省选举时,因为工人们不能提出自己的候选人,结果,就只能向贝尔格莱德的选举办公室提出社会民主党人的名单。

共产党人的工会政策存在一些问题:首先,是没有在群众中和在工厂里开展统一的运动即建立无产阶级统一战线的运动。这恐怕是党的一个最严重的失误。过于重视上层谈判策略，没有采取措施反对那种孤立克罗地亚工会运动的行为，没有采取措施把克罗地亚地区的无产者争取到自己方面来；因此，克罗地亚的无产者就在民族问题很尖锐，民族斗争很激烈的情况下，同拉迪奇的党结成了同盟并加入了它的工会组织，而未能同共产党携起手来去争取劳动人民的社会解放和民族解放。

在党员同志中，曾有人倾向于仅仅从理论上提出工会统一问题。他们不是到群众中、到工厂里去探讨这个问题，而是局限于在报刊上论述这个问题。党认为，工会的统一只能在与工资、社会立法、工人掌握选区（不给社会民主党人这些塞尔维亚资产阶级的走狗以垄断权）的权利进行的斗争中实现。

不过，吃一堑长一智。工会工作因而采取了恰当的方针。很清楚，不做群众工作，就谈不上争取统一的重大斗争。

社会民主党人的分裂主义代表大会使我们党产生了两个派别：一个是极左派。这一派认为，新的分裂之后再没有任何统一工作可言。过去党同这个假装革命而且十分危险的派别作过坚决的斗争，将来党也要同它作坚决的斗争。党认为，争取统一的斗争只是刚刚开始。

另一个是极右派。这一派是这样想的：他们把我们打败之后，我们只能拜倒在阿姆斯特丹国际的脚下，参加社会民主党工会。

党同这个投降派作过斗争，将来也要同它作斗争。党始终强调，投降不是统一，统一只能通过在群众中开展斗争来实现。

毫无疑问，由于我们犯了错误，社会民主党人争得了一些立足点。我们必须从他们手中夺回这些立足点，为此，则需要在工厂和群众中做工作。

还有一个派别，这一派对做没有参加组织的工人的工作持否定态度。党同这一派作了坚决的斗争，坚持做了没有参加组织的工人的工作。在南斯拉夫，尤其是在那些从阶级斗争战略观点来看具有特别重要意义的工业部门，如铁路工人、煤矿工人、冶金工人、海员、运输工人和木器工人等所在的部门，没有参加组织的工人群众占无产阶级的大多数。

在极端困难的时刻，阿姆斯特丹国际制定了一项不仅要争取南斯拉夫无产阶级，而且要争取整个巴尔干无产阶级的计划。它认为，保加利亚、希腊和其他巴尔干国家的革命运动基本上都被镇压下去了，因此，它可以继白色恐怖之后在索菲亚这个巴尔干反革命血腥恐怖中心举行巴尔干地区代表会议。但是，很可能，这个卑鄙的阴谋诡计要破产，因为巴尔干无产阶级对此作出了蔑视的反应。

我还要谈谈博尔迪加同志的观点。博尔迪加同志指责大家观点机械，没有很认真地研究客观情况。他在谈论放弃工会运动国际统一口号的必要性，理由是阿姆斯特丹工会正在美国化，工会官僚不愿意统一。他在作客观的分析时，漏掉了一点，这就是他在讲国际上层领导美国化过程时，忘记了阿姆斯特丹工会里的群众。请扪心自问，这是不是极左派的分析？或更确切地说，是不是中派的分析？如果群众都顺从地跟着阿姆斯特丹领袖们走，如果日复一日的客观情况不能使人在斗争进程中看到工会统一的必要性，以及不仅在国内而且在国际上为之进行斗争的必要性，那么，他可能是对的。但是，只有对聚集在阿姆斯特丹周围的群众性工人运动持完全怀疑的态度，对国际工会运动的前途持悲观论点的人才会认为，似乎与领袖美国化同时进行的群众美国化是主导因素。这个极左派实质上是中派。

同志们，最后，我要说，南斯拉夫党不得不在极其困难的情况下进行斗争，它不得不同白色反动派及其同盟者社会民主党作斗争。

但是，无论这场斗争多么艰苦，南斯拉夫党都要完成它在工会运动中的任务；它要在工厂、在参加组织和没有参加组织的无产阶级群众当中、在无产阶级国际委员会里开展工作。不管警察和社会民主党人使出什么花招,南斯拉夫共产党都要在争取工会统一的斗争中完成自己的任务。

格施克(德国):

同志们!季诺维也夫同志的政治提纲说得非常对,我们不能考虑修改第五次世界代表大会的基本路线。恰恰在工会问题上,我们对第五次世界代表大会决议意义有了一个正确的了解。一些同志认为,决议的意义仅仅在于纠正各种机会主义倾向、同布兰德勒主义作斗争和根除运用统一战线策略方面的错误。毫无疑问,这些纠正是必要的,但是,第五次世界代表大会上**最重要的**东西是大会**关于工会运动统一问题的决议**,即关于在工会问题上实行统一战线的决议。这不仅仅是纠正,这是第五次世界代表大会所阐明的新的、宝贵的、恒久不变的东西。

在工会统一方面,最近一年半时间以来,共产国际在国际范围内取得了巨大成就。第五次世界代表大会的决议标志着大规模战略运动的开始。我想在此指出,我们德国代表团讲"凯撒运动",是为了说明这个问题如何之重要。我必须坦率地说,我们原来很害怕"凯撒运动",而不是信任这一运动。只是迫于我们的俄国领袖们和其他同志的压力,我们才同意积极参加这一活动的。但是,我要再三强调托姆斯基同志讲的话:这一运动不仅是揭露运动,而且也是我们首先要建立整个工人运动的统一战线的重要意志的表达与实现。第五次世界代表大会的决议揭开了解决争取工人阶级大多数这项基本任务的新的决定性阶段。

在这里,我应该对博尔迪加同志说两句。当第五次世界代表大会在与工会问题有关的统一战线策略问题上采取这一重要方针时,他公开表示遗憾。博尔迪加同志使我想起"名人"路德的话:"我在这里站着,我不能不这样,上帝帮一帮我吧,阿门。"博尔迪加同志不可能理解,也不想理解第五次世界代表大会的积极意义。他和许多其他极左派别同志一样，不可能正确地估计第五次世界代表大会的意义。我们德国的极左派早就把第五次世界代表大会同法兰克福代表大会相提并论了。例如，他们甚至企图把共产国际执行委员会的公开信和我们党的新策略同法兰克福决议和第五次世界代表大会决议对立起来。同法兰克福代表大会对立，这是对的，但是，同第五次世界代表大会对立，这就完全错了。法兰克福代表大会和第五次世界代表大会执行的不是同一条路线，而是两条根本对立的路线。在法兰克福代表大会和第五次世界代表大会之间有很大的不同，而且还有些很大的矛盾。法兰克福代表大会和第五次世界代表大会之间的这些矛盾十分清楚地体现在工会问题上。在这方面，法兰克福代表大会作出的决议意味着什么呢？它意味着对分裂工会运动的舒马赫分子的决定性让步，意味着对统一工会运动的破坏。决议只有几句话，根本没有谈统一问题，然而却为建立新组织和保留原来并存的组织提供了充分自由。第五次世界代表大会的路线同这条路线是根本对立的。第五次世界代表大会首次有根有据地清算了舒马赫分子，粉碎了我们队伍中分裂主义者的政策。这次会议指明和提出了实现国际统一的方针。

因此，我们德国党的代表应该无条件地承认，我们犯了严重错误。当时，我们向极左思想作出了让步，当然，在这方面犯错误的不只是我们，许多其他同志对这个问题也没有认识清楚，但最终还是把德国代表团争取到统一工会运动方面来了。我们一些人本想全力以赴地贯彻执行国际统一方针，然而当时的领导集团通过的决议却只是一纸空文，鲁特·费舍同志回来后的策略摇摆不定，有意在错误的法兰克福代表大会路线和第五次世界代表大会路线之间玩弄两面派手法。这种两面派手法比舒马赫分子奉行的公开分裂政策更坏。我们可以比较容易地清除舒马赫分子，因为他们公开地提出了敌视工会的策略，而且由于他们反对布尔什维克，很快就在工人队伍中失去了一切作用。鲁特·费舍是以统一拥护者的面貌出现的，但是，在政策上，她支持了分裂倾向，从而破坏了党的工会工作。

我只讲讲费舍集团的几个重大错误。德国代表团从第五次世界代表大会上回来后，党的中央全会马上就通过了拥护国际工会运动统一的决议。但是，决议是以"工会国际的纲领"为基础的。谁也不会相信，改良主义工会中的几百万工人能接受工会国际的纲领，因此，这个决议实际上是一种破坏行为。

前不久，马斯洛夫在我们的理论刊物《国际》上撰写了一篇文章，他对工人运动中的左翼问题发表了这样的意见："我对这一翼的存在提出异议。"

后来，取消了中央工会部，这是一个极大的错误。这等于取消我们中央工会工作机关的工作。我们党整个争取工会工作的统一领导和有计划地指导就这样被一笔勾销了。

但是，鲁特·费舍集团在工会问题上的最严重错误，还不是它在工会工作方面采取的那些干扰和在某种程度上破坏我们工作的直接措施。这些错误都来源于该集团的总政策。工会问题不但是统一战线政策的一个重要方面，而且通常也是整个统一战线政策的一部分。然而，鲁特·费舍集团实际上离开了统一战线这条路线，我们在工会中的一些重要立场错误不仅显而易见，而且充分反映了总政策中的那些倾向。如果我们离开工人，那么，我们就不可能出现在工会之中；如果我们与其余工人之间的政治隔阂日益增长，那么，我们就不可避免地要在工会中处于孤立状态。如果让所有有能力的工会干部都靠边站，都离开党，而又不提拔新干部，那么，我们就必然在工会中也要遭到接连不断地失败。在这里，我还想谈谈洛佐夫斯基同志和托姆斯基同志所着重指出的问题：如果一位党员同志在工会中工作，而且首先搞工会工作，那么，研究高级政治和世界政治的同志就会自上而下的打量一番，认为他是不够格的工作人员。然而，如果他作为一位工会工作者，或一位在工会中工作的共产党员，不善于将高级政治同无产阶级的日常要求结合起来，而大家都来吹嘘道威斯计划、洛迦诺公约和高级政治，那么，这对于这位在企业或工会中工作的同志来说有什么意义呢？（前鲁特·费舍中央也为我们指出了这一点）这就是说，如果你想做好工会工作，你就必须了解你所在的企业。不仅需要了解工会的名称，而且需要了解它的章程和社会组成；不仅需要了解本企业人员的社会构成，而且需要了解整个工会、整个生产班组人员的社会构成；同时至少还需要了解你工作的那个地区的经济结构，需要了解本企业和其他企业的工作程序，需要了解社会保险、工人权利和工资契约等。所有这些"琐事"都需要了解。只有这样，企业里和工会里的工人才会跟着共产党人走，只有共产党人表现出熟悉情况，讲话有条有理，不是张口闭口"无产阶级专政、建立苏维埃制度……"只有共产党人能在企业里证明企业主和政府使用了哪些反对无产阶级的手段和工具，工人们才会跟着他们走。

这就是工会工作的重心所在。

在我们党的总政策中，工会工作的比重越来越小，这一事实实际亦与鲁特·费舍集团的党内总政策方针有关。这一点在党的第十次代表大会上暴露得特别清楚。鲁特·费舍同志在大会上作政治报告时，基本上没提工会工作。这项工作要由专门的报告人台尔曼同志来讲。但是，鲁特·费舍同志提出的政治报告是与共产国际执行委员会的意见背道而驰的：共产国际执行委员会不止一次地坚决要求把工会问题郑重其事地列为德国党第十次代表大会的中心议题，共产国际执行委员会要求把党的工作的75%放在工会工作上。

如果说75%应该是工会工作，那么，这是达不到的；如果说75%只是写写而已，那么，为此则需要**教会党员如何对待工会工作**，对此，不仅德国党需要，而且共产国际的所有支部都需要。

收到执行委员会的公开信之后，也只是由于这封信的作用，才出现了根本性的转变。我们党的领导班子作了调整，随之改变了政治方针，而政治方针的大改变必然要加强我们在工会中的地位。多少年以来，我们第一次能够在国际代表大会上肯定地说，我们在工会工作中不仅有失败而且也有成功，不仅有损失而且也有成就。但是，请大家不要忘记，现在，我们在工会工作中所面临的种种困难。这些困难一般都是与我们德国工会运动的成就并肩而行的。随便拿一点来说吧：为了担任社会职务，则至少需要在工会中工作一年。我们这里往往有这样的情况：一名共产党员，仅仅因为他以前是独立工会组织的成员，就不委任以任何社会职务。改良主义工会还远不是在所有场合都计算参加独立组织的年限。

因此，德国的独立工会组织大部分都缩小了。

我们工会政策的加强，首先在党内明显地感觉到了。公开信发表后，党中央采取的第一个措施是恢复了工会部，同时以加倍的努力恢复了我们在工会中的党团活动。各地对工会工作的兴趣增大了，从前一度从事这项工作后来离开的同志现在又回来了，又加入了工会工作者的行列。他们帮助我们带头在工会中运用统一战线策略。

我们的党团组织几乎在所有工会组织中都活跃起来了。第一个访苏归来的德国工人代表团直接开展了争取工会运动统一的广泛的宣传鼓动工作。从德国工会运动的整个战线上可以看到我们党缓慢的，然而是持续不断的进步。当然，我们的成绩还很小、还很不够，但是，具有决定意义的是，我们成绩的曲线经过几年的不断下降现在又开始上升了。

不言而喻，在这方面，我们党的总政策起了主要作用。如果共产党开展反对给王公赔款这种群众运动，那么，这势必也要对工会产生有利的影响。萨克森政策、住户运动、我们反对捐税和关税的斗争，以及我们争取农民的斗争等同样也会产生这种影响。只有从这种观点出发，我们才能对党内最近一次辩论的内容作出正确的估计。鲁特·费舍同志在上周的发言中竭力只提及和吹嘘个人在辩论中的微不足道而又耸人听闻的方面。在昨天晚上召开的德国问题委员会会议上，她甚至要求推迟会议，以便为今天的会议（可能为同样的目的）作准备。然而，她只能以此表明，至今她还没有认识到辩论的基本指导思想。我们德国党辩论的实质并不在于：鲁特·费舍同志是一个不好的领导人，马斯洛夫同志写了反对列宁的小册子和在法庭上表现不好。这些都是附带的现象，**当然是重要的和值得注意的附带现象**。真正争论的问题不在于此，**问题在于通向德国工人阶级的道路**。鲁特·费舍司志的政策堵住了这条路，极左派的政策也堵住了这条路，而我们党的新方针为大家打开了这条路。这就是我们辩论的成绩。昨天，卢森堡同志在德国问题委员会上说，他们已经意识到，他们做得不对，现在，他们也走上了德国党中央选择的道路。这只会给我们整个工会工作，给我们全党带来极大的好处。

当然，在工会工作中我们还会遇到一些巨大的障碍。

这样的障碍有以下三类：

第一类是工人的经济状况，失业大军的长期存在，半就业的工人大军的存在，低微的工资，解雇威胁，以及德国工人的某种消极情绪。

第二类是各种工会反动官僚对我们前进的阻挠。在工会章程中有一些规定，工会官僚可以用来阻止共产党人向工会渗透和担任社会职务。现在，还有改良主义工会的宠儿重新向所有的反对派分子即共产党人和其他人提出的开除威胁：取缔共产党人在鲁尔地区和其他地方的选举活动。第一个访问苏联的德国工人代表团主席弗赖贝格尔同志也被从德国工会委员会中开除了，仅此一点就足以说明问题。关于第一个访问苏联的工人代表团的意义，我在下面将详细讲。

我认为，与此相联系，我还需要简要地谈谈德国企业主企图靠牺牲德国无产阶级的利益来实现其生产合理化的问题。这种做法好像是为了振兴德国国民经济，而实际上是为了采用科学方法成十倍地剥削德国无产阶级。

我们可以断定，德国社会民主党领袖和德国工会官僚访美之后确实陷入了"对美国的陶醉"。他们在美国参观了福特工厂，还坐了电椅。他们好像发现了"新大陆"似的把这些情况告诉工人，但是，工人对此根本无动于衷，因为第一个访问苏联的德国工人代表团的报告现在对他们还有印象。关于这一点，我下面还要讲。

第三类是党内的阻力。我认为，现在公开反对在工会中进行工作的现象基本上已经消除了，但是，一些极左分子仍然在负隅顽抗。我只提请注意他们在提出联合名单以统计柏林选区剩余选票这个问题上的反对立场，提请注意他们建立单独的失业者组织以与自由工会相抗衡的企图和他们对萨克森政策的抵制。党内的辩论阻止和破坏了我们工会工作的进展。

因此，第六次扩大全会应当结束德国共产党的党内斗争：必须彻底消除派别集团。在昨天的德国问题委员会会议上，我们听到了各方同志的声明；在今天的德国问题委员会会议上，鲁特·费舍同志打出一发重炮，现在，我们也不得不回击鲁特·费舍—马斯洛夫集团。如果我们全力以赴地坚决地去完成这个始于此间扩大全会或德国问题委员会的斗争进程，那么，影响我们在统一工会运动问题上取得进展的大部分这类障碍就会被清除。正是由于这个原因和为了更广泛地开展我们对自由工会的工作，我们才应该除掉像鲁特·费舍同志这样的为搞派别斗争而进行无原则派别斗争的分子。

现在，我谈谈我们德国工会工作的前途问题。

整个德国政策的主导因素是道威斯计划，该计划对德国阶级斗争的进一步发展有决定性影响。那么，这种影响表现在哪里，应该到哪方面

去寻找道威斯计划带来的结果呢?英国政治经济学家凯恩斯在其最近发表的一篇文章中对这个问题作了颇为有趣的回答。他说:

"我从一开始就持这样的观点:一旦认真地着手解决**战败国赔款问题**(而且现在是第一次解决这个问题),它就不可避免地要变成**德国工人的工资问题**。汇兑委员会的全部活动将越来越明确地集中在**降低德国工人生活水平上**(!)。执行道威斯计划的第一阶段使德国得到了它所迫切需要的喘息机会,并使它靠借外债弥补了贷款的不足,当然这一阶段也给德国工人带来了一定的好处。现在,在我看来,我们所遇到的有危险性的失业现象,是执行道威斯计划的**第二阶段的第一步**,即试图借助于人为地限制贷款的办法来降低工资的一步。很可能,随着时间的推移,委员会将不得不借助于直接措施来降低工资(!)。"

凯恩斯所描绘的这个前景已经含有必须提高德国工会积极性的根据。如果工会组织不想灭亡,它们就应当起来进行自卫,反对降低德国工人阶级的生活水平的企业主是道威斯政权死心塌地的走狗,大部分右翼工会领袖有可能跟他们走到底,但是,德国的雇佣工人、参加自由工会的500万无产者必将为捍卫自己的生活水平而进行一系列的经济斗争,同时,我想也会进行一系列的政治斗争。凯恩斯也看到了问题的这一方面,他在这篇文章中接着写道:

"我相信,只有通过政治斗争才能改变局势。德国起主导作用的企业主准备同道威斯的委员们精诚合作,但是,我可以想象到,随着时间的推移必将出现这样的情况:按照汇兑委员会意见办事的任何一届政府都不会赢得人民的信任。西方列强旨在降低中欧生活水平的行动对资本主义有弊无益,**这种行动甚至会给**正在等待适当时机的**东方革命力量提供进行干预的借口**。"

因此,我们的方针是加强工会的斗争。毫无疑问,在这种情况下,我们必将在即将到来的时期在德国工会运动中取得很大的成就。为此,应当确定我们的策略。

与此相关,我想再谈两个策略问题。

第一,我们如何对待同改良派有些对立但又未下决心同共产党人结成统一战线的这样一个德国工会派别的问题。如果我们真的想借鉴英国经验在德国工会运动中建立左翼,那么,我们就应该对这一派采取正确的态度。这一派的最有声望的领导人是德国冶金工人工会领袖罗伯特·迪斯曼。但是,我们对他的实际作用不能抱幻想,因为他毕竟还在同共产党人进行着很激烈的斗争。不过,我想,他在最近的布雷斯劳全德工会联合会代表大会上表现出对抗精神,如果对这一事实采取漠不关心的态度那也是一个很大的错误。我认为,对这一事实漠不关心,这不是布尔什维主义,这是明显的和不加掩饰的愚蠢行为。我可以说,迪斯曼比珀塞尔和库克坏,但比莱帕特好,或更确切地说,迪斯曼比珀塞尔和库克更坏,但比莱帕特要好。但是,我不抱幻想。我们还需要同迪斯曼作更顽强的斗争,因为几天前他还反对俄国冶金工人加入冶金工人国际。我们应当很明确和很坦率地向迪斯曼声明这一点。但是,我们将支持他和他身边的一些工会工作者同右派领袖的斗争。他若争取八小时工作日,主张提高工资,我们将支持他;他若主张提高失业者补贴,我们将支持他。我们将支持他为建立生产工会而同全德工会联合会右派领袖们进行的斗争。如果迪斯曼、舒曼等人能为工会运动的统一,能为苏维埃俄国而进行斗争的话,那么,我们将**无条件地**支持他们。

我想谈的第二个策略问题是独立组织问题。洛佐夫斯基同志说得对,为了实现统一,我们应当加强自己的力量。但是,在不同国家执行这条原则应**有所不同**。我们的力量,不仅仅是红色工会组织和平行的组织。我们的力量,首先是我们在改良主义工会中的思想影响和组织影响。这种看法适用于所有**资本主义国家,不仅适用于德国,而且适用于法国、捷克斯洛伐克**,但首先是适用于德国。德国是我们基本上拥有统一工会运动的唯一工业大国。独立工会在我们这里起的作用很小。在这方面，我们的情况同法国和捷克斯洛伐克不同。加强迄今还存在的为数不多的工会组织在德国只起次要作用，**过高估计**这一情况会造成偏离我们工会政策的分裂主义倾向。

因此，我们建议在提纲中作相应的改动。

在关于被开除的人的问题上，我们那里的情况也有些不同。如果说洛佐夫斯基同志在发言结束时提出了对被开除的人怎么办的问题，那么，我们就要作出这样的回答：**无论如何，我们也不应重犯 1924 年的错误和把被开除的人组织到特殊的平行组织中去**。对待被开除的人，我们基本的和主要的方针应该是争取使他们重新加入自由工会，而绝不是建立特殊的被开除的人的组织。

因而，我们要谈谈提纲中同样引起我们注意的关于失业者问题的一条。提纲里说，需要建立失业者组织……

洛佐夫斯基（从座位上说）：

组织？

格施克（德国）：

德文译文中说的是失业者组织。

洛佐夫斯基（从座位上说）：

在哪个提纲里？

格施克（德国）：

在季诺维也夫提纲德文译稿的第 29 页上。如果洛佐夫斯基同志能在关于失业者组织这个问题上同德国同志一起反对季诺维也夫同志，那我是非常高兴的。问题是，如果我们建立起这样的组织，那么，就会出现几年以前在德国曾经出现过的情况：失业者即市井游民起来反对企业，失业者反对有工作的人，工人阶级分裂为有工作的人和失业者两派。现在，我们认为，德国党和德国中央的一个突出成就是，尽管失业大军达到350万人，但是，我们能够使他们联合起来支持共产党，而不是德国工人共产党，不是工团主义口号，而是共产党。当然，现在，我们赞成建立失业者委员会，但不赞成建立失业者组织。

洛佐夫斯基同志也反对"无论如何要统一！"的口号。这个警告本身是很有道理的。**如果我们准备**以右派工会领袖强迫我们接受的**任何代价去换取同他们的统一，那就是投降。**但是，也有另一种危险，这就是这样一种政策：**口头上无论如何要争取统一，而实际上却以不断的警告和怀疑，甚至以行动证明其口号是："统一没用！"

这种危险需要特别强调指出，并应加以反对。在我们德国，这种危险性要比其他倾向的危险性大得多。我再次重申，在我们那里，培养新的、有经验的、积极的工会工作者具有特别重要的意义。我们所有欧洲党都应当好好记住列宁同志的话：

"党挑选出来做工会工作的共产党员，应当仅仅通过他们坚持不懈的日常工会工作去争取群众的信任，这样做的目的是让群众自己将他们推举到领导岗位上。现在，我们党有50万党员是工会会员，他们的任务是通过长期、耐心和坚定不移地教育工作，以个人表率作用、组织者才干、管理本领、对劳动群众物质利益的精神需要的关注，将目前在职工运动中居多数的几百万非党工人完全争取到我们方面来。"①

在联共（布）第十四次代表大会上，托姆斯基同志也说过，要极

---

① 在《列宁全集》中文版中未找到相关的引文。——编者注

其注意工人们的意见、情绪和合理要求。这一点不仅适用于俄国工会，而且更适用于西欧和中欧国家的工会。培养列宁同志在我上面的引文中所说的那样的干部即是德国党的一项十分紧迫的任务。我们已经采取了一系列具有决定意义的措施。同时，我想特别指出最近一次组织会议作出的一些对于培养工会干部具有重大意义的决定。这些决定可以使那些担任正式工会职务的共产党更加广泛地发挥其主动精神和工作积极性，但是，这些决定顺利执行的前提是党要对所有共产党工会工作者的工作进行认真的监督。

现在，我来谈洛佐夫斯基同志没有谈到的一点。与他的其他发言不同，这次，他没有注意到我们还有工厂委员会运动。诚然，在德国，工厂委员会运动已经不起1919—1920年间或1923年即工厂委员会真正是广泛群众运动代表时那样的作用。现在，工厂委员会运动失去了很大一部分作用和影响。如果俄国同志什么时候问我们，德国工厂委员会还有没有可以罢免厂长的作用和影响，那我们要回答：没有。

洛佐夫斯基（从座位上说）：

难道还有俄国同志不知道这个情况吗？

格施克（德国）：

有，有这样的同志。最好让他们提出这样的问题，免得产生一种看法：似乎工厂委员会还拥有它们在1919年和1923年所拥有的权力。那个时候，我们的工厂委员会在全体职工的支持下可以轻而易举地将厂长驱逐出去。现在，工厂委员会确实无所作为。但是，在这里，我们也要指出，正是由于经济上的压力和企业搞生产合理化，工厂委员会出现了缓慢发展的趋势，因此，它有可能获得新的生命力。

再有，失业者和开工不足的工厂工人大军给工厂委员会提出了一些新任务。在不久的将来,德国工厂委员会将再次成为群众运动的代表,它们将同德国致力于统一战线的重要机关站在一个行列,并将借助于迄今我们所使用的手段加快统一战线的实现。

总之,可以说,工会工作的前途是好的。左翼正在逐渐形成,而且由于国际上争取统一工会运动的斗争的极大促进有可能形成得更快。

第五次世界代表大会之后,争取统一的国际运动体现在以下两个事实上:

1. 英俄委员会。
2. 工人代表团。

英俄委员会的纲领是什么呢?是反对战争,反对资本进攻,是争取整个工人运动的统一。这些口号立即就得到了工人们的响应,工人们当即作出了反应,因而在工会领袖当中引起了前所未有的惊慌。

正式报告问世之后,在德国工会领导人当中也出现了惊慌。我们提出"要相信苏维埃俄国的情况"的口号已经引起很大反响,而另一个结果是又向苏联派出一些代表团。这些工人代表团相信了什么呢?这不仅需要听听它们的报告,而且也需要听听那些资产阶级分子的报告,尽管他们请求苏维埃政权允许他们访问苏联的目的是为了研究土地问题。

恰恰是工人代表团和这些资产阶级分子的报告大大地促进了德国统一战线运动的发展。这些社会民主党工人异口同声地说,他们在俄国看到了社会主义建设,看到了俄国是工人阶级掌政,等等。(有人在座位上喊:"完全正确!")

对于我们来说,具有特殊意义的是工会将要向苏联派出正式代表团这一情况。第一个访问苏联的代表团是工厂委员会代表团,现在,我们要派来工会工作者或工会代表团。不但全德工会联合会的代表团将要应邀访问苏联,而且基督教组织和希尔施—东克尔组织的代表团也将要应邀请访问苏联。这些代表团的作用将随着它们所代表的人员和组织的增加与发展而日益增大。现在，如果拥有2万—4万工人的西门子康采恩或通用电力公司康采恩的工厂委员会派代表团到这里来，那当然很好。但是，如果有10万工人听其指挥的工会工作者来，那就更好了。我想，如果真的工会工作者来，那就不一定让克里斯平和迪特曼分子来，因为在来的这些人当中会有弗赖贝格尔分子，他们会不顾德国工会委员会的压力，说明苏俄建设社会主义的真实情况。

在柏林，我出席过一次会议，会上，女工们听取了关于苏维埃俄国情况的报告。我在会上也说，需要派女工代表团到这里来。要使女工们有机会看看苏联，然后让她们告诉德国工人的妻子们，她们在德国的生活是如何的可怜和困苦。这里还需要记住，建立统一战线时，对妇女组织要给予特别的关注。现在，企业在搞生产合理化，企业主要雇用更廉价的劳动力。在德国，由于战争原因，企业的技术落后一些，现在，正在逐步改进，因此，将会有许许多多的妇女和青年女工到工厂做工。她们将同男工竞争，将减少他们的工资。工会在妇女和青年中的强有力工作同样是建立统一战线的一种手段，其意义不应低估。

因此，我们的任务是继续全力以赴地开展国际统一运动，同时我们应避免产生这样的印象，好像我们只有一种揭露手段。托姆斯基同志指出的这一点很有道理。我们希望把这个思想也写进提纲。因为，凡是同意所谓统一战线运动只不过是一种揭露手段这种观点的人，都支持阿姆斯特丹国际的极左情绪和倾向。我们不要为这种搞阴谋或将工人阶级引入歧途的口号去奋斗。我们马克思主义者完全相信，实现统一的工会国际，这将是有利于国际工人阶级的一个巨大成就。我们应当把**所有**工人组织到**一个**世界性的工会国际中去。在这个问题上，要同一切动摇行为作斗争。因此，如果我们想绝对地永远地排除某一种工会统一形式，那就会是我们的一个错误。我们同意托姆斯基同志的意见：在大的问题上，我们不能束缚自己的手脚。

在目前形势下，提出俄国工会单独加入阿姆斯特丹国际问题，那是不对的，但红色工会国际则不同。有的同志认为，取消红色工会国际问题就是取消共产国际问题。这些同志将政党的本质同工会的本质混为一谈了。独立共产党，以至世界共产党的存在是我们的绝对原则，是进行革命的阶级斗争和工人阶级取得胜利的前提。我们一向反对谈论与第二国际的合并问题。工会问题则不同。我们一方面提出取消两个工会国际的问题和为实现联合而召开全世界工会代表会议的问题；另一方面建议解散阿姆斯特丹国际和红色工会国际，建议取消两个国际建立一个新的国际。这是从统一战线策略的实质中必然得出的意见。在争取建立统一战线的斗争中，资产阶级和企业主实行的经济压迫和他们使工人在社会上所处的无权地位，将有助于我们执行一些共产党正在执行的这个宏伟的"沙皇策略"。正是这种压迫和德国工人生活水平的不断下降不可避免地要导致德国工人生活状况的恶化。托姆斯基同志指出，这将是长期的斗争。我们可以通过加强工作来避免由于这种长期的斗争而可能产生的危险。避免这种危险的最好办法是动员一切力量无条件地执行第五次代表大会关于统一战线策略问题和工会问题的决议。德国党将在这方面，也只能在这方面做工作。我想，这方面的工作不仅将对我们德国党有利，而且也将对整个共产国际有利。

克拉拉·蔡特金（德国）：

同志们！在这里指出我们90%的工作应当是工会工作，我们应当极其认真地注意工会统一问题和统一战线问题，这是很有道理的。但是，我已惋惜地指出，在这个问题上，无论在发给我们的决议中，还是在这里的所有发言中，都只字未提在工会运动中实行统一战线和执行统一策略的一个真正重要的因素。这个因素从来没有指出过。其实，这里所说的就是在女工中也需要大力开展各项工会工作的问题。女工对我们来说好像根本不存在,同志们,这是偶然的吗?

不是,我不得不痛心地说,这不是偶然的,而是反映这样一个事实:很遗憾,共产国际各个支部,除联共(布)支部外,都没有对妇女特别是女工的革命化问题给予应有的重视,因此,我们共产党在企业、工厂、办公机关等地女工中的工作异常薄弱。

如果不算俄国支部,那就只有一个支部认真地从事了这项工作,这就是我们的英国共产党。英国党在开展少数派运动和建立左翼运动的同时,也注意了女工中的工会组织工作,它充分理解这项工作并为之作出了应有的努力。当然,我承认,意大利党也在千方百计地向拥有大量女工的企业渗透,并引导她们参加工会组织,尽管法西斯主义给这个党造成了极其困难的处境。我还要指出,在过去的一年里,法国也不止一次地尝试要把女工吸引到工会组织中来,并吸引她们参加运动。但是,这些尝试,据我们所得到的消息来看,都遭到了彻底失败,没有能切实有步骤地在广大女工群众中开展工作。在德国,这方面的工作情况也很令人失望。其他各支部亦是一样。

同志们,这些共产党的这种态度是与那些指出吸引女工参加工会工作和有计划地对她们进行教育的意义和必要性的明显事实相背离的。在德国,据1922年的统计材料判断,女工几乎占整个工业无产阶级的1/5;在法国,早在1906年,在工业部门工作的女工就占产业工人总数的34%。我不想将这些数字加以比较,我也不会像相信共产主义福音那样相信它们。这个统计材料不完整,而且没有说明统计时的情况。但是,在工业发达国家,女工占整个工业无产阶级的1/5到1/4,这还是不容怀疑的。同时,我们不应忘记这样一点:资本主义经济在技术上和组织上的总的发展会给妇女开辟越来越多的劳动领域,而在工业部门,会给她们提供越来越负有责任的职位。在商业方面也是一样,商业和办公室工作的不断机械化正在把越来越多的妇女吸引到相应的工作领域。在运输、国家管理、城市公用事业等方面也在发生这样的演变。如果我们现在把在工业、商业、运输业和在部分资本家行政办公室以及在市政管理机关和国家机关从业的妇女人数同工会女会员人数加以比较，我们就会相信，加入组织的妇女的比例太小了。

我想提请大家再注意一个事实：如果说女工（在苏联疆界以外）参加了工会，那么，她们基本上也都是在资产阶级的组织中，这说明什么呢？这说明，如果说被诱使参加工会组织的劳动妇女是一支力量，那么，她们是我们对手即我们敌人手中的一支力量，是被用来破坏我们的意图的一支力量。

同志们，今后，我们能对这种情况泰然处之吗？我认为，不能。谁这样做，谁就是共产主义的敌人。对此，我要直言相告，凡不用自己的全部力量在女工中、在劳动妇女中从事工会工作的人，不管他愿意与否，最终都要成为引导全体无产阶级群众走向革命和发动他们起来反对资产阶级社会的反对者。很清楚，在许多业务部门，如果没有女工们的理解、协助和献身精神，经济斗争就不可能顺利进行。在一些工业部门，实际上只存在一种妇女劳动。我仅仅是指纺织、服装、食品、烟草等工业。其次，我尤其是指那些当电话员、报务员、打字员，以及在通讯方面担任其他职务、为资本主义国家服务的广大妇女群众。关于即将来临的经济大搏斗，大家在这里讲了很多。这是完全正确的。大家指出了我们共产党人领导这次搏斗的必要性。这完全正确。但是，同志们，如果我们相信，事情会向前发展，那么，我们就需要用我们的全部力量去尽量保证我们有最好的成功机会，去证明共产党领导的优越性。我们对劳动妇女的教育工作和引导她们参加工会的工作就可以创造一个最重要的机会。如果打字员、报务员、电话员等大军不在我们这边，那么，怎么想象罢工运动能够从工业企业发展到市政管理部门和国家机关呢？这是一个很实际的问题。

此外，在讨论工会运动、在估计和组织我们的工会工作时，我们不能局限于仅仅争取女工即争取在企业里工作的妇女，我们应该把工作做到在家里做工的妇女身上和不在企业里工作的无产阶级家庭主妇身上。

这些妇女对待参与经济冲突和参加罢工及其他形式斗争的其他工人的态度是一个极其重要的因素。在某些作战时具有重大意义的工业部门，当战斗由于进行革命的阶级斗争而变得异常激烈时，工人妻子们的行动就会起到决定性的作用。鲁尔地区冶金工人和采矿工人斗争的经验，上西里西亚矿工大罢工运动的经验，比利时、英国、美国，以及去年加拿大矿工斗争的经验，都证明工人们的妻子起了突出作用。她们参加了巡逻队，组织了援助罢工工人孩子运动，她们从其他方面支持了斗争中的工人。去年夏天，英国25000名矿工妻子一致支持矿工的要求，这的确是一个令人深思和促使我们更加努力工作的现象。

同志们，我想打动大家的良心，我想敲开大家的良心之门，以使大家给予这个重要问题，即工会组织工作问题，也就是吸引劳动妇女参加工会运动的问题以极大的关注。我这样做，还有一个重要原因。很遗憾，如果大家不能把至今在绝大多数情况下还充当顽固改良派支柱的有组织的女工争取到自己方面来，那么，怎样实现统一战线，争取工会，使工会革命化和清除改良主义领袖及叛徒呢？女工作为改良派的支柱，这对她们自己也有很大害处，因为，以同企业主合作为标志作出任何妥协，广大女工群众都要首先承担同资产阶级达成妥协所需要的一切费用。

因此，同志们，我这样坚持强调，我们不能涉足于通过一项可能涉及在妇女中开展工会工作意义的决议。不，我们之中每一个人都应当感到自己有责任尽全力去教育组织女工和提高工人水平的日常实际工作中争取最好的效果。关于列宁主义和布尔什维克化，大家讲了很多，但是，我要对你们说，如果你们对此问题不给以应有的重视，在解决这个问题的实际工作中不为之作出必要的努力，那么，你们就不是好的布尔什维克，不是我们列宁的好的追随者。请消除你们在这个问题上的无所作为、优柔寡断和漫不经心吧！这究竟意味着什么？这意味着你们不懂得制定真正革命的实际政策的必要性，不认识共产主义理想的伟大、美好和博大气魄。请接受我这个老婆子的劝告吧！

请深刻领会问题的全部重要性吧！请认清问题的性质，着手解决问题，努力工作吧！（暴风雨般的掌声）

布拉科（意大利）：

洛佐夫斯基同志在这里说，意大利共产党人没有同共产国际保持不断的联系，没有把改良派对待一般法西斯主义的态度，尤其是对待工会中法西斯主义的态度报告给共产国际。因此，我在发言中将着重谈谈意大利工会运动的状况。

意大利具有一定的工会传统。意大利的各个政党都力求建立自己的工会。社会主义者、工团主义者、民族主义者，以至天主教徒始终都在组织与其政党并存的工会组织。没有组成政党的无政府主义者也是一样，他们想出了专门的无政府工团主义，以证明建立独立的无政府工团主义工会的正确性。上述情况当然在某种程度上限制了将意大利广大工人群众组织到工会中去的可能性。

而且在这个传统基础上还产生了法西斯工团主义。

法西斯主义在其发展过程中，不仅没有忽视工会的意义，而且还开始建立自己的工会。从法西斯主义在意大利巩固下来的初期起，就先后出现了法西斯分子的自治工会和经济工会。

但是，必须指出的是，在1918—1920年间，这些法西斯主义工会有时是迫于群众的压力站到了赞成公开进行阶级斗争的立场上。这个时期，有时它们支持了群众运动，第一次占领工厂的行动就是菲洛—法西斯主义工会组织的,并且得到了法西斯主义报刊的称赞,它们认为,这次行动是完全合法的。

需要注意的是,法西斯主义不是一般的反动形式,这是当前一种专门反对无产阶级的反动形式,它预示着无产阶级与资产阶级将有一个激烈斗争的时期。法西斯主义的这个总的定义表明,它要组织自己的工会。法西斯分子企图在消灭以阶级斗争原则为基础的工会组织的同时,建立自己的工会组织,其核心力量是由那些从工团主义、无政府主义和革命工会运动等队伍中转入资产阶级反动派阵营的人物组成。

在评价那些未能充分开展共产党工会工作的同志的工作时,我们必须以这些看法为出发点。

工会的产生是无产阶级阶级意识发展的征兆。共产党人同法西斯分子争夺工会的斗争即是将无产阶级吸引到革命方面还是吸引到反动方面的斗争。与此相联系,还有争夺工会机关的斗争。工会机关本身是一支很大的力量,无论斗争双方哪一方占有它,它都是进行革命斗争的一个重要因素。

在法西斯工团主义与阶级工会同时出现的时期,法西斯主义还没有掌握政权。法西斯分子确信,他们不可能利用其工团主义诱使群众跟着他们走。因此,他们决定从对手手里夺走阶级工会,掌握其领导权。这是争夺工会斗争的第二个时期。

然而,当法西斯分子看到,尽管他们对工人阶级进行种种政治迫害,尽管他们破坏各种工人组织,但是,无产阶级仍然与法西斯主义势不两立的时候,他们便着手制定他们自己的、应成为法西斯政权支柱的工会法。

他们的工会法的特点是什么呢?首先,它反映了集中管理的意图。集中管理是整个法西斯主义政策的基础,而其不可缺少的条件即是资产阶级对工人阶级及其组织的控制。法西斯主义工会法的一条基本原则是：只有联合本企业十分之一的工人并通过与当局一般政治纲领无抵触的工会纲领的工会，国家才从法律上予以承认。这些工会可以代表本企业全体工人同企业签订契约。这样一来，被承认的工会代表本企业全体工人的权利就在法律上有了保证。工人们实际上也可以隶属其他工会组织，但这不能免掉他们要向法律上得到承认的工会组织交纳的会费。现在，大家可以明白，法西斯主义工会是怎样借助于这个工会法变成人数众多的组织的了。

法西斯主义工会为什么采用这种法律承认的办法呢？这是因为它们在争夺工人群众斗争中遭到一些失败，从中汲取了经验。法西斯主义工会在工厂一直是少数派，它们看到它们的工会是个空架子，因此决定立即着手制定专门的法律，以使它们得到对工人的控制权，并首先开始取消内部规章委员会。

在意大利，企业设有内部条例委员会，其任务是在每个企业督促遵守契约，监督工厂劳动条件和代表工人同企业主打交道。内部规章委员会每次改选时，法西斯分子都提出自己的候选人名单同阶级工会的名单相对抗，但他们始终都处于少数。于是，他们领悟到，必须取消内部规章委员会和在工厂从法西斯分子中指派代理人。因此，他们敦促政府立即贯彻执行法西斯主义工会法。虽然这个工会法允许非法西斯主义工会组织事实上的存在，但实际上，这些组织经常受到法西斯反动派的攻击。就在不久以前，我们还目睹了意大利最后几个幸存下来的劳工组织是怎样同其他一些地区性的或全国性的工会组织一起被解散的。

法西斯分子断定，现在，他们的工会有会员150万，很快就可以接近200万。不过应指出，他们是怎样征集会员的。首先，根据法西斯主义工会法，他们的征集工作具有强制性质。现在，存在两类会员：一类可以称之为"俘虏"；另一类则是由那些既不能称之为无产者又不能称之为农民的人组成的。"俘虏"多半是农业工人。法西斯主义一直让农民处在几乎是连续不断地被围困的状态之中。例如，法西斯分子掌握着所有职业介绍所，因而，农业地区劳动力市场的整个控制权都在他们手中，这样每个找工作的人就不得不通过这些职业介绍所找工作。这些"俘虏"即雇农都是法西斯主义农业总公司的成员，而土地所有者和农业技术人员也属于此公司。

隶属法西斯主义工会的其他职业工作者有艺术家、演员、医生、律师、作家、没有诗意的诗人，等等。此外还存在将所有"现在工作"的人联合起来的"知识分子公司"，这是典型的小资产阶级呆小病组织。

法西斯主义工会是怎样工作的呢？它们几乎从不召开会议，而一旦开会，那些发言反对工会领袖的工人，就要被指责为搞布尔什维主义，而且有时遭到毒打。给工会领袖提出某种意见的工人被开除是常事。在意大利，对于工人来说，开除出工会就等于失业。

法西斯主义工会的领导机关是由法西斯党的组织任命的，同时要接受政府的政治监督。

需要指出的是，法西斯主义曾试图掌握共产党以至俄国苏维埃共和国的某些组织形式。法西斯分子宣称，我们的反法西斯立场是自相矛盾的，因为，他们认为，无论在处理法西斯党与政府之间的关系时，还是在处理政府与法西斯主义工会之间的关系时，他们都可以使用我们所宣传的组织形式。但是，法西斯主义是极力要把工人组织集中**在资产阶级的领导之下**，而我们正相反，我们是想让工人集中在自己的机构、自己的政治组织和经济组织里，**以便更好地同资产阶级作斗争**。这就是这两种集中方式的根本区别所在。

法西斯分子试图使他们的党具有最权威最"恐怖"的组织形式。不久以前，法西斯党的一名书记助理写了一篇文章，要求在刑法中加上惩治本法西斯党内建立反对派行为的条款。如果说党内发生这种事，那么，还有什么工会可言呢？

法西斯主义工会的目标是什么呢？它们的目标可以归结为以下两点：

1. 由于防止阶级分化的斗争已经结束，因此，我们应当努力调和阶级矛盾。

2. 资本与劳动是生产的两个不可缺少的因素，为了民族的最高利益，它们应当团结一致。

显然，这是社会民主党的纲领。法西斯主义兼有社会民主党和传统反动派两个方面的特点，因此，它可以对无产阶级实行最现代的反动政策。

那么，所有其他工会对法西斯工团主义持什么态度呢？最弱小的组织都被它压垮了。共和组织（即共和党的工会组织）几个月前加入了劳工总联合会。无政府工团主义组织消失了。在米兰，仅仅存在主要由意大利旅居美国的侨民资助的**工团主义宣传委员会**。不久前，自治的铁路工会也加入了劳工总联合会。在国家企业里，法西斯主义取消了工会组织，甚至把原来的法西斯主义工会组织也取消了。现在，铁路工人的工会组织已经荡然无存。

天主教工人联盟还没有解散，但是，天主教徒未必能延缓其解散的命运，特别是在"人民"党迫于梵蒂冈的压力转变立场之后。在工人当中宣传天主教社会原则的工作将转到老的**"天主教宣传会"**手中。

劳工总联合会对法西斯工团主义是什么态度呢？改良派从来没有同法西斯主义进行过真正的斗争，而最高纲领派在这个问题上也一直在做改良主义的尾巴。目前，意大利无产阶级的传统组织——劳工总联合会可能有5万名会员，但它对相当多的工人有影响，其会员同广大工人群众仍保持着密切的联系。

法西斯工团主义的简短历史也是改良派的叛变史。改良派的工会策略的基础是投降政策。我不知道在这里提到马泰奥蒂的一句话是否合适。他曾说过:"懦怯也是勇敢的一种形式。"马泰奥蒂从来不是懦夫,这是应当承认的。而且,他常常成为非常勇敢和坚强的榜样。但是,他的说法含有改良主义对待法西斯主义的态度的全部含义,含有改良主义党的全部纲领。从1921—1923年间到现在,他在工会里一直在执行这个纲领。

我提请大家注意几个事实。首先是法西斯主义同改良派的最高纲领派于1921年签订的和约。签约之后,在1922年12月,法西斯主义对工人进行了大屠杀,这时劳工总联合会关闭了都灵职业介绍所和冶金工人联合会都灵分公。冶金工人领袖泰雷罗遭法西斯分子杀害。

1924年,改良派抵制共产党人重建工会的全部工作。1924年12月举行的劳工总联合会代表大会是一次反共的会议。会议制定了对付共产党人的措施,并决定将共产党人开除出工会。

在都灵,由于菲亚特工厂互助会和内部规章委员会选举时,共产党人提出了反法西斯主义的**工人群众候选人名单**并赢得了大多数,改良派便从工会中开除了我们的许多同志。

后来,在1925年,法西斯主义工会宣布举行冶金工人罢工,改良派迫于共产党人的压力扩大了罢工范围,但是,当罢工扩展到更大规模时,却遭到了阻止,其原因则是改良派与资产阶级阿文蒂诺山集团相勾结。我只不过是指出了改良派在工会中推行反工人政策的一些表现。

那么,改良派对待新的法西斯主义工会法是什么态度呢?

一方面,改良派说,需要以合法的方式与之作斗争,但同时,他们要求国联劳动局执行凡尔赛条约第十三款,然而,因为国联劳动局答应在1927年将此问题列入议事日程,改良派便准备等到这个时候,而暂时采取一些措施反对阶级工会,反对任何加快恢复群众运动的企图。改良派试图解散那些由共产党人领导的而且事实上存在的工会,以及那些控制在最高纲领派手中的工会。

目前，改良派准备解散木器工人联合会，改良派在向大工业中心和工厂派出自己的代理人，这些人的职责是收缴会费。和法西斯分子一样，改良派也只想组织少数工人，然后通过他们向全体工人群众施加影响。

改良派没有政治纲领，也没有工会纲领。客观上，他们是反动派的工具。他们认为，资本主义稳定还要持续相当长的时间，还要占有整个一个历史时期。这就完全说明了改良派的整个政策，并指出了这个政策进一步发展的前景。

实际上，最高纲领派在实行与改良派相同的策略，他们仍在利用革命辞藻同改良派合作。

我们在工会里做了什么工作呢？

共产党一直有做工会工作的机构，它从诞生之日起就开始从事这方面的工作。工会工作机构始终同党保持着密切的联系。我深信，我们在工会中所取得一切成就都是因为我们主持工会工作的同志同党保持了这种密切的联系。

我们认为法西斯主义工会法为我们的工会工作制造了有利条件。正是因为如此，现在，改良派还在向我们发动最猛烈的进攻。我们认为，法西斯工团主义自然要具有越来越明显的社会民主主义性质，这必然要引起法西斯主义工会人物与法西斯党机关之间的冲突。为避免这种危险，法西斯分子必将采取一些措施，但是，当群众的压力加强时，这些措施就会显得很不够：群众要掀起运动，法西斯分子一开始也不得不跟在他们后面。改良派和法西斯分子不能不怕群众运动，因此，他们最终要反对我们的进一步斗争，这些斗争是在我们政治工作的促进下出现的。这样就会出现法西斯分子和改良派反对共产党人和无产阶级的统一战线。

我们认为，现在，争取工会联合会比以前有更大的可能性。鉴于在联合会中没有任何民主可言，我们要通过对群众的工作来加强我们的影响。我们不赞成分裂工会，而是想争取联合会。

我们党的代表大会作出决定，**在最近一个时期必须特别注意工会工作**。现在，资本主义反动派和改良主义给我们提出了两个问题，而且不仅仅是在意大利。这就是将工会的主要工作转移到工厂去的问题和加强企业工会活动的问题。解决这两个问题是我们同社会民主党作斗争的一个重要策略。我们保护改良派领导的工会不受法西斯分子损害，这本身就是在同社会民主党作斗争，就是在争取工会的真正统一。

意大利共产党从其成立之时起到最近的整个工作情况驳斥了博尔迪加同志昨天就此问题所提出的指责。党的整个工会工作都是以统一问题为基础的。当然，我们不是统一的盲目崇拜者。博尔迪加同志说，当意大利无产阶级能够恢复自己的斗争时，这种斗争必须以革命工会为基础加以恢复。这意味着什么呢？这意味着无产阶级不掌握工会就不能同资产阶级作斗争吗？我们认为，无产阶级也可以同资产阶级进行争夺工会的斗争。现在，在工会的统一和分裂问题上在党内存在着三种观点。一些同志，如塞拉蒂，看到分裂的危险，但不怕它；另一些同志看到这种危险，害怕了，如博尔迪加同志和塔斯卡同志；我们认为，这种危险是存在的，但不是直接的威胁。现在，工人群众的心里尤其充满着团结一致的精神。

去年，所有反法西斯工会组织（即改良主义工会、无政府工团主义工会、共和派工会和天主教工会等）成立了联合委员会。我们曾想方设法为恢复委员会建立群众基础，以便使这个统一战线组织民主化。不言而喻，有人同我们进行了极为激烈的斗争。现在，我不打算叙述意大利统一战线的全部历史。意大利统一战线的历史甚至要追溯到共产国际提出统一战线问题之前。在意大利，1921年7月共产党就运用了统一战线政策。如果说我们没有取得实际成就的话，那么，责任不在我们身上，其实，我们取得了一些成就，但总的来说不是很大。看来，我们在这方面是犯了一些错误。现在，意大利的形势对于运用统一战线策略很有利。我们作为一个政党还可以做广泛的宣传鼓动工作。工人们知道，无论过去还是现在，我们都在同改良主义工会法作斗争，因为，改良主义工会法最终所要达到的目的同法西斯主义工会法别无二致。

我们应当提出工会工作纲领，并把阶级工会中人数不多的工人先锋队同工会以外的群众联系起来。

至于国际统一问题，我们在这方面已经做了一定的工作，并向最高纲领派提出了加入英俄委员会的建议，但是，他们没有接受。工会联合会的领袖们在布鲁塞尔同阿姆斯特丹的大多数领袖一起进行了表决。

博尔迪加和意大利整个反对派是统一战线的拥护者，但他们不支持英俄委员会，因为他们所致力的目标不是统一。然而，难道我们不能通过统一战线争取实现无产阶级群众的统一吗？

博尔迪加（意大利）：

格拉齐亚代伊也正是这个看法。

布拉科（意大利）：

不对，格拉齐亚代伊说统一战线可以制造政党合并的可能性。这完全是另外一回事。我们是致力于群众在共产党领导之下的统一，我们不认为，必须局限于争取统一战线的宣传鼓动工作，而不利用我们工作这个因素去引导群众建立实际的统一。

我们发展了我们的统一战线策略，掀起了派遣意大利代表团访问俄国的运动。在报刊上，我们已经相应地作了几个月的宣传鼓动工作。我们确信，和在其他所有国家一样，改良派和最高纲领派都会出来反对组织这种代表团。

现在，我来谈宣传鼓动委员会问题。这个问题不仅在意大利曾引起辩论，而且在这里也引起一些同志的议论。不过，我们注意到，在库西宁同志对季诺维也夫同志的政治提纲提出的修正案中，有一处规定要建立宣传鼓动委员会，将它作为开展党的群众工作的一种手段。而在群众工作问题第一分委员会于昨天通过的文件中则直截了当地说，某种固定形式的宣传鼓动委员会即是需要在争取群众工作中采用的那些手段当中的一个实例。

宣传鼓动委员会的目标是什么呢？

首先，需要提醒外国同志，昨天，博尔迪加同志声称，似乎意大利共产党中央委员会企图用宣传鼓动委员会取代工会。这不是真实情况。即使就宣传鼓动委员会的基本任务是保护工会这一点而论，这也不对。在我们党内，可能有几个同志真的想这样做，但是，批评党的政策，则需要根据党的实际工作情况，以正式文件而不是一些人的内心想法为依据作出判断。

宣传鼓动委员会应当取代被取消的内部规章委员会。从这个观点来说，宣传鼓动委员会在意大利必将成为群众性组织。它们不仅应当保护工会，而且也应当保护没有参加组织的群众。它们的基本目标是将工人联合在工会周围。但是，如果我们仅仅局限于这一目标，如果我们同博尔迪加同志一起说，开始需要在工厂建立工厂分部，然后才建立宣传鼓动委员会，而且只是在需要的时候，并且决不使之具有常设性质，那么，就可以设想到，博尔迪加同志是认为对工人群众的工作有两个时期，即恢复工会时期和群众性宣传鼓动时期。我们不这样看，我们认为，只存在一个争取实现各种目标的群众性斗争时期，而保护工会是这个时期的基本目标。

博尔迪加（意大利）：

我们应该只建立工会分部。宣传鼓动委员会可以在需要的时候建立。但是，就是在组织工会分部时，我们也不能避免分裂。

布拉科（意大利）：

代表会议决定由劳工总联合会的代表出面恢复工会。

博尔迪加（意大利）：

我们反对使宣传鼓动委员会具有常设性质。

布拉科（意大利）：

它们仅仅是在不把自己的工作局限在一个目标上的这个意义上是固定不变的。当然没有任何固定不变的东西。工会只包括部分工人群众，而在意大利只是一小部分。如果我们想同广大群众建立联系，那就不能局限于单一的工会工作，而需要寻求其他组织形式。我们认为，宣传鼓动委员会给我们提供了同广大群众建立联系的可能性。

博尔迪加（意大利）：

这就是说，你们放弃通过工会争取广大群众？

布拉科（意大利）：

这两种工作方式之间没有矛盾，它们只会是互为补充。我们应当通过宣传鼓动委员会引导群众参加工会。

为弄清宣传鼓动委员会的真正意义，必须讲讲意大利工厂工人的传统。一些同志说：最好把这些委员会叫做**争取提高工资委员会、罢工委员会**，等等。"宣传鼓动"是一个比较广泛的概念，它可以包括工人的所有要求。意大利共产党中央委员会同反对其策略的各个小反对派组织的分歧是重大的。必须认真考虑党的工作,因为我们在这个问题上坚持什么样的观点,就要采取什么样的策略。这就是基点所在。

在这里,我们应当重申,意大利党从来没主张过解散工会。我们说保卫工会不仅是意大利的一项十分重要的任务,也是整个共产国际的一项十分重要的任务。我们从来没打算建立取代工会的机构,而只是力求找到能够把我们同最广大的群众联系起来的组织形式。这就是宣传鼓动委员会的基本目标所在。改良派可以把我们开除出工会,甚至开除出宣传鼓动委员会,如果他们想这样做的话。我们的口号依然是:**让群众回到阶级工会中去**。

我们为宣传鼓动委员会制定的斗争纲领是什么呢?是争取结盟自由、争取在企业恢复代表机关、争取八小时工作日、争取实际工资、反对物价上涨,等等。宣传鼓动委员会使我们有可能同工人最高纲领派、改良派和无党派人士建立联系。例如,在米兰,因为有宣传鼓动委员会,我们才得以密切了同工人最高纲领派、无党派人士,以及天主教徒的关系。

当然,具有直接近期目标的宣传鼓动委员会在意大利的实际条件下始终会带有纯政治色彩,它们的建立应当被看做是与党对法西斯主义的总政策是一致的。委员会应当努力将广大无产阶级群众联合在共产党行动纲领的周围。在农村也应当建立这种委员会。而且正如需要在各个城市委员会的进一步发展过程中努力建立它们之间的联系一样,也需要尽力设法使城市委员会的工作同农村委员会的工作结合起来。

我们还应在法西斯主义工会中做工作。我们的反对派反对做这项工作,但我们相反,我们认为,需要继续开展这项工作。

在1921年,法西斯主义工会开始出现,它们控制了某些劳动者阶层,特别是农业工人。当时,党的左派领导人就指示秘密地在法西斯主义工会中做工作。1921年的策略与今天的策略不同，那时，我们认为，无论如何也不能去夺取法西斯主义工会的领导机关，而现在，我们说，应当夺取法西斯主义工会的领导权，以便有可能解散它们。要使用一切可能的手段去瓦解它们。

博尔迪加同志在1921年曾为做法西斯主义工会工作起草并签发了指示……

博尔迪加（意大利）：

农村可以这样做，因为在那里用其他办法不行。但是，在城市下达这种指示，对于产业工人来说，这就具有完全不同的含义。

布拉科（意大利）：

这种指示可能恰恰在城市里适用。如果工人自发地参加法西斯主义工会，这完全是另一回事。但是，需要想想，我们怎样才能同那些被迫加入法西斯主义工会的工人建立联系。我们可以在这方面做些工作，为什么说我们什么也不能做呢？

博尔迪加（意大利）：

难道不是你自己说，这些工会里的群众没有任何积极性吗？

布拉科（意大利）：

有时，总还是在有限的范围内表现出一定的积极性的。因此，我们还是应该在法西斯主义工会里要求实行民主。法西斯分子清楚地看到，我们在他们的工会里所做的工作对他们是一种威胁。所以，他们针对共产党人要在这些工会里进行的活动采取了一系列措施。如果我们的工作对法西斯主义工会没有威胁，那么，他们为什么要采取防范措施呢？

这项工作应当秘密进行。我们的口号仍然是：**工人们，退出法西斯主义工会，参加阶级组织吧**。但是，因为在法西斯主义工会里有许多劳动者，所以，我们应该在其中做工作。我们也赞同关于支持工会内出现的反对派的指示。

支持这种对抗行动，就等于加强分化因素。据我们所知，在法西斯主义工会中存在这种因素。但是，指望这种灾难自然而然地发生，那是没有道理的。要加快它的到来就必须做工作。

我们有权利说，我们从来没有忽视工会工作。我们一直引导党的机关做工会工作和支持群众的行动。

各国共产党准备得如何，可以根据它们是否善于运用共产国际的工会策略作出判断。我们认为，需要学会在各种情况下做工会工作。

在共产国际关于工会工作的提纲中作出的指示是正确的。要运用这些指示，尤其要学会正确地运用这些指示。

洛佐夫斯基作总结发言

共产国际第五次代表大会提出的国际工会运动统一的口号是否正确？

在所有发言人中，只有博尔迪加同志一个人反对这个口号。他论证说，讲民族范围内的统一，这个口号可以接受，但讲国际工会运动的统一，这个口号是有害的和危险的。那么，博尔迪加同志举出了哪些证据以宣告和证明国际工会运动统一口号的危害性的呢？博尔迪加同志作出自己的论断既不是根据这一年半所做的工作，也不是根据国际工会运动中那些众所周知的事实，他的论断完全是臆想出来的。在这里，他对大家是这样说的：1. 如果我们在每个国家争取到大多数工人，那么，我们就将在国际中居多数。2. 寄希望于能够把只不过是一个机关的国际争取过来，这是空想。博尔迪加同志的推论就是围绕这两点绕来绕去的。博尔迪加同志以这种提问题的方法再次证明，他喜欢引用抽象的公式，而不是具体的事实。博尔迪加同志对争取工会问题是怎样想的呢？难道是从争取工会上层的角度考虑的吗？难道您在同意为争取工会而要做工会工作的口号的同时，还以为可以争取和说服更接近法西斯主义而不是共产主义的意大利劳工联合会的领导集团吗？博尔迪加同志提问题的方法本身就是错误的。其错误在于，博尔迪加同志不是从争取群众的角度出发，而是从争取工会领导机关的角度出发对待争取工会问题的。对待统一国际的口号，他也是从纯机关角度出发的。由此产生了全部糊涂账。博尔迪加同志的主要错误就在于此。

国际工会运动统一的口号有什么意义呢？其意义在于，我们可以在近一年半到两年的时间内将各国工人的注意力集中到对每一个国家的无产阶级斗争实行**国际领导**的问题上。两个老的国际的传统是各自为政，各行其是，各自自治，各自独立，等等。共产国际打破了这些传统，虽然它还不是领导全世界无产阶级斗争的组织，但是，它为自己提出了这个问题。红色工会国际也为自己提出了这个问题。然而，从这个任务的提出到实现有很大的距离。国际无产阶级的不幸在于，它摆脱民族局限性极其缓慢，而这种局限性实际上在削弱它的力量。使无产阶级摆脱这种局限性，为它提出统一领导各个国家、各个种族和各个大陆工人斗争的问题，提出直接援助其他国家工人的问题，这就是各国共产党在革命工会中的重要任务。这个口号曾使我们不顾社会民主党的传统走出欧洲的范围。现在，当英国工人开始感觉到，他们的生活水平取决于印度织布工人和中国工人时，人们就会注意到建立这种新型国际的必要性。在进行了一年半的紧张工作并在这方面取得了重大成就之后，当这个问题由于我们的提出而鼓动了千百万工人的时候，不加分析地说这个口号是错误的，这就是忘记了黑格尔的基本原理：真理是具体的。这就是信口胡说。错误的态度，不善于弄清事实，不会评估做过的工作和不愿意熟悉实际生活必然要导致危险而有害的结论。博尔迪加同志是否给自己提出了一个问题，为什么绝大多数英国无产阶级现在对国际工会运动统一问题感兴趣呢？为什么在阿姆斯特丹国际内部形成了一个争取统一的重要派别？没有，博尔迪加同志对这些不感兴趣。其实，如果他稍微想一下，他就会发现，生活水平比欧洲其他国家工人都高的英国无产阶级已经开始意识到德国工人的低工资工作和德国工作日的延长等对他们的生活水平都有影响，而出路可以在国际上找到。由此，产生了一个令人感兴趣的事实：一直同一般阶级政策，而特别是同国际无产阶级的政策保持很远距离的英国工会组织，现在认识到，为不失去近几十年取得的成果，必须实行国际统一。博尔迪加同志不知道这个口号使共产国际向前迈进了多大的一步。他看不到我们是怎样把改良主义组织中的工人发动起来的。看不到这一切的人只能是瞎子。这种盲目无知是与博尔迪加脱离实际的路线是一致的。博尔迪加同志在政策上是数学家，他以为在政策上像在几何学里一样，两点之间的最短距离是直线。因为这些，博尔迪加同志指责共产国际，说共产国际在政策上的灵活性过于多。我在第五次代表大会上已经给他作了答复：电线杆很直，但是，它不是共产党路线的样板。不敏感、不灵活、不会估价存在的事物、不掌握生活的脉搏，这就是博尔迪加的特点，由此产生了他的错误结论。在政策上，两点之间的最短距离是直线的说法不对，这不对！在政策上，有时并不像在几何学里那样。我在这里作的报告已经指出，派代表团访问苏联，这是相关国家实现国内统一战线的开始；通向统一战线和统一的道路往往经过莫斯科。因此，伦敦—莫斯科—伦敦、伦敦—莫斯科—柏林这条曲线对于我们的方针，对于我们以后路线的发展和我们正在实行的政策都没有害处。博尔迪加同志在政策上过分几何化的态度影响了他的整个路线，这种路线确实是笔直的，但肯定不是布尔什维克的路线。博尔迪加同志不仅在共产国际执行委员会扩大全会上孤立无援,而且,他在整个共产国际内在这个问题上无疑也是独树一帜的。这就是说明共产国际路线正确的一个证据。在政策上,除了这种几何学找不到别的东西了。

此外,还有生动的证据证明博尔迪加同志的路线是错误的。在第五次代表大会上,整个德国代表团曾认为提出统一口号是搞机会主义,等等,因而,对此问题曾有过怀疑。而如今,它根据近几年的经验断定第五次代表大会的路线是正确的。我想建议博尔迪加同志认真地了解一下自己周围的情况,因为不准确地查明事实,不了解事态的发展进程,就不可能提出任何布尔什维克的政策。

现在,我来谈谈一些国家的工作方式方法问题。

无论如何要统一,这不是我们的口号

大家知道,我曾列出很多情况,说明不该进行争取统一的斗争。总共二十二条,即二十二个问题,二十二个不幸。其中一个问题涉及比利时,这个问题使雅克莫特同志很痛心。为了使扩大全会和我这个罪人马上感到震惊,他一开始就直截了当地说洛佐夫斯基的提纲是对共产国际第五次代表大会路线的修正。雅克莫特同志读了第五次代表大会的决议,专门读了我当时起草的关于工会运动的决议(可以说,该决议对他在比利时所执行的政策表示了无限的信任)。之后,他慷慨激昂地喊道:"难道我们不应当抓住留在工会内的一点点可能性吗?难道我们不该抵制改良派吗?等等"。我们可以答复雅克莫特同志,他在敲开着的门。要知道,我们并没有同雅克莫特同志争论这个问题。我们在第五次代表大会上是同舒马赫同志争论过这个问题。现在,我们同雅克莫特同志争论的是下面这个问题,即当共产党人和其他拥护统一的人在共产党人被开除出工会时表示弃权时,我们可否在我们争取统一的斗争中使用我们

比利时同志使用过的方式方法。如果按照雅克莫特同志的路线走下去，我们则应投赞成票将自己开除出工会，因为一切都是为了那个统一。这是形而上学，完全是来自另一个极端的形而上学。这是共产党不能接受的路线。我们需要统一，但不是为了自杀，而是为了扩大我们的影响。大家设想一下，我们在一个工会组织里弃权，那么，在另一个工会组织里，在第三个工会组织里，共产党人就要被开除，而我们则像在青铜器工人工会大会上那样弃权，难道大家会以为这是在执行第五次代表大会的决议吗？不是，这不是执行第五次代表大会的决议，这是偏离我们路线的一种倾向。我们仍然要在工会里做工作，要抓住任何一点合法的、合乎规章的和所有其他的可能性，以扩大我们的影响。但是，没有哪个地方说过，共产党人被开除时我们要弃权，或投票赞成开除自己。这种策略会使你们走上危险的道路。共产国际的责任是提醒比利时党，这是一条不可靠的路，沿着这条路走下去就要卷起我们共产党的旗帜。难道大家会怀疑有这种党员，他们会说"开除我们是因为我们是共产党员，我们不要说我们是共产党员，不要坚持我们的纲领，等等。"同志们，这是一条危险的路，我们的责任是提醒你们。当然，不要受挑战，要寻找一千零一个可能性来抵制开除共产党人的做法。但是，什么事情都有个限度。我觉得，在我举出的这个事实中（雅克莫特极力要将其说成是真的百分之百的布尔什维克战略）有一种需要尽快克服的危险倾向。

  当证明自己的倾向同共产国际的策略一脉相承时，雅克莫特同志引用了季诺也维夫在共产国际第五次代表大会上针对舒马赫的发言。季诺维也夫说："列宁主义在工会运动方面就是反对分裂。凡认真考虑争取工人阶级大多数的人，就不应该轻率地对待工会运动的统一问题。布尔什维克化，这是争取工会运动统一和争取共产党员到工会中去的重要斗争策略。"还有一句诱惑雅克莫特同志的话，"列宁主义要求工会无论如何要统一。"这是针对无论如何要分裂的舒马赫讲的。而且，为了打击这种倾向，季诺维也夫同志几次强调无论如何要到工会中去，无论如何要留在工会中，等等。然而这并不意味要执行那种为使我们不被开除出工会而要导致我们放弃原则和**自己开除自己**的路线！不，同志们，这不是我们的策略，这不是共产党的策略！

我们党和法国工会联合会的任务

现在，我来谈谈法国。在我们今后的工会运动工作中最大的困难是什么呢？

1. 第一个国际是整个工会运动一分为二的分裂状态。我们不止一次地说过，法国是一个分裂的传统国家，或传统分裂的国家，如果可以讲这方面的传统的话。因此，法国的工人运动分裂成两部分。那么，由此产生了什么后果呢？后果是，在同任何一个个人或集体企业主在任何一问题上发生冲突时，改良主义工会和联合工会彼此都要较量一番。而如果我们再看看有着许多个人主义和许多反工团主义情绪的法国工人运动的历史传统，我们就会发现，在法国、在我们党内和在联合工会以及在它们争取统一工会运动的斗争中，存在着种种最紧迫的困难。这就是主要困难所在。应当按照什么样的路线去进行争取统一的斗争呢？在法国，在这种传统分裂状态下，应当把注意力放在什么上呢？我们应当在各地把注意力集中到企业和工厂，如果说不需要把百分之百的积极性集中到那里，也需要集中90％。在本地、在企业、在地区和在一些省份建立统一的机关，这是任务。随着我们在企业里工作的开展和随着我们在工人运动集中地区影响的扩大，我们可以克服工人运动中出现的种种困难。只有觉得工会联合会面向工厂，才有可能克服由于传统分裂和改良主义上层领导与政府机关之间的勾结所造成的各种困难。

2. 在法国工作中存在的迄今还很薄弱的第二点，是党和工会没有完全把注意力集中到主要工业生产中心。蒙穆索同志举出了铁路工人联盟的例子。该联盟确实是法国最强大和最像样的组织，但是，铁路不是唯一的战略点。那么，冶金工业、纺织工业和采矿业的情况如何呢？如果大家拿这三个主要的工业部门，拿北方这样的主要工业区作例子，那么，大家就会发现，我们在那里的工作比较薄弱。因为党和工会对这些主要工业部门和重要地区都没有给予足够的注意。我认为，该是我们学会做突击工作和把全党及工会的注意力集中在一定的任务上的时候了。如果党和工会给自己提出任务：用三个月的时间注意冶金工业，把全部力量用到重要的冶金工业中心；或者用三个月的时间注意纺织工业；或者把三个月的时间用到采矿业；对待北方地区也是如此，那么，这种争取群众战略的效果会比现在的情况要好。因此，在这方面，可以而且需要给我们在法国的工作提出一点儿新东西。

3. 有一事实对法国工人运动具有决定意义。这就是总共只有10%左右的工人参加了两种工会组织。对于90%没有参加组织的工人，需要党和工会给予注意。要注意9/10的法国无产阶级！在没有突破这一点之前，我们不可能克服那种满足于由有觉悟的少数派引导群众前进的老传统。在这以前，我们也不会有很大的影响。争取90%没有参加组织的人，这就是应当给予注意的工作！

4. 在法国，工会运动有很大的流动性，因为在两三年时间内每个工会的成员都要更新90%—95%。巴黎冶金工人工会就是一个例子。近五年来，参加过这个组织的会员有五六万人，而这个组织总共只有五六千人。法国工会是个穿堂院。要把工人留在工会里，要让他们固定地跟着工会走，这就是需要给予极大注意的问题。

5. 统一战线在法国只是不久以前才开始实际实行的，但是，同志们，不能说在这方面没有成绩。我认为，法国铁路工人联盟开展的各线铁路工人建立统一战线的运动是一次很了不起的运动，它不仅仅是法国的一个范例。在这次运动中,我们的工会表现得沉着、冷静,对全体铁路工人群众表示了很大的同情,因此,它们经过这次运动在精神上和政治上都得到了加强,同时扩大了自己在群众中的影响,其表现是会员人数有所增加。可是,暂时还只有这么一个例子,而我们希望有几十个、几百个这样的例子。应该沿着铁路工人很顺利地走过的这条路线继续走下去,因为,恰恰是沿着这条路线,我们在争取工人阶级大多数方面无疑可以争取到胜利。

6. 法国共产主义运动同许多其他国家的共产主义运动一样,还很年轻,它总共才有几年的历史。而且法国共产党的特点是,它是由几个思想相似的组织成分组织的:它的一部分来自社会党,以及这个形式上统一的社会党的各个党团(盖德派分子、饶勒斯分子等);另一部分来自充满无政府工团主义思想的职工运动;最后,第三部分是直接入党的新一代。我们党的党员入党前有各种不同的思想意识和不同的年龄结构,这之中就含有很大的困难和某些危险。共产国际对法国共产主义运动的策略是什么呢?它的策略,是把所有这些单独的细流、单独的思想派系联合到一个整体中,是无论如何要把工团主义运动中的所有健康成分引导到共产主义方向上来。这个策略的十分之九已经实现了。由于共产国际和红色工会国际的帮助,我们成功地引导无政府工团主义工人运动中的所有健康和正直的成分接近或加入了共产党,从而将这些来历不同的团体和派别牢固地联系在一起。但是,同志们,联合,这还不是完全彻底地完成了我们的任务,这里还有某种危险。在我们党内,不敢说有裂痕,但思想派系的痕迹是存在的,两大派别还没有完全合并。现在,在法国,不仅在党**外**而且在党**内**,有一部分人返回到陈腐的无政府工团主义思想上去了,这不是偶然的。须知,莫纳特和罗斯默的工团主义倾向得到了党内部分人士的同情。这证明几种力量的联合没有百分之百地实现。

7. 还有一个非常棘手、特别复杂和十分重要的问题，这就是党和工会的相互关系问题。建立对工人运动的统一领导，这是一个复杂而缓慢的过程。这需要党的领导核心和工会联合会的领导核心进行深思熟虑，采取极其谨慎的策略，给予密切的关注。在这个问题上，不够谨慎的策略有可能给党和工会造成灾难性的后果。我们什么时候也不能忘记两个主要派别还没有彻底合并。要创造条件加强联合，为此，则需要党员工会工作者也从事党的工作，而党员要从事工会工作。但是，这不应该是仅仅在政治局会议上和地区委员会会议上见面的两个主管部门或两个世界。它们应该组成一个整体，尽管它们是做工人运动不同方面的工作。这一点值得整个共产国际认真注意。

8. 再有，必须注意陈腐的无政府工团主义思想在党内外的复活。在法国党右翼给共产国际的信中，我们发现对党的作用估计过低。莫纳特和罗斯默的机关刊物《无产阶级革命》到目前为止已经出版了十四期，贯穿这个刊物的中心思想是，在工人运动中起领导作用的不应该是党而应该是工会。这说明什么呢？法国的谚语说："人们总想恢复自己最初的爱好。"现在，我们就在恢复最初的爱好，即恢复战前的无政府工团主义。在3月14日出版的一期《无产阶级革命》刊物中，莫纳特写道："我们既不需要社会主义同盟，也不需要共产主义同盟，而需要不问政治的同盟。"不问政治的同盟，这是什么口号？这是战前的工团主义口号。如果我们以为这只不过是编辑部的看法，那我们就会犯大错误。这个潮流或这种思想的危险在于，它在传统和历史遗产上耍花招，企图借助这个口号推翻共产国际的基础。请大家想想，共产国际第二次代表大会及其关于共产党在工人运动中作用的决议吧！于是莫纳特和罗斯默要推翻共产国际的基础。这种复旧行为对于法国是很危险的。

那么，如何根除这种行为呢？一方面，需要同这种倾向作认真的思想斗争；另一方面，需要同工会建立正常的相互关系。要更善于领导工会，对自己的领导工作没有什么可夸耀的；不能取代工会及其机关，而应当使工会能够充分发挥其能力。关于党和工会的相互关系问题，当然不是停留在三四年前的水平上。在这方面，我们在法国已经走了很长一段路程。凡稍微了解一点儿法国工人运动情况的人，都不得不承认我们已经做了大量的工作并走过了一段路程，但远远不是整个路程，还会有许多困难、冲突、等等。共产国际和红色工会国际的任务是密切注意我们党的路线和工会联合会的工作，以求在党与工会关系这个最棘手的问题上不发生任何倾向和任何错误，否则一切都得从头做起。

关于德国

我们在德国的处境有很大改善。我想，即便如此，格施克同志也不会说处境十分美妙。我们是刚刚走出由于工会策略缘故使党所陷入的泥潭。我想起我在德国法兰克福代表大会（1924年4月）上的一段经历。我是出席会议的六名共产国际代表之一，曾经想方设法不让德国共产党做出无法补救的蠢事。有几次，我们同领导小组开会，从晚上七点开到早上七点。经过长时间辩论后，我们代表团以共产国际的名义发表声明说，如果通过马斯洛夫同志的决议，这将意味向共产国际宣战和为新的国际制定纲领，我们只是在提出最后通牒之后，才得以从马斯洛夫同志的决议中删去最危险的部分。危险在什么地方呢？对于绝大多数与会代表持分裂工会运动的立场：说什么，我们不想与这些官僚有任何共同之处，等等。共产国际不得不尽一切努力在思想上和政治上施加影响，以阻止法兰克福代表大会在绝路上继续走下去。事情发展到这种地步，鲁特·费舍集团竟然拒绝将共产国际执行委员会的信印发给大会！（这封信的中心思想是认为需要留在工会内做工作），于是我们只好不通过这个集团印发共产国际执行委员会的信。

这是自杀性策略：一方面，它要导致脱离工会；另一方面，要造成社会民主党人同共产党人的敌对关系。这样的例子要多少有多少。在德国，曾有些党组织作出决定，禁止自己的党员同社会民主党人接触。这是怪事，但是，是事实。不过这还没什么。原中央市政部领导人卡茨同志更是左的出奇（现在，此人已被开除党籍），他曾起草了一个通令，规定共产党人在市政厅应有怎样的言谈举止。在这封指示信中我们发现有以下一些稀奇古怪的要求：1. 共产党人不得同社会民主党人打招呼和同他们握手；2. 他们出席会议必须戴红色手套；等等。（笑声）那么，这些社会民主党人是些什么人呢？是市政厅的顾问吗？他们大部分是工人。中央就这样"争取"工人阶级的大多数！如果共产国际不干预这件事情，我们的德国党就会灭亡，就会实行所谓共产主义工人党路线，就会不复存在而变成政治僵尸。德国共产党的老领导不但未能争取社会民主党工人，反而只是加深了共产党工人与社会民主党工人之间的鸿沟。在德国，在这种政党分化的情况下，靠这种罪恶的政策怎么能有所作为呢？

最近，德国在工会运动方面取得的部分成就仅仅是**初步的**，我希望德国同志不要夸大由于执行正确路线而取得的这些初步成就。老传统还远未根除，它们还存在于许多党员的心中，在一些地方，还可以发现对待共产国际最近这封信的不正确态度和许多党员对工会工作的极端重要性估计的不足。

格施克同志说：当然，无论如何要统一，这不好，这个口号不是十分恰当；但是，无论在任何情况下都要统一这个口号更坏。因此，他问我："哪个口号好，是无论如何要统一好呢，还是无论在任何情况下都要统一好？"在这个问题上，我想起了格施克同志的同胞亨利希·海涅。当有人问他，他喜欢剁掉他的手呢，还是剁掉他的脚？海涅回答说，他喜欢奶汤。（笑声）我不想在这两种不正确的口号中作抉择。这两种口号不是我们的口号，它们不仅使我们失望，而且能够导致整个一系列的失败。

我认为，德国共产党中央在工会运动方面的路线是完全正确的，只是需要**在实践中、在每日的工作中**继续贯彻执行。但是，对于我们来说，仅仅有一些正确的路线是不够的，还需要把全党的注意力集中到工会工作上来，只有这样，我们才能取得重大的成绩。不要忘记，我们在德国失去了一些有五六年时间一直掌握在我们手中的重要据点（如埃森、盖尔森基兴等）。这都是老政策带来的结果，新政策必将带来相反的结果：获得德国的所有工业区。

至于格施克同志提到的失业问题。我认为，在这个问题上，他是在折断拐杖。在这方面，我们的任务是什么呢？是要尽一切可能使失业者同有工作的人，同工会联系在一起。但是，当有几百万工人失业，而工会官僚不断抵制同失业现象作斗争的时候，不去把失业者组织起来，那就要犯大的政治错误。我们不能像格施克同志那样说："不要任何失业者组织"。这是政治自杀，这对党、对党以后的斗争都是有害的。我们应当在我们有影响和有可能的地方尽力通过工会把失业者同有工作的人联系起来。失业者是一支重要的斗争力量，然而，我们不可能使所有失业者都同工会联系起来，因此，我们必须想出这样一种组织形式：一方面，它要保证工会运动的统一；另一方面，它要把失业者的所有力量集中为一个有力的拳头以争取实现失业者的近期要求。除了工会不要任何组织（有人喊：不要工会以外的任何独立组织！）的口号是错误的。如果工会领导人不愿意，我们不要管他们，不能让失业者处于分散状态。我们在英国有这样的情况。失业者建立了自己的组织，在两年多的时间里，他们想方设法争取总委员会的承认，最终达到了目的。英国的失业者组织不仅没有违背总的路线，而且是一支有助于共产党斗争和少数派运动的力量。这就是为什么说断然反对建立任何失业者组织是错误的。

最后一个问题是工厂委员会问题。格施克同志说得对,应该重视工厂委员会。它们影响的大小取决于我们的积极性:如果共产党人善于扩大自己的影响,那么,工厂委员会就会起很大的作用。在这方面,捷克斯洛伐克共产党对待工厂委员也要更慎重些。工厂委员会的作用是同国内社会关系紧张程度成正比的。平静时期它们无声无息,但当工人阶级开展斗争时,它们又马上开始起作用。例如,法国的无产阶级团结委员会就是工厂委员会的雏形。应当按照将这些委员会改造成为工厂委员会的方针做工作。对工厂委员会要更加重视,我同意,我举双手赞成。

美国的客观困难和主观困难

多尔西同志在其简短的发言中指出了美国工会运动的特点和我们在工会政策上出现的一系列错误。不过,首先应当记住,美国约有3000万工人和职员可以组织起来,其中参加美国劳联的仅有280万人,还有几十万人参加了各种独立工会,这样也只有10%—11%的工人和职员参加了组织。在美国和在法国参加组织与没有参加组织的人数比例基本相同。可见,有多么广阔的活动天地呀!有多少需要做的工作,而做的又是多么少呀!

我在报告中说过,美国所有大型基础工业,如冶金、运输、电力等,都掌握在独特的混合组织(**公司工会**)手里。情况很复杂,也很困难。美国资本主义的实力、新的剥削方式和方法、新的从经济上腐蚀工人的方式和方法、美国资本主义在生产率方面的特殊压力,这一切要求我们有特殊的斗争方式和方法。需要使我们的组织形式适合于美国的政治特点和社会经济特点,适合于美国工会运动的特点。

亿万富翁和工会运动的那种臭名昭彰的民主(据美国劳联主席威廉·格林称,工会运动"坚持了民主的几个健康的基本特征,即权利、正义和人身自由")是什么货色,可以根据阿姆斯特丹国际主席阿·珀塞尔的文章作出判断。

珀塞尔写道:

"所有这些关于美国'民主'的说教,依鄙人之浅见,纯属欺骗。在警察搞阴谋、武装保护企业主和侦探密布的国家有'民主'可言吗?在洛克菲勒和摩根、平克顿和鲍德温—费尔茨的国家有民主可言吗?在对黑人使用私刑、对为争取自己的权利而举行罢工的工人进行殴打与屠杀和这一切多年来已司空见惯的国家有民主可言吗?在法律、国家和警察、整个政府机构——合法的和非法的——公然厚颜无耻地为现有金融寡头剥削劳动人民效劳的国家有民主可言吗?我认为,我们不应为政府机构的种种形式所迷惑。如果我们弄清这些形式所掩盖的事实,我们就会发现,在美国是资本家专政,美国是**新君主专制制度即垄断资本主义、金融寡头资本主义专制制度的完美范例。**"

这种妙不可言的"民主"拥有名副其实的工会运动。珀塞尔同志在大西洋城代表大会上曾有幸同美国劳联"捞到油水的小伙子们"打交道,我们还是听听他是怎样说的吧。他在同一篇文章中写道:

"美国劳联不想成为比高明的白人'工人贵族'组织更庞大的组织。它是真正意义上的'少数派运动',只是组织微不足道的少数美国产业工人。

无论在美国劳联内部,还是在美国工会运动中,都缺少民主精神。权力至高无上的寡头政体领导着工会运动。我在大西洋城代表大会上发现,所有重要的委员会和代表团都由主席指定,由代表大会自动通过。实际上,主席事先决定了大会决议,因为各委员会的报告都能顺利地得到大会的通过。这完全是官场性质的代表大会的做法。

美国整个官方生活所特有的'收买制度',美国劳联也在使用,而且我觉得在许多工会里都在使用。比如,当格林接替龚帕斯当选美国劳联主席职务后,他下令解雇美国劳联总部所有组织的工作人员,而不管他们工作时间长短、工会工作经验如何,等等。这些人员被告知,他们可以重新担任以前的职务,但只能是在研究了他们的申请之后。

代表大会的一个特点（在英国是不可想象的）是接待来自著名的爱国主义非工人组织'美国退伍军人会'的'兄弟'代表。这个代表团的领导人是著名的工会首领、印刷工人协会的乔治·贝里少校。我曾见到过的很多较好的具有战斗精神的工会工作者都被赶出了美国劳联，这是整个工会运动的一个很大的损失。任何个人和团体都不敢反对以法律和警察为后盾的劳联官方机构。但是，您若是离开美国劳联，那么，您就完了：他们会堵住您的嘴，禁止您活动，如果需要，他们还会进行镇压。

黑人工人是美国工人运动应当加以解决的一个大问题。然而，这个问题甚至尚未提上日程。大多数工会组织的门对黑人工人都是关闭着的，黑人工人只有付出很大努力才能加入工会组织。

其实黑人工人是美国工会运动巨大潜在力量的源泉。"

珀塞尔对"垄断资本主义专制制度"和"收买制度"的这种清晰的评述是最令人满意不过的了。

我们对美国工会运动领导层的评价得到像阿姆斯特丹国际主席这样处于共产国际队伍之外的人物的赞许，这就加强了我们的立场。当我们有这样的民主和这样的工会组织的时候，我们这个人数尚不多的美国共产党的工作确实是艰巨的。虽然，我们已经做了一定的工作，我们在采矿工人、铁路工人和冶金工人当中，在缝纫业和其他工业当中有很大的影响，但是，这一切只不过是沧海之一粟。当前，美国工会宣传联盟需要做大量的工作，可是党内的摩擦和派别斗争却使这项工作难以进行。

在美国，需要特别注意什么呢？需要特别注意建立和组织左翼。如果说在欧洲的工会运动中很难形成左翼，那么，在美国要建立和组织左翼就更加艰难，因为劳联的机器或机构会立即将反对官方路线的一切行为从其组织中清理出去，这就是美国劳联的传统作法。但是，建立真正的群众性的左翼不是不可能的，因为工会宣传联盟的工作已经为之奠定了基础。工会宣传联盟在政治上有广泛的影响,但在组织上没有很固定的影响,政治影响和组织影响之间的这种差别必然要削弱我们的影响,造成力量的分散和使我们不能始终带领那些基本上支持我们政策的人前进。

我不想在这里谈论美国共产党内部对我们工会运动策略的不同看法。我只想说,存在着极左倾向,有对工会工作估计不足的问题和明显不善于利用群众运动(如无烟煤矿工人罢工)来组织左翼的问题。存在着某种反工会的贵族作风和自上而下组织工会的观点。我算是个共产党员,在造孽的工会中我也无能为力。只有32%的党员是工会会员,这是前所未有的丑事!只要党员不能全部参加工会,我们就一步也不能前进。我还要指出,党和联盟没有很重视黑人工作,在这方面,虽然初步采取了一些谨慎的行动,但是,实在是太少了。珀塞尔同志写道:"黑人工人是美国工会运动巨大潜在力量的源泉",他完全正确。这一点我们任何时候都不能忘记!

至此,我可以结束关于美国问题的发言了。我只想说,我完全同意福斯特同志对美国工会运动新方针的评价,而且,我还认为,他的工会资本主义术语是正确的,因为这个术语符合美国工会官僚新方针的实质。

关于捷克斯洛伐克

关于捷克斯洛伐克问题,我讲几句。从库恩同志的发言中我们可以看出,按照我们所熟悉的老路线行事,出现的主要问题是工会里的共产党员没有同党取得足够的联系。我们捷克斯洛伐克党在工会运动方面的问题是什么呢?是它在工会(无论是红色工会还是改良主义工会)中没有组织党团。原因是在改良主义工会中很难组织,而在红色工会中却很容易。一些参加了工会的党员做了这样的推论："都是好小伙子，我们都拥护共产国际，都拥护红色工会国际，那我们还建立党团干什么？"但是，当涉及到具体问题时，我们认识到，承认共产国际路线同在实践中贯彻执行这条路线是两回事。例如，在建筑工人工会，矛盾就很突出。该工会有会员18000人，其中有共产党员8000人。这么多的党员可以干一场革命，但是，他们没能掌握工会，为什么呢？因为共产党员本身不执行党的路线。共产党员不执行共产国际的路线，而执行自己的特殊路线。这种情绪在我们这个庞大的组织、统一的工会中也存在。如有人说："我们是共产党员，因此不需要建立党团"，等等。但是，这种政策只会削弱他们所领导的工会。在工会里组织共产党党团并不会削弱工会运动，而会使它更坚实、更稳固和更强大。可是，许多加入工会的捷克共产党不理解这一点，因而产生了各种问题。

尽管如此，我们党在捷克斯洛伐克也取得了巨大成就。最近的一次选举表明，我们在改良主义工会中有很大影响：在有20万红色工会工人参加的情况下，从哪里得到100万张选票的呢？当然，这种政治影响是不稳固的，因为党团没有组织起来。厍恩同志说，在改良主义工会中，共产党对15万人有影响。这个说法我们怎样核实呢？在改良主义工会中没有党团，没有反对派力量的组织，统计也就无从谈起。

是在红色工会、改良主义工会、民族社会主义工会（这种工会中不只是有1000名工人）等所有工会中建立党团的时候了。必须消除那种认为在自由主义民族主义工会中我们不需要做工作的老思想。哪里有工人，哪里就应该有共产党人或党团。

关于波兰……

最后这条意见与波兰同志有关。过去曾有这样一种情绪，认为我们只应当和波兰社会党工会打交道,而不应当和人民党工会、天主教工会等来往,尽管这些组织中有10万多名工人。在波兰比在任何地方都更需要认真地注意那些打着民族或民主口号组织工人群众反对共产主义的工会组织。不在这些工会中做工作,很大一部分无产阶级阶层就受不到我们的影响,而在社会斗争尖锐时期被作为反革命力量加以利用。这种方针很危险。一般地说,凡有工人群众的地方,就需要去做工作。凡有新教工会、天主教工会、自由工会、福音工会和其他工会的地方,共产党就应当到所有这些工会中去做工作,去建立党团,因为,只有这样才能实现统一和争取工人阶级的大多数。

意大利事件的一些教训

我认为,意大利的情况是有代表性的,这不仅从我在报告中所阐述的观点来看是这样,而且还因为意大利共产党是唯一一支组织群众反对法西斯的力量。那么,吵吵嚷嚷的无政府主义者和狂热的工团主义者躲到哪里去了呢?他们从意大利工人运动中消失了。法西斯制度也曾一度使那里的工人过高地估计了改良主义者、无政府主义者和工团主义者的价值。但是,他们在工作中看得到这些人,他们清楚,只有共产党在同法西斯主义作斗争,并且是一支力量。而这一点即是相当重要的成就。

我认为,在意大利共产党代表大会上围绕宣传委员会问题发生的争论有些脱离实际。如果我们同意应把意大利党的主要注意力放到对工厂企业的工作方面,那么,我们所要建立的这些机关的名称则起次要作用。从捍卫我们的阵地的角度来说,不同地方用不同名称(如宣传鼓动委员会、保卫工资委员会、互助委员会等)可能还有好处。我们在企业里所建立的组织的结构或形式名称越是多样化,越有利于同法西斯暴徒作斗争和捍卫我们的阵地。在这个问题上,实践起决定作用。我很难说,目前什么样的组织形式更好和更合适,这要由经验来说明。

现在,我来谈谈讨论中提出的几个问题。

关于吸引妇女和青年参加工会问题

克拉拉·蔡特金同志在这里呼吁要吸引女工参加工会,这是有益和适时的发言,是有益的提醒,但在这里夸大事实也没有必要。我们在提纲中写争取统一,不仅仅是指男工的统一,而且也是指女工和青年的统一,我们说的是整个工人阶级的统一。既然有点怀疑可能忘记了吸引妇女和青年参加工会的这项基本工作,那么,就必须讲这个问题。必须对吸引女工参加工会和参加各种工会运动的工作给予极大的注意,在这方面,也要谈到青年。蔡特金和许勒尔两位同志在这里提醒了两个重要的无产阶级阶层,并提出了自己的建议。他们的建议要写进提纲。

统一是策略吗?是的,但不是旨在反对无产阶级,而是旨在反对资产阶级

最后几个问题与我们争取统一的运动有关。改良派指责共产国际和共产党什么呢?他们说,我们的统一战线口号和统一口号是一种策略。我们已经不止一次地就此问题作出说明,这是怎样一个策略,这个策略是针对谁的。但是,由于我们是在同敌人打交道,而敌人为了混淆是非,总是乱抠字眼儿钻每一个空子,所以,托姆斯基同志在这里作的说明很适时。在劳工总联合会最近举行的一次代表大会期间(1925年8月),所有资产阶级报刊和改良主义报刊都大喊大叫,说什么劳工总联合会耍了一个手腕,因为它和改良派同时召开了自己的代表大会。我在这次代表大会上发言说:是的,统一战线和统一是一个策略,但不是反

对工人阶级的策略，而是反对资产阶级的策略。我们向全世界公开承认：**这是反对资产阶级的策略，但无论如何不是反对工人阶级的策略**。我们整个统一战线的策略，统一的策略是一个手腕，其任务是联合无产阶级各个阶层同资产阶级作斗争，但这个策略既不是旨在反对无产阶级的某一部分，也不是旨在反对整个无产阶级。它只是旨在反对我们的阶级敌人。这一点要特别明确。我们共产党和工会的报刊都应特别明确。

我们同社会民主党斗争的性质

有时，在我们争取统一战线和统一的斗争中，出现以下一些相类似的说法：我们在同社会民主党和阿姆斯特丹国际领导人进行阶级斗争。我要说，这个说法是不对的。我们是同资产阶级进行阶级斗争和夺权斗争；我们同社会民主党和同工会官僚进行的是争取工人阶级的斗争。这样的说法无疑要比同社会民主党进行阶级斗争的说法更为正确。

我们需要什么样的国际

最后一个问题。近一年半时间，我们进行了争取国际工会运动统一的斗争。我觉得（可能同志们有另一种印象），我们在提出这个问题的宣传鼓动工作中，不仅没有把争取统一的斗争同现实具体任务联系起来，而且没有说明，我们为什么要建立统一的国际。其实，这是全部实质所在。第一个不足，是我们没能把争取国际统一的斗争同每个国家工人阶级的状况联系起来。为什么现在英国无产阶级能够在世界工会运动团结一致的旗帜下进行活动呢？这个问题我已经讲过了。大家想听听数字吗？下面就是。我面前有一张表，表中指出，在英国、印度和埃及，一个熟练工人一天能挣到多少钱：英国：8 小时工作日，210—290 美分；印度：10至12小时工作日，38—60美分；埃及：10至12小时工作日，40美分。同志们，这就是向国际统一转化的根源。资本主义曾成了使所有国家基本上变成连通器的条件。在资产阶级压迫下，较高的生活水平有向低水平看齐的趋势。这种由于东方工业的发展而降低欧洲无产阶级生活水平的威胁是工会广大会员群众转向统一行动的基础。向工人们说明这一切，这是我们各个党的任务，否则，我们的国际统一口号就会悬在空中而与具体情况联系不上。

最后，谈谈这个统一的国际的任务。我们想建立什么样的国际呢？我们对有些事件，没有充分加以利用，没有给予注意，其实，它们在争取统一的国际的斗争中是可以起作用的。1921年，发生了有120万英国矿工参加的大罢工。但是，英国矿工罢工时，美国、法国、德国和比利时的矿工没有罢工，煤从那里运到英国，结果英国矿工在罢工13个星期后失败了。一年后，50万美国矿工罢工，这时英国的煤导致了美国罢工的失败。比利时、法国和德国的矿工进行斗争时，情况也是一样。其实这些国家的矿工同属一个国家。罢工期间运送煤炭的运输工人同矿工均属阿姆斯特丹国际。有什么能够更清楚、更使人易懂和更通俗地证明有必要**建立其成员互不从事工贼活动的组织呢**？对于群众来说，有什么能比这些令人震惊的事件更清楚更明白的呢？可是，在我们的极力宣传鼓动中，我们对这方面的问题没有给以足够的重视。我认为，这是我们工作中的一个很大的不足。我们需要注意这方面的问题，需要把统一问题同这些重要的日常斗争问题联系起来，把统一战线问题同这些具体任务联系起来。只有这样，我们才能使这一伟大历史任务得到千百万无产阶级群众的同情和支持。我们需要一个与国际工贼活动断绝关系的国际，我们需要一个在所有国家同时开展斗争的国际，我们需要一个把部分社会战线上的斗争看做是自己的直接斗争的国际。这些都需要向广大群众说明，这是一项近期的任务。

同志们，我知道，我们通过了许多好的决议。我来这儿之前翻阅了我们在共产国际和职工国际的历次代表大会上所通过的所有关于工会运动的决议。怎样争取群众，把局部口号同最终目标结合起来，重视工会运动的自治与独立，等等。好像包罗万象，但同时又像一切都需要从头开始。尽管如此，但我不消极，因为我们不是从头做起，而是继续前进。如果我们想要做的是一百，那么，肯定我们连10%也还没有达到，不过事情总还是在前进。

近期最重要的政治任务，是向所有共产党人说明工会的作用。如果整个共产国际和国际的各部不懂得，工会运动是具有决定意义的战略问题，工会工作是每个党的重要政治工作，工会工作是每日每时的工作，是整个共产党和每一个党员个人的工作，等等这些基本的东西，那么，我们就会在原地踏步不前。

在结束报告之前，我还应当做个纠正。英国代表团正式通知我，我在报告中引用的那个中央扩大全会关于统一问题的决议，没有谈到关于全俄中央理事会加入阿姆斯特丹国际的问题。草案上有这个问题，但全会把它删掉了。造成误会的原因是错把决议草案付印了，而最后的决议稿未印。我很愿意，也很高兴作这个纠正。

在结束报告的时候，我希望我们百分之百地实现我们在这里通过的决议，但这是最高纲领，在我们之间可以说，如果大家能实现决议的50%，这就是共产主义对国际改良主义的一个很大很大的胜利。（掌声）

（会议休会）

第十六次会议

(1926年3月8日)

主席：塞马尔

佩珀作关于政治委员会问题的报告

我受政治委员会委托，报告委员会的工作。政治委员会举行了几次会议，详尽地讨论了对季诺维也夫同志的提纲提出的各种修改意见。

我要事先说明，季诺维也夫同志的提纲已经由执行委员会主席团通过，没有提出任何其他反对方案。对于总的分析，可以认为，在政治委员会和全会上只出现了以下几点不同意见：

第一，大家记得，是博尔迪加同志的意见。博尔迪加同志认为，表明世界整个形势特征的其实只有两个因素：一个是苏维埃俄国，一个是资本主义环境。

第二，是罗森贝格同志的说法。罗森贝格同志把世界形势想象得很简单，因此，他发现资本家有联合起来反对工人阶级的总趋势。

第三，是法国右翼同志和原共产党人的分析。这些人根本不想看到法国的革命形势或危急局势，在他们的分析中几乎认为资本主义稳如泰山。

因此，我想提一下法国代表团关于法国政府性质的提案。在季诺维也夫同志的提纲中说，目前的法国政府，至少是白里安倒台以前的政府，是小资产阶级的政府，尽管它在许多方面执行了资产阶级政策。而法国代表团在其提案中说，法国政府是大资产阶级的政府，它只不过是依靠一些小资产阶级阶层而已。

政治委员会没能接受法国代表团的这个修正案，因为政治委员会认为，这种说法意味着对法国局势作出了错误估计，意味着不承认法国的危急局势和不承认决定着当今国际形势的重要因素。

委员会认为，季诺维也夫同志的提纲正确地分析了国际形势。为什么？因为提纲提供了关于国际形势的各种丰富情况，对国际形势作出了生动而全面的分析。当然，将国际形势问题归结为两个因素的相互作用，那很简单，但是，这根本不符合实际情况。这种看法听起来无论多么诱人，但都不能作为制定今后的革命策略的任何依据。政治委员会之所以认为季诺维也夫同志的提纲是正确的，正是因为该提纲对充满各种矛盾的世界形势作出了透彻的分析。它不仅揭示了工人和资本家之间的矛盾，而且揭示了资本主义列强之间不可清除的矛盾。

我要作出的第二点说明是，在政治委员会开会讨论时曾暴露出一种可以说是从局部观点出发分析国际形势的倾向。有几个例子，如美国同志的提案：美国同志试图在美国总的局势中写上不利于资产阶级的方面。谁也不否认，美帝国主义常有一些不利方面。但是，过去突出和片面地强调这些方面，从而掩盖美国资本主义即美帝国主义还在上升的这个主要的、基本的趋势，那总还是错误的。因此，政治委员会没能接受那种认为美国工人的实际工资现在在下降的修正案。同样，它也难于同意那种认为美国工人阶级在日益激进化的说法。但是，政治委员会采纳了这个修正案中符合实际的说法，即美国存在一些小的局部危机。此外，政治委员会提议着重指出，美国在资本主义的正常发展过程中不可避免地要发生一些严重危机。政治委员会在指出这一前景的同时，并没有预言最近一次危机到来的时期。

后来，我们还收到一些关于英国问题的提案和反提案。这些提案的作者都试图着力强调那些表明英帝国主义还不只是拥有一个对其有利的积极因素的方面。政治委员会同样没能接受这些提案。它之所以驳回这些提案，并不是因为它们在各个方面都是错误的，而是因为它们过于强调对英国资产阶级有利的方面，从而掩盖了英帝国主义明显的发展趋势即英帝国主义的必然崩溃。

政治委员会对洛迦诺公约特别重视。委员会把主要注意力恰恰都放到了洛迦诺公约上。

同志们，你们都看了提纲并记得那里是怎样写洛迦诺公约的。提纲里对与洛迦诺公约有关的情况作了十分明确的分析，认为：

1. 实施洛迦诺公约主要是对美国资本主义有利，但同时也是欧洲债务国组织联盟对付债权国美国的首次微弱的尝试。

2. 洛迦诺公约证明，英帝国主义对法帝国主义的优势有所加强。

3. 洛迦诺公约是英帝国主义建立反苏俄联盟的一种尝试。

这就是提纲里强调的主要趋势。

有几个代表团就洛迦诺公约问题提出了修正案。为判断这些提案是否正确，我们必须指出，洛迦诺公约不是欧洲资本主义发展的最后阶段，更不是世界资本主义发展的最后阶段。它并不意味着永久的和平、发生战争可能性的消除和黄金时代及有些社会和平主义者所预言的一切的到来。政治委员会认为，洛迦诺公约是一个重要枢纽，但不是终点站。在洛迦诺公约周围交织着许多路线和趋势，这就为分析洛迦诺公约和所有其他与该公约有联系的协议和政治阴谋造成了一定的困难。在政治委员会里有一些同志只是采取观望态度，倾向于对洛迦诺公约作出片面的评价。

从法国的角度来看，洛迦诺公约是法帝国主义在经济上、政治上和军事上的一大失败。根据这种片面的看法，洛迦诺公约实质上只不过是法帝国主义的毁灭。如果我们看一看德国报刊是怎样报道洛迦诺公约的，从德国角度怎样评价这个公约的，那么，我们就只会看到德国对美国的依赖、美国提供的巨额贷款和因此德国在政治上、经济上对美国的依附。

如果从英国的角度来看洛迦诺公约，或从英国殖民地自治领如印度的角度单方面地来看这个公约，那么，我们就会觉得，洛迦诺公约大大加强了英帝国主义。

政治委员会认为，所有这些评价都是片面的，虽然它们也有某些正确方面，因为这些评价是从某一个国家的角度来分析洛迦诺公约的。因此，政治委员会认为，提纲是正确的。提纲是从国际形势角度，是从以所有有关国家之间的相互作用与基础的世界政治联系角度分析问题的。

政治委员会认为，对提纲中谈到洛迦诺公约的部分只需要作两点修改，即：

1. 要更有力地强调欧洲债务国建立联盟以对付债权国美国的首次微弱尝试。

2. 要在洛迦诺公约中更明确地强调法国出现的局势，并指出，洛迦诺公约证明法国在欧洲大陆建立军事霸权的企图业已失败。

政治委员会对提纲中谈到洛迦诺公约的其他部分未作改动。

政治委员会研究的下一个问题是以英国为一方与以自治领和殖民地为另一方的相互关系问题。曾经有过一种倾向，这种倾向过高地估计了英国宗主国利用自治领和殖民地工业化可能性的前景，认为殖民地工业化至少可以间接地帮助英国宗主国摆脱经济上和政治上的绝境。政治委员会认为，英帝国主义所有大大小小阻止自治领不可避免的独立图谋和限制殖民地必然要发生的解放运动的图谋，都不可能带来好的结果。帝国主义者无论通过在英帝国范围内推行的互惠政策，还是通过收买殖地民族资产阶级上层,都不能达到这些目的。

政治委员会认为,提纲正确地估计了英国殖民地对待宗主国的态度,认为殖民地的离心倾向即摆脱帝国的倾向是基本倾向。

委员会还审查了提纲中对一些国家局势所作的评估,作出了如下修改:

1. 加进关于法西斯意大利的简短一章。

2. 对德国部分,主要是对关于德国特殊情况的部分作了一些修改。德国的特殊情况导致某些经济力量将这个国家推上了帝国主义道路,其实,德国并不具有帝国主义发展的条件,因为它丧失了帝国主义的各种实力手段。

此外,政治委员会又加进了关于多瑙河流域国家和巴尔干国家的一章。试图简要地说明巴尔干半岛上这些被肢解的国家的情况。在这一章里政治委员会指出,由于和约和世界大战的整个事态进程,巴尔干国家更加巴尔干化了,比以前更加成为了战争的策源地。

还加进了关于白色恐怖区的一章。应当指出,白色恐怖区几乎已经成了地理概念。现在,至少有1.3亿人生活在白色恐怖的威胁之下。

委员会稍微扩充了关于东方那部分的内容,因为中国、摩洛哥和叙利亚等国解放斗争的意义值得整个共产国际给予极大的注意。

此外,委员会还讨论了某些工人运动问题和共产党的任务,决定作出如下修改:

1. 关于第二国际在东方的作用问题。东方正在形成新的工人运动,因此,第二国际,主要是英国工会领导人,企图现在在远东加强自己的力量,以便将东方还不了解改良派、社会民主党和工党传统的新的运动争取到自己方面并加以组织。2. 我们还收到了修改提纲中关于失业者问题部分的提案。这里需要注意到两种危险性:(1) 由于大批工人持续不断地失业,工人阶级可能长期分裂成两个阵营,因此,需要共产党人强调工人阶级的统一；（2）我们可能要冒这样一种风险：共产党人在反动工会官僚进行抵制的影响下，有可能忽视广大失业群众的利益。提纲和政治委员会的修改意见（部分修改意见是季诺维也夫同志本人提出的）是试图把共产国际在这个问题上的立场表述清楚。

在关于给独立工党的信的问题上，我们作了一些实质性修改。政治委员会提出的新稿子接受了我们英国同志的观点，在这个稿子里，我们毫不含糊地强调指出，我们支持英国共产党的几封信，并对独立工党说，如果它想建立统一战线，如果它认真对待这个问题，那么，它就在自己国内同"本国"共产党人商量这个问题吧，不要到国际上玩弄统一战线思想。

我们写了一个确实很简短但是很重要的关于从组织上掌握广大群众的新的方式方法的部分。在这里，我们提出了同类组织问题，即共产党应当像撒网那样将其撒在自己周围，以争取同情工人的那些组织的作用问题。

政治委员会还建议加进关于合作社工作的简短的一章，加上几句关于青年的话，其中包含一些批评性的劝告。

大体上，这就是政治委员会所做的全部工作。此外，我们还特别注意了以下两个问题：1. 注意了群众工作委员会就掌握广大群众的新的方式方法问题提出的详细提纲；2. 注意了第二次国际组织会议的工作问题。政治委员会建议在全会上着重讨论这两个问题，建议提出专门的报告和分别作出决议。

我讲完了。我受政治委员会委托，请求全会通过季诺维也夫同志的提纲和政治委员会对此提出的修改意见。我要强调指出，这些修改意见都毫无例外地得到了委员会的一致通过。

季诺维也夫作总结发言

一、争取工人阶级大多数的斗争

国际妇女日

同志们！首先，我要完成主席团的委托，简要说一下国际妇女日的意义。今天是国际妇女日。这个节日主要是共产党的节日。因为大家知道，社会民主党越来越不提这个日子了。我们借此机会再次向共产国际各支部提醒一下做妇女工作的特殊重要性。如果我们真想准备无产阶级革命，那么，我们就应牢记，不吸引劳动妇女参加党、参加工会和参加一般的无产阶级斗争，我们就不能完成这项任务。我不得不非常遗憾地指出，迄今为止，我们的各个支部很不重视这项重大的任务。我们每一个想成为群众性政党的支部，都应当越来越多地考虑到对妇女的组织工作。今天，我们以整个共产国际的名义向所有女工、所有劳动妇女致以无产阶级的敬礼。（暴风雨般的掌声）

现在，我作总结发言。

世界资产阶级论共产国际执行委员会扩大会议

同志们！我们全会的工作刚刚接近尾声，但是，一些资产阶级议会就对我们的提纲和我们的讨论作出了反应，更不用说竞相评论我们会议的资产阶级报刊了。在资产阶级的这些评论中，有些东西并不是没有意义的。德国资产阶级报刊有时试图把事情说成这样，似乎我们的工作重心是旨在"反对英国"。法国资产阶级报刊则说，我们的工作主要是旨在"反对美国"。《德意志总汇报》上的一篇评论共产国际执行委员会会议的文章就标上了"共产国际的反英情绪"的题目。法国的《巴黎回声报》认为,我们会议的口号是"打倒美国!"(说什么,这是共产国际的又一个拿手好戏。)

在大家面前没有必要去认真地驳斥这种荒诞无稽的论调。共产国际是世界性组织,它反对的是全世界的资产阶级。

诚然,我们这次全会比以往任何时候都更认真、更仔细地研究了与英国和美国有关的问题。这是因为这两个国家,特别是美国,在世界政治中占据着越来越重要的地位。我们把这么多的注意力用到美国和英国,这只是证明,我们在逐渐发展成为**世界性的**国际。

对于我们的讨论,在英国议会里曾发生了一次规模不大但很有意思又很激烈的辩论。保守党议员霍尔先生问张伯伦阁下,是否看过我们的提纲和我们的报告,他是不是打算针对我们的发言采取什么措施。张伯伦傲慢地说,他很了解我们的报告。他读过我们的报告后确信,我们不仅开始反对英国资产阶级,而且也反对其他国家的资产阶级。显然,这应该是对英国议员的某种安慰。张伯伦先生还夸口说,他与霍尔先生不同,他看了我们报告的更详细的说明材料。正是根据这个材料他确信,我们不只是"攻击"英国的资产阶级。为便于这些可敬的先生们继续进行辩论,可能大家认为有必要委托皮亚特尼茨基同志以书记处的名义把我们讨论会的全部速记记录寄给这些可敬的人们。(笑声)霍尔先生和张伯伦先生还对参加英国问题委员会(该委员会是由扩大执行委员会选举产生的)的桑布里同志是英国人还是美国人感兴趣。恐怕在这两种情况下,他们都不会反对"逮捕和引渡"他。这个问题还是让他们自己去寻找答案吧。

说我们不仅反对英国的资产阶级,而且也反对全世界的资产阶级,这是对的。但是,我们还能够把较强大和较危险的敌人同较弱的敌人区别开来，就拿灿科夫和张伯伦两位先生来说，如果讲他们个人，那么，他们都受到了我们同样的"爱戴"，对这两位先生，我们可以表示很明确的意见。但我们总还知道，在个人品质方面，虽然灿科夫比张伯伦毫不逊色，然而客观上张伯伦现在的作用却比灿科夫要大。张伯伦代表的那一部分资产阶级毫无疑问比灿科夫所代表的那一部分资产阶级要具有更大的作用，而且对于国际工人运动来说是一个更大的危险。我们更注意张伯伦，这个事实也说明这一点。当然，张伯伦个人并不使我们特别感兴趣。如果明天他被另一个人取代——须知，这是常有的事，张伯伦先生，请看看白里安的命运吧，那么，我们也就不再提他的名字了。国际共产主义无产阶级很注意英国保守党政府，难道不是很自然的吗？

我还应声明，我们想都没有想过提出"打倒美国！"的口号。我们讲"打倒帝国主义美国！"虽然在我们对美国无产阶级的工作中存在着需要予以重视的巨大客观障碍，但我们清楚地知道，在美国，我们也有朋友，在那里，我们可以逐渐集中一支愈益强大的力量。一些身居高位的美国人士声称，只要还存在共产国际，只要还有像我这样一个罪孽者在大家面前讲话，就谈不上美国承认苏联问题。我认为，对待这种声明不必过于认真。我们的国际当然要存在下去，并且会日益巩固，而苏联终究要得到美国的承认。据我对苏联政府成员心情的了解，我可以告诉大家，我们的这些同志很沉着很有信心地等待着美国放弃它对苏联的错误态度而承认苏联的这一时刻的到来。我认为，这一时刻已为期不远。即使拖下去，苏联政府也未必要等到白了头。

我们在讨论中对美国和英国很感兴趣，但我们感兴趣的不只是这两个国家。我们的任务比上面我所引用的报纸所想象的要广泛得多，我们全会和所有委员会的工作内容比它们所想象的要充实得多。

先锋队和广大群众

我们全会的工作内容是什么呢？我认为，我们的所有工作所围绕的一个主要问题是我们现在，即在我们已部分地将工人阶级的先锋队争取过来之后，如何争取广大群众，争取工人阶级的大多数和劳动群众的大多数问题。我们的所有打算最终正是集中在这个问题上。

列宁曾写道：

"无产阶级的先锋队在思想上已经被争取过来了。这是主要的。没有这一点，那就连走向胜利的第一步都迈不出去。可是，这离胜利还很远。单靠先锋队是不能胜利的。当整个阶级，当广大群众还没有采取直接支持先锋队的立场，或者还没有对先锋队采取至少是善意的中立并且完全不会去支持先锋队的敌人时，叫先锋队独自去进行决战，那就不仅是愚蠢，而且是犯罪。要真正使整个阶级，真正使受资本压迫的广大劳动群众都站到这种立场上来，单靠宣传和鼓动是不够的。要做到这一点，还需要这些群众自身的政治经验。"①

可见，要达到此目的，要使遭受资本主义压迫的广大群众站到我们的立场上来，不仅需要鼓动和宣传，而且需要这些群众本身的政治经验。因此，我认为，现在可以毫不夸张地说，我们的第一部分任务已经有所解决，至少在思想上我们已经把无产阶级的先锋队逐步争取了过来。在组织上，我们还没有解决这个任务，但正在解决之中。我们这次全会的工作正是研究这个先锋队现在如何争取广大群众的问题。我认为，因此也产生了整个统一战线策略和发展我们一般策略的整个方针。过去，我们必须不惜任何代价（哪怕是以分裂老社会党的代价）去首先建立独立的工人共产党，这就是首先争取无产阶级先锋队的斗争。但

---

① 《列宁全集》中文第2版第39卷第72页。——编者注

在我们这部分计划得到一定解决之后，出现了新的更重要的和更严重的问题，即现在如何争取工人阶级大多数的问题。因此，在这个时期自然要提出统一战线策略问题。

列宁在1920年说（但愿美国同志能特别专心地聆听这段话）：

"即使现时在俄国，在我们对本国和协约国的资产阶级取得空前胜利的两年半之后的今天，如果我们提出'承认专政'作为加入工会的条件，那我们也是在做蠢事，破坏自己对群众的影响，帮助孟什维克。这是因为共产党员的全部任务，就是要善于**说服**落后分子，善于**在**他们**中间**进行工作，而不是臆想出一些幼稚的'左的'口号，把自己同他们**隔离开来**。"①

我认为，同志们，我们现在正处于这样一个时期，在这个时期，对于我们来说特别重要的，不是强调把共产党工人同社会民主党工人和无党派工人分隔开，而是将他们作为同一阶级的成员联合起来。现在，我们在某种程度上已经把先锋队争取过来了，我们面临着更高的任务，即必须把工人阶级大多数争取过来，我们无论如何也要抛弃列宁所说的"左派幼稚"口号。现在，共产党已经成熟了，它们应当善于向工人群众提出能够使我们同最广大的工人群众，其中也包括同社会民主党的工人接近的口号。

当然，完成这项任务绝不意味放弃同"他们的"，即社会民主党的先锋队（先锋队当然是带引号的，因为社会民主党上层是资产阶级在工人阵营中的先进队伍）的斗争，不意味我们放弃同社会民主党反革命领袖的斗争。

列宁说："……如果革命党在各个革命阶级的先进队伍内和在全国

---

① 《列宁全集》中文第2版第39卷第34页。——编者注

范围内没有争得多数,那就谈不到什么起义。"①

我们还不拥有这个大多数,要坚持不懈地做争取这个大多数的工作。这就是时代的主要任务。

现在,我们正经历着这样一个时代,在这个时代里,我们应当能够帮助广大劳动群众积累自己的政治经验。我们的任务是一步一步地引导工人群众前进。我们的任务是做这样的工作:既不让先锋队脱离广大群众而同时又不让先锋队失去其本色。

我们把先锋队的一部分争取过来了,这已经不少了,这是一个很大的胜利,这是向前迈出了重要的一步。但是,这还不是争取大多数。从前我们以为,我们可以在几年内取得胜利,其实需要更多的时间。在某些国家,我们已经把一半左右的工人群众争取过来了,在个别国家已经争取到大多数。我们的全部策略艺术应当是接近广大工人群众,其中包括社会民主党的工人群众,同时强调我们同资产阶级化了的社会民主党领导层的区别。

共产国际组织会议论从组织上掌握广大群众的方法

我认为,我们全会开幕之前举行的组织会议,对于实现我们的第一次任务即实现先锋队的更好统一和它在组织上的团结,将具有相当大的意义。先锋队在组织上的团结是我们为实现我们的目标所需要的一种手段。我们的目标是能够更有组织有计划地向广大劳动群众渗透。我们需要一个巩固的、在组织上团结一致的政党,我们还需要表现出很大的灵活性。组织会议一致认为,工厂支部应该是共产党的基层支部。这是毫无疑义的。共产党不可能有另外的基础。同时,组织会议承认,我们必

---

① 《列宁全集》中文第 2 版第 32 卷第 328 页。——编者注

须表现出足够的灵活性，必须能够在需要的地方用其他组织形式来补充这种形式。现在有街道支部，但可能到时候还需要有另外一些组织形式。我们不应僵化。我们应当注意每个国家、每个城市和每种职业的具体特点。

库西宁同志向大家提出了关于共产党从组织上掌握广大群众的新的方式方法的决议案。我认为，这些意见是对第三次世界代表大会关于组织问题的决议（列宁同志特别称赞和宣传了这个决议）的重要补充。近年来，我们也依靠了一些给国际工人运动带来很大好处的无党派组织，如国际革命战士救济会、国际工人救济会等。现在，有可能再组织一些新的这类组织。提交给大家的决议案提到以下一些可能出现的新的无党派组织类型：

"在对我们表示同情的群众组织中，共产党人首先应当支持国际革命战士救济会。共产党人参加诸如国际工人救济会之类组织的工作也同样特别重要，因为这类组织是作为独立的无党派组织发展起来的，而且现在已经掌握了广大工人群众。

作为新的同情我们的组织，最近在许多国家出现了反战联盟和反对对东方各民族实行殖民压迫和奴役的组织。在广大工农群众对苏维埃俄国（特别是通过向我们这里派遣工人代表团的运动）表示热烈同情的国家里，新俄罗斯之友协会可能具有很大的意义。无产阶级自助组织也在不同情况下得到了广大群众的应用，因而具有很大的意义（如德国的红色战士协会）。此外，在各个国家还适当地建立了一些同情我们的小组织，如工人俱乐部、民族之家、工人教育协会和学生联合会等。

在许多资本主义国家，巩固和扩大共产党对群众的影响的恰当而有效的方式，是一方面借助于同情我们的群众组织，另一方面通过专门的出版社，广泛开展表面上是无党派的出版活动。"

我认为，所有这些具体指示，虽然研究得还很不够，但对于我们却有很大的意义。建立一个群众性的、接近我们的无党派组织，有时比通过几十个提纲更为重要。现在，我们在争取并且已经部分地争取到无产阶级先锋队，我们必须架设由先锋队通往广大群众乃至整个阶级的桥梁——尽可能架设更牢固和更多的这样的桥梁。能公开架设的地方，就公开架设；不能公开架设的地方，就秘密架设。

关于军队工作

最近，我们有些放松对资产阶级军队的宣传鼓动工作。我们不应该在做细小而微不足道的工作的同时，在关心工人及其家庭的日常需要和善于利用一切可能性促使群众联合起来的同时，忘记像在军队中做宣传工作这样重大的任务。对军队做宣传工作，当然需要付出巨大牺牲。但是，不做这项工作，我们就不能履行自己的革命职责。

我希望，我们提交给大家的这个提纲能在根据各兄弟党提出的修改意见作出修改后得到一致通过。这个提纲可以正确解决先锋队争取过来之后如何寻找从先锋队通向群众的道路和架设将两者联系起来的桥梁问题。这就是我们全会工作的主要意义所在。

二、关于博尔迪加同志的极"左"倾向

两种倾向

在我们的全会上，同右的倾向和极"左"倾向的斗争始终起着不小的作用。看来，在一个很长的时期内，我们还是非得同这两种倾向作斗争不可。列宁在《共产主义运动中的"左派"幼稚病》一文中说："无政府主义往往是对工人运动中机会主义罪过的一种惩罚。这两种畸

形东西是互相补充的。"①

列宁的这些话可以作为与我们解决极左危险和右的危险的指导方针。

那么，究竟谁是这样的极左分子呢？最彻底的极左分子，如果真的存在，那就是无政府主义或准无政府主义者。最彻底的右倾分子则是机会主义者。这两种倾向，这两种对马克思主义的曲解，正如列宁所说，是互相补充的。无政府主义往往是对运动中机会主义罪过的一种惩罚，同样，机会主义也是对运动中无政府主义罪过的一种惩罚。不能同无政府主义作坚决斗争的党必然要为此犯右倾错误，同样，能同机会主义作坚决斗争的党必然要为此犯左倾错误。

现在，当我们组建了坚强的紧密团结在一起的共产主义国际组织后，在我们队伍中就不再有也不可能再有明显的无政府主义者和机会主义主义者。但是，在共产国际刚刚成立初期，情况则完全不是这样。那时，我们有意识地允许一些无政府主义者和机会主义者加入共产国际（比如：德国共产主义工人党就是作为同情党加入共产国际）。在列宁的领导下我们这么做是因为我们认为，战争刚刚结束，国际工人运动中新的派别还只是刚刚开始形成，应该给予真诚反对帝国主义战争和拥护无产阶级国际行动的人们参加共产国际的机会。与此同时，我们同独立社会民主党人即同正式的社会民主党断绝了关系的社会民主党组织进行了谈判。但是，很快共产国际就不得不制定至今仍起作用的、有名的二十一条。共产国际后来的整个发展过程，是我们逐步纯洁队伍，进而发展成为严格的布尔什维克式的党的过程。

博尔迪加同志在这里说："我们搞党的布尔什维克化已经整整一年了；我们应当做个总结，这个总结将是凄惨的。"看来，博尔迪加同志

---

① 《列宁全集》中文第 2 版第 39 卷第 12 页。——编者注

认为,一年,这对于几十个共产党搞布尔什维克化来说,是一个很长的时间期限。我不这样想。我们当中谁也没有指望,我们能在一年内使我们的党布尔什维克化。不错,共产国际已经有整整六年的历史了,但是,布尔什维克化的任务显然还远远没有解决。

因此,同志们,我们首先应当清楚地认识到,极"左"倾向和右的倾向是相辅相成的。只有同这两种倾向,同这两种歪曲行为进行正确的斗争,才能执行真正的马克思列宁主义路线。谁具有反对极左派的真正权利和谁能为马克思主义而有所成地去做这项工作呢?只能是那些真正像列宁那样同右的危险作斗争的人;从另一方面来说,谁有权利和谁能够成功地为马克思主义事业去同右的倾向作斗争呢?只能是那些善于像列宁那样同极左错误作斗争的人。

不久前,被开除出德国共产党的舍恩兰克在被开除前撰写的一篇纲领性文章中写道:

"我认为,共产国际执行委员会所指责的业已垮台的党的左派领导所犯的错误乃是数年来错误地执行了国际政策的结果。共产国际将减弱积极革命斗争作为其适应新情况的政策的基本出发点为时太晚。走在工人运动前面,最受斗争意志激励的那部分工人阶级习惯于进行战斗,他们认为,与其做平淡无奇令人生厌的工作,不如到战场上去厮杀。共产国际清算这种极左思潮的时间太长。第三次世界代表大会曾试图一下子根除这种被抛在历史发展进程后面的假革命思想,但未获成功,因为当时各国共产党的境况没能使它们得以克服内部的阻力。从这个观点出发,可以认为,德国独立社会党在哈雷的分裂不是政治性错误,因为该党的群众性过渡有力地促进了革命的工人运动。"

有人说,舍恩兰克是个自信和诚实的小伙子,但是,他同极左派的"斗争"是我们所不能接受的。他反对极左派是为了使自己成为社会民主党人。舍恩兰克派没有权利同极左派作斗争。反对极左派还不意味本身就是马克思主义者和列宁主义者。不，有一些人反对极左错误，只不过是为了便于自己鼓吹和犯下同样有害的右的错误。

无政府主义和机会主义是同一事物的两个不同方面。无政府主义是对机会主义的一种惩罚，而机会主义往往只是对无政府主义的一种报复。

同志们，在共产国际执行委员会的这次扩大全会上，这方面的情况如何呢？在我们这里，极左派代表比比皆是，可以说应有尽有。在这次会议上，右派个人代表很少，但这不等于说，右的危险，对于共产国际来说，总的来说要少一些。

这一次，一部分极左派同右派有一个共同的特点：他们不公开发表意见。很大一部分发表意见的极左派（可能博尔迪加同志除外）在发言中都装作他们根本不是极左派，装作他们不知道、不了解这种倾向，似乎他们对这种倾向根本不感兴趣，等等。一句话，"我不是我，马也不是我的，我本人也不是马车夫"。我们已经说过了，博尔迪加同志是个例外，他比较勇敢地投入了战斗，试图捍卫自己的陈腐观点。

现在，在德国，存在整整三个极左派集团（或分派）。在波兰和挪威也有极左派分子。这些同志当中有些人可能还是不反对改正自己错误的。当然，对这样的同志，我们要说，浪子回头金不换。

那么，右的危险呢，现在，它在哪些地方威胁着我们呢？

在法国，我们现在有很严重的右的危险。这个问题将又是一个需要专门讨论的题目。在我们的执行委员会全会进行期间，从捷克斯洛伐克收到一些新材料，这些材料促使我们作出了反对捷克斯洛伐克右派的专门决议。挪威也是一样，这几天刚刚收到一些材料，说挪威一些有影响的共产党人正在滑向地地道道的直接取消主义：准备取消我们自己的党。右的危险在西班牙党内也存在。在该党领导层有一个明显的右翼，同苏瓦林串通一气。在荷兰也存在右的危险。

可见，我们在同两种危险和倾向打交道。在我们所处的这个时代和在目前这个发展阶段，这可能是不可避免的。全部问题在于，要善于在目前的具体情况下，根据现在的实际力量对比和具体的政治发展进程，正确地在每一个单独的国家确定每一种倾向的比重和这两种倾向中哪一种在目前情况下具有危险性。

博尔迪加同志的观点

现在，我们来更仔细地分析一下博尔迪加同志的观点。我仔细阅读了他最近一个时期所写的东西。他的一本论列宁的意大利文小书是一个很重要的文献。书中反映了作者的各个薄弱的方面。其次，是他的论共产国际内部机会主义危险的一篇"著名"文章。还有不久前他向意大利共产党代表大会提出的，但未被采纳的关于意大利党活动问题的决议草案。再就是博尔迪加同志在这次全会上的两次发言。

博尔迪加同志在这里所作的第二次发言承认，他在意大利本土的支持者寥寥无几。但是，他在用他的一位志同道合者的方法安慰自己。这位志同道合者对他说：我们要像犹太人那样做，如果我们在意大利失败了，我们可以聊以自慰的是：犹太人在巴勒斯坦也很弱，但是，在其他地方却很强大。（笑声）

这样一来，博尔迪加同志自己承认，在意大利，他这一派的支持者不多，然而在其他地方它却很强大。那么，提一个小问题：在哪些地方呢？这是一个很大的谜。如果博尔迪加同志能为我们解开这个谜，那就好了。若是博尔迪加同志想说，他的极左观点能在其他党内产生影响，那我认为，他是大大地"失算"了。极左观点在其他党内也在渐渐消失，而不是相反。为什么呢？这不是因为极左派领导人不正派，而是因为工人运动的发展进程揭露和证实了他们在各个基本问题上的错误，时间作出了说明。

博尔迪加同志请求根据他原来的观点而不是强加给他的东西评论他。他在发言中说："我知道，我不很好看，但是，为什么布哈林同志还要歪曲我的形象呢？"现在，我们就尽量完全按照博尔迪加同志的本来面目给他画一张政治肖像吧。我注意到了七点，我认为这七点完全证实了博尔迪加同志的错误。大概也可以列出七十七点，但我们只选择主要的。

第一点是代议制问题。博尔迪加同志同列宁同志的第一次论战就是在这个大厅里进行的，那是在共产国际第二次世界代表大会上讨论是否允许共产党人为革命目的而利用代议制的问题的时候。在这个问题上，当时博尔迪加同志是错误的，而共产国际是正确的，难道观点还不清楚吗？博尔迪加同志当时认为，他同我们的主要分水岭正是革命的代议制问题，博尔迪加同志就是在这里犯了一个大错误，难道这不清楚吗？

第二点是共产党应当成为群众性的党还是成为人数不多但"纯洁"的党（实际上的宗派）？博尔迪加同志正是倾向于后者。他对意大利最高纲领派和其他人的态度也说明了这一点。所以，我要问：难道意大利的运动，现在还没有为整个国际证明博尔迪加同志是错误的，而我们是正确的吗？如果我们一开始不给自己提出无论如何也要建立这种群众性的共产党的任务的话，那么，我们现在的情况会是怎样的呢？现在，共产国际会是一个毫无影响的宗派。

第三点是**农民**问题。这不是一个小问题。博尔迪加同志根本没有认真注意这个问题。然而，他就此问题发表了意见，他在这个问题上的立场也完全是非列宁主义的和反列宁主义的。整个一系列党的发展进程，而不只是一个意大利党的发展进程，都证明我们对农民问题采取的列宁主义解决方法是正确的。

第四点是博尔迪加同志所拟定的有名的罗马提纲问题。该提纲充分反映了博尔迪加同志的基本观点，是他不可动摇的原则，是他这一派的哲学。同志们，我敢打赌，现在，任何一个委员会，甚至连对博尔迪加同志最友好的委员会，也不能从这个提纲中找出一行正确的东西。从这个提纲的提出到现在已经过去四年了，包括意大利在内的所有国家发生的事件，都是对这个提纲的明显驳斥。博尔迪加同志怎么会不了解这一点，这对于我来说是个谜，但是，他不了解这一点，他仍然"完全持那种立场"。

第五点是统一战线策略问题。博尔迪加同志在这个问题上没有采取很明确的立场，但总的说来，他是统一战线策略的反对者。我们已经积累了足够的经验，证明在这个问题上正确的是共产国际而不是博尔迪加同志。仅就英国为例来说吧。英国工人运动的比重很大，那么，英国两年来实行统一战线策略的结果如何呢？连瞎子都清楚，唯有这个策略给英国共产党人开辟了接近群众的途径。当前，英国工人运动需要起到世界历史的作用。马克思和恩格斯没能在群众中为马克思主义争取影响。共产国际首次在英国找到了接近群众的途径。当然，这是因为有了统一战线策略的缘故。我不想再谈其他国家的经验，我认为，一个英国例子就足以驳斥博尔迪加同志反对统一战线策略的种种理由。

第六点是关于工厂支部是共产党的基础的问题。在这次全会上，博尔迪加同志在一次发言中说：我不是笼统反对支部，但是，政治问题应当由党员大会讨论，而不是由工厂支部讨论。我没有完全弄清楚博尔迪加同志的这种观点，难道博尔迪加同志真的认为活动在群众当中的工厂支部不该讨论政治问题吗？这是对支部、工厂和工人群众的一种什么看法呢？一个支部如果能在工厂里把工人群众吸引到政治生活中来，那它才是一个严肃的共产党支部；从另一方面来说，难道我们的党什么时候反对过几个支部在一起开会、在更广泛的成员中讨论政治问题吗？可能在意大利，在艰难的地下条件下暂时不能做到，然而，这也只是出于保密方面的考虑。博尔迪加同志,实际上,在什么地方,由谁作出过禁止举行支部会议的决定呢?这种决定当然不曾有过。

博尔迪加同志所写的许多东西,其中包括我们已提到的他的小册子和文章,而特别是他的决议草案,都表明他对党的作用有着截然不同的理解。这就是他对共产党的基层支部——工厂支部持否定态度的根源所在。承认支部有存在的权利,但是,反对它们讨论政治问题,从而大家可以发现一个明显的非马克思主义顾问。我认为,应该承认,在基层支部问题上,博尔迪加同志已经开始投降,对此只能表示高兴。

第七点纯粹是意大利的问题,即对待原"第三国际"党团的态度问题(泰尔齐尼)。你们当中许多人可能还记得,博尔迪加同志曾强烈反对我们党同摆脱(泰尔齐尼)最高纲领派的"第三国际"党团联合。博尔迪加同志担心,这样,我们会敞开党的大门,让一些不稳定分子混入党内。博尔迪加同志在他的一篇文章中声称,他从可靠的消息获悉,在第四次代表大会上,列宁曾反对代表大会在最高纲领派问题上所采取的立场。这一情况是不真实的。博尔迪加同志写道:"我有材料证实这一点,但我不想引用。"但是,要知道,博尔迪加同志说了这一情况,这也就是引用了这个"材料"。因此,最好是把这个"材料"告诉整个共产国际。我和俄国所有其他同志都清楚地知道,在意大利问题上的全部政策,其实和第四次代表大会的全部政策一样,其贯彻执行都得到了列宁的完全同意和赞成。

我们要问:在这个问题上,谁的观点被证明是正确的呢?当然是我们的观点,而不是博尔迪加同志的观点。难道"第三国际"派现在没有和党结合在一起吗?难道我们没有从他们身上得到宝贵的力量吗?难道他们没有帮助我们打击最高纲领派和改良派吗?

我认为,这七点足以证明博尔迪加同志是不对的。

博尔迪加同志论党内的列宁主义

博尔迪加同志在其论述列宁主义问题的理论著作中,常常持有两种不同看法,往往在一些很重要的问题上否定列宁主义。例如,博尔迪加同志在一篇文章中声称:为什么要臆造一个特殊的列宁主义呢?他写道:

"我们运动的基础是一种完整的世界观的理论体系:所说的就是马克思主义、历史唯物主义,其最积极的拥护者是列宁。但不需要,而且列宁也不会觉得有这个必要把它叫做列宁主义。那么,列宁对这个体系是持什么态度呢?如果他是修正主义者,他必然会用列宁主义和布尔什维主义取代马克思主义和共产主义这种名称。但是,列宁不是修正主义者,他很自豪地同各个学派的修正主义者进行了坚决的斗争,他否定了他们使用马克思的名字和利用其传统的权利,并以有力的论据作了论证。列宁分析了其内容已为历史证明无误的一些文本的种种微妙婉转之处,以取自真实历史之中的论据和导师们详尽而很有道理的说教捍卫了自己的正统性。"①

乍看起来,这些说法很俏皮。当然,列宁是马克思主义者:他没有"歪曲"和"修正"马克思。何必要用一种特殊的术语——列宁主义呢?

我想完全客观地对待博尔迪加同志的立场,因此,在这里,我应该指出,博尔迪加同志在另外一个场合曾声称,在他看来,马克思主义和列宁主义意义相同。但是,当博尔迪加同志列举他不同意列宁主义的地方时,他开的清单是如此之长,以致你会不由自主地自问:在哪些方面

---

① 博尔迪加《机会主义的危险和共产国际》,载于1925年9月30日《团结报》。

他同意列宁主义呢？博尔迪加同志首先不满意列宁主义的策略。然而，这是列宁主义最有力和最丰富的方面。大家已经知道，博尔迪加同志在许多方面不同意列宁主义。例如，在关于党的作用和组织、关于统一战线策略等这些根本问题上就是这样。这就是为什么博尔迪加同志不愿意使用列宁主义这个词和认为它是多余的原因。

请看博尔迪加同志给党的概念所下的定义吧。在他的定义中，党只不过是由共同的世界观联合起来的一些志同道合的人们的联盟。当然，这是党的标志之一。当然党是努力把同意它的纲领，具有共同世界观的人们联合在一起的。但是，博尔迪加同志漏掉了主要的东西，即党和阶级之间关系的活的辩证法。他忘了，党不是别的，而是工人阶级的一部分，是它的先进部分，是它的先锋队，是它的先头部队。他没有看到工人阶级与其先锋队之间实际关系的全部复杂性，他不懂列宁同志所写的政党与群众、群众与阶级的相互关系问题。他忘了，工人阶级转到我们党方面来往往并不具有那种可以称之为彻底的"世界观"的东西。他根本不能想象出那些可以引起我们党内情绪高涨和消沉的原因和条件。他认为，党的组成部分，按照这个词的本义来说，就是"志同道合者"。

请大家具体看看他对布尔什维克化的议论吧。难道博尔迪加同志在这里没有重犯右派的错误吗？他说：你们实行布尔什维克化已经整整一年了，你们的布尔什维克党在哪里呢？

这种提问题的方法是根本不对的。它正明博尔迪加同志离列宁主义仍然很远。难道博尔迪加同志您认为共产国际可以在一年内实现布尔什维克化吗？我们说，活到老，布尔什维克化到老。我们知道，布尔什维克化是一个复杂的过程。就连联共（布）也从未断言，她已经百分之百地布尔什维克化了，而她作为一个布尔什维克党已经存在了四分之一个世纪。难道会有人期望在极端困难的情况下生活和发展的共产党能在一年内百分之百地布尔什维克化吗？

我们的党是不是在布尔什维克化

那么，博尔迪加同志能否否认我们整个一系列的党在这方面还是取得了一些重大的成就呢？就拿捷克斯洛伐克党来说吧，把它现在的情况同它两三年前的情况比较一下，难道它在布尔什维克化道路上没有进步吗？毫无疑问，现在，它比以前要布尔什维克化得多。三年前，那里还怀疑能不能，应该不应该建立不分民族的统一共产党，但现在谁也不怀疑了。

大家再看看法国共产党。现在，法国共产党遇到了相当大的困难。共产国际的敌人喜欢嘲笑它，说：没说的，布尔什维克党！

如果敌人进行控告，这是可以理解的，但是，博尔迪加同志并不是共产国际的敌人。博尔迪加同志，请您把法国共产党现在的情况同它三年以前的情况比较一下。那个时候，以法国共产党名义讲话的还有弗罗萨尔、埃内斯特·拉丰等人物。其实，那个时候，党还掌握在社会民主党领袖手里。那么，现在的法国共产党是什么样呢？实质上，这是一个健康的工人党，但它还没有为自己锤炼出一个非常统一和强有力的领导班子（不过不久就会出现）。

我们清楚地知道，将来也避免不了产生危机，但是，在两三年前能够想象使法国党在殖民地战争问题上采取像它在摩洛哥战争问题上所采取的那种坚定的、绝妙的布尔什维克立场吗？以前，在法国共产党内有这种能力的小资产阶级和平主义思潮跑到哪里去了呢？它们销声匿迹了。当然，现在我们当中谁也没有断定，法国共产党百分之百地布尔什维克化了。它从未经历过大的战役，这一点不应回避。真正的实力检验是始于发生激烈战斗的时候。法国共产党还没有取得过大的胜利，还没有经受过惨重失败的考验,还没有参加过国内战争。对于这一点,法国同志很清楚。但是,难道这就是一个共产国际成员可以轻蔑地说这是法国的什么布尔什维克党,这是我们已经整个搞了一年的什么布尔什维克化的理由吗?博尔迪加同志重弹苏瓦林的老调,这样做好吗?

或者以英国共产党为例。当然,这个党还是个小党,但是,难道它不是在布尔什维克化吗?难道可以拿现在的英国共产党同几年前的英国共产党相提并论吗?难道它没有向前迈出巨大的一步吗?难道现在它是一个不健康的工人党吗?难道它没有学会在错综复杂的社会情况下运用列宁主义原则来争取英国的工人阶级群众吗?它给真正的共产党人提供了什么进行嘲笑的借口了吗?

或者拿瑞典这样的党做例子。当然,它不是世界性的党,因为瑞典是一个比较偏僻的地方。但是,我们的瑞典党难道未能清除其历史和名声都很不错的党的领袖霍格伦吗?难道瑞典党清除右派领袖之后没能把广大群众争取到自己方面来吗(请回忆一下哪怕是不久前的哥德堡会议情况)?难道它现在不是一个健康的工人党吗?要知道,不到一年半时间以前,有人常对我们说:若是霍格伦走了,那么,共产党还剩下了什么呢?

现在,大家来看看意大利党本身的历史。难道它没有度过最艰苦的阶段?难道它没有需要根除一次又一次的背叛行径?它在法西斯进攻面前未陷入过极其困难的处境?意大利党走过的道路是艰难的。开始是包括屠拉梯在内的整个意大利社会党转向共产国际,而后发生了第一次分裂,接着是塞拉蒂转变,失败和占领工厂,最后是法西斯政变。尽管发生了这一切,但我们现在在意大利有一个正在领导反法西斯斗争和将工人群众逐步争取过来的巩固的、有组织的和团结一致的党。我们的意大利党已经成为一个群众性的政党。请看看它在各个工人中心具有多大的影响,它正在成为比意大利另两个"工人"党更强大的党。它经历了白色恐怖的各个阶段。结果怎样呢？现在，我们可以泰然自若地说：法西斯主义没有办法扼杀我们的党。它已经用尽了各种办法，但均未奏效。党和群众联系在一起了。当然，法西斯主义还能屠杀我们数百名同志，然而谁也不能杀死我们的党。

最后，我们以德国党为例。这是共产国际中仅次于联共（布）的最大的支部。当然，我们不能禁止共产国际的敌人对德国共产党所遇到的危机幸灾乐祸。德国党两次更换领导，出现过一些很棘手的问题。但是，大家可以把德国共产党的发展情况同1905年以后俄国布尔什维克的发展情况作个比较。我们1905年的失败完全可以同德国1923年的失败相比。我们的党是由列宁同志领导的，但是，在一些年间，我们党内还是发生了重大斗争，出现过严重危机，有过分裂和脱党行为，党只是渐渐布尔什维克化的。难道大家以为俄国党在一年内就变成了布尔什维克党吗？1905年失败以后，经过几个艰难的岁月，党才振作起来。德国共产党没有自己的列宁，它的几个杰出领袖遭到杀害，它不得不同很强大的社会民主党打交道。它的敌人是以美国资本援助作后盾的有组织的大资产阶级。这个阶级很强大也很精明。那么，德国共产党除了错误、病症和危机，难道就再没有别的什么了吗？当然，我们对它的错误不能视而不见。处境是困难的，但是，尽管有种种困难，我们的德国党还是能够布尔什维克化，而且正在布尔什维克化。

因此，嘲笑布尔什维克化，散布什么已经过了整整一年时间，而我们还没有消除危机，作出博尔迪加同志所作出的那种结论，这些都是极大的错误。

当然，过于乐观是不合适的。我们不需要波将金式村庄①那样装样

---

① 波将金是俄国女皇叶卡捷琳娜二世的宠臣。波将金在她南巡时沿途布置了漂亮富庶的人工村，以博取女皇的欢心。——译者注

子的东西,而需要直言不讳地谈现在的危机和病证,直言不讳地谈我们党内的民主还很有缺陷。我们就是要这样做。而忧郁的悲观情绪和嘲笑布尔什维克化的做法,都证明对博尔迪加同志不利。

党内制度

博尔迪加同志在这里谈了党内制度问题。这个问题很微妙,我还有机会详细谈。博尔迪加同志提出这个问题后的做法是正确的。必须坦率地说,我们有不好的方面,需要加以纠正。

博尔迪加同志在这里说过,必须把金字塔颠倒过来。如果博尔迪加同志说得更明确一些,那就更好了。他是从根本上否认设置集中的国际的必要性呢,还是认为我们集中的太多了呢?他是认为共产国际的领导权不应属于俄国党呢,还是认为这个领导权应属于俄国党,但应掌握在其他俄国同志手里呢?所有这些问题可以而且应该完全摆到桌面上来谈。

我不想否认,在集中问题上,共产国际有时犯一些错误。在同特兰美尔的辩论中提到集中问题时,我们就承认了这一点。"过于集中"、"过分注重行政命令",这对于一个国际组织是一个很大的危险。怎么办,我们来纠正这些错误和"过分"吧。可能博尔迪加同志认为,俄国党不应在共产国际享有这种特殊的威信。这个问题也可以摊开来谈。大家知道,我们党最近一次代表大会提出了(以前共产国际执行委员会本身也不止一次地提出过)让其他党比现在更多地参加共产国际集体领导的问题。

但是,我根本不明白,博尔迪加同志讲的金字塔是指什么。过去,我们在宣传鼓动工作中是把"金字塔"作为沙皇专制的象征。现在,博尔迪加同志把这个词不加相应解释地用到了共产国际身上。

我们的党内民主很少，我们就此问题作过决议，但执行得不好。在我们的党内制度中，为一般党员发挥其真正的主动性留的余地太少。这是事实。这种情况无论如何也要纠正，而且现在就可以纠正。在共产国际活动的初期，我们坚持了近期直接进行国内战争的方针，从这种前途出发，特别强调了党内的集中问题和军事纪律问题，但看来，很遗憾，我们所经历的时代还不是直接进行国内战争的时代。当然，这绝不是说，我们可以在我们的队伍中放弃集中制原则，放弃铁的纪律。没有这两样东西，就没有共产党。但执行的方式可以而且应该是缓和的。我们一分一秒也不能忘记，对于我们来说，这里所谈的不是简单的集中制问题，而是**民主**集中制问题。

我们完全坦率地承认，在我们的许多党内我们做得太过火了。需要实行真正的党内民主。我们几乎在所有原则性决议中都讲正常化的必要性，已经讲两年了。正常化是什么呢？是真正实行党内民主原则。这种正常化，这种党内民主，就是在那些完全可以而且也应该实行的党内也未实行。我觉得，博尔迪加同志也不能否认这样的事实：在我们提交给本次全会的提纲中相当有力的强调了党内民主问题。

可是，博尔迪加同志说，我们总是通过好的提纲，但实践不好。

我们自己也准备承认，通过好的提纲要比贯彻执行容易。我们自己连一分钟也没有隐瞒，在党内民主方面情况特别糟糕。因此，我们对各国支部，对全体工人共产党员说：贯彻执行共产国际关于党内民主问题的决议完全取决于你们自己，取决于全体党员群众。你们不要等任何人，要着手实现这种党内民主，要有组织、有计划地争取使这方面的决议不成为一纸空文。

当然，在意大利、波兰这样的国家，现在的局势很严重，白色恐怖很嚣张，因此，在这里实行党内民主遇到了一些巨大的客观困难。但是，在党能够在比较公开的情况下发展的地方，就存在实行正常化和实行党内民主的可能性。

如果博尔迪加同志认真地、坚定地和平心静气地并且不是以旁观者姿态主张真正实行党内民主原则，主张共产国际的真正集体领导，那么，他是完全对的。但是，他嘲笑布尔什维克化，讥讽"列宁主义"这个术语，否认生产支部是党的基层支部，同时，抛出了令人不解的金字塔之说，这就很不好了。他不是以共产国际战士的身份出现的，而是以旁观者，并且不是令人赏识的旁观者的身份出现的。

莫斯科还是阿姆斯特丹

博尔迪加同志对问题的提法显然处处缺少辩证法。就以下面这个问题为例来说吧。博尔迪加同志声称，他否定我们的整个工会策略（即争取国际工会统一的策略），是因为他坚持老的口号：要莫斯科，还是要阿姆斯特丹。这种提出问题的方法就是缺乏辩证法的范例。难道我们真的放弃了要莫斯科还是要阿姆斯特丹的口号了吗？这个口号仍然完全有效。现在，围绕这个口号在进行斗争，将来还要进行一个整个历史时期的斗争。但斗争方式会有所不同。这就是博尔迪加同志没有理解的地方。看来，博尔迪加同志把事情想象成这样，似乎大家准备交出莫斯科旗帜，参加共同的职工国际，以放弃自己的共产主义观点。博尔迪加同志不明白，如果明天召开两个职工国际的共同代表大会的话，那么，在要莫斯科还是要阿姆斯特丹，也就是要共产主义还是要修正主义的口号下进行的斗争，才会真正地展开。

要莫斯科还是要阿姆斯特丹，这是二者择一的问题，即是要共产主义还是要改良主义的问题。难道博尔迪加同志真的认为，同阿姆斯特丹分子就两个国际合并可能性问题进行谈判，这是要交出自己的旗帜吗？博尔迪加同志，请您放心，"莫斯科"的旗帜，共产主义的旗帜，我们不会放弃。但这不是说，我们将纹丝不动地立在原地，只是反复地说，要莫斯科还是要阿姆斯特丹。

作为无产阶级的先锋队，我们要努力用各种办法寻求接近群众的途径。我们要设法对那些还跟着改良派走的工人阶级的各个阶层施加影响。但历史性的争论，要莫斯科还是要阿姆斯特丹，现在和将来都要继续下去，直至莫斯科的彻底胜利。

博尔迪加同志和其他人一样，有权在这里公开捍卫自己的观点，不管这些观点如何之尖锐。然而，也不能不让我们对您作出回答：博尔迪加同志，请您学习学习共产主义运动史吧，请您学会理解什么能在一年内完成和什么不能在一年内完成吧，请您仔细研究一下俄国布尔什维克党的历史吧。这样，您才会明白，俄国党之所以能够成为布尔什维克党，只是因为它长期顽强地进行了党内斗争和自身的改造工作。博尔迪加同志，我们不仅要告诫共产国际，而且也要向它学习。

三、关于德国极左派

德国共产党的状况

首先，必须弄明白，我们现在是处在逐步为德国工人阶级反对资产阶级制度的第四次群众性发动作准备的开始阶段。

第一次武装斗争发生在1919年（斯巴达克起义）；**第二次**发生在1921年3月；**第三次**工人武装发动和总的革命形势敲德国的大门，是在1923年。现在正在开始——尽管是缓慢地——为目前这个时代即将到来的第四次德国工人发动积蓄力量。我们希望在这个积蓄力量的过程中，德国共产党将是德国工人阶级大多数的真正领导者。

在德国工人阶级前三次群众性发动的每次发动中，党与群众的相互关系问题都是最有决定意义的问题。

1919年，自发性热情很高，大批工人群众投入了战斗。当时，党虽然也是英勇的先锋队，但只是一个很小的组织。斯巴达克联盟没能胜任它所承担的伟大历史任务。社会民主党的背叛行径妨碍了团结工人的大多数。1921年，党已具有较大规模，并且做了很好的准备，但是，工人阶级的大多数缺乏信心，因而没能参加起义。1923年，在许多方面客观上出现了革命形势，可是，那时党吸收了很多社会民主主义分子，还没有来得及对他们进行改造。党当时的领导犯了一些很大的错误，影响了对有利形势的利用。党与群众的关系问题一次又一次地极其尖锐地暴露了出来。

我们不知道，而且任何人都不知道，德国工人阶级的第四次群众性武装发动究竟在什么时候爆发，是提前一年还是推后一年？但有一点是可以肯定的：德国工人运动发生的转变是准备这次行动的开始（我们要强调指出，仅仅是开始）。全部问题在于，未来的事件将以怎样的形式出现在我们党的面前。群众和我们党将与他们在前几次行动中的情况有所不同，客观形势会对德国共产党一个月比一个月更有利。如果我们党能够适当地运用统一战线策略，那么，形势就会变得对我们党特别有利。

这是今天收到的一期《矿业报》，是德国工商业资本家的报纸。我给大家读两段：

"我们国家激进化的主要危险是：在工会发生所说的分裂和小心翼翼地探索新路的同时，在厌倦斗争的工会里加进了楔子。共产党人从莫斯科收到明确指示，并得到一大笔资金，他们提出打回工会去的口号，已经有几个月了。

共产党咄咄逼人的现实政策与工会领袖们糊里糊涂的思想状态形成鲜明的对照：社会民主党越是不能隐蔽自己的资产阶级本质，共产党越是要沿着卡尔·马克思和列宁指引的道路前进……莫斯科工作得很好。"（《德国矿业报》

1926年1月25日）

说莫斯科工作得很好，我表示怀疑。我认为，无论我们在这里，还是我们党在德国，还远没有工作得很好。但是，德国资产阶级已经以其阶级本性感觉到德国共产党走上了正确的道路，并成功建立了先锋队与群众之间的联系。

极左派的反列宁主义路线

我们德国党应该从最近三年的历史中和它所经历的全部党内斗争中汲取的主要教训是什么呢？这里不妨更具体地深入研究一下所谓的德国左派的历史。应当指出，在我看来，所谓的德国左派（马斯洛夫、鲁特·费舍等人）作出的以自己的路线同共产国际的路线相对抗的尝试，（如果不算博尔迪加同志的话）很可能是提出与共产国际路线根本不同的路线的唯一一次尝试。共产国际与所谓的德国左派之间的冲突，这是列宁主义与一种"新的"、含糊不清的、没有完全定型的，但毕竟截然不同的路线的一种斗争。问题的实质不在于左派所犯的一些错误。最重要的是下面这一事实：德国左派领袖虽然没有公开说，但却认为，对共产国际的列宁主义领导是错误的，认为"俄国"的领导班子是在落后的农民国家形成的，它不可能为西欧工人运动指出正确的道路。问题的实质是在于左派领袖试图寻找另一种完美的"西欧式的"列宁主义。

当然，凡是认为共产国际路线不对的人，都有权在我们的历次代表大会上公开地谈论这个问题和提出另外的路线。全部问题只是在于哪一种路线真正是对的。

德国危机的详细情况，我们将在特别委员会里作分析。这里只谈谈最主要的东西就够了。德国左派领袖的另一种路线是什么呢？第一，他们认为，我们在工会问题上不对，在这方面的指示对西欧不适用。第二，他们反对共产国际在农民问题上的观点。第三，他们认为，共产国际在民族问题上的观点不完全对。第四，是统一战线策略问题。可见，这里所谈的都是我们运动最根本的问题。

及时的警告

我应当在这里公开声明，德国左派不顾执行委员会反对把德国共产党争取了过去。据我所知，这种情况在我们国际历史上是绝无仅有的。这说明德国左派当时非常之强大。德国左派把党争取过去至少一开始是违背共产国际意志的。而后执行委员会不得不容忍这种情况，见机行事，以期在左派内部形成更接近我们的核心。当时别无他路。问题是这样摆着，也只能是这样：或跟随布兰德勒，或跟随左派。所有比较健康的无产阶级分子都跟随了左派，因为右派领导遭到了空前失败。我们曾试图支持"中派"，唉，没成功。中派很快就退出了舞台。

大家看看，当时执行委员会同左派之间的关系是怎样形成的。在此，我想引用一些文献，因为这个问题不仅对德国，而且对整个共产国际都具有很大意义。

当左派把党争取到自己方面的时候（这是在法兰克福代表大会前夕），我于1924年4月1日给马斯洛夫同志写了一封信，信中说：

"我很担心：

1. 工会问题上的错误。我第一千零一次声明：这意味着党的灭亡。

2. 轻易拒绝接受统一战线策略的错误（鲁特·费舍很愿意这样做）。统一战线策略不是拉狄克想出来的，他只不过是把它歪曲和庸俗化了。这个策略是由列宁提出和制定的。**它也是正确的**。如果你们拒绝接受这个策略，你们就要招致我们同你们作斗争（这是我们所不希望的）。

你们根本不应夸张。在斗争中，虽然这是不可避免的，但不能发展到失去理智的地步。请你们不要神经紧张。

我们做了我们所能做的一切。我们派去了三位有影响的中央委员。我们自己准备尽**一切可能**同你们一起前进。但是，你们（在柏林）执行的反统一战线决议应是被理解为反共产国际的。"

当时，我们从俄国党中央委员会成员中派出三位同志到德国去同"左派"领导谈判。开始，谈判进行得很困难。"左派"领导向我们的代表团提出了最后通牒式的要求，要求我们收回共产国际执行委员会那封对左派的错误作了尖锐批评的信。在工会问题上的分歧尤为明显。我们在1924年3月31日写给两位很有影响的工人即德国左派成员台尔曼和施勒希特（当时施勒希特在左派中也有很大影响）同志的信中写道：

"亲爱的朋友们！没有什么可欺骗自己的。如果就上面所指出的一切而言，那么，德国工人共产党也会**得出这样一点**。难道我们是为此而同德国工人共产党作斗争以便现在采取它的观点吗？如果对这五个错误作出某种让步，那就意味**不再是布尔什维克**。

请你们不要用息事宁人的词句欺骗自己，说什么极'左'派很弱啊，这是不重要的运动啊，通过对X或Y进行同志式的个别劝导可以消除这一运动啊，等等。事情并非如此。在目前这两个革命之间的过渡时期，德国工人党的状况是：正如已故列宁同志所说，它必然要复活'左的取消主义'。而要战胜这种取消主义，则必须敢于从根本上抑制它，必须现在就公开坚定不移地反对它。

但愿他们别对我们说，例如，在工会问题上，我们面临着什么不可克服的**群众本身**的运动。这是惯用的说法。当领袖们是糊涂虫的时候，他们必然把自己的糊涂归罪于广大'群众'。因此，我们不能这样处理问题：'群众希望这样'，于是就作这样的决定。不能这样，我们要善于反对群众的偏见，如果存在这种偏见的话。"

进入德国党中央委员会的工人，当时接受了马斯洛夫和鲁特·费舍的许多错误观点，但是，后来这些工人没有重犯他们的错误，没有进行反对共产国际的斗争。向共产国际代表团提出最后通牒时，台尔曼同志坚决地支持了共产国际代表团，因而，它挫败了这次最后通牒。这是台尔曼同志的一大功劳。

当时，某些左派分子对右派有一种非常敌视的情绪，以致只要右派说一声"是的"，他们就说"不是"，或者相反。在那种情况下，这种情况也是可以理解的。

我想再引用一些我在法兰克福代表大会（1924年3月26日）前夕写的一封说明德国共产党状况的信中的话：

"我们始终把德国共产党左翼分为两股力量，一股是以优秀的、充满革命精神和非常忠实于事业的**工人**为代表的，这些工人是直接从群众中成长起来的，是德国共产主义的最好的希望；另一股是以一些知识分子领袖为代表的，这些人中有些人很能干，他们摆脱了某些倾向，因而能给德国工人运动以很大的帮助。但是，这些人中也有一些很不成熟的分子，他们缺乏马克思主义修养，缺乏真正的革命传统，倾向于搞空洞的革命辞藻，因而会给德国共产主义运动带来很大的危害。"

我提醒一下，这些话我们还是在法兰克福代表大会以前讲的，那时，左派已经领导了党。我们估计可能有两种前途，因此，在这封信中还写道：

"由于左派的胜利，德国可能有两种前途：

一种前途：德国共产党真正克服机会主义倾向，走上革命的康庄大道。德国左派不重犯布兰德勒所犯的那些导致他的集团彻底崩溃的错误，即不轻视持不同政见的人，不以开除党籍相威胁，而是尽力设法充分利用一切革命力量，不管这些力量以前属于哪一派。结束派别斗争，根除'左派'幼稚病，向革命辞藻、左的'尖叫'和左的'幼稚行为'彻底宣战。不采取任何有可能使党从群众性政党变为宗派的步骤。同俄国共产党和整个共产国际友好而真正地合作。结束整整一个时期的内讧。揭开新的一章。党在新的领导班子的领导下动员各种力量同资产阶级和社会民主党作斗争。在共产国际内部，德国共产党要按照列宁同志对我们的教导支持反对右倾和反对左的幼稚行为的列宁主义基本路线。不搞任何派别外交。按照真正的、严肃的无产阶级纪律对待共产国际。

另一种前途：左派领袖只是从派别战略的角度看待左派的胜利。左派向中派同志宣战。胜利冲昏了左派领袖的头脑。左派犯列宁同志一直特别告诫加以预防的那种胜利时骄傲的错误。左派的这种派别行为必然造成右派的活跃，派别斗争持续不断。在左派领导之下的德国共产党内，上面所引述的肖勒姆同志、罗森贝格同志、《红色信使报》，等等的荒谬声明都可以得到公认。左派提出反对任何统一战线策略的纲领，并将那些实际上是列宁同志和整个共产国际的策略的东西宣布为'改良主义'和'取消主义'，把孩子和水一起泼出去。这种提问题的方法，事实上只能助长德国和共产国际某些其他支部出现的、真正的改良主义倾向。结果必然导致德国左派大多数威信扫地和德国共产党与共产国际的瓦解。

这两种前途就是这样。**需要全面考虑这两种前途**。左派同志应当清楚地看到这两种前途。不用说，我们衷心拥护第一种前途。"

鲁特·费舍——马斯洛夫集团的主要错误

我们写的另一封长信专门谈了工会问题，因为这个问题具有很重要的意义。法兰克福代表大会即将开幕之前，左派领袖（马斯洛夫等人）开始热衷于炮制以临时拼凑起来的"新的"群众性工人组织取代工会的计划。他们觉得，临时拼凑这种"新的"群众性组织并不很困难。当时，不仅许多左派分子的立场是错误的，而且许多中派和右派的立场也是错误的，他们也有反工会情绪，不反对支持退出工会的口号。例如，什特克尔同志代表中派来到莫斯科，对我们真是连一句反对反工会潮流的话都没有讲。他们这样说,群众的情绪是赞成退出工会,而我们要和群众在一起,因此不应该去反对这种潮流。如果我们不以直接断绝关系相威胁,我们就不会在法兰克福代表大会上提出无论如何要反对反工会潮流的决议案。这就证明,恰恰在西欧工人运动的主要问题上我们是正确的,而那些试图臆造出"西欧式"列宁主义的人是完全错误的。

后来怎么样呢?主张加入工会的决议案通过了,但是,左派中央的实际行动仍然是反工会的。以马斯洛夫、鲁特·费舍、肖勒姆和罗森贝格为代表的中央仍然持以前的观点,只是很勉强地在口头上对共产国际作了让步。这个根本性错误是造成"左派"领袖后来破产的主要原因。

鲁特·费舍同志在这里说,她认为,她的错误在于,在法兰克福代表大会上,她和她的朋友没有清算极左倾向,没有给它们以应有的反击。费舍同志,在法兰克福时代您不可能做到这一点,因为一个人难于同他自己作斗争。须知,正是您反对统一战线策略,正是您同马斯洛夫同志一起在工会问题上犯了极大的错误。我们当中每个人都会犯错误,但是,你们的错误证明你们的方针有本质上的缺陷,不克服这个缺陷,你们就不可能正确地进行工作,而必然是错上加错。这就是为什么你们对事情作了完全错误的描述:似乎在德国,一方面是极左派,另一方面是鲁特·费舍—马斯洛夫集团。实质上,在关键时刻,这是同一个集团。某些左派工人当时已经了解了极左派本质上的缺陷,但是,布兰德勒的错误还记忆犹新,失败时期只是刚刚过去,苦痛和愤恨还很强烈,因此,左派能在法兰克福代表大会上犯一连串的错误。如果费舍、马斯洛夫同志以及他们的拥护者想对自己诚实的话,那么,他们就应当承认,他们不是犯了一两个偶然性的错误或发生了一两个偶然性的疏忽。不,他们的政策基本上是一个政治错误。他们试图为共产国际制定什么新的路线,但未成功;他们试图在统一战线策略问题上和工会问题上"标新立异",结果犯了极大的错误。你们对在哪里呢?你们仅仅在一点上没有犯错误，这就是你们反对右派，能够反映出对布兰德勒同志的政策的不满情绪。但是，在政策上你们不能只满足于利用对立派的错误，而需要有一个正确的纲领。当然，很值得称道的是，你们同种种社会民主主义倾向进行了斗争。可是，你们自己没能给党指出正确的道路。

有人可能提出这样的问题：为什么在这种情况下共产国际允许建立这样的中央呢？这种提问题的方法是太简单化了。在当时的情况下没有别的出路。当时，存在着分裂并产生两个或三个党，以致我们德国党垮台几年的直接威胁。布兰德勒中央的错误几乎使党陷于绝望。柏林、汉堡和鲁尔地区的工人共产党员对老布兰德勒中央完全失去了信心，而新中央，他们想不出别的出路，只能以马斯洛夫—鲁特·费舍集团为首，没有其他人选。于是，这个集团便掌握了领导权，尽管执行委员会对这个班子并不很欣赏，但由于没有别的出路，也只好这样。

左派恩格尔同志说：1925年8月的公开信传到我们这里很"突然"。这是没有的事，恩格尔同志。写这封信的起因是渐渐形成的。执行委员会密切注视了左派的逐步分化过程。我们没能事先预计到什么时候才能建立党的新的领导核心，但是，执行委员会非常清楚地知道，需要等待新成分的成熟，这是一个很长的过程。1925年8月，我们认为可以采取发表公开信这种果断的措施。

德国危机的教训

不久前，德国共产党的教训就是这样。我不想谈及个别一些人，个人历史方面的问题可以在更小的范围内讨论。主要是整个共产国际应汲取的教训：左派试图创立某种不同于共产国际路线的另一种路线，试图炮制"西欧式的"列宁主义，但都遭到了彻底破产。

同志们，历史已经充分证明，列宁主义是**国际性的**学说，俄国三次革命的经验可以而且应该是为任何一个共产党制定路线的一个不可缺少的组成部分。共产国际最大的无价之宝即是俄国三次革命的经验和它的其他主要支部的经验。博尔迪加同志指责我们把布尔什维克化理解为机械地将俄国革命经验搬到其他国家，这是很不对的。你们在《共产主义运动中的"左派"幼稚病》一书中就可以看到不止一页谈到绝对不允许将俄国经验机械地搬到其他国家而不考虑其具体情况的问题。在共产国际执行委员会扩大全会通过的布尔什维克化提纲中，我们很充分地谈了这个问题。布尔什维克化，这是在考虑到每一个国家的特点和各种重大时间地点情况的同时，对布尔什维克党在俄国三次革命中的经验和共产国际所有其他重要支部的经验的利用。布尔什维克化绝不是对"俄国"经验不加分析的简单重复。

德国左派的错误在德国共产主义运动史上构成了整个一个阶段。这些错误导致了一个集团在政治上的覆灭。这个教训说明，任何一个企图"修改"列宁主义的人都必然在政治上遭到覆灭的下场。

现在，我们在德国有整整三个极左派集团。时间将表明，它们当中哪一个集团真正能被党同化。依我看，必须看看肖勒姆和罗森贝格同志实际上采取什么态度，看看他们能否帮助以目前的中央为首的党不左不右地执行我们在这里所拟定的路线。

我们不指一次地指出，知识分子极左派集团是小资产阶级革命者集团。我们承认，曾经有些粗暴地把他们说成是发狂的小资产者，同志们因此受了委屈。肖勒姆和罗森贝格同志问：难道我们果真是发狂的小资产者吗？同志们，请你们想一想，党不得不开除卡茨的事件意味着什么。爆炸筒爆炸了并毒化了空气。可是，卡茨事件之后为什么还有发霉的气味呢？恰恰是因为这是一个小资产阶级集团。我不想损害这些同志当中任一位同志个人的名誉，但是，在政治方面，他们是一个小资产阶级革命者集团。这就是为什么卡茨事件还散发着小市民气味。难道真的可以认为卡茨是什么左派革命者吗？同他谈十分钟话就可以弄清楚，他是一个发狂的小资产者。恩格尔同志，我开诚布公地对您说，每一个向卡茨（或科尔施）方面摇摆的工人都会被无产阶级革命抛弃。您应该很清楚，卡茨之类人物所要建立的"党"并不是德国共产主义工人党（德国共产主义工人党），而是与它类似的一种组织。

1920年，列宁还健在的时候，我们把德国共产主义工人党作为同情党接纳为共产国际成员问心无愧，为什么？因为我们知道，在德国共产主义工人党里面有忠实于革命事业的正直的无产阶级分子，可以为共产国际把他们争取过来。而现在的卡茨集团！难道有谁以为我们能把它作为同情党接纳为共产国际成员吗？当然没有。每一个在共产国际和卡茨之间摇摆的工人都可能被无产阶级革命抛弃。

反对极左错误和右的错误

一切离开列宁主义"向左"或向右偏离的倾向，都要遭到破产和崩溃。任何"修改"列宁主义的企图，任何臆造不同于列宁主义的另一种"欧洲式"路线的企图，都要遭到失败。目前，在德国特别需要同极左错误作斗争，但这决不意味着我们将在德国对右的错误作出什么让步。这一点现在的德国党中央很清楚，而且听到这里所讲的一切之后会更清楚。恩斯特·迈耶尔同志在德国问题委员会上说，如果德国现在的中央执行我们的政策，我们何必要反对它呢？换句话说，如果不是山走到了穆罕默德的跟前，那就是穆罕默德走到了山的跟前。恩斯特·迈耶尔就是这样认为的。这样的一次发言就足以使德国共产党有所警惕。德国共产党既不想犯极左错误，也不想犯右的错误，即既不要科尔施路线也不要布兰德勒路线。顺便说一句，在波兰党内，问题也不是这样提的：是要多姆斯基，还是要瓦列茨基，即是要极左派，还是要右派。问题是这样提的：无论多姆斯基还是瓦列茨基都不要。他们当中谁也不能参加党的领导班子，但是，可以而且应该引导他们实行党内合作。对待德国党亦应如此。或要极左派，或要右派的说法是不对的。不，应当组建新的领导班子，而这个领导班子一旦组建起来，就应该加强它，支持它。

我认为，德国共产党的组成可能是这样：左派工人、褒义上的左派，其中包括在犯有轻微机会主义错误和产生右的危险的情况下完全支持自己的中央同右派作斗争的左派，占80%—85%；在某种程度上倾向于支持布兰德勒政策的右派工人，占2%—5%；形形色色的极左派工人占10%。在比例上，我可能说得不对，我并不认为它们都是准确无误的，但总的看来，我认为是这样的。市政厅和议会等机构的活动家，那里的比例就不是这样了，那里的右派多得多。

因此，德国的极左派和右派问题不是个人问题。德国共产党近两三年所经历的事件是国际历史上重要的一章。从德国的教训中我们应当受到教育，也应当明白，任何偏离列宁主义的左右倾向都会使党遭到破产。

我不怀疑，现在的中央在共产国际执行委员会的支持下能够利用党内现有的一切健康力量。我根本不主张终身流放那些在德国问题上犯了这样或那样大错误的人。这样做有什么必要呢？我们并没有那么多可以浪费的工作人员。在共产国际执行委员会前一次会议上，我们曾决定停止一些同志的共产党工作。然而，列宁说得对：要让犯错误的同志认识和改正错误，因为这些人真诚地忠实于党（这是唯一的条件），要给这些人继续为党工作的机会。我认为，对于这条规定，我们既要用到犯了右的错误的那些人身上，也要用到犯了极左错误的那些人身上，条件当然是要诚恳地承认错误，同时有关同志要取得人们的充分信任。

关于德国问题的其他情况，我已经在德国问题委员会上讲过了。

四、法国共产党和其他共产党的状况

关于产生"苏瓦林"党的可能性问题

现在，我们来谈谈法国问题。法国问题委员会的工作表明，法国党内的危机要比我们想象的更为严重，党内出现了相当复杂的局面。法国的客观条件对共产党人是有利的。但最糟糕的是，许多法国同志低估了法国社会政治局势的严重性，没有清楚地认识到，这个国家面临着革命危机。

这几天，白里安内阁倒台了。前些天，法国资产阶级的一家大报纸写道："法国议会最近发生的事件表明，议会变成了杂技团。"甚至议会本身也完全感觉不到代议制性质。法国的资产阶级报纸是这样说的，其中一些报纸还呼吁建立不设议会的专制独裁政府。

法国的法西斯威胁迫在眉睫。但不能夸大这种威胁，不能像某些法国同志现在那样天天叫喊：法西斯来了！这就像童话一样：一个孩子吓唬周围的孩子撒谎说狼来了，而当狼真的来了的时候，他再喊狼来了就没人信了。

法国共产党的危机表现在哪里呢？右派在进行真正的全面进攻，接连不断地向我们发表声明。全会期间，就出现了四个新的苏瓦林声明。每个声明都是完全不能容忍的，而且一个比一个恶劣。安格尔同志（法国右派）在委员会的发言使我们感到很失望。他在发言结束时又向法国问题委员会递交了一份很长的，完全是向共产国际和他们自己的党进行挑战的声明。我不知道，我该不该引用这些声明。这些声明都发给了同志们。如果我们把很多的注意力用到苏瓦林的文学创作上，那可能就使苏瓦林太荣幸了。苏瓦林分子在全面进攻。苏瓦林在杂志中惯用的腔调现在用到了集体声明之中。在杂志中已经读到,他企图侮辱列宁墓和诋毁像伏龙芝这样的战士的形象。

我在法国问题委员会上已经向同志们提醒过,列宁曾把马尔托夫建立的党称为斯托雷平式的"工人"党,因为它有取消主义倾向(斯托雷平是沙皇最反动的大臣之一)。马尔托夫是比苏瓦林更大的人物。现在,我不得不直言不讳地说,在法国有组织新党即苏瓦林工人党的危险。这个党只能联合几百人,但借助于社会沙文主义分子的力量,以至直接借助于资产阶级的力量,当然是可以使我们党遭受相当大的损害的。苏瓦林的所有声明都明显地暴露出了他要在法国建立新的右倾的苏瓦林党的这种意图。这些声明上有几十名工人签了名,看来,这些签名是要掩盖苏瓦林的反共产国际的挑衅性行为。

在塞马尔同志,特别是多列士同志的发言中,详细引用了苏瓦林的著作。依我看,把莱维所写的那些反对共产国际的卑鄙东西加上弗罗萨尔、霍格伦、布勃尼克之流所写的那些反对共产党人的东西,大概就可以得到苏瓦林现在所写的东西。不要自欺欺人。这里所谈的是坚决要全力同法国共产党作斗争的集团。弗罗萨尔未能做到的,可能现在苏瓦林能够做到。他有可能建立一个新的小"党",这个党在没有像肥皂泡那样破灭之前会借助于敌人的力量反对我们。共产国际无论如何也要帮助法国党中央捅破这个脓包。如果我们想保护好法国共产党,使之摆脱"苏瓦林路线",我们就必须战胜这个集团。对于那些误入这个集团而我们能够将之吸引到我们方面来的正直工人,我们当然要视之为兄弟。我们应该能够向这些工人证明,在摩洛哥战争、统一战线策略、党的组织(支部)、对法国总形势的估计等问题上,苏瓦林集团持的是改良主义观点。对于这个集团必须给予坚决打击,没有别的办法。这里需要补充一点:莫纳特和罗斯默试图利用老二团主义偏见让法国工人运动向后转，同时，他们在鼓吹臭名昭著的亚眠党所奉行的那种主张工会不与任何政党发生关系的陈腐原则。莫纳特和罗斯默的这种"工作"可能要比苏瓦林的工作给党造成更大的损失。因此，还必须同反党集团作最坚决的斗争。

法国党与工会

同志们，如果我们法国党不暴露出相当多的弱点，那么，这一切是很容易做到的。委员会的工作表明，在我们领导核心内部也存着一定的，毫无疑问是应当克服的分歧意见。首先，必须彻底明确党与工会的相互关系问题。我在法国问题委员会上较为详细地讲了这个问题。这个讲话我可能有机会发表。在这里，我只想谈谈以下情况：在不久前的一次法共中央会议上，克雷姆同志作了关于工会问题的报告之后，有一个同志（好像是柏辽兹同志）报告说："有些共产党员在工会联合会委员会会议上说：'工会统一问题我们已经搞够了，同改良派我们较量够了，现在是加强我们自己组织的时候了。'"这种提问题的方法很危险。如果我们当中真的存在这种情绪，那么，我们就不可能在法国执行统一战线策略。

这个同志接着说："毫无疑问，工人群众要摆脱我们的影响（指我们工会的影响），而未参加组织的群众跟随我们的也不会比跟随改良派的多。"这种说法也需要我们考虑考虑。我们不要遮掩我们法国工作的薄弱方面。我们不会忘记，我们的一些工会真的失去了一些会员。我们不会忘记，我们的党远没有得到在如此有利的形势下所应得到的发展。到群众中去，到群众中去，再到群众中去。这就是我们法国党应当首先记住的。我们法国党不应忘记，现在，法国有1000万无产阶级，而加入工会联合会的人员比例可能不到10%。

对于我们来说，工会问题是具有决定意义的问题。而正是在这个问题上，还有一些错误党没有纠正。通称为工团主义的病症在我们的队伍里还可以感觉到。同时，党内在对等工会态度问题上还存在一些错误，如过于夸耀党在工会中的领导作用，在工会中做日常创造性工作太少等。

另一个病症是法国党中央至今意见还不尽一致。这在委员会也有反映。我们的任务是给党指出明确的政治路线和在工会问题上的明确方针。最近一个时期，有一些很大的成就在等待着法国共产党，但是，这些成就只能在建立起绝对巩固和统一的领导班子的情况下才能取得。

捷克斯洛伐克的右派

我们来谈另一些还具有一定意义的右派集团。我们谈谈捷克斯洛伐克。我们捷克斯洛伐克党的情况，据我们所知，是比较好的。捷克斯洛伐克共产党和意大利共产党都可以作为学习的榜样。捷克共产党能够正确地排除右的危险，而意大利共产党能够正确地排除极左倾向。

在我们扩大全会会议召开期间，我们就收到一个文件，说在捷克斯洛伐克党内右的危险还没有完全排除。以古利亚为首的八名同志寄来一个声明（这个声明已在这里散发），试图让右派复活。大家可能知道，委员会对这个声明作出的答复是一致通过的。这个声明上有瓦涅克这样的签名，这证明这个集团带有一种很不好的气味。我可以给大家引证瓦涅克在捷克斯洛伐克党代表大会之后写的一篇文章。文章证明，瓦涅克讲的话有时与苏瓦林的话同出一辙。我希望，在捷克斯洛伐克党内已证明自己是完全正确的左派中派联盟能够轻而易举地挫败这个右派集团的企图。在捷克斯洛伐克，右的危险还在暗暗地燃着一点儿微火，这些微火必须扑灭，当然，首先要采用思想斗争的方式。必须使捷克斯洛伐克党内的每一个人都明白，捷克斯洛伐克党现中央的路线得到了共产国际的完全支持，不能同这条路线开玩笑，不能宽恕腐败的右倾情绪。

挪　威

在我们这次全会期间，挪威也发生了一些相当重大的事件。这些事件表明，挪威党内右的危险也不小。松德比同志是我们挪威党的一位出色的工作人员。他在敌视我们的特兰美尔党机关刊物上发表了一个声明，意思是我们可以"稍许"消灭一点儿我们的共产党。我们挪威党的领导人菲吕博滕同志来电说，中央要在这方面采取一切必要的措施。出席这里会议的挪威代表团一致通过了关于同这种右的倾向作坚决斗争的决定。挪威也有极左倾向。这两种引起灾难的倾向几乎始终是并行的。

东　方

关于东方问题，我想再说几句。最近，中国的国民军处境有些恶化，所有帝国主义报刊都因此而欣喜若狂，希望国民军被消灭。中国局势不止一次地出现过危机，但是，伟大的民族革命运动每次都显示出日益增长的力量。中国事件所具有的世界历史意义，就在于此。

我们的东方问题委员会将要向大家提出关于中国、日本、印度等国的一系列决议案。这个题目的概论，包含在大家将要通过的我们的提纲里面。

英　国

在英国，我们现在面临着工人和企业主之间最激烈的冲突。在这方面，日渐成熟的英国矿工斗争具有重大意义。遗憾的是，在我们的全会上，这个问题我们谈得很少，然而最近几周内这个问题将变得十分迫切，我们希望，我们的英国共产党能给自己提出不仅同公开的叛徒托马斯之流，而且同摇摆不定的貌似左派的工联领袖们作斗争的任务。很可能，正是这些摇摆不定的假左派，正如不止一次发生过的那样，会在矿工罢工问题发展到关键时刻起很不光彩的作用，因为这些动摇分子对罢工怕得要命。必须明白，英国目前的冲突一旦加剧，那就不是一般的罢工，而是英国工人运动中一个新阶段的开始。这场冲突一旦加剧，它就会孕育英国将来不可避免要发生的社会大搏斗。英国保守党政府当然还可能同意给煤炭工业一大笔补贴，以避免同矿工发生冲突。我们等一等就知道了。但是，共产国际必须清楚地认识到的是，英国正在面临着一个罢工阶段。这些罢工行动就是具有世界意义的社会大搏斗。英国共产党要做促进工作，以使工人团结起来迎接即将到来的这场战斗。英国的无产阶级先锋队不要躲躲藏藏，而要勇敢地去迎接必然要发生的、只有通过斗争才能解决的冲突。

结论是，在英国、法国、德国和东方，虽然很缓慢，但确实在酝酿着一些重大事件，共产国际应当准备在这些事件中起决定性作用。

在开幕词中，我们讲有必要为一些大党制定整个一个时期的行动纲领。我认为，扩大会议应当授权执行委员会同有关党一起制定这种纲领。这项工作不能操之过急，而应稳稳当当地在我们能同每个党单独商量好的情况下去进行。

五、结　论

关于党内民主

现在，我来总结一下。我认为，我们的扩大全会给我们提供了制定进一步发展统一战线策略的方针的可能性。扩大全会还应给我们提供在我们自己的队伍中实行更广泛的党内民主的可能性。在这方面,委员会提出的各种限制都被我们否定了。我认为,全会也应予以否定。关于党内民主问题,我们的提纲作了如下叙述:

"共产国际认为,在许多共产党内,迄今确实缺少最起码的党内民主。最近,许多党内的危机由于缺少党内民主而有所加剧。民主集中制的正确原则往往被解释得过于机械,因而,基层的积极性被束缚住了,党的新领导干部也难于造就。中央委员会有时脱离党员群众。在这种情况下,这样或那样的倾向很容易发展成为党团,从而变得特别危险。

共产党只能建立在民主集中制原则之上。但是,民主集中制应起的作用不仅是**自上而下**地下达指示,实行领导,而且也是**自下而上**地真正自由地反映我们党全体党员的意见和愿望。

民主集中制不仅是纪律,而且是纪律加领导机关的真正选举制,**加**党内讨论一切问题(除非问题已经解决而需要采取直接行动)的自由,再**加**普通党员的真正主动精神。

因此,共产国际执行委员会扩大会议再一次坚决要求,还没有实现正常化的共产国际支部要实行'正常化'。"

这些话必须牢牢记住,这个决议必须彻底贯彻执行。

关于共产国际的策略

对于"修正"共产国际以前的基本决议,如第三次代表大会决议和第五次代表大会决议的种种企图,我们必须予以最坚决的驳斥,当然,这些企图也会受到事态进程本身的驳斥。法国的苏瓦林之流说:共产国际前四次代表大会的决议是好的,但第五次代表大会的决议需要修改。这样提问题是绝对不允许的。我们坚持所有五次世界代表大会的决议。事态发展进程有时是将这些代表大会中的某一次代表大会所强调的决议提到首位，有时则是将另一次代表大会作出的决议提到首位。在目前情况下，具有特别重大意义的是第三次代表大会决议和列宁同志在第三次代表大会上所作的指示。我们应当学会根据当前的具体情况实施所有这些代表大会的决议。

我不能不就克拉拉·蔡特金同志的发言讲几句。我认为，她说的不对。她试图批评我们的路线，因为有人对她说，我们预先作的分析很好，但是，为什么我们遭受了一些失败呢？她说，马克思和恩格斯作了多么正确的分析，现在，过去70年了还是对的。我们的分析其实也是对的，但是，路线好像不是始终都正确。应该说，我没有完全弄懂克拉拉·蔡特金的话。要知道，马克思也遭受过一些失败。大家知道，虽然马克思和恩格斯作了深刻的正确的分析，但是，巴黎公社在1871年还是遭受了空前惨重的失败。马克思和恩格斯领导的第一国际完成了伟大的事业，但是，它分裂了、垮台了。我认为，马克思主义者不能要求无往不胜。蔡特金同志也非同一般地指出了爱沙尼亚的失败。我要说，在爱沙尼亚，是从前取得许多次重大战役胜利的同志打了败仗。从一方面来说，必须研究我们每次失败的原因，不能掩饰失败，应该仔细考虑考虑走过的每一步路；但从另一方面来说，仅仅因为行动失败了，就放马后炮，这也未必正确。我不是想以此说明，我们一切都好。我们犯错误应该挨打，但主要的必须是从这些错误中汲取教训。我们仍然认为，共产国际在各种错综复杂的局势中始终坚持了正确的路线。

我们也不能同意那种认为必须修改第五次代表大会某些基本决议的暗示。这个问题应当开诚布公地谈，或者根本别谈。我们确信，第五次代表大会的所有基本决议都是正确的，没有必要修改。

统一战线策略，这是整个目前形势要求采取的唯一正确策略。不言而喻，这个策略有其危险性。我们是在冰上行走，这一点是清楚的。而且，这孕育着最大的危险，这也是清楚的。你只要把一个手指递给社会民主党的领袖，他们就要抓住你的手。国际上的社会民主党还是一支很强大的力量。它有国际资产阶级的支持。所有这些危险一分一秒都不能忽视。哪里出现右的倾向，就必须在哪里同它作斗争。

我所引用的列宁同志的看法是，无政府主义和机会主义、右倾和左倾是一对孪生姊妹。这应该是我们整个一个时期工作的主要指导思想。我们离开这次全会时不应带着这样的感觉：似乎一些人是战胜者，而另一些人是战败者。我们应当纠正右的和极左的错误，并采取措施使之不再重犯。对工作人员动手术则只应在确实需要的地方，在没有任何可能为共产主义挽救这个工作人员的情况下进行。

我们的路线是正确的，这是列宁主义的路线。我们应当全力把那些真诚地承认自己的错误并在实践中证明自己准备为工人阶级和我们党服务的人吸引到我们这方面来。博尔迪加同志说得对，我们不应在自己内部践踏失败者。要纠正他们的错误，在原则问题上丝毫不能让步，但不应造成这样的局面：犯了重大政治错误的同志愿意改正错误而没有改正的机会。

关于对共产国际和各国共产党的领导问题

我们已经两次提到，联共（布）第十四次代表大会建议共产国际其他各支部更积极地参加对共产国际的领导工作。各兄弟党应该更多地实行自力更生。当然，共产国际的建议和指导对它们来说是很宝贵，而且这种指导对它们来说是有保证的，但是，必须使成长巩固起来的各国共产党能够表现出更大的独立自主性，以使它们能够更多地依靠自己的经验，更加独立自主地选择自己的领导人，并使它们的领导班子更坚强和更稳固。如果每半年"换马"即更换领导人，换上新的而对老的说：

现在，你们可以到草原去吃草了。这就不会带来任何好处。应该让各国党自己根据自己的经验，从自己的队伍中造就和锤炼出真正能够率领它们进行决战的领导者。哪里确实需要这样做，执行委员会就应去那里过问。如果党自己能够正确地选择自己的领导干部，那就再好不过了。

多一些独立自主性吧！多一些主动性吧！多一些自己的经验吧！执行委员会的监督和指导当然还要有，但是，必须杜绝产生这种情况：今天这个或那个党代表大会作出决议，选出中央，而到不了明天共产国际执行委员会就不得不改变这一切。我们各国党的代表大会应当准备得很稳妥，预先应当进行非常自由的讨论，以使党的所有力量都能得到自由发展的广阔天地，使党内各种思想情绪都能在代表大会上真正表露出来，使代表大会能够真正反映党的生活。领导班子问题是无产阶级革命的一个最重要的问题。年轻的党领导核心的形成是很困难的。多一些主动性和党内民主对事业有利而无弊。

共产国际的道路是正确的

资产阶级和社会民主党幸灾乐祸地预言：共产国际要解散了，要向右转了，共产国际要有尖锐的分歧了，等等。这种预言当然过去没有实现，现在也不会实现。对于这一点，我们全会的工作进程已经作出了证明。我们的困难当然过去有，现在有，将来还会有。我们要克服它们。共产国际的领导、联共（布）党的领导和共产国际一些重要支部的领导都准备尽一切可能帮助各国兄弟党坚定地站立起来，并根据我们在这里作出的决议加强它们的工作。

我认为，在提交给大家的提纲中所作的政治分析是很符合实际、很正确的。我们尽力设法同来到这里的同志一起研究了几乎欧洲所有国家的情况，并作出了大致的评估。我们把对美国、英国这些目前具有决定意义的国家的情况的分析提到了首位。"社会主义欧洲联邦"口号应当首先在法国和德国这样的国家提出来。我们应当学会把这个口号同我们共同的共产主义路线联系在一起。某些资产阶级报纸写道，好像我们企图建立欧洲联邦，而"社会主义"一词似乎我们可以从略。换句话说，似乎我们主张建立的不是欧洲社会主义联邦，而是"一般"的欧洲联邦。这当然是不对的。我们的口号是：欧洲工农社会主义联邦。此外，我们知道，一个欧洲还解决不了问题。我们同时在东方拥有强大的支柱，并开始在美国建立群众性的共产党。

在美国，力量对比对我们还很不利，但是，它会改变，时间将是对我们有利的。我认为，我们已经为迄今造成美国党分裂的那些问题找到了正确的解决方法，而且，这个解决方法可以使所有同志都满意。

共产国际可以问心无愧地通过政治委员会的提纲，共产国际完全相信，在我们所面临的社会政治问题错综复杂地交织在一起的情况下，我们能够找到将各国共产党团结在一起和加强共产国际以继续同资产阶级作斗争的正确途径。

博尔迪加的声明

根据我在一般性辩论过程中两次发言所列举的理由，我反对提交的决议案。

诚然，决议中会含有关于必须改革国际内部制度的论点，但是，全会的工作并没有表明向新的工作方法的转变，同时，它也不是共产国际生活中新方针实施的开始。因此，我不得不保留自己的反对立场，并衷心希望以后的事实能证明有很大的改进。

我既没有提出单独的提纲，也没有提出单独的决议案。我引用了我在第五次代表大会上提出的提纲和意大利左派在最近一次意大利共产党代表大会上提出的提纲。

我请求执行委员会在第六次代表大会以前公布这些提纲中的共同部分。

佩珀的声明

我要以政治委员会的名义作一简要声明。政治委员会推迟讨论关于党内问题的一系列修改意见。它决定，在各个委员会提出关于各支部问题的决议案之后再讨论这些修改意见。我们建议，委托政治委员会在最后拟定提纲时考虑各代表团提出的修改意见，因为这些意见同各个委员会的决议并不矛盾。

只有这样才能把一般性的政治提纲同专门的决议协调起来。

（会议休会）

第十七次会议

(1926年3月11日)

主席：什麦拉尔

达勒姆作关于第二次组织会议的总结报告

同志们！在扩大全会召开前的一周内召开了第二次国际组织会议。会议的议事日程是：**企业支部、党团和党的机关的组织与工作。**

苏联、德国、法国、捷克斯洛伐克这四个主要国家的支部、党团、基层小组、地区城市组织、区委员会和工会组织的代表出席了这次会议。另外，出席会议并作报告的有意大利、英国、挪威、美国和瑞士的代表。其次，奥地利、芬兰、波兰、瑞典、南斯拉夫、匈牙利、罗马尼亚和爱沙尼亚的代表出席了这次组织会议；此外，到会的还有红色工会国际、红色体育运动国际和共产国际执行委员会各部门的代表。

组织会议是经过精心筹备的：会前数月内，共产国际执行委员会组织部门向所有各国支部发送了详细的调查表；个别支部、党团和党委员会对议事日程有意见，共产国际执行委员会组织部的指导员抽查了这项工作，因此，到会的同志们能够提供也确实提供了一些国家支部组织工作的真实情况。

组织会议按下述方法进行：不作长篇报告，但是，一些支部、党团和党委员会的代表报告了本组织的状况、机构和工作。组织会议的目的是要对一些国家支部工作结果是否顺利有一个明确的认识。在一系列提纲和指示中,把取得的经验集中起来进行分析、评定和综合。

第二次组织会议的结果如何呢?概括所做的工作,可以说:最近一年的实践证实了第五次世界代表大会和1925年3月6日第一次组织会议的组织决议是正确的。第一次组织会议就党的支部到中央委员会的机构问题制定了总的提纲,并制定了国际性的标准章程。在第一次组织会议上,很多支部还遇到了困难、障碍,对以生产支部为基础的党组织持怀疑态度。在这一年里,德国、法国、英国、捷克斯洛伐克这样一些大的支部的经验清楚地表明,从某些国家代表的报告中也可以明显地看出,**生产支部并不像一些反对者所说的那样是"俄国的特征",对于资本主义国家里的支部来说,它同样是一种典型的组织形式**。去年,在许多国家支部内以生产支部为基础,对原先的地域性组织进行了改组。这种改组在部分地区还在继续进行。这些支部的工作尚未充分开展,还有很多缺点。建立在支部基础上的组织还不理想。它的工作存在着缺陷。但是,与地域性组织相比,新的支部组织无疑作出了明显的成就,使反对转为生产支部的人找不到任何重要的根据。在一些国家支部里,在以生产支部为基础进行改组的过程中,我们确信这些机构具有了以下优点:

1.① **更广泛地接近广大工人群众,使更多的群众参加党的运动。**

这也是容易理解的。工人集中在工厂里。生产支部是企业中的党组织,它在群众中进行工作并从而建立起党与群众之间的经常性联系。在旧的地域性组织中,党的委员会和企业之间几乎没有任何来往。在很多国家的支部里,工厂的工作没有成为共产党全部工作的组成部分,或者说至少不是共产党全部工作的重要组成部分。在地域性组织中,党的活

---

① 原文如此,往后没有了序号。——编者注

动是在该地区居住的党员集会上进行鼓动和宣传，参加公开的会议，张贴宣传画等等，但是，广泛的群众工作没有开展起来，因为旧的地域性组织没有机会深入到企业里，也没有机会在那里开展工作。

在第二次组织会议上，不同国家的许多实例都表明，支部在领导各种运动时的工作是生气勃勃的，例如，法国支部反对在摩洛哥进行战争的斗争；德国支部为派代表团去俄国而进行的斗争；各种选举运动；当前还在进行的无偿没收旧王室财产的运动，以及英国支部筹备"红色星期五"的活动，等等。

另一个突出的优点在于，改变为生产支部，实际上是第一次为我们开展工会工作创造了前提。其实，在目前，工会工作是共产国际各国支部的最重要的工作，这是毫无疑义的。

为什么生产支部起着这样突出的作用呢？因为工会组织的群众集中在企业里，因为很多国家的工会是建立在生产部门的基础上。例如，在德国，工会的工厂代表和工厂委员会组成了整个工会的基层机构。工会工作的90%是生产方面的工作：工资问题、劳动条件等等。只有通过企业，我们才能在工会里扎根，只有依靠生产支部的工作，我们才能吸引群众参加工会和参加工会工作。还有一点，只有在企业里，我们才能够彻底战胜社会民主党。为了证实以上所说，我举一个例子。兰开夏郡（英国）的一个矿工支部在自己的报告中写道：

"我们支部最初只有一个党员。在发展组织的运动中又有12个人参加，于是，我们着手开展工作。矿井的工人没有很好地组织起来。仅有25%的工人参加工会。支部开会讨论了这个问题。结果，我们向矿工委员会发出呼吁，要它在'后退，参加工会'的口号下大力开展运动。经过个别的调整，成功地使组织在工会里的工人的比例从25%增加到了90%。"

在组织会议上，已经列举了很多关于如何通过支部工作使工人参加工会的类似实例。我再举一个德国的例子，这个例子表明，经过生产支部的工作，工会的整个基层机构都是可以争取的。一个柏林冶金厂的支部写道：

"在人员削减到300人的严峻时刻，我们的许多同志被解雇，而德国社会民主党却控制了工厂。后来，工人数量又增加到2000人。我们因此重建了支部。支部开始有计划地开展工作。我们逐步地掌握了代表团体：我们拥有22个席位，而社会民主党只有12个席位。支部的报纸发挥了重大作用，并加速了形势的发展。"

以前我曾经说过：谁掌握了代表团体，谁就能掌握工会的基层机构。

经验还证明：**地域性组织改为生产支部等于是扩大了党的基础，增加了党员人数**。由于在生产部门开展了工作，支部建立了自己的同情者小组，并从这些同情者中发展了一批又一批的新党员。在组织会议上，举出了很多这样的例子，说明最初只有3名同志组成的支部，后来如何发展到10名、20名、25名或更多的党员。改组的效果，在意大利党内表现得最为明显。意大利党虽然处于地下状态和处于恐怖环境中，但也进行了改组并在最近几年内在数量上增加了两倍。这个事实有力地说明，在最困难的情况下，只要党不断地吸收产业工人中优秀的无产阶级分子，就能够扩大自己的干部队伍。这次扩大全会已经指出，英国无疑必须扩大党员人数。这一点，只有党改组为生产支部才有可能。而在另一些国家，如德国、法国等，我们必须做到，并且也一定能通过以生产支部为基础而进行的改组工作扩大党员人数，否则，我们就担负不起我们面临的艰巨任务。

由于在支部的基础上对地域性组织进行了改组，**使我们党的社会成分得到了改善**，这是具有积极意义的。在西欧资本主义各国，我们共产党的成员多半是中小型企业的工人,这一点已被组织会议上几乎所有的支部所证实。在大型企业和垄断联合企业里,我们的影响还很薄弱。这种情况在法国、德国和英国表现得格外突出。我们还没有掌握各国党社会成分的统计材料。我们只是零星地掌握某些国家的消息。这些消息表明,在中小型企业,我们比较牢固地扎下了根,而在大型企业,情况则不好。我列举三个数字。在柏林的大型垄断联合企业里,3.6万名工人中仅有250名共产党员。在美国的大型汽车工厂里,6万名工人中只有135名共产党员。在巴黎的大型冶金厂里,2.5万名工人中仅有60名共产党员。改组工作、生产支部的改组工作和党委员会对支部的支持,有助于我们了解大型企业中工人的成分。过去,我们在局部地区对大企业的工人产生了影响。但是,由于多数资本主义国家的凶残的企业主使用了极端的恐怖手段,由于我们的同志遭到迫害,由于在经济危机的情况下企业主首先解雇共产党员,并在企业里布置了秘密警察,企业主豢养了一批工厂的暗探,由于这一切原因,我们几乎被逐出了大型企业。社会民主党十分清楚,生产支部对它造成了威胁,因此就告发我们的同志,使他们被工厂解雇。瑞典社会民主党感到,我们瑞典的同志已经开始通过支部的工作来消除社会民主党人对企业的影响,它的攻击是具有代表性的:

"必须无情地揭露这些布尔什维克的新的卑鄙手段(生产支部、街道支部、农村支部、支部的报纸、党团组织)。

最好的办法是阻止支部的产生和发展。社会民主党人在工会里要保持警惕。决不宽恕那些力图破坏工人运动精神力量和组织力量的人。打倒支部!"

社会民主党用类似的方式在共产国际的几乎所有支部里反对我们建立支部,他们的这种态度是很有代表性的。

根据经验得出的第五个结论是:**支部组织是秘密时期共产党组织的**

最好的形式。

即使是现在，在合法斗争时期，资本主义各国的支部也必须谨慎地、秘密地、合理地开展工作；即使在现在，他们也在制定在恐怖条件下能建立自己的组织和进行工作的方法。经验表明，由于我们为了开展工作，必须制定一套对付企业主和警察的办法，我们确实造就了一批好的干部，可以依靠他们进行革命斗争。

在这一方面，地域性组织的经验是什么呢？在国内战争和秘密活动期间，许多国家支部的地域性组织已无能为力。拿德国来说吧，1923年10月以后，党转入秘密状态，地域性组织部分遭到破坏，部分被瓦解；最糟的是，党的委员会失去了同企业，即同广大群众的联系。另一方面，意大利党则很有代表性。在意大利，工人组织遭到法西斯的破坏以后，只有共产党仍保持了同群众的密切联系，并领导他们斗争。意大利的社会党则丧失了活动能力，脱离了群众，因为它的机关建立在地域性组织的基础上。意大利的经验，为我们提供了很好的榜样。

改组的第六个也是最重要的优点在于，支部保证了共产国际路线的贯彻。这条路线就是建立统一战线，在工人运动中建立左翼。工会工作是这个路线的基础。我在前面已经证实，工会工作有90%是在企业里进行的。可见，只有企业的组织，只有生产支部才能为贯彻共产国际这个政策打下基础。

由于党的改组，生产支部的优秀分子进入了党的委员会。按照去年组织会议通过的章程，在党委员会成员中，生产支部的同志必须占多数。来自企业的健康因素在委员会占了优势，就会铲除右的和极左倾向滋生的土壤。所以，法国的洛里欧、德国的鲁特·费舍和肖勒姆、意大利的博尔迪加等出来反对改组，是不足为奇的。像捷克斯洛伐克的布勃尼克和美国的洛尔这样的叛徒起来反对改组，也是不足为奇的。为什么右派和极左派这样留恋旧的地域性组织呢？因为在那里更适合"革命的夸夸其谈",在那里只有"激进的"言词,而不见切实的行动。**然而在支部里,党的每一句话,必须立即付诸实践。**如果支部讨论党的某个运动,同时也要讨论在企业里**怎样开展**这个运动。

在一些国家,生产支部里的右派和极左派都分崩离析了,这绝不是偶然的。我举一个不久前发生在德国的典型例子。

共产国际执行委员会致德国共产党的公开信一发表,德国共产党就在几百个生产支部中作了调查,以便了解它们对公开信的态度。调查结果表明:各支部热烈拥护公开信。我列举两份支部的报告:

柯尼斯堡—东普鲁士铁路熟练工人支部写道:

"为什么德国社会民主党还有这么多信徒呢?共产国际执行委员会的信明确地揭示了我们错误的政策造成的过失和缺点,这种政策所带来的有害结果一直影响到最小的工厂。负责人甚至在最重要的工作——工会工作中也不善于进行指导。我们很难得到群众的响应。"

我们最大的支部之一,即参加1921年三月行动的莱纳支部写道:

"公开信的发表使人出乎意料,但同志们很快就清醒过来,并且无保留地表示拥护。工人也对公开信进行了讨论。社会民主党人特别利用了这件事。但是,公开信发表后,工人的信任非但没有削弱,反而增加了。

对于解散已身败名裂的中央委员会一事,莱纳的无产者表示同情。"

在柏林,鲁特·费舍和肖勒姆在生产支部中遭到了破产。柏林—勃兰登堡地区委员会和许多其他地区委员会发生了动摇,开始不能接受公开信。**但是,**在第一次柏林支部书记会议上基本上一致地接受了共产国际执行委员会的公开信,并要求以生产支部为基础立即进行改组,这种改组业已完成。这样,在基层支部委员会中崭新的工厂干部队伍很快就形成了。

同志们，我所列举的由经验得出的这六个结论，就是最重要的结论。以前，我已经说过：我们刚刚开始在支部开展工作，刚刚开始在一些国家支部中进行改组。在某些国家，我们只是在很小一部分企业建立了生产支部。我们应当力争深入到大的企业，给在那里工作的同志们以特别有力的支援。那里的生产支部还没有建成。大部分人在政治上还不积极，他们过分醉心于那些纯生产性的问题，因为同党的政治任务不相协调。在支部中，党的工作基本上还没有开展起来。企业主制造的恐怖气氛成为开展工作的严重障碍。在英国和德国这样的国家，改组工作将会拖延下去，特别是在严重经济危机和失业的情况下，更是如此。**但是，同志们，无论是恐怖，还是失业，都不是反对改组的根据；相反，这最有力地说明了在支部基础上对旧的地域性组织进行改组是正确的。为什么呢？**

以往全部斗争的教训表明：由于我们在经济冲突和激烈的革命形势下才去依靠企业，由于德国社会民主党掌握着企业的工会代表团体，能保存自己的力量，所以我们将遭受失败。因为在斗争需要的时刻，企业工人不会走上街头，因为改良主义的工会官僚们将有足够的力量来破坏我们的运动。

同志们，第二次国际组织会议确定的总的方针和总的成果就是如此。

支部的组织和工作

现在，我想谈谈议事日程上的几个问题。首先是关于生产支部的组织和工作的建议。我多次强调过，为了使我们的生产支部成为当之无愧的党的组织，我们还应当做很多工作。在组织支部的工作中不应该机械地行动：支部应当使自己的机构和方法适应该企业现有的情况。生产支部要根据不同的情况,用不同的方式建立组织和开展工作,比如,在企业里,支部是有行动自由权,还是企业主的恐怖在企业里猖獗;是存在着强大的社会民主党,还是法西斯分子占统治地位。

在组织会议上,我们听取了**俄国生产支部的**报告。一些代表团有机会了解了很多支部委员会和支部的开会的情况。我们确信,俄国支部的工作不仅仅限于本企业的范围,而是大大超出了这个范围:扩展到了区、行政机关、军队和农村。支部工作和工人的整个生活紧密地交织在一起。最大的支部设有脱产的书记。支部还有完整的小组网,支部委员会通过小组网在企业里组织自己的工作。与俄国的支部相比,我们资本主义各国的支部还处在萌芽状态。我们了解了俄国支部的一些实际工作,这是有益处的。因为具体的事实使我们相信,支部是全党的基础,由于有了支部,每个企业犹如是一个堡垒,也就是说,在劳动群众的生活中,它能够起着主导作用。

在组织会议上,我们还听取了很多有关一些国家生产支部情况的报告,也有工作出色的例子。这些事例表明,在各国党的活动中,支部已经通过自己的工作来显示其重要性,已经证明了自己比以前按居民区成立的组织的一般会议具有优越性。

组织会议对一些国家生产支部以往的工作进行的总结表明,对于我们西欧各国来说,生产支部也是最合适的组织形式。目前,生产支部将为执行共产国际的路线,即为开展实际的工会工作和建立劳动群众的统一战线创造前提。

巴黎大型电厂支部可以说是在各方面开展工作和真正成为党的支柱的范例。同志们在他们的报告中写道:

"为了建立无产阶级统一委员会,并为争取提高工资的运动作准备,根据同工会小组达成的协议,我们在十二月的头一个星期就召集企业的工人开会。有

39名同志前来开会，其中37人是没有参加组织的工人。行动委员会的代表向他们说明了无产阶级统一委员会的作用和意义。结果，18名无组织的同志参加了统一委员会；当天就选出了主席团。"

关于支部长期以来工作成果的报告是这样说的：

"由于我们的工作和坚忍不拔的精神，我们在原估计会有极大困难的企业里组织了100人，其中有92人从不曾属于任何党派，也不属于任何工会。"

同志们！我还能举很多的例子来证明，在我们西欧，就像在俄国一样，支部是共产党组织的最典型的形式。

在这方面，我想谈谈工厂的报纸问题，工厂的报纸越来越成为接近群众的新的有效手段；它们同我们党的报纸、书籍和传单一样，使我们更好地把越来越多的新的工人群众吸引到共产主义方面来。在一些国家，出现了一定数量由支部出版的报纸。在中型企业，发行胶印报纸，印数20—50份；在大型企业，印数达1000份或者更多；个别大的支部，有时发行铅印报纸2000份到5000份。这些报纸使企业更有生气，它们反映工人的情绪，触及要害问题。当然，企业主竭力要找到编写这些报纸的人。在支部的报纸出版时，他们常常进行侦查。许多同志在散发报纸时被发现，因而被企业解雇。一些企业主为了查清编写报纸的人，不惜重金悬赏（有时甚至一次悬赏3000马克）。很多支部在出版报纸的事业中，已经写下了自己英勇斗争的历史。在企业主的恐怖统治下，为了重新在企业出版报纸，支部费尽了心机。报纸还有很多缺点。在报纸上，狭隘的生产问题同广泛的政治问题很不协调。组织会议就此问题通过了一定的决议，并根据已有的经验专门作出了有关支部报纸的指示。

组织会议为支部规定的基本任务是：

第一，提高支部的政治积极性，因为目前这种积极性还远远不够。圆满地完成一些国家支部的改组和最终取消旧的地域性组织是这项工作的前提。根据一些国家支部的经验，我们确信，只要存在着旧的地域性组织，生产支部就不能正常地活动和正确地开展工作。旧的传统观念不懂得，出席地区的一般性的会议并发表演讲，较之在恐怖和各种陷害活动猖獗的条件下开展企业的共产党的工作要更加容易、更加安全。我们通过临时委员会的系统，找到了在进行改组工作中不减少党员的有效办法：在地域性组织向支部组织过渡时，城市各区或地方团体临时委员会对党的工作负责，而过去的地域性组织委员会的职能立即被局限为在短暂的过渡阶段内执行纯技术性的任务。决议中也说明了这个经验；只要采用这个经验，一些国家就能更好地实现向支部过渡。

为支部工作规定的第二项主要任务是建立相应的委员会。在一些国家，我们有成千上万个企业里的支部不能有计划地进行工作。他们时而在这里碰头，时而又在那里聚会，但没有按计划分派工作，也没有成立善于协调工作的支部委员会。俄国生产支部代表的报告，以及我们自己在莫斯科访问的一个支部委员会和一些支部会议总结的经验使我们确认，完全有必要建立出色的支部委员会来有计划地对各个委员进行分工，来监督个人的工作，拟定支部会议的议程，并保持支部和地方党的委员会之间的密切联系，而这些方面，在一些国家支部中做得非常不够。

支部的第三项任务是定期出版支部的报纸。

第四项任务是**建立街道支部**，参加街道支部的是所有不在企业里工作的同志，例如：在一些国家仍占相当大比重的家庭主妇、家庭手工业者、手工业工人、清扫工、知识分子等等。我还记得，在去年第一次组织会议上，法国支部曾反对建立街道支部，认为建立街道支部是多余的事。然而，实践证明，街道支部是必要的，因为在住宅区里，有的工作只有靠街道支部才能完成，特别是在附近没有企业或者企业的支部不能担负这项工作的地方，就更是如此。在去年春季的市政选举中，由于当时地域性组织已被仓促撤销，结果使居民区的竞选宣传工作处于无人领导的状态。巴黎的市政选举是一个严重的教训。此后，街道支部就建立起来了。

关于这一点，**必须指出，区的支部完全不像某些同志所错误地认为的那样，是旧的地域性组织的组成部分**。区的支部是基层组织的组成部分。某一个城市街区或某一个地区的生产支部和街道支部总和起来组成为一个基层组织，即市的、区的组织或地方的组织。因此，街道的组织是整个基层组织体系的组成部分，它同旧的组织毫无共同之处，旧的组织是按同志们的居住点建立的，它不考虑同志们从事生产活动的地点。由于进行了改组，以前的状况彻底地改变了。

支部担负的第五项任务是帮助改组共青团。除俄国以外，在共产国际的所有支部，共产主义青年团几乎都存在不良的社会成分。只有很少一部分的成员在工厂企业工作，在大的企业里，我们几乎没有影响。因此，各国支部组织会议提出了以下任务：**每个党的支部都应该在自己所在的企业里组织共产主义青年支部**。这将有助于更快和更好地改组青年的组织。

党的机关的结构和工作

现在，我来谈谈议程的第二项——党的机关的工作。不言而喻，由于旧的地域性组织在支部的新的基础上进行了改组，整个组织的结构正在发生根本的变化。

去年的第一次组织会议拟定了共产党的总的机构。第二次组织会议的特殊任务是在基层小组到中央委员会的各级建立党的机关。

首先，我举一个实际例子来说明支部和地方党委员会的直接联系是多么必要。巴黎地区委员会在改组以后不能同自己的支部建立直接的联系，因为区太大，支部离区委员会太远。这样，对执行委员会的指示的执行情况进行监督是不可能的。因此得出一个结论：**在城区过大的大城市，为了同为数众多的支部接触，就必须建立基层组织**。同样，在州的组织机构中，**建立发挥地区委员会职能的地区性组织**也是必要的。

第二，在许多国家的支部里，州委员会或大城市的区委员会的领导者不拿薪金。某些小党的中央委员会一般只有一名或两名全职干部。相反，另一些大党有直属中央委员会和州委员会的庞大机关，可是在**执行工作的基层**，在大城市的区委员会或者在县委员会，就没有全职工作人员。组织会议通过了精减中央委员会和大州委员会附属机关的决议，当然，同时还要提高机关工作的质量。决议规定，在财政状况许可的地方设立大城市的区委员和县委员会的附属机关。这种做法是力图使**党的下级组织保证执行党的领导机关下达的指示**。

第三，组织会议还通过决议，**在每一个州委员会、县委员会、区委员会（在大城市），在地方的或基层的委员会下面，必须推选出更小范围的、人数不多的执行局**。现在，在许多国家的支部里，大的州委员会人数多达30至50人，他们当然就丧失了工作能力，即工作效率不高，运转不灵。

第四，**组织会议还决定**，在从中央委员会直到比较大的基层委员会的**各级委员会下面设立各工作部门**（组织部、工会部、宣传部、妇女工作部），它们可以经常领导和监督本部门的工作。

第五，除此以外，组织会议决定，**废除迄今为止还被采用的在各级委员会下面设置的政治书记和组织书记的制度**，比如在德国和意大利，至今仍在实行这种制度，在那里，一个书记领导政治工作，而另一个书记领导组织工作。**为了保证今后每一个委员会有一个统一的领导**，应当推选一个责任书记（领导人）。所有各部负责人都要服从这个书记或领导人。现在，许多国家支部在全体会议上选举产生了这样的书记；今后，不应该出现这样的现象；会议选举委员会，而委员会自己产生出组织，即委员会自己推举出书记（领导人），并指定各部负责人。

对于这一点，我想作如下补充。关于机关建设的决议，特别是最后一项决议，使委员会享有比现在更大的职权。为了解释这些决定，在一些国家的支部里有必要对民主集中制的实质问题展开讨论。

只有在普遍进行改组之后，才能按民主集中制的原则来建设党。根据去年组织会议的提纲，委员会应该从下而上地选举产生，即事先调查支部对某些政治问题的态度之后在代表会议上选举产生。在各级委员会里，支部的同志应当占大多数。通过这种方式，就能实现党内民主，就能最明显地体现党员的意志。在以前的地域性组织中就不曾有过这种情况。在去年的组织会议上，德国的代表团还坚持在地域性组织中保留旧的负责人制度，这些负责人当选后任期一年，他们不征询党员意见就通过重要决定。一些国家支部的实践证明，代表制度使支部或者代表会议有机会阐明自己对政治问题的态度并推举自己的代表，从而更准确地表达了党员的意志和最好地实现了党内的民主。但是，作为一个战斗组织，党应该严格地实行集中制。由下面选出的委员会应该是对本部门工作的实施负责的真正的领导机关。代表会议选举出委员会这一事实本身就是委托它们去执行工作，为此，委员会应该建立自己的机关。这个问题我已经讲过，共产国际大多数支部目前还没有建立那样的机关。

同志们！关于建设基层组织机关的最重要的决议就是如此。除此以外，还就中央委员会附属机关的建设问题拟定了专门的提纲，这就是：中央委员会各部门的组织；现有各部门工作的加强；中央委员会各机关（政治局、组织局和书记处）工作范围的确定和中央委员会各机关与中央委员会各部门之间正确的相互关系的确立；中央委员会的坚强领导核心的形成，这个核心由有经验的同志组成，他们密切注视一些州和基层组织的工作，因而能给中央委员会提供一些组织的真实情况和工作的准确报告。

党团的机构和工作

在"支部"和"党的机关"这两个问题上，已经取得了一致意见，不存在任何大的分歧，而在党团的组织问题上却存在着严重分歧。我要谈一谈在这里以及在扩大全会工会委员会上表现出来的这些分歧。

共产国际的政策，统一战线的策略，阐明了形成左翼的必要性和可能性，使一些支部意识到工会问题的重大政治意义。某些支部的工会工作逐渐活跃起来了，而在认清了工会工作和利用工会工作吸引广大工人群众参加统一战线的必要性的同时，工会工作组织方面的问题显得更加尖锐了。现在，所有的支部都面临建立党团和开展党团工作的紧迫任务。为了组织工会工作，组织会议确定了以下原则：

1. 高效率地开展工作，以便使所有有权参加工会的共产党员加入工会。首先，**要训练好每一个同志，使他能从事实际的工会工作**。在吸引工人即最广大的群众参加工会方面，我们的支部要作顽强的努力。

2. 一切工会和群众组织中的共产党员统一在党团里。**这些党团的工作应该由该党团的共产党员来执行**，而不是由工会部门来执行。党通过自己的专职部门发布指示，党监督党团的工作并可以在任何时候干预党团的工作。但是，党团应当在工会中**进行**工作。

3. 领导党团的应该是最熟悉工会工作的同志，由于这些同志参加了日常的实际工作，他们能够了解工会中产生的一切情况，因而能给党团提供最可靠的材料。

在提交组织会议的提纲中，根据上述提纲作出的结论是：**第一，参**

加工会理事会的共产党员应该领导党团组织；第二，党团应当自上而下地建立自己内部的联系，即上级党团委员会应当给下级党团提供材料并发布指示。在这两个问题上出现了分歧。

意见不一致的原因何在呢？过去，在共产国际的一些支部中，在许多共产党员——全职的工会书记中存在着令人失望的现象：这些同志中的一部分人**被解除了职务**，一部分人加入了德国社会民主党。结果出现了一种倾向：解除这些工会理事会的同志领导党团的工作，或者最多让他们在党团委员会中担任次要的工作。这种倾向是对党的力量缺乏信心的表现，是怀疑党能否用严格的纪律来控制在工会官僚派压力的特殊艰难条件下工作的那些同志。应当同这种倾向进行坚决的斗争，因为归根到底，这种倾向会放弃在工会里争夺阵地，因而也放弃争夺工会组织本身。组织会议制定了极为坚定的指导路线。党在任何时候都能监督个别党团的工作，在任何场合都可以对工作无成效的党团委员会或某些同志进行干预。如果经验不足的同志在工会理事会工作，那么，党的委员会应当特别给他们以帮助，对他们进行特殊的训练。企业的同志应当热情支持在工会理事会工作的共产党员。如果这些同志滑向德国社会民主党，这往往是党本身的过错，因为党不去开展任何工会工作，不去实行任何监督，而往往是当某一个同志干出党所不能容忍的事时才进行干预。

现在，由于进行了改组，由于让了解工会工作的同志参加了委员会，在党的委员会和工会理事会的同志们之间建立了比地域性组织时期更密切的联系，那时党委员会有时对工会工作和企业工作一窍不通。

在党团组织彼此之间建立直接联系的问题上出现了另一种阻力。一些同志担心，若是党团组织彼此之间建立起联系，就会建立自己的机关，会组成党内的工会党。这些同志希望，党团组织只同相应的党的委员会之间建立联系，比如，在地方团体，只是在地方党的委员会和相应的党团委员会之间建立联系，或者是在党的委员会、区委员会和区的党团组织之间建立联系，等等。

在一些支部，我们有革命的工会，并且在理事会中占了大多数，那里存在着不愿在理事会建立党团的倾向。就是说，实际上，我们在这些革命工会中没有建立任何党团。我们同样要坚决与这种倾向作斗争。在这方面，组织会议的态度十分明确，毫不含糊，没有任何疑义。**党发布指示，实行监督，但党的任务不是干预党团工作中的琐事**。为了能够领导党团的实际工作，党有许多任务要完成。另一方面，党团应该限于完成自己工会内的专门的工作。它们不应去研究重大的一般政治问题和党的策略问题，因为这些问题仅仅与党的组织有关。它们不应像某些支部那样征收什么特殊的党团费。在那些党团工作大部分仍由工会部领导的支部里，党团工作应转交给地方的党团委员会、区的党团委员会，等等。在现阶段，党只是建立了党团组织，由于我们刚刚开展工会工作，对党团进行经常的有效的监督是必要的，工会部也还起着重要的作用。但是，应当明确，由于建立了党团组织，工会部的任务范围将逐渐缩小，从长远看，一直会缩小到不再需要工会部，而党团将完成工会的全部工作。比如，在俄国，党的委员会不再需要单独的工会部，因为在那里，共产党的党团领导着全部工会工作。

组织会议制定的这些原则成为既定的行动路线的基础。不能教条式地在一些支部执行这些原则，必须适应每一个国家的情况。然而，各支部的工作应这样进行安排。

最后，除了议程的这三项内容以外，组织会议还决定，**在共产国际执行委员会组织部和各支部组织部之间**应建立更加密切的联系。应当怎样做呢？

1. 通过频繁的书信来往交流经验。各支部应当同共产国际执行委员会组织部交流自己的经验，而组织部应该积累这些经验，审定这些经验，并把它推广到其他支部。

2. 在共产国际执行委员会下面设置指导员。这种指导方法结果证明是正确的：它有助于协调各支部的工作。

3. 派遣和训练实习人员：支部派实习人员去共产国际执行委员会组织部实习几个月。他们在共产国际执行委员会机关工作三到六个月，研究国际的经验，在实际工作中取得丰富经验，成为熟练的工作人员，然后回到本国支部。由于经常访问基层支部委员会和列席基层支部会议，在组织和协调支部工作方面，我们学到了许多东西。一些支部的实习人员利用在莫斯科的机会，在实践中了解了生活，了解了苏维埃俄国的支部和党的机关的工作，我们相信，他们定能获得对共产国际各支部的工作有价值的经验。

4. **在各生产支部之间建立更密切的通信联系**。同志们，显然，迄今为止，我们还没有充分认识到组织资本主义国家生产支部同俄国生产支部之间经常性的信件来往的极端重要意义。我记得，在德国，柏林生产支部和列宁格勒普梯洛夫工厂支部之间的通信联系，成了派工人代表去苏联这一广泛运动的起因。大家看到，这种通信联系产生了什么样的效果，这与《前进报》上那篇卑劣文章的愿望相反，或者更确切地说，是多亏了那篇文章。我们衷心希望，现在要尽力做到使苏维埃俄国的生产支部同法国、英国、美国、德国、捷克斯洛伐克等国的生产支部之间经常进行通信联系。

我总结一下上述内容：

组织会议完成了重大的实际工作。我们学到了许多东西。由于相互交换意见，弄清了很多问题。我们返回本国时经验丰富了。我们坚信，共产国际执行委员会组织会议将大大地推动我们的工作。组织会议和扩大全会通过的政治性决定将对我们的组织工作有巨大的帮助，我们将满怀信心地、以新的主动精神，以更快的速度建设我们的共产党。

蒙穆索（法国）：

同志们！为了阐明共产党员在工会运动中的直接任务，委员会对工会决议案的初稿提出了某些修改意见，不过，这些修改主要涉及的只是决议案的形式。

报告人接着列举了工会委员会提出的修改意见。由洛佐夫斯基同志发言说明决议案的主要方面。

洛佐夫斯基作关于工会问题委员会的报告[①]

同志们！工会委员会仔细研究了组织会议拟定的关于各国工会党团组织的形式和工作方法的决议。

在凡有我们同志工作的任何一个组织里都要善于团结我们的力量，这是我们的工作和整个策略的起码常识。在所有共产党的工作中，党团问题都起着特殊重要的作用，很自然，组织会议特别重视这个问题，而由扩大的执行委员会任命的工会委员会非常仔细地研究了组织会议关于将来共产党党团的形式和结构问题的提案。

在委员会内部产生了意见分歧。这些分歧是组织会议上围绕一个十分重要的问题发生争论的继续，这个问题是：实现这个决议案的形式和方法应该是怎样的？在工会内部应当怎样成立党团组织？党团组织之间的纵横关系应该是怎样的？总之，在明确我们在工会运动中进行工作的组织形式时产生的一切问题都涉及到了。对实际工作中产生的所有问题都详细地进行了研讨。在工会内建立党团组织一定会遇到相当大的困

---

① 俄文稿译自法文。

难，在多数场合，这些困难是由各国工会运动发展的条件决定的。

工会和党之间的关系有各种不同形式：

1. 首先是比利时形式：党和工人运动的一切其他组织（工会、合作社、体育运动组织、政治派别等等）联合成一个统一的整体——"工人党"。

2. 英国形式：工会是以党为基础的。

3. 还有（或确切地说，有过）挪威形式：一个城市的工人会议选出了两个委员会：工会委员会和党委员会。

4. 社会民主形式：两个组织相互合作，同时，无论在政治观点或思想方面都保持相对的独立性。因此，在两个组织之间存在着一定的均势和平等。

5. 俄国工会运动的形式：从组织的观点看，工会是完全独立的，但是，党团机构从上至下保证党对运动的领导。当然，我们并不炫耀党在苏维埃工会运动中的这种政治优势，但是，很自然，通过我们的党团，通过党给它们提供的指示，我们把工会运动引向我们希望的方向。

6. 最后，还有拉丁语各国的形式。这些国家的工会运动早就一直反对政治并同党竞争。例如，在法国，战前的劳动总同盟不仅在对政党的关系上保持独立，而且还有自己的理论。迄今为止，许多同志，甚至一些法国共产党的党员仍然沿袭这种理论。在我们着手建立党团组织时，必须考虑到所有这些特点。

可见，在各种历史条件下，我们的工人运动形成完全不同的形式，工会和党之间的关系各不相同，党对工人群众和工会的影响程度也不相同，这可以十分清楚地说明，不能在任何地点、任何时间都用同一的方式通过划一的和僵化的形式来贯彻执行统一的原则性的决定，即统一的决议。

但是，利用国际的经验为那些工会工作刚刚起步的国家制定路线，这是可能的，也是必要的。为了给这些国家制定路线，每一个党都应该在进行工作时遵循根据各国丰富的经验而制定的总的路线。不言而喻，这条路线应当适应本国的条件，适应当地工会运动的情况，总之，要适应该国工人运动的各种特点。

由于这个缘故，在极仔细地研究了组织会议制定的决议之后，在研讨了执行时可能产生的一切困难之后，我们委员会一致通过了一项决议，这项决议将提请你们讨论。但在宣读此决议之前，我还要讲两点意见：

有的共产党员认为，只有在改良主义的工会里，才需要党团。他们反对在共产党或革命分子领导的工会里建立这些党团。这是极大的错误。我们的经验证明，如果连革命工会中的共产党员也不很好地组织起来，那就不仅不能顺利地执行共产国际的政治路线，而且也不能顺利地执行红色工会国际的政治路线。

当然，必须重视所有困难，而不应该到处喧嚷我们有党团。决不应当逢人便说，某某党团通过了某某决定。不应该炫耀我们在工会运动中的影响，避免使那些十分信赖地靠近我们的分子产生反感。那样做是很笨拙的，简直是太荒唐了。

这里所指的是什么呢？是指我们要有计划地加强在工会中的影响。为了达到这个目的，决不应当授意我们影响下的工人，说我们替他们考虑问题，而他们只要执行我们的决定就行了。这样的政策毫无用处，它只能破坏我们的队伍，它不能使我们取得预期的良好的结果，而只能削弱我们的影响。

但是，我们必须要求全体党员，不论他们在工会运动中担任什么职务，都要遵循党的路线。其次，我们应该要求全体党员，不论他们在什么组织里工作（企业、联合会等等），都要记住，纪律把他们彼此联系在一起，他们不能有两条政治路线，在党内一条，在工会又是另一条。

必须使他们认识到，问题在于执行党的路线时，正如我指出的那样，还要考虑到他们工作所在地的条件、环境等等。总路线不会改变，改变的只是适合于这些条件的手段和方法。

我们必须在一切工会组织里向群众提出同样的思想和同样的指导路线，同时，要用使一切没有加入我们共产党组织的人都能了解的语言来表达。必须通过每个工会、合作社和其他组织所特有的方式并通过这些组织的成员本身来执行我们共产党的路线。

每一个组织都应当有自己执行党的路线的特别的形式和方法，而党应该使那些在各个工会和其他团体工作的人有可能执行党的总路线。显然，如果党不制定出总路线，不发布主要的指示，而是在各个方面都以琐事打扰自己的工作人员，事无巨细都由党来过问，想要拿到经济斗争的领导权，如果我们这样做，那么，从事工作的就不是工会组织，而是由党组织包办代替了。对于我们所有的党，特别是对于法国共产党来说，如果出现这种情况，则是一个大灾难。

苏联的工会运动发挥着巨大的作用。这是为什么呢？因为苏联工会是我们党所开动的庞大机器中一个特别重要的轮子。恰恰是党使整个工人运动活跃起来并吸引着无产阶级。如果我们代替工会，如果我们告诉工人阶级，说党和工会是同一种组织，那么，我们就会使党的影响局限于党本身的范围内，因而不是扩大自己对群众的影响，不是吸引他们跟党走，我们就会失掉自己的成员，工会运动本身也不会发展，而只能削弱。

同志们，这就是我们提交大家讨论的组织会议拟定的决议。我们所有的党都要执行这一决议，不仅着眼于形式，而且要使所有的党都从决议中吸取有助于达到我们目标的一切，同时还要注意每个国家运动的特点。党应当寻求吸收所有党员参加工会运动的最好的途径，寻求加强共产党员在工会组织内部工作的其他方法，以便使工作人员本人根据自己的首创精神，并运用适合本国工会运动的方法，在自己的工作中贯彻党、共产国际和红色工会国际的总路线。

同志们，这就是制定本决议时所考虑的观点，委员会提请大家根据这个观点来核准本决议。

同志们，问题不是要发布一些非常有害的机械的工作细则，而是各国党应当实行一条特别简单和明确的路线。这条路线是，在各地自上而下地开展党团组织方面的工作，使共产党员无论在工会，还是在党内，都始终是共产党员，都不能有两条对立的政治路线。而工作的决定和开展工作的形式，是通过工会运动的一般机关和平常的手段来实行的。不应当破坏和违背工会代表大会通过的章程；应当在这些章程的范围内根据工会民主的精神来工作。同志们，这就是我要说明的委员会批准组织会议拟定的决议的几点指导思想。这个决议十分明确地指出，为了建立我们的党团和在工会运动内部开展工作，所有的党都应当利用国际的经验。

工会委员会对洛佐夫斯基同志的提纲草案进行了最后表决。除博尔迪加同志投反对票外，全体投票通过了这项决议。①

第二次组织会议有关工会党团组织的决定的决议被批准通过。

库西宁作关于群众工作问题委员会的报告

列宁在他的《共产主义运动中的"左派"幼稚病》一书中表述了这样一个思想，即无产阶级的组织作用是它的主要作用。列宁在这里主

---

① 见本卷收录的《共产党人在工会运动中的当前任务（根据洛佐夫斯基同志的报告所拟定的提纲)》。——编者注

要讲的是苏维埃俄国无产阶级的任务，但是，毫无疑问，列宁认为资本主义国家无产阶级的组织作用也具有重大意义。当然，在资本主义国家，无产阶级担负的任务完全不同；在那里，现在面临的任务是胜利地组织革命。为此，一方面，必须建立一个意识到自己目标的能领导革命的党，另一方面，则要在我们党外组织革命的运动。

而恰恰在实现争取群众到无产阶级革命方面来的任务时，我们的党员表现出一定的**片面性**。这些同志认为，共产党的工作仅仅在于建立共产党的组织，以及吸收党员。当然，这是我们的主要任务，但是，如果以为党的工作仅仅在于此，那是完全错误的。据说，芬兰以前有个建筑师，当其他人盖房子的时候，他就组织了建筑协作社。其实，我们要建设的是宏伟的大厦，而不仅仅是建筑社。

除此以外，在吸收党员时，我们要从广义上认识这个任务。我们怎样来吸收成员呢？难道只是靠宣传鼓动吗？不，不能只是用这种方法。可以说，在这方面，我们需要直接的训练方法，我们可以通过组织统一战线来实现，此外，还可以通过吸收非党积极分子参加革命工作来实现。

我们首先面临的任务不仅是建立共产党的组织，而且还要建立其他组织（同情我们的群众组织），以实现特殊的目的。在某些国家，我们已经有了这样的组织，例如国际革命战士救济会、国际工人救济会。季诺维也夫同志在结束语中强调了这项任务的重要性。此外，我们还需要许多一定程度上较为灵活的组织的据点，在今后的活动中，我们可以利用这些据点，使我们能摆脱徒劳的工作，也就是说，不仅要在政治上影响群众，还要防止群众不断脱离我们的影响。可以说，我们应该建立一套完整的、正大光明的组织体系和在共产党周围建立一些小的委员会，这些小委员会将处于我们党的实际影响之下，而不是机械地受党的领导。

其次，应当使我们的党员在广大群众中开展经常性的革命活动。这里，我们谈谈**另一种片面性**，其实，我们应当承认这已经成为某种倾向：这些倾向不仅在政治方面可能出现，而且在组织方面也可能出现；实际上，我们在某些地方确实已出现了必须克服的社会民主党的残余。这些残余的表现之一，就是在争取群众的问题上轻视组织任务。这同轻视有觉悟的共产党的整个领导作用差不多。他们期待群众自发运动中出现某种奇迹，而不是为了组织和领导这种群众运动去做自己需要做的一切。这种现象与以前的卢森堡派的倾向有密切的联系，在当时，作为反对社会民主党人领导的反对派，这种倾向是可以理解的，而现在，这种倾向则是不可原谅的。

现在，我们的同志对于分析形势，对于口号和政治路线等等谈论得很多，但可惜的是，他们却很少致力于组织群众的工作。在这里，必须为开展这项工作进行宣传。

能否说我们特别认真地注意了政治斗争中的组织工作呢？不能，我们的同志恰恰没有把组织运动和游行示威看做特别重要的事情；他们为某次集会进行宣传，为组织游行示威也做了一些工作，但是，还缺乏周密的和具体的组织准备。

对有组织地利用这种群众性的行动则尤其不够重视。在每一次群众性行动之后，本来应该在基层建立一系列统一战线的机构，作为进一步开展工作的战略上的据点。要特别注意组织企业中应该成立的统一战线的地方委员会。

第三种片面性早在第三次世界代表大会上就已谈到过。这就是不了解每一个党员所担负的日常工作的责任。我提醒大家注意列宁对这个问题的看法。第三次代表大会期间，在关于组织问题的决议草案中谈到吸收党员参加党的经常性工作时，列宁曾写道：

"要更加详尽地说明，西方大多数合法的党恰好没有这一点。不是**每个**党员都有**日常**工作（革命工作）。

主要的弊病就在于此。

最大的困难也就在于改变这种状况。"①

这是我们大家都知道的。这是我们的信条。但是，在党的实际工作中，迄今为止，我们很少能够在企业、工会、体育协会等组织中得到实现。比如，当我们在党团组织里采取了片面的行动时，就有出现一定偏差的危险。我赞成组织部门在建立党团和支部工作问题上的全部主张。但是，我们应该预料到这种危险性：当我们谈到要在各地建立巩固的团结一致的党团时，有些同志可能理解为我们要脱离工人群众而在党团组织里"团结起来"。这是重大的错误。这种党团只能成为我们的隔离室，它再好也是不需要的。如果我们在党团里就像生活在闭塞的瓶子里一样，那么，这种党团就不是共产党开展工作的工具了。要知道，我们不可能用这样的瓶子来打击敌人。这是党团工作的一种不正常的组织形式。每一个支部或党团的成员都应当清醒地认识到，他们必须经常不断地同社会民主党的工人、工团主义的工人以及无党派的工人群众联系。可以毫不夸张地说，每一个党员都能轻而易举地在工厂和车间里团结至少十个他所熟悉的党外工人。他能够和他们保持经常的联系，影响他们，同他们一起组成工人小组，吸收他们参加统一战线的委员会，并在发动各种活动时领导他们。每一个共产党员都应当是一个组织者，不仅要进行宣传和鼓动，而且他应该首先学会把党外的其他工人组织起来。

一年以前，在筹备扩大的执行委员会时，我们党内有的同志建议，在资本主义各国，共产党员要成为职业革命者；这个建议被搁置下来，

---

① 《列宁全集》中文第 2 版第 42 卷第 18 页。——编者注

然而，季诺维也夫同志更贴切地表达了这样一个想法，他说："**每一个人都应当成为组织者**。"

据我看，这种表述是正确的：每一个人都应当成为革命群众积极性的组织者。不言而喻，支部的书记、支部的组织者，或者支部和党团的任何其他负责人应该是主要在本组织内进行工作的组织者。但是，党的其他成员担负着组织党外力量的责任。这个任务是艰巨的。列宁同志说，最大的困难就在这里。然而，我们同社会民主党的工作方法的主要区别恰恰也在于此。这是必须承认的。在任何场合，我们都应当坚决地反对一种倾向，这种倾向认为，在群众中间开展的工作和对这一工作进行组织，实际上不是共产党的工作，党的工作只能在我们自己人中间展开，而我们队伍之外的工作是附带的事情。这是不正确的。对于大多数党员同志来说，他们从事的党的工作的最大量和最重要的部分，应该是在无党派的、工团主义的或者甚至是社会民主党的工人中间进行组织工作。

同志们，为了引起大家对运用统一战线策略的注意，请允许我列举一个实际的例子。我指的是应用妇女代表会议的方式。以前，不是在全体会议上，就是在较小范围的会议上，我们已经多次提出了关于采用这种方式的决定；在遭到了各种非议和反对之后，我们终于通过了决定。在一些国家，在德国和英国的一些局部地区，我们可以看到他们在试图谨慎小心地执行这个决定。然而他们谨慎小心到这种地步，以致几乎使人看不出采用了代表大会的方式。在英国，其实已经尝试在女工中间持续地开展积极的工作，但是，任何地方也没有来自企业的女工代表。在德国及其他一些国家，个别地方有来自企业的女工代表，但召集这些代表是为了作出决议，而不是为了领导革命工作。这还远不是真正的妇女代表会议。据我看，这种形式的特点是：

1. 从企业里选举女工代表。工会组织和为了特殊目的而建立的各种妇女组织里的妇女同样可以成为代表，但最主要的还是要从企业中推选女工代表。

2. 必须召集这些女工代表参加定期的会议。

3. 我们召开会议不仅是要通过决议，而且还要开展积极的工作。怎样才能做到这一点呢？当然，较大规模的代表会议不可能特别灵活主动。会议必须划分为小组进行，以便研讨各种工作：实现重要的迫切口号方面的工作，企业、工会、合作社等方面的工作，以及营救被监禁者（国际革命战士救济会的工作）等等。必须善于组织这项工作。在两次会议之间，女工代表们要开展这项工作。没有必要频繁地召开代表会议，一个月一次甚至是两个月一次就足够了。在企业，只用安排定期的报告。

也许，有的同志初次听到这种说法后会想，这实在太"俄国化"了。不对，同志们，与西欧各国相比，在俄国妇女中开展革命工作的内容可能也应当完全不同，但是，依我看，这种方式是吸引妇女无产阶级的积极力量参加革命工作的最合适的方式。

在资本主义国家的工会中，女工很少能显示自己的积极性。我们应当利用这种新的方式使她们得以发挥积极性。但是，同志们，如果我们的党和党的中央不了解这项工作是我们党的重要任务，那么，这不会有任何结果。当然，建立老的社会民主党那种旧式的妇女组织要容易得多。共产党员的妻子可以同她们的熟人一起加入那种妇女联合会。然而，从革命的观点来看，这类组织的工作内容在许多场合下是没有价值的。

现在，我们首先应当重视在女工中间进行工作。这件事已经多次作出决定，但迄今为止，我们各国党还从来没有认真加以对待，把它付诸实施。党的中央认为，在女工中间开展工作是不重要的。当然，他们不这么说，相反，他们承认这项工作的重要性，但领导同志不采取任何措施来执行这项工作。他们借口其他工作负担繁重。有时，工作确实繁忙。但这不能成为借口。列宁同志的各种工作也十分繁忙，但是，他仍用很多时间和精力来关心妇女工作，因为他始终认为这项工作是重要的。

我以为，在即将召开的执行委员会全体会议上，我们应该向所有党的领导核心提出这样的问题：他们在这个重要的方面实际做了些什么。问题不是要对我们党内的妇女说："你们应该做这做那"，而当她们什么也不做或做得少的时候，则只是指责她们。据我看，实际上更重要得多的问题是中央和地方机关担任领导的男同志要参加妇女工作的机构。只有这样才能使我们党组织的负责同志关心这项工作。党的中央应切实委派有影响的同志去领导这项工作。在运用妇女代表会议制度方面，必须首先在党内为这个形式作宣传，而后还要为这项工作配备指导员。每一个党都要这样做。一旦我们能够，比如说，在十个企业里选出二十名代表，我们就可以开始召集定期的妇女代表会议。一开始这就够了。然后，为了开展相应的工作，将这二十名代表分成两个、三个或者四个小组。起初，这将是很困难的。然而，我们同社会民主党的工作方式的区别恰恰就在于此。

我不准备具体地讲秘密党在广大群众中的工作问题。关于这个问题，我想要说得很多：我们的秘密党还要在地下从事很多工作。确实，他们有时进行的是完全脱离现实的宣传，他们缺少脚踏实地地组织工作。许多秘密党的成员常常以为散发**合法的**书籍是不够革命的工作。在大多数秘密党内，很多秘密工作完全可以公开进行，而且公开进行所具有的革命意义也更为明显。必须在委员会中认真地讨论这些问题。我们这个委员会，有人开玩笑说它叫做"群众的委员会"，首先，是根据我们的建议拟定了一个决议案；然后，又拟定了五个决议案，准备提交执行委员会即组织局批准。这五个决议案是：关于具有特殊任务的同情者群众组织，关于农民组织，关于消费者协会的工作，关于体育协会的工作和关于非党的出版工作。当然，如果我们在全会闭会之后不善于组织这项工作，这些决议的意义就太小了。我们必须在执行委员会机构或党中央领导之下，建立能切实组织这项工作的机关。我们委员会的主要目的只是要使一些党的领导同志注意到这项任务的重要性。

季诺维也夫同志在他的结束语中那样着重强调该项工作的重要性，我们感到很高兴。

最后，我们不仅应该建设共产党的组织、支部和党团，而且还要在群众中开展革命工作。我们不仅应当组织宣传和鼓动，不仅要对群众进行政治动员，而且还必须在组织上巩固共产党对群众的影响；不仅要吸收新党员入党，而且还要在同情我们的非党人员中建立负有特别任务的群众组织。不仅要召集自发的群众会议，组织群众性的运动、游行示威和行动，而且要有计划地组织他们。不仅要组织他们，而且要善于从群众中挑选最积极的分子，有组织地利用他们，在共产党的领导下开展经常性的工作。不仅要注意共产党的支部和党团怎样对工人群众发表演说，注意共产党组织的一些代表如何就某个问题作报告，而且要使每一个同志**独立地**在群众中开展日常的、革命的、细小的工作。不仅要组织宣传和鼓动，而且还要组织我们同志们的工作，使他们成为在非党工人中开展政治工作的**革命的组织者**。（鼓掌）

讨论群众工作问题委员会的报告

主席什麦拉尔：

已经有几位同志要求发言谈这个问题了。首先请格施克同志讲话。

格施克（德国）：

同志们，我举双手赞成库西宁同志所说的关于妇女无产阶级群众工作的必要性和意义的意见。我们在审查第五次世界代表大会决议时，认为新提出的"更进一步接近群众"的口号和提纲是运用统一战线策略的重大进展。

库西宁同志非常热情地谈到了妇女代表会议的问题，而且，我要说，他巧妙地、更加清楚地说明了妇女代表会议工作对于某些支部所具有的全部意义。我着重指出这一点，但我还是认为，库西宁同志犯了一个小小的错误。可以断定，除俄国以外，共产国际的任何一个支部也没有使妇女代表会议成为自己的组织机关和自己的宣传鼓动机关的固定的不可分割的一部分。另一方面，我们还应当指出，在英国、美国、加拿大、挪威、奥地利、捷克斯洛伐克、意大利、法国和德国等一系列国家，除了只是在很小范围内举行的妇女代表会议以外，还或多或少地存在着大规模的党外妇女组织。共产党如何对待这些党外妇女组织呢？

让我们看一看敌人方面的情况。我主要是指德国的经验。罢工期间，在主要是自愿联合起来的工贼组织的技术帮助下，出现了一些为工贼服务的妇女部门和妇女队伍。在青年妇女农民协会和天主教协会，以及爱国主义的组织下面，到处都有妇女协会或者特别的分部。甚至在"青年条顿勋章"、"狼人"、"钢盔"等组织，以及几乎所有德国的民族主义的组织内都下设妇女部；红色前线战士协会下也设有妇女部。除了男会员以外，妇女也开始报名加入红色前线战士协会，组成了妇女营。不过，红色前线战士协会中的这些妇女组织吸引力不大。在妇女群众中，还出现了使红色无产阶级妇女阵线同类似路易斯协会的基督教的、天主教的和民族主义的妇女协会对立起来的趋势。这种趋势在成立红色妇女协会时就已表现出来。红色妇女协会的任务，就是不分党派和宗教掌握广大非党的无产阶级妇女群众，通过讲演、训练班、理论教育和参加工人阶级的一切活动，使他们受到实际的和政治的训练。这个协会不仅为妇女的特殊利益而斗争，例如，争取妇婴社会保护、反对堕胎的条例等，而且还参加一般的无产阶级的阶级斗争。

其中值得注意的是，协会还进行反对帝国主义战争的斗争，并消除妇女传统上仍残存的和平主义的幻想，即是说，协会明确地指出了当前世界政治事件的帝国主义实质。

既然这样的组织已经出现，共产国际就不能熟视无睹。在季诺维也夫同志的提纲和群众委员会的决议中，我们看到，群众委员会不只是在扩大全会期间进行工作，它应当保留下来继续工作，成为常设委员会，因为在有关群众组织的问题方面，许多事情共产国际本身尚不清楚，决议中还有关于跨党的和党外的群众性妇女组织的指示。

由于这个原因，国际妇女协会和许多支部的一些同志对季诺维也夫同志的提纲草案和库西宁同志或群众委员会的决议草案提出了修正和补充。修正的内容是：

"在各类群众组织的工作中，必须努力争取和发动广大劳动妇女群众。为达到这一目的，应采用一切恰当的工作形式和方法。妇女代表会议制度要求各国党通过适合于本国情况的形式来认真准备和进行工作。这个制度不仅是动员劳动妇女的极好的手段，而且也是长期地影响她们和从政治、社会方面教育她们的手段。其次，党外的妇女组织是争取和动员劳动妇女的广阔的天地。"

第一条强调的是必须在广大妇女无产阶级群众中运用统一战线策略。后面各条再次强调了库西宁同志所说的妇女代表会议的必要性。我认为，在这些问题上，库西宁同志同我们是一致的。有争议的，或者说，不是有争议的，而是引起怀疑的且存在尖锐分歧的，只是最后一条："其次，党外的妇女组织是争取和动员劳动妇女的广阔天地。"

试问，这些党外妇女组织怎样和共产党发生联系呢？这就要借助这些组织中的共产党的党团组织。此外,这些妇女组织当同妇女代表会议结合在一起。它们应派自己的代表参加妇女代表会议。库西宁同志说,在柏林可以找出十个能选派代表参加妇女代表会议的企业,与此同时,我们也应该吸收红色妇女协会的代表参加柏林的妇女代表会议。说到在妇女群众中进行工作,我不能闭口不谈下院选举中英国保守党人在妇女中间取得的巨大成功:英国大多数妇女投票赞成保守党人。在德国,只要回忆一下那次主要靠妇女投票当选的兴登堡一事就足以说明问题。还能举出成千上万个其他的例子。

据我看,整个这项工作应该得到青年共产国际和一些共青团的有力支持。只要回想一下社会主义青年运动兴盛的时期,就可以看到,当时也采用了这些方式。我们对建立妇女组织所孕育的危险不能视而不见。但是,我敢肯定,在许多支部,这种党外的妇女组织,将成为还未被共产党争取过来的妇女群众发生转变的过渡阶段。基于这些理由,我请求采纳国际妇女协会提出的修正和补充意见,并把这些意见写入库西宁同志的决议草案和季诺维也夫同志的提纲。

克拉拉·蔡特金(德国):

同志们!请允许我说明我们提出的对决议中有关妇女参加群众性活动部分进行修正的理由。我们提出这个修改意见,是因为我们认为,在提出的决议中没有十分鲜明和坚决地强调,争取和动员最广大的妇女群众是如此的重要,是具有如此决定性的意义,在这个问题上,应当引起特别的重视。我们遵循这样的观点,即在运用动员群众的所有形式和方法的过程中,应当特别注意吸收广大妇女群众,共产国际的各国党(俄国已在这样做),我们的各国支部应该竭尽全力去吸引最广大的妇女群众参加各种各样的群众运动。毋庸置疑,正如决议所指出的那样,恰恰在群众发动起来的时候和在群众组织当中,广大妇女群众将显示出极其重要的作用，可惜，我们的党现在还没有掌握这些妇女群众。从国际工人救济会和国际革命战士救济会那里，你们可以得知，在这些群众组织中，妇女的积极合作具有何等重大的意义。任何熟悉这些群众组织活动的人，任何了解广大妇女群众要求参加社会工作的积极性（尽管她们对政治组织和政治斗争还有所畏惧）的人都认识到：通过我们党在这个领域进行的坚决的、一贯的和有组织的工作，就能够使大量的（可惜目前还是消极的）妇女群众参加无产阶级的行动和革命的阶级斗争，就能够加强反对资产阶级的阵线。

我以为，所有代表团将赞同我们提出的修正意见。这些意见鲜明地表达了大家所承认的妇女群众工作的必要性。

委员会的提法和我们的提法的另一个区别是：委员会仅仅提出大力推广妇女代表会议制度的必要性，却只字不提利用其他形式的妇女组织。我们完全同意在这方面有必要提到妇女代表会议制度，为了扩大活动场所，也有必要使党担负起大力促进准备和实现妇女代表会议制度的责任。迄今为止，还没有在更大范围内做到这一点，老实说，这并不是国际妇女书记处的过错，而是某些国家妇女同志们的失误。几乎在我们致各兄弟党妇女书记处的每一个通告里，几乎在每一次研究妇女群众组织的形式和工作方法时，我们都曾把妇女代表会议制度作为我们的建议和指示的重要内容。在讨论组织问题和训练妇女群众问题的各次会议和各次代表大会上，我们都强调了妇女代表会议的意义。我们曾指出，妇女代表会议制度的优点不仅仅限于动员广大妇女群众和同共产党建立经常性的联系。不是的，同志们，妇女代表会议还具有其他特殊重要的意义。代表会议是妇女从事政治和社会集体工作的学校，其意义是深远的。当然，我们还必须指出，在现有的具体条件下，妇女代表会议制度不能完全机械地限制在苏联的范围内，而应当适应每一个国家的具体情况。不能忽视仍处于资本主义制度下的各国党和妇女同志在实行代表会议制度时所必然出现的困难。我们强调这些困难，承认这些困难，但不应被困难吓倒而不去执行妇女代表会议制度，相反，困难促使我们去分析具体情况，促使我们为扫除实行这个重要制度时出现的经济的、政治的和社会各方面的障碍而进行顽强的斗争。

在德国，在进行反对物价上涨的斗争时，许多城市以妇女委员会和反物价上涨斗争委员会的形式，对运用代表会议制度进行了尝试。比如，在图林根和格拉市，由女工组成的委员会和代表会议发挥了作用。在柏林，曾进行了家庭女工代表制度的尝试。可惜，在德国，所有这些尝试都以失败而告终，但是，这些失败不是由于从事工作的同志毫无作为，也不是由于她们对唤起和组织妇女（特别是女工）的新形式采取盲目的或守旧的态度。不是的，失败的原因恰恰是鲁特·费舍—马斯洛夫的极左的中央委员会忽视妇女工作所犯下的罪过，因此，过去在这方面所做的一切几乎全化为乌有。

同志们，我们过去和现在都强调，不管妇女代表会议制度多么重要、多么可贵，不管用最大的精力去实行这个制度又是多么必要，然而，这个制度终究不是妇女劳动群众组织的唯一形式，不是她们同党建立经常性联系和不断接受党的影响的唯一方法，也不是对她们进行政治、社会教育的唯一方法。我们认为，必须利用所有的形式，利用所有团结妇女群众的机会，现有的妇女组织则提供了这种机会。这些组织的一部分，即同情者的组织，现在已经很接近共产党了。在美国有"劳动妇女协会"；在加拿大有"女工联合会"；在英国有"劳动妇女协会"；在挪威有母亲协会和工厂的友谊俱乐部；在法国，去年成立了女共产党员的机构"工人之友"，而且，这个组织拥有6000名女工成员。如果考虑到法国人，特别是法国妇女对参加组织的淡漠趋势，这就是一个可观的数字了。此外，在法国，还有受战争之害的母亲和寡妇委员会；在德国，不久前出现了红色妇女协会。我们认为，不应当忽视这些事实。某些同情我们的女工组织正在不断地出现。我还忘记指出一个很重要的现象。在意大利，在法西斯统治时期，一些大的工业中心出现了同情我们的妇女组织。

所有上述组织都与本国的共产党保持着密切的思想上的联系，部分地保持着组织上的联系，而它们在妇女中的活动范围，比共产党要广阔得多。

但是，同志们，我们还应遵循的一项原则是，在党内和工会内，男子和妇女应当像平等的战士一样组织在一起，形成一个统一的有组织的阵线。虽然我们忠于这项原则，并一如既往地为实行这项原则而斗争，但是，我们也不能不看到，在广大妇女群众中，尽管出现了参加组织的愿望，然而却充满着害怕参加某一政党，特别是害怕参加共产党的恐惧感。应当通过社会的和政治的教育来清除这种恐惧；必须从妇女所特有的心理来寻找这种现象的根源，这种心理是由于她们长期的孤独生活，由于她们一般脱离社会生活，由于她们的无权地位和她们的胆怯等原因造成的。她们的心理定向归根到底会进入纯粹资产阶级的思想体系。必须注意到这些因素，但并不是说，我们无力应付这些情况。如果我们想吸引劳动妇女群众，我们就应当面对她们的现实，使她们达到我们的思想水平。

经验表明（我可以通过每个国家的具体数字来证实），一个组织或一个运动越是深入工人群众，它们越是吸引更广大的群众，妇女参加组织和运动的愿望就会越强烈；这一点往往在建立特殊的妇女群众组织时表现出来。在英国这个堪称楷模的工人党的国家里，拥有组织起来的妇女人数最多（至少是在工人运动的范围内），在这个组织的妇女分部里，有近20万名成员。仅女工工会就联合了近80万名妇女，甚至于人数还要更多一些。此外，对英国广大群众有影响的合作社也团结了大量组织起来的女工；最积极的一部分人建立了妇女合作同业工会，有将近

8万名成员。在瑞典、挪威、德国，在所有的资本主义国家，首先是在美国，我们都看到了同样的现象。

同志们，我们不应当忽略一个情况，这个情况对于掌握妇女群众具有很大的意义，对于为争取广大妇女群众（可以不加夸张地说是争取数百万妇女）而进行的斗争具有特别重要的意义。现在，这几百万的妇女大都联合在纯粹资产阶级的、明显地敌视我们的组织当中。我们应当用心灵、智慧、热情、毅力和在妇女中开展工作来着手进行斗争。我们不能从自己的原则高度有意地避开这些纯妇女的组织。我们应当通过自己的党团在妇女组织中进行工作，把越来越多的妇女群众争取到自己这方面来。为此，我们要利用现有的妇女组织。

往往有人认为，利用这些组织和在这些组织中开展工作，同第二次妇女代表会议和第三次世界代表大会的提纲是相抵触的。因为提纲特别强调建立统一的男子和妇女的政治和工会组织的必要性。提纲指出，对于采取其他形式的特别的妇女组织应当持否定态度。

但是，请同志们阅读一下有关的决议就会发现，按照代表会议上共产国际内部多数人的意见，我们在妇女群众中开展的全部工作，是为了进行夺权的直接斗争。我们在妇女中的工作以组织和团结妇女干部为目标。我们丝毫不能放松吸引女工参加党和工会的工作。但根据变化了的形势，我们同时还应当热情地争取和教育不具备入党条件的广大妇女群众。妇女代表会议制度的发展和东方伊斯兰教妇女俱乐部的存在说明，这样做是必要的。确实，有些人认为，这些伊斯兰教妇女俱乐部同妇女组织根本不能同日而语，而妇女代表会议也不是一种组织的形式。我认为，这是一种奇怪的逻辑。根据这样的逻辑可以说：象有长牙和长鼻，所以它是哺乳动物；而狮子没有长牙和长鼻，所以说它不是哺乳动物。我看不出挪威的一直致力于培养妇女共产主义思想的母亲协会同妇女代表会议制度有什么原则性的区别。根据苏维埃俄国妇女工作的经验，我们一再指出，各国党在按企业来组织基层小组和俱乐部的同时，必须以全部的精力诚心诚意地来实现妇女代表会议制度。

同志们！从女工组织的产生、发展和兴旺中，我看到了我们的影响在增长的征兆。我认为，这些组织是建立妇女代表会议制度的准备阶段。只有同共产党联合并接受它的领导，妇女组织才能够讨论问题，提出要求，开展大规模的运动；这一切活动会促使妇女组织推选出代表，这些代表能在更大的范围内通俗地解释妇女组织的要求和纲领，能团结更多的妇女群众，使她们同共产党建立联系，使我们在革命斗争中得以依靠这部分群众。谈到妇女代表会议制度，我要补充说明一点，这个制度在女工或企业职工分散的地区是深入妇女群众的最有效手段。这是吸收家庭女工、无产阶级和小资产阶级家庭主妇、农业女工和农妇参加社会生活，并在政治上对她们进行教育的极好方式。妇女同情者组织可以成为召开妇女代表会议并开展工作的预备阶段。把这些组织看做是旧的社会党遗留下来的残余或断言这些组织受改良主义倾向的支配，这都是不正确的。这种看法是对我们德国红色妇女协会所有成员的侮辱。当然，她们之中75%的人是非党群众。但她们毕竟是有觉悟的人，她们接触过共产主义思想，因此能用阶级斗争的观点来认识经济的、政治的和社会生活的各种现象，完全可以把她们当做共产党员来对待。一切并不尽限于组织形式。当然，组织形式合理性的程度是有重要意义的。但起决定作用的因素是什么呢？组织形式的合理性，可以表明我们对历史的了解和我们进行斗争的内容、精神和实质。所有这些党外妇女组织的意义在于，在各国共产党的周围形成了不断发展和扩大的女工同情者的外围。同志们，可以相信，从这些组织的特性、目的和内容来看，它们是倾向于共产主义的。当然，起初仅仅是情感上的倾向，只是本能的，但是，如果认为这大量的群众在自己的世界观、意志和行为方面都已成为觉悟的共产党员，我们便可以高枕无忧了，那可真是太没道理了。共产党的任务和受党委托的同志们的任务就是把共产主义的思想、共产主义的意志和共产主义的行为灌输给这些组织，使它们成为革命的组织。

我恳请大家不要把这件事看成"纯妇女的"问题，如果这样看，就是轻视它。对于我们来说，不存在"纯妇女的事"。即使从形式来看这是"纯妇女的组织"，而从实质来看这就是社会的共同的革命事业。没有这些广大的妇女群众，无产阶级就永远不能取得胜利，如果放弃她们，就更是如此。我们能使这些妇女群众仍然留在改良主义者、资产阶级反对者以及无产阶级的死敌的联盟中吗？不能，一千个不能。我们应当争取这些广大的群众，为此，就要利用各种各样的组织，利用一切的机会和手段；当然，这不能成为放弃共产党的策略和左右摇摆的理由。我们作为有明确目标的共产党员，应当利用妇女群众活动的一切道路、形式和方式。应当通过我们现有的方式，使我们从政治上和思想上争取过来的妇女群众在组织上得到巩固。

同志们！不要忘记，这些广大的劳动妇女群众是革命的阶级斗争的多么强大的后备军，这部分后备力量比落伍的男子更多，马克思在《雾月十八日》一文的开头说得对，已死的先辈们的传统像梦魇一样纠缠着活人的头脑。因此，必须尽力使广大妇女群众摆脱这个梦魇，把她们吸引到革命方面来。虽然个别的妇女看起来是微不足道的，但你们不要忘记，数百万人是由个别的人组成的，这数百万妇女汇合成为社会的大海，它总有一天要掀起波涛，在世界革命到来之日吞没资本主义社会。（掌声）

卡斯帕罗娃（苏联共产党）：

同志们！第三共产国际在自己的代表大会上，即在自己的国际女共产党人的代表会议上提出了在东西方劳动妇女中开展工作的新的组织形式和方法。同志们，提出这些组织形式和工作方法的目的和意义在于，使每一个群众性的工人政治组织、每一个群众性的农民政治组织、每一个群众性的工会组织、每一个群众性的合作社组织、每一个国家的革命政党,使所有这些群众性的工农的、政治的、工会的、合作社的和社会的组织,在任何情况下都不能让妇女运动脱离总运动的轨道。因此,会议决定所有这些组织都应下设妇女工作部门、妇女委员会和妇女支部等等,由党中央委员会指派专人和由工会、合作社以及各社会组织派出的负责人来领导,完全按照党、工会、合作社以及各社会组织的原则、策略和任务来指导妇女工作。同志们,我们所以要这样做,是为了在任何情况下,无论在东方的民族革命运动或西方的无产阶级运动中,都不至于使妇女运动独立出来,不至于使妇女运动形成一些特殊的专门的妇女组织而提出妇女工作的特殊任务,不至于使妇女运动与其他组织平行发展或独立于工人阶级和整个劳动人民斗争中的共同任务之外。

为了使这些群众性的革命组织在实现它们所面临的任务时进行联合斗争,党内的、合作社内的、工会内的和各社会组织中的妇女工作部、妇女支部、妇女委员会和其他妇女组织等呼吁召开妇女特别会议,出版专门性的妇女的报刊,在各工厂内召开妇女代表会议,在最积极的女工、职员以及家庭主妇、工人的妻子、革命的女劳动知识分子中间建立特殊的妇女小组。所有这些组织由统一的中心来领导和指挥,从共产党中央委员会,从工会的中央到地方机关,直至基层支部都建立了领导班子。这样,无论在任何情况下,这些组织也不能脱离总的运动和它的任务。

同志们,一年前,当西欧各国和东方部分国家提出实行妇女代表会议制度的问题时,曾遭到西欧各国许多同志的坚决反对。他们说,这些形式实行不起来,不适合西欧的实际情况。但是,同志们,我们知道,当时的情况也不太好。当时在共产国际中提出要在企业建立支部和开展工会的党团工作,难道共产国际的多数支部不也是说实行这种方法是困难的吗?不过,共产国际执行委员会在第五次代表大会以后,付出了巨大的努力，千方百计地通过每一个国家的共产党来推广企业支部和正确地安排工会党团的工作。现在，工作已经有了一定的成效。我发现，我们虽然通过了妇女代表会议的决议，但是，无论在国际，还是在地方，我们都很少为实行这个决议而努力。尽管如此，在英国、芬兰和法国，还是实行了这种妇女代表会议。基础是有的，形成召开这种妇女代表会议的习惯是可能的和必要的。由于刚着手工作，还不要求一定具备妇女代表会议的选举制；但完全可以开始挑选女工积极分子、家庭主妇和职员中的革命的劳动知识分子到基层的妇女小组中去，这是所有迫切问题的核心。而到了将来，由于工作范围扩大了，从劳动妇女中又增加了新的阶层，就可以把它们转变为女工占一定优势的代表会议。

如果我们现在声称：我们赞成推广妇女组织，这是有顾虑的。你们要知道，上面介绍的妇女组织并不是纯粹的无产阶级组织；它们的成员有家庭主妇、工人的妻子和职员等小资产阶级分子，把她们联合在一起的因素是住宅问题，是反对物价上涨的斗争，是反对一触即发的战争，以及许多其他问题。我们坚持的观点是，必须在共产党的影响下，把这些中间阶层组织起来，但是，由于找不到新的组织和联合的形式，只要把她们当做同情者组织在现有组织的周围就可以了。首要的任务是在女工中间开展工作，是把已经组织起来和还没有组织起来的女工团结在党的周围。另一个任务是要加入那些有女工参加的组织，要对那些参加阿姆斯特丹国际、第二国际和社会民主党组织的女工施加影响，甚至也要对那些主张男女平等的组织里的女工施加影响，因为这些组织联合了劳动妇女。

我们的基本任务是：要把注意力的中心和重心放在企业和工厂，要在女无产者中间进行工作，其次才是吸引小资产阶级妇女群众的工作。我们共产党的力量本来就不足。我们不能把力量消耗在做这些中间阶层的工作上，而把处在萌芽状态的尚未巩固的工厂的工作置于不顾。

关于这些中间阶层，可以说，把她们组织在专门的妇女组织内未必是必要的。一些辅助性的组织是存在的，比如红色前线战士协会、国际革命战士救济会、国际工人救济会和苏俄之友协会，还有许多在共产党的影响下把农民、小资产阶级（家庭主妇、职员、工人的妻子）和劳动知识分子等组织起来的组织。可以委托它们在这些妇女中间阶层中进行工作；既然我们可以在国际工人救济会、国际革命战士救济会等组织下面建立可以接触最广大妇女群众的能按既定纲领来进行工作的妇女支部和妇女部门，我们又何必去建立专门的妇女组织呢。

这个问题我不多讲了。我只是提请大家注意，如果把工作重心转移到建立妇女组织上，那么，实行各种形式的妇女代表会议制度的工作就会受到影响。

既然我们创造了某种妇女工作的形式或方法，而且这种方法也取得了成绩，已经扎下了根，我们就要想方设法去实行，因为这是一种有生命力的方法，要设法普及这种工作方法，使它深入到群众生活中去。妇女代表会议是有基础的，我们要使它巩固下来。必须使劳动群众习惯于妇女群众工作的新的行之有效的革命形式，否则有人会说：今天妇女代表会议是新出现的形式，而到了明天，就会又回到旧的妇女组织的形式上去，回到旧的不好的改良主义的形式上去。必须巩固新的形式，推动其向前发展。

国际妇女书记处和共产国际执行委员会无论如何必须像过去加倍努力地推广企业支部和努力地在工会等组织中工作那样，做到每日每时始终坚持进行指导，总结经验，同时使共产党注意扩大妇女代表会议网，并从基层的妇女积极分子的小组着手进行工作。挑选女共产党员，不是组织妇女无产者，而是组织中间阶层，这是可以的，也是应该的，但主要应注意在企业女工中开展工作。在工厂的女工中开展工作是主要的基础，工作的基础，因为这些女工联合在政治的、工会的、合作社的和主张男女平等的等等不同的组织里。我们既要集中力量来组织中间阶层,但又不是单独地组织它们,而是用划分妇女工作部、妇女支部,用统一的中心来领导的办法将它们组在国际革命战士救济会、国际工人救济会和所有其他的社会组织的周围。为了保证无产阶级的影响,在妇女代表会议中,同样应当组织好在女工中占一定优势的中间阶层。(掌声)

赫塔·施图尔姆(国际妇女协会):

同志们,为什么国际妇女协会坚持在这个决议中提出妇女组织问题呢?

我们绝对不是想要让这次全会对这个问题作出详尽的回答。但是,我们认为,为我们各国支部确定指导方针是必要的,因为在实际工作中,这个问题已经提上了日程。在广大群众中开展工作的问题已经提出来了。正如库西宁同志在群众委员会上所详细阐明和群众委员会决议所强调的那样,我们多数支部还没有充分了解,在广大群众中开展的工作应该是我们工作的基本内容和最主要的组成部分,在这方面,应该特别强调整个党内的工作。实际上,共产国际深信,直到现在,在某种程度上,我们还没有从组织上巩固我们已经取得的政治影响。

如果这个原则一般地说是正确的话,那么,这个原则更适合于在妇女中开展工作。我引用一下蔡特金同志说过的话。根据统计材料可以判明,即使与我们对广大群众的一般影响相比,我们对无产阶级妇女的影响也是微弱得令人难以置信。必须公开地承认,在这方面,资产阶级政党和改良主义者,第二国际及其机关,已经超过我们,我们还落在他们后面。为了把实质上属于我们的无产阶级妇女群众吸引到我们营垒,我们还有许多工作要做。

这里有人说:是的,我们需要一般的组织。在组织上掌握群众方面,不能局限于现有的形式和方法。按卡斯帕罗娃同志的说法,似乎可以局限于旧的组织形式。群众委员会则持另一种观点。库西宁同志在自己的发言中比决议的书面措词走得更远：在决议中没有提到妇女组织，而库西宁同志在这方面却发表了这样的意见，说我们不应该把精力分散在妇女组织的工作中。

这里有人曾强调说，我们的工作重心不应当放在妇女组织中。我重申：在国际妇女协会里，谁也不同意这种观点，这个意见也已经被妇女工作会议否议。况且，我们不仅在口头上是这样，而且白纸黑字清清楚楚地指出，我们工作的中心应该是在企业和工会里争取妇女群众中决定性的阶层——女工。

至于说妇女代表会议，各国支部在着手执行这项任务时，确实不够坚决。为了切实达到这个目标，必须下更大的功夫来奠定基础，为这项工作创造良好的前提，由生产支部组成能积极自觉地对待女工群众工作任务的核心。以往西欧妇女代表会议的经验证明，它们没有胜任自己的基本任务，即在女工群众中开展经常性的工作，有步骤地对她们施加影响，领导她们并调动她们的积极性；它们没有胜任这个任务的原因是：妇女代表会议没有牢固的基础，它们是仓促召开的，事先各国党缺乏充分地准备（思想方面、组织方面和政治方面）。但这不是放弃妇女组织的理由。

这个问题可以分为两个方面；在讨论中，这两个方面还不够明确：

1. 我们怎样看待现有的妇女组织？

2. 共产党员应不应该或能不能够以自己的主动精神来建立党外妇女组织？

我们提出的决议是有意妥协的结果。决议采用了很灵活的形式。这是什么原因呢？一方面，我们力图强调在现有妇女组织中进行工作的绝对必要性；另一方面，我们又不想排除将来共产党员的首创精神而建立某些群众组织的可能性。为什么呢？这个问题曾在许多支部认真讨论过,它实际上已提上议事日程。各支部的同志问我们,我们如何对待党外妇女组织?我们不能简单地回答说:"召开妇女代表会议"。这本是不言而喻的。在去年的组织局的决议中,我们就强调过这一点,现在我们也强调这一点。应当就共产国际对党外妇女组织的态度问题,给我们各支部以一定的回答。

看来,在这个问题上存在着分歧,而我们也不要求全体会议就共产党员建立那样的妇女组织作出决定。依我看,在各支部充分研究了这些问题和作了适当准备之后,共产国际执行委员会组织局就应提出这样的观点,然而我们仍然小心谨慎地提出问题。在德国、英国、挪威和美国,我们的共产党已经着手建立这样的组织。由于决议中将谈到党外的群众组织,而且只提到妇女代表会议,对别的妇女组织则只字不提,当然,每个人都会造成那样的印象,仿佛妇女代表会议是共产党组织妇女群众的唯一可行的形式。

在这方面,库西宁同志申明(我感谢他的直率),对妇女组织应当持否定态度。同时,他还援引在第二次世界代表大会前夕召开的第二次国际女共产党员代表会议的决议。的确,在当时通过的一个决议中,有一段话明确指出,坚决反对建立任何特殊的妇女组织。但是,1926年的形势和1921年的形势有所不同。国际妇女代表会议是在标志着共产国际的策略坚决转向统一战线的第三次世界代表大会前夕召开的。这次代表会议的全体与会者和所有熟悉会议决议的人都知道,在着手制定这些决议的时候,人们有一种印象,好像我们正处于西欧各国革命的前夜。从争论中也可以看出这一点。在争论过程中,我们不得不同某些有声望的妇女运动领导人进行真正的交锋。我记得瑞士的罗莎·布洛赫同志和荷兰的罗兰-霍尔斯特同志的观点是:针对我们提出的妇女在政治上和公民权利上的平等,即保护母亲和婴儿等等的要求,他们声称,这是社会民主主义的要求,而我们则要求争取无产阶级专政。情况就是这样。但是，在1921年之后，共产国际学会了许多东西。在妇女工作方面，共产国际也有了进展。当时，实际上我们还没有国际妇女书记处，莫斯科和西欧之间还没有联系，各国支部之间也没有联系，工作还处于萌芽阶段。最初的工作指示是由这次代表会议发出的。从那时起，我们积累了应当加以利用、研究和分析的经验；当然，不能草率地决定那些问题。前天，我们的会议决定，作为我们提纲的基础而被通过的草案应当由委员会审查，然后再提交共产国际组织局和主席团批准。但是，我认为，应当在群众委员会今天通过的决议中提出一个总的结论，为各国支部指明利用现有的和正在出现的妇女组织的可能性和合理性，以免在我们美国和德国的党内出现干扰。库西宁同志大概知道，在德国问题上，执行委员会在其公开信中对红色妇女协会采取的态度，在一定程度上修正了第二次国际女共产党员代表会议的决定，因为执行委员会强调了德国党必须扶助和扩大红色妇女协会。

据我看，这次辩论的任务就是要阐明，应当在什么地方和怎样利用妇女组织。倘若我们今天连一定的结论也得不出，这就可以成为一些支部争论问题的开端。

库西宁作总结发言

在妇女中开展工作的问题是今天讨论的中心议题。我很高兴的是，果然不出所料，我的观点得到了俄国妇女代表同志的支持。我还要顺便指出，应充分认识我们尊敬的领袖克拉拉·蔡特金同志的革命积极性。据我看，即使是在她这一次出现错误的情况下也是如此。因为我知道，在几天前，妇女书记处还准备在建立新的妇女组织问题上推迟作出决定（这个问题很少受重视，也很少有人研究），准备首先由组织局讨论这个问题，然后再提交5月召开的代表会议讨论。现在，妇女书记处仍持不同意见。这是由于在我们的决议草案中明确地建议采用妇女代表会议的方式。现在，克拉拉·蔡特金同志和整个妇女书记处也认为，既然在决议中提到了妇女代表会议，也应当谈谈建立新的妇女组织的某些情况。非此即彼。或是对妇女代表会议只字不提，或是提一下这个尚未仔细研究的问题。

问题的实质是什么呢？首先应指出，任何人也不反对建立带有某种特殊目的的新的妇女组织。谁也不反对这一点。赫塔·施图尔姆同志完全搞错了，她说，群众委员会力图多建立一些组织，只是没有妇女组织。这是完全不正确的。委员会没有任何理由反对建立有特殊目的的妇女组织。同时，它绝不会希望把所有男子聚集在一起，以便使他们与妇女相对立。谁也没有表示要解散已有的非党的无产阶级妇女组织，或者拒绝在这样的组织里工作。恰恰相反：应当在这样的组织里工作。凡是有群众的地方，共产党员就应当在那里工作。

这里所说的完全是另一个问题：关于建立新的没有特殊目的的妇女组织问题。我们不想在我们的决议中介绍这种组织。正如我们已经提到的那样，第三次代表大会在决议中反对建立这些组织（而蔡特金同志当时却坚持这个意见）。但我们不是形式主义者。当现实要求我们那样做的时候，我们可以违背第三次代表大会的决议。但是，有没有必要呢？当然，有些国家可以建立一般的无产阶级和无产阶级的妇女组织，比如，在共产党不得不进行地下工作的国家，以及某些殖民地国家。全部问题在于，我们是**着重注意**在资本主义国家的**女工**中开展工作呢，还是着手在每一个国家建立妇女协会。这就是妇女书记处的原则。

同志们，我们各国的支部正在工作，但是，它们并不总是很明确，它们主要应当做什么。企业女工中间的基层工作是极其重要的工作部门。依我看，这应当成为刻不容缓的任务。

在我们的争论中，格施克同志谦恭地站到了妇女书记处一边。格施克同志在妇女工作方面不应该像我们那样疏忽大意。他热衷于妇女工作，并且他还想让我们不仅要一致同意去接受**一个**任务，而且要接受这方面的**所有**任务，不管任务有多少。我们的工作比较周密。以前，我们在文件中，特别是在妇女工作会议和妇女代表会议上也不止一次地给自己提出过上千个任务。现在，终于到了我们认真地完成主要任务的时候了。这就是我们分歧的实质所在。在我们的被称之为群众委员会的第一次会议上，季诺维也夫同志指出，现在，终于到了**排除**阻力和实行妇女代表会议制度的时候了。确实，在妇女书记处，也许是不自觉的，然而出现了必须克服的阻力。请允许我简单地回顾一下。我们第一次提出采用这个方法是在 1923 年春天。当时，有人公开反对我们。在妇女书记处的机关刊物上反对这个方法的正是施图尔姆同志。她对这种方法也没有透彻的了解。接着，就是人们对这一方法保持沉默的阶段。稍后，在 1924 年的第三次妇女代表会议上，这个制度得到了部分人的承认。再往后，在 1925 年的妇女组织会议上，得到了更多人的承认。但实际上，几乎什么事情也没有做。现在，到了 1926 年，妇女代表会议的方法已经得到完全承认，但同志又把**其他**一些众多的任务提到首位。同志们自己没有意识到这一点，极力转移我们对这一任务的注意力。妇女同志们提出抗议。施图尔姆同志想要在每个国家建立妇女协会。

施图尔姆（从座位上说）：

难道您没有看过提纲吗？

库西宁（芬兰）：

好吧，她不是要在各处建立妇女协会。但是，同志们要问，假使在所有的国家都建立了妇女协会，难道它们这样不是危险的吗？我不这么看。它们充其量不过是一些完全无害的协会。

格施克（从座位上说）：

问题不在于无害，而在于工作。

库西宁（芬兰）：

问题就在这里，格施克同志。主要的事情是革命工作，是在群众中进行工作，而不是协会内部的生活。协会的生活也许很有趣，而群众工作则完全是另外一回事了。你们考虑女工会加入这些协会吗？德国的红色妇女协会有所不同：在那里必须工作。这是很有价值的组织。但是，如果你们在荷兰、斯堪的那维亚、奥地利等地着手建立一般的无产阶级的妇女组织，你们就会看到，女工们都不会参加这些组织。在德国，革命形势已经多次出现。那里的情况不同。德国的经验不能普遍化，并不是到处都是德国。你们应当通过适合整个国际的决议。当我看到活跃的年轻的无产阶级妇女身穿制服进行操练时，感到很高兴。但是，当施图尔姆同志要求在所有的国家，甚至在只成立了少量工人自卫队的斯堪的那维亚那样的政治上不太发达的国家也立即建立妇女部门时，我应当说：这是儿戏，而不是严肃的工作。我希望，全体会议按我提出的精神，在这个问题上作出决议。如果决议不是这样，对我来说也不是悲剧。在这种场合，我的办法是，和妇女书记处的亲爱的同志们分开工作。在这种场合，你们组织你们的妇女协会，妇女书记处则可能成为直接领导妇女代表会议的形式。我个人的意见就是这样。主要的是：现在一定要立刻进行这项工作。

妇女群众工作正在顺利进行，而使我高兴的是，通过辩论，这项工作被提到了首位，受到了重视。我希望，在这方面几乎无所作为的，甚至连国际妇女协会所做的那些事都没做的中央委员会能有所改进。然而，必须特别强调工会和合作社工作的特殊意义。任何时候也不应该忘记这一点。共产党员在合作社中进行工作尤为必要（我应当强调指出这一点）。这个工作部门也很不受人重视。我希望，从现在起，在各国共产党的实际工作中，能在这方面出现明显的转折。

表决并通过关于改进执行委员会工作问题的报告

屈内（德国）：

我不打算就委员会的工作进程作详尽的报告。如果全会的与会者能了解我们提出的决议内容，也就足够了。这个决议综合了委员会讨论的各项内容。

决议提交表决并一致通过。[①]

科恩布卢姆作关于捷克斯洛伐克问题委员会的报告

捷克委员会是共产国际执行委员会扩大全会书记处受主席团的委托而选举产生的。它的任务是，审核署名古利亚、瓦涅克等右派集团致扩大全会的备忘录。

同志们，大家还记得，在去年，我们的兄弟党——捷克党经历了一次严重的党内危机。上届扩大的执行委员会的决议就捷克问题指明了道路和方向，从而度过了这次危机：第一，中央委员会的多数派与中央委员会的少数派（所谓中央）联合起来；第二，使有群众参加的各方面的活动更加生气勃勃；第三，同一切公开的和隐蔽的布勒尼克分子进行

---

① 见本卷收录的《关于改进共产国际执行委员会工作问题的决议》。——编者注

了无情的斗争。

向捷克党提出的道路就是如此。党沿着这条道路前进，并且在几乎各个方面（成绩还不很大的工会工作除外）都取得了重大的成就。因此，在1925年9月，捷克斯洛伐克共产党第三次代表大会一致赞成共产国际的路线，一致拥护捷克斯洛伐克共产党中央委员会。

我上边提到的右派集团也向这次代表大会递交了一封信，但是，这封信在会上没有得到任何反响，因为右派没有任何代表团出席会议。按他们的说法，他们打算通过自己致代表大会的信来消除各种怀疑，但是，他们却在自己的信中坚持他们以前对待党内集团的观点，并攻击捷克共产党的整个策略。右派集团借口当时代表大会没有审阅这封信，将其转交政治委员会，而政治委员会痛斥这封信是纯粹派别言论，中央委员会后来也没有处理这件事，所以目前又重演故技，他们发出了由起草第一封信的七名同志署名的新的备忘录。为什么这些同志长期保持沉默，而只是现在才提交"主管部门"解决呢？因为在此期间，共产国际执行委员会给德国共产党的公开信发生了作用，他们认为这是利用公开信来达到自己派别目的的大好时机。从备忘录可以看出，它的起草人自上次扩大的执行委员会会议以来，始终是固执己见。他们像过去一样，把布勃尼克事件看做是一段小小的插曲，并把它和德国的舍恩兰克事件相提并论。这个集团认为，捷克的危机绝不是由于取消主义者的反列宁主义政策的演说而引起的。按这个集团的意见，去年整个一年捷克斯洛伐克的危机之所以发生，是由于出现了像德国、意大利和波兰已经出现过的那种极左倾向。他们还认为，现在可以比去年更清楚地看出，本来，当时不存在任何右的危险，而只存在**极左的**危险，只是到了现在，即共产国际通过自己致德国共产党的公开信开始了反对小资产阶级革命狂热复发的严肃斗争之后，才能够更客观地解决捷克斯洛伐克共产党内的争论问题。

在备忘录的后一部分，右派集团企图否定党在各个方面取得的全部成就，甚至连我们最凶恶的敌人也承认过的选举中的成就也要加以否定。大家都知道，在选举中，党获得了近100万张选票，并成为捷克斯洛伐克的第二大党。右派集团把这一切都说成是"为了报导"。

无论是对这个"报导"，还是对备忘录中叙述的观点，捷克委员会在两次会议上都进行了讨论，并得出了唯一可能的结论。这就是，在这方面，我们看到了派别言论，就是现在，党也应该同这种右的倾向作斗争，并结束进行派别活动的一切企图。

捷克委员会一致通过了决议，并提请扩大全会批准这个决议①。

（会议休会）

---

① 见本卷收录的《对捷克斯洛伐克共产党右派集团备忘录的答复》。——编者注

第十八次会议

（1926年3月13日）

主席：什麦拉尔

向中国女工献旗

主席什麦拉尔：

我宣布，扩大全会第十八次会议开幕。

今天，在我们当中有沃罗涅日省的工农妇女代表，她们是来向上海的中国革命女工赠送红旗的。

苏博特尼科娃（掌声。全体起立，唱《国际歌》）：

同志们！我以沃罗涅日省工农妇女的名义，感谢你们对我们这样热情的、同志式的接待。

沃罗涅日省的工农妇女谨向共产国际执行委员会第六次全会致以热烈的祝贺。

在3月8日的会议上，在国际工农大团结的日子里，沃罗涅日省的工农妇女把这面鲜红的旗帜交给我们，要我们把它转交给中国的工农妇女。当沃罗涅日省的工农妇女知道中国女工在非常艰苦的条件进行斗争，世界资本的走狗在那里制造一起又一起流血事件的时候，她们向中国的女工伸出了援助之援手……在此，沃罗涅日省的工农妇女向上海女工致以兄弟般的问候,并送上这面红旗,请中国支部的同志们把这面旗帜交给上海女工,并转告她们,俄国女工在共产党的领导下迎来了十月革命。一旦需要援助,她们将高举着这面红旗前来,在共产国际的领导下为夺取世界革命的胜利而战斗!红色世界的十月革命万岁!(掌声雷动。全体起立。工农妇女把旗帜交给中国妇女代表,中国妇女代表亲吻她们。)

丘赫尼娜(沃罗涅日省省委妇女工作部代表):
苏维埃中国万岁!乌拉!
(乌拉!掌声)

陈京佑[①](中文发言):
同志们!我代表上海和全中国的女工向沃罗涅日省的工农妇女致以诚挚的感谢。

上海的纺织女工首先和中国工人一道同心协力地进行了反对帝国主义分子和军阀的斗争。中国工农妇女深受军阀制度、帝国主义以及家庭中和社会上的封建残余势力的三重压迫。这种压迫马上就要到头了!在中国共产党的领导下,中国女工必将站到中国无产阶级的队伍中来,和他们一起消灭国内外刽子手的剥削和压迫。苏联无产阶级和农民队伍中劳动妇女的光荣斗争形象是我们的榜样,并鼓舞着我们去斗争。

同志们!这面旗帜将成为中国劳动妇女和自由苏联团结的象征,它将鼓舞中国妇女斗争。

苏联工农妇女万岁!全世界劳动妇女大团结万岁!世界革命的领袖——共产国际万岁!(掌声)

---

① 李立三的化名。——编者注

表决并通过德国、英国、法国、捷克斯洛伐克、意大利、美国和中国支部代表团向扩大全会提交的执行委员会报告的决议

主席什麦拉尔：

同志们！德国、英国、法国、捷克斯洛伐克、意大利、美国和中国支部代表团向扩大全会提交了执行委员会报告决议。请台尔曼同志宣读决议。

台尔曼（德国）：

我受上述七个支部委托，提请扩大全会通过执行委员会报告的决议，这个决议已分发到你们手中。

主席什麦拉尔：

有没有人想就这个决议发言？没有。下面开始表决。

除博尔迪加一人反对外，决议①以全票通过。

赫塔·施图尔姆发表声明

主席什麦拉尔：

同志们，在上次会议上，我们曾就委员会制定的两项决议——群众

---

① 见本卷收录的《根据执行委员会报告通过的决议》。——编者注

委员会决议和捷克问题决议进行了辩论。现在，要把这两项决议提交表决。在表决前，请赫塔·施图尔姆同志发表声明。

赫塔·施图尔姆（苏联）：

库西宁同志在上次全会会议上就群众工作委员会报告作总结发言时，驳斥了在妇女代表会议和妇女组织问题上的一些意见和观点，这些意见和观点与我在这个问题上的真实看法大相径庭，却被说成是我的意见和观点。库西宁同志所说的一切诋毁了我所坚持的看法，因此，我必须在两个重要问题上加以澄清。

1. 我从未说过党外妇女组织是开展群众工作的尤其重要的形式。恰恰相反：在我拟定的纲领草案中明白无误地讲了以下内容：

"共产党人在认清妇女组织的重要性和重视两个尤其重要的工作领域——企业和工会的同时，绝不应放弃在妇女组织中并通过妇女组织开展工作，**因为它是**有助于在其他领域准备和开展工作的**十分重要的手段之一**。"

在妇女群众工作方式和手段问题上的上述纲领将妇女组织放在最后，首先强调的是在企业和工会中掌握女工的重要性，并根据这一点赋予妇女代表会议以核心位置。

2. 我从未提出不加任何区别和慎重考虑地在所有国家成立党外妇女组织的口号。相反，从1926年3月8日的妇女会议记录中可以看到，我讲了以下内容：

"我们不下命令——现在就在所有国家中成立党外妇女组织。"

在上述纲领中我讲了以下内容：

"成立新的妇女组织是一个策略问题。关于成立新的组织的合理性或必要性的问题应该逐一研究和解决，要考虑特殊的条件。这是党中央委员会和妇女工作处的任务。"

就此，我指出了一系列要审时度势加以考虑的具体方面。

我的真实意见阐述得很详细，十分明确，除了我在全会上的发言——在3月8日和9日全会妇女会议上辩论时的讲话，我的这些意见还白纸黑字写在纲领草案中。

最后我要强调的是，我在妇女组织问题上所持的观点不仅反映了我个人的意见，而且反映了国际妇女书记处的意见，3月8—9日召开的妇女会议一致同意以国际妇女书记处提供的草案作为基础。

赫塔·施图尔姆

莫斯科

1926年3月12日

通过群众问题委员会提交的决议

主席什麦拉尔：

同志们！一些在妇女运动领域工作的同志对群众委员会的决议提出了补充意见。库西宁同志作为委员会的报告人，表示反对这一补充意见。自然，我会将这一补充意见提交表决。首先，我们就补充意见进行表决，然后再按委员会所提交的决议内容进行表决。

补充意见以多数票被否决。

委员会所提交的决议①被一致通过。

---

① 见本卷收录的《从组织上掌握在共产党影响下的群众的方法和方式》。——编者注

表决并通过关于捷克决议

主席什麦拉尔：

下面，就捷克决议进行表决。在上次会议上就这一决议进行了辩论。决议译成各种文字并分发给了与会代表。

决议①被一致通过。

罗易报告东方问题委员会的情况

主席什麦拉尔：

请罗易同志报告东方委员会情况。

罗易（印度）：

东方委员会下设五个分委员会。分委员会制定的单独决议在五个分委员会被一致通过。东方委员会把其中关于中国问题的决议提交全会表决通过。

表决并通过中国问题决议

主席什麦拉尔：

就中国问题决议②进行表决。

---

① 见本卷收录的《对捷克斯洛伐克共产党右派集团备忘录的答复》。——编者注
② 见本卷收录的《关于中国问题的决议》。——编者注

决议被一致通过。

雷梅尔报告斯堪的纳维亚问题委员会的情况

主席什麦拉尔：

请雷梅尔同志报告斯堪的纳维亚委员会情况。

雷梅尔（德国）：

同志们！斯堪的纳维亚委员会共召开了七次会议和三次分委员会会议。决议和致丹麦共产党的信的草案被一致通过。这两份文件均已由全会主席团寄给该党。

随后通过了关于瑞典问题的决议；决议主要谈了瑞典共产党自霍格伦危机以来的情况。这个决议也被一致通过。

然后是关于芬兰工会问题的决议。绝大多数芬兰工会反对阿姆斯特丹国际，但社会民主党领袖企图将工会拉进阿姆斯特丹国际。芬兰共产党处于地下。在这个问题上通过的决议是要把斯堪的纳维亚工会动员起来反对阿姆斯特丹国际的计划。这个决议也被一致通过了。

关于斯堪的纳维亚联邦问题的决议也被一致通过了。

委员会在挪威问题上花了大量的时间和精力，在这个问题上，通过了两项决议：其中一项完全是关于党内问题的；这项决议除汉森同志反对外以全票通过。

上面提到的几项决议均已提交主席团。

在扩大全会上仅提出关于挪威问题的决议，这项决议要发表。要在这里就这项决议进行表决。这项决议被挪威委员会一致通过。委员会建议通过这项决议，其他决议要提交给主席团。

表决并通过挪威问题决议

主席什麦拉尔：

就挪威问题决议①进行表决。

决议被一致通过。

表决并通过日本问题委员会和民族问题委员会的决议

主席什麦拉尔：

下面进入今天的下一项日程。

日本问题委员会建议将其制定的决议提交主席团最后批准。

民族问题委员会也提出类似建议。

就这两项提案进行表决。

这两项决议被提交给主席团。

主席什麦拉尔：

同志们，我想就此提出通过一项正式规定，即主席团一般应在各项决议发表以前对其进行最终审定。我认为这是一项基本要求。

一致通过提案。

---

① 见本卷收录的《关于挪威问题的决议》。——编者注

什麦拉尔就有关决议推迟表决作说明

主席什麦拉尔：

下面，进行今天的最后几项日程——就美国问题委员会、德国问题委员会和法国问题委员会制定的决议进行表决，以及就执行委员会报告提纲进行最后表决。

有些代表向主席团提出，这几项决议在今天晚上才分发给他们，他们还没有来得及熟悉决议的内容并进行仔细讨论。

主席团当然不想催促大家。考虑到这些情况，主席团决定采纳大家的意见，把对上述三项决议的表决推迟到明天进行。

我宣布，今天的会议闭幕。

（会议休会）

第十九次会议

(1926年3月14日)

主席：格施克

格施克宣布会议议程

我宣布会议开幕。继续昨天中断的会议，着手讨论以下日程：
1. 法国委员会的报告和决议的表决。报告人——安贝尔－德罗同志。
2. 德国委员会的报告和决议的表决。报告人——布哈林同志。
3. 美国委员会的报告和决议的表决。报告人——弗格森同志。
然后就政治提纲进行表决，季诺维也夫同志作总结。
在开始日程以前，由多勃罗贾努同志（罗马尼亚）发表声明。

多勃罗贾努发表声明

我要发表如下声明：

声　明

在联共（布）第十四次代表大会上，在就俄共代表团在共产国际执行委员会的活动报告展开辩论时，舒姆斯基同志和斯克雷普尼克同志提到罗马尼亚共产党的表现。目前，共产国际执行委员会专门成立的委员会正在研究这个问题以及罗马尼亚共产党的政治活动。

斯克雷普尼克同志在谈到这个问题时，由于受到误导，就这个话题指责我有大国主义倾向。由于我不在场，在用俄语和其他语言出版的代表大会会议记录中原封不动地保留了这一指责。是这样说的：

"亲爱的同志们，请问，共产国际领导人在对前面那个发言人在这里提到的罗马尼亚党的态度上难道是正确的吗？现在，罗马尼亚共产党执行的路线有没有改变呢？多勃罗贾努的大国主义不是依然故我吗，他现在不是在摩尔达维亚共和国党代表大会上说，摩尔达维亚人不应该认为自己是独立的民族，而应该认为自己是罗马尼亚民族的一部分吗？这些话都言犹在耳。那么，共产国际在讨论摩尔达维亚问题时，是通过还是否决了委员会制定的决议呢？否决了。这样一来，罗马尼亚共产党在这个问题上就难以自拔，无法利用比萨拉比亚的民族矛盾了。"

我要声明，我从来没有在任何一次党代会或其他任何场合说过"摩尔达维亚人应该认为自己是罗马尼亚人的一部分"这样的话。在巴尔塔（摩尔达维亚共和国）党代表会议上我只是强调摩尔达维亚语和罗马尼亚语有相通之处，要注意摩尔达维亚共和国对罗马尼亚的劳动居民可能会有较强的共产主义影响。

至于说到我很早以前就具有"大国主义"倾向，那么，我要说的是，我从来没有说过类似的话，相反，我不断反对大国主义倾向，也是因为这一点还惹上过官司。

斯克雷普尼克同志事先没有仔细核实听来的消息就提出这种政治指责，拒不还事情以本来面目并且收回不公正的指责，对此，我只能表示遗憾。

主席格施克：

请安贝尔－德罗同志报告法国委员会的工作。

安贝尔－德罗作法国问题委员会的报告

法国问题的决议草案已经分发给大家了，这个决议很长，涉及到很多问题。在这里，我只讲委员会在工作中得出的几个重要结论。提纲中指出，法国共产党的主要危险来自于右倾。但法国委员会却把主要精力放在左倾和党的组织错误上。自然，就提出了一个问题，这里是不是有些矛盾。但这种矛盾只是表面上的，法国共产党的右倾危险与中央委员会一年来所犯的错误密切相关。当然，不仅仅是这些错误造成了右倾，但这些错误在党员当中引起了普遍不满，由此为右倾发展创造了有利条件。

我们看到法国有许多非常重要的、加大右倾危险的客观条件。这些客观条件既在于法国的经济和政治形势方面，也在于法国工人运动的社会爱国主义和工团主义传统之中，还在于党成立的自身历史上。此外，党自共产国际第五次代表大会以来执行的错误政策也助长了右派势力的增强。的确，最近几个月以来领导机关的许多重要错误都得以纠正。导致这些错误的主要原因是没能认清形势，看不清前景，对法西斯判断有误，错以为几个月后就会面临革命形势。属于这类错误的有：提出超前的、使党脱离群众的口号，错误实行统一战线策略，党对工会的作用估计不足，对工会进行简单机械领导，以及在党内实行错误的、不民主的政策。

12月1—2日举行了党的非常代表会议，在这次会议上指明了尤其重要的错误并向全党发出了公开信。

在这次自我批评当中尤其注意到以下三个问题：

1. 实行统一战线策略；
2. 党和工会的关系；
3. 不正确的党内政策。

扩大全会应该批准12月1日代表会议通过的决定并深化这些决定。

代表会议致全体党员的公开信容许各种不同的解释。应该消除这种不清楚的地方。但这次代表会议的意义决不允许被贬低。在向大家提供的决议中专门重申党在这次代表会议上做出的自我批评，加深这种批评，并指出，必须反对任何贬低十二月代表会议的做法以及使党重蹈覆辙的企图。

法国的右派对党的政策进行的攻击是公正的吗？当然不是。决议中反对右派的部分很好地证明了这一点。其中详细分析了法国右派的政治纲领，以便向心存不满的党员同志证明，右派在这种有时在细节上是正确的对党的政策的批评下，掩盖的是与共产主义尖锐对立的社会民主主义或工团主义倾向，必须与之斗争。

右派在自己办的两份党外刊物《共产党员公报》和《革命无产阶级》中，一贯反对共产国际和苏维埃俄国。右派极力在党员队伍中散布悲观和失败的情绪。而后开始直接抵制党的工作。党员在党外办的机关刊物上写道，他们要"破罐破摔"，在党的领导机关周围"形成空洞"，等等。这种言论在抗议摩洛哥战争举行的24小时罢工期间危害极大。右派在殖民地和民族问题上的立场也是完全错误的，具有社会民主主义气质。右派反对与里夫人结谊，借故他们与法国人不在同一文明程度上，不能与半野蛮的部落结谊。更有甚者，还说阿卜杜勒-卡里姆有宗教和社会偏见，必须与之斗争。当然，要与殖民地民族的泛斯拉夫主义和封建主义做斗争，但现在，当法国帝国主义扼住他们的喉咙时，党要与之斗争的就不是被压迫民族领袖的偏见，而是法国帝国主义的贪婪。摩洛哥是摩洛哥人的，不是阿卜杜勒-卡里姆的，右派这样写道。但潘勒韦拒绝与阿卜杜勒－卡里姆和谈时用的也是这一论据。左派也是用这种虚假的言词来掩盖帝国主义和为法国军国主义的罪行辩护。

右派在对阿尔萨斯—洛林的态度上也采取了类似的立场,季诺维也夫同志在自己的报告中已经提到过这一点。

还必须要指出,法国右派反对24小时总罢工,不仅批评这次罢工准备不充分,而且从政治上否定这次罢工,坚决反对以罢工抗议殖民地战争。这纯粹是社会民主主义的,甚至是社会爱国主义的倾向。同时,右派也与工团主义倾向缠绕在一起。在这一点上,卢宗在《革命无产阶级》上发表的文章表现得尤其明显。他在对当前斗争问题上采取的立场对共产党极为有害,声称税收、盟国债务和通货膨胀问题仅仅是大资产阶级和小资产阶级之间斗争的表现,不触及无产阶级。在他看来,反对涨价吸引的只是小资产阶级,涨价反而对无产阶级有利。这种欢迎涨价的"破罐破摔(越坏越好)"的政策迫使劳动者为提高工资而斗争,却忽视了大资产阶级和小资产阶级之间的斗争,没有想方设法利用这种斗争来吸引广大阶层站在无产阶级方面,这种政策是典型的意大利极端主义的政策。它在貌似革命和不妥协下掩盖的是自己的不作为和破产,与真正的共产主义的策略有着天壤之别。这些工团主义者尤其尖锐地否定党。《革命无产阶级》上刊载的一系列谈杜阿瓦讷内罢工的文章都针对党的作用问题,但却完全否定党作为无产阶级先锋队的作用。甚至对党有对无产阶级进行革命教育的任务这一点也提出异议。

右派的另一个错误表现在对采取统一战线策略问题上。右派断言,实行这一策略无法将改良主义领袖与追随他们的群众分开。此外,他们还公开反对在工厂组织基础上对党进行改组。

诸位从这几点中(委员会决议用大量引文证实了这些内容)可以看出,右派的政策完全渗透了社会民主主义和工团主义的观点。右派对党的错误进行的批评,不仅没能帮助党矫正政治路线,相反却使它更加偏向与共产主义格格不入的立场。他们非但没有提出更加忠实的共产主义策略来改正党的领导层的错误，反而使我们的队伍发生混乱。这就是为什么必须与他们作斗争、在法国工人面前揭露他们的图谋的原因，法国工人出于对党的错误的不满，容易**追随**右派及其反对共产主义的政策。

右派首先由小资产阶级知识分子集团组成，这些知识分子领导反对派，在党内集合为洛里欧集团，而在党外集合为苏瓦林集团及其机关报《共产党人公报》。右派的另一个组成部分是集合在《革命无产阶级》周围的工团主义者集团，这个集团由莫纳特、罗斯默和卢宗领导，吸引了一部分无产阶级工会运动的活跃分子。这两个在意识形态和社会出身上截然相反的派别缔结成反对共产党的统一战线。右派的最后一个集团即第三个集团由一些心存不满的党员组成，他们并不赞成前两个集团的虚假的社会民主主义和工团主义的意识形态，但却由于党的错误而被他们所影响。他们是健康的成分，党应该把他们团结在自己周围并使其积极工作。党的新的政策方针要把这一集团从右派中分离出来。与右派进行斗争的基本条件是认真和切实地改变党在总的政策以及与工会关系和党内生活上的政治路线。

党应考虑到右派内部的分歧，针对组成右派的各个集团的行为采取自己的策略。要把已经开始的反对右倾的严肃的意识形态斗争持续不断地发展下去。右倾当中的哪种倾向危害最大？无疑，工团主义倾向最具危险，它否定党对一般工人群众以及组织成工会的工人群众的作用，因为，在目前的条件下，他们客观上的反革命活动依靠的是过时的法国工人阶级的优良革命传统。不仅要在政治活动中，而且要在工会活动中警惕这一倾向。当前形势与战争前的形势迥然有别。重工业集中化的步伐加快，与此同时，无产阶级的人数急剧增加。法国工人阶级在强大的工厂主组织的进攻面前，需要群众性的工会组织，而不能满足于类似战前的工团组织。因此，在工会活动方面较之在政治斗争舞台上，企图恢复过时的工团主义对法国无产阶级尤为危险。要坚决打击和在工人面前揭露这一右倾。

根据在这里通过的决定，要在法国共产党内部恢复纪律。决议坚决要求参与《革命无产阶级》和《共产党人公报》集团的党员，要么与这些敌视共产主义的组织断绝联系，要么退党。

接下来，决议提出了法国共产党目前所面临的紧迫任务。法国经济形势的特点是处于严重的持久性财政和政治危机中，尽管会有暂时的稳定时期或形势异常尖锐的时期出现。随着这些摆动，经济危机日趋成熟。所有这些都向党提出领导群众与资本主义政府作斗争的艰巨任务。小资产阶级与大资产阶级之间的对立在法国具有尤其重要的作用。因为通货膨胀而破产的小资产阶级已经由于税收、通货膨胀和涨价等因素与大资产阶级展开了斗争。这场斗争的第三种因素——无产阶级——至今仍略显消极，因为无产阶级的利益并没有像小资产阶级的利益那样受到大的触动，并且由于社会党的政策，无产阶级在很大程度上被小资产阶级牵着鼻子走，表现为听命于小资产阶级左派联盟。但物价飞涨以及通货膨胀和税收政策的结果无疑会在最近使无产阶级卷入为维持其生活水平而进行的积极斗争当中去。

我们党的任务是领导这场运动，使无产阶级意识到必须实行独立的阶级政策，使其成为农民和小资产阶级在与资本主义斗争中的领袖。必须极大增强党对广大无组织群众的影响，因为在法国参与政治和工会组织的工人数量相对不大。同时必须不仅把统一战线策略看成是对社会党所采取的一种手段，而且在更大程度上当做是吸引无组织群众参与运动的一种方式。

党还必须把工人阶级的斗争同小资产阶级和农民反对通货膨胀、税收、涨价和战争等的斗争结合在一起。

此外，决议还提出党的其他若干迫切任务，指出必须争取把工会变成群众性组织并争取工会的统一，要继续进行反对殖民地战争的鼓动工作。最后，决议指出如何按照12月1日代表会议的精神把统一战线策略运用于社会党，强调把工农政府口号作为基本的政治口号。

法国委员会请求全会批准提交的决议。决议的第一部分对法国的政治和经济形势以及党的最近一次危机进行了分析，这部分内容除博尔迪加一人反对外，由委员会一致通过。决议的第二部分内容论述了与右派的斗争，除安格尔同志（代表右派提交决议）和博尔迪加同志两人反对外被一致通过。

法国共产党领导人的一项基本任务是结束领导机关的内部斗争，在十二月代表会议决定和今天通过的决议基础上组织集体工作。如果中央委员会能够做到这种集体工作，成为一个统一的和完整的组织，那么，它就能够使党迅速地摆脱右倾，成为广大无产阶级群众的真正领袖，与危机日益深重的资本主义国家一决高下。

表决并通过法国问题委员会的决议

主席格施克：

就法国问题决议进行表决，这个决议在委员会和代表会议上被广泛讨论。

决议[①]除博尔迪加同志一人反对外被通过。

---

① 见本卷收录的《关于法国问题的决议》。——编者注

特兰就法国决议的声明

特兰同志的声明,附在记录后面:

"表决理由

决议中关于党内情况部分在'极左错误'标题下写道:
'特兰提出的主张——变殖民地战争为眼前可见的国内战争——在当前条件下是严重的政治错误。'

在法国委员会进行的辩论中我已经解释了事情的本质。

问题根本不在于变摩洛哥战争以及其他殖民地战争为国内战争。

在伊夫里代表会议上得到加强的中央委员会的一致意见是:

任何殖民地战争都有可能扩大为帝国主义国家之间的战争,在这种情况下,反对战争就要求变帝国主义战争为国内战争。

我在中央委员会坚持以下观点,不仅要在党内,而且要在群众当中宣传推广这一结论。

当时在党内无疑对统一战线个别口号的区分还没有形成明确的认识,甚至在中央委员会也没能消除误解。

我按以上意思在朗斯矿工——统一和改良工会会员——大会上发表了讲话。

出席这次大会的基尔施同志曾向中央委员会作证,我并没有说变殖民地战争为国内战争,而只是描绘出一幅帝国主义国家战争的前景,并以巴黎公社和布尔什维克党的例子证明,如何变帝国主义战争为国内战争。我确认,在提交国际表决的决议中,对我提出了不应有的指责,因此也无法证明这一指责。

除去对这一条有保留意见外，我总体上赞成决议，因为它正在建立一个十分牢固的基础，在此基础上可以联合党的一切健康力量来打击右派，同时也为继续在12月1日代表会议上开始的矫正党的路线，以及为完成党由于法国危机加重而面临的任务提供了基础。

特兰"

主席格施克：

进入下一项日程：德国委员会报告和就德国决议进行表决。

由布哈林同志代表委员会作报告。

布哈林作关于德国问题委员会的报告

同志们，我的发言会非常简短。说到决议，我希望你们大家都已读过。决议的结构大致如下：首先是分析德国总的形势，指出危机的双重性质。一方面，我们看到德国国民经济总体下降的趋势，另一方面，资产阶级企图通过革新生产的技术手段来遏制这一趋势，第二种趋势使形势更加严重。由此导致广大工人阶级阶层和其他人民群众阶层的贫困。

在德国这种特殊的形势下在德国工人阶级中出现了左倾；决议指出这一现象是德国生活中的重大现象，描绘出一幅在目前的经济形势下政治和经济危机频仍的前景。

决议接下去谈到党的总体任务，列举出其中最主要的三项任务：1. 工会工作；2. 统一战线策略；3. 提出符合革命策略，即符合革命无产阶级的最终目标——革命的部分要求。

决议接下去对党内的各种派别加以分析。注意到党现在面临的最主要任务，尤其是争取广大群众的任务，决议认为，极左倾向是争取群众的主要障碍。

决议接下去对这些倾向加以分析，指出原极左阵营的某种分裂；接下去对曾经是统一的极左队伍中的各种派别加以分析。决议接下去谈到右倾，在最后提出我们党的行动纲领。

现在，我要简明扼要地谈一谈在委员会中对决议草案提出的反对意见，我希望有关同志更多地讲到这个问题，作一些补充。那时，我们再和他们辩论。最坚决反对决议的，当然是博尔迪加同志。我们对此已经习惯了。但我认为，有必要用几句话来谈谈博尔迪加同志的立场以及他在讨论德国决议草案时的论据。博尔迪加同志说，他完全同意决议中对德国的总的经济和政治形势所作的评述。但博尔迪加同志却看不出在承认德国无产阶级左倾事实与被他说成是右的方针的策略路线之间有何联系。他首先反对的是从该决议所作的分析中得出的策略结论。他认为，这些结论与分析相悖。我认为，这是错误的，在对形势所作的分析与所提出的策略任务之间完全吻合。这个问题在决议中是怎样提出来的呢？描画出危机的前景。在此基础上是德国无产阶级的向左转，换言之，是无产阶级的革命化过程，其中包括在社会民主党以及根本在党外的一部分无产阶级。博尔迪加同意我所说的正在发生这样的过程。正因为在德国无产阶级中正在发生类似的左倾过程，德国共产党自然要对这种现象作出反应。这种反应表现在哪里呢？正确地采用了什么样的策略呢？统一战线策略。形势本身提出了十分清楚的统一战线策略。此前，我们就曾说过，必须对社会民主党工人采取另一种方式。这里有什么不合逻辑的吗？一切都顺理成章，德国无产阶级的向左转要求我们对它采取另一种方式，正确采取统一战线策略，而博尔迪加同志却坚决反对这一策略。但我认为，策略路线完全符合决议中所作的分析。

下面来谈一谈博尔迪加同志的第二个似乎原则性的意见。它涉及到共产国际的方式，在提交的决议中也包含了这种方式。在委员会中，博尔迪加同志曾反对引证的方式，以及像博尔迪加同志所说的，似乎是对左派德国工人所进行的思想恐吓。

我在这里仅确认以下事实,在决议中,凡涉及反对极左倾向的各个部分当中,都严格区分了极左工人和极左领袖。

决议明确强调,必须说服这些工人。决议认为,这是党在目前的一项最重要的任务,因此,说什么意识形态恐怖简直荒唐可笑。

说到引证的方式,那么,博尔迪加同志在与同志们论战时也免不了引证。我们的同志们不是聋哑人,他们会讲话,他们的讲话被打印出来。这样一来,在反对各种倾向时就不能不引用。我不知道还有什么其他表明他们立场的方式。如果博尔迪加同志教给我们这些方式,我们会非常感谢他,并开始使用这些方式。鲁特·费舍同志暗示,去看一些没有打印出来的东西,显然,她指的是信件。应该说,这完全是特例,鲁特·费舍的方式也完全是别出心裁。

博尔迪加同志指出,必须彻底地研究问题,然后再发表意见。非常好。研究总归是一件有益的事情。但我们是在写政治文件,不能把每个想法都想得没有界限。这么说,可以理解:你们应当花两年的工夫研究德国共产党的历史,然后再制订决议。遗憾的是,这种方式对我们不适用,我们没有这个闲工夫,我们不能没完没了地研究。在分析党的派别时要抽出最主要的和最基本的东西,把这些东西摆到桌面上来进行批判,因为这种东西适合进行批判。决议的基本内容是对各种倾向进行思想斗争,在思想上克服它们。整个决议,它的整个精神是斗争的精神,同错误的政治倾向的思想斗争,同各个派别的意识形态的斗争。无论博尔迪加同志如何努力,我想,他也不能够证明,在这里使用的方式是对工人进行思想恐吓。

按博尔迪加同志所说,这种恐吓表现在以下方面:例如,在引用科尔施的话时,我们说,他的观点是反布尔什维克和反苏联的,等等。他说,我们用这种方式挥霍苏维埃俄国和共产国际在无产阶级队伍中积攒起来的政治资本。他说，这一资本不是用不完的。当然了，有人在挥霍资本，有人却在使用这一资本生利。我认为，我们是第二种人。到目前为止，我们都在使用这一方式并且获得利息，而并不是在挥霍资本。过去证明了这一点。

问题在哪里呢？问题在于，似乎我们在为统一工会运动来建立我们的工会政策，组织我们的共产党，仅仅遵循俄国的国家利益。能不能对这种东西讳莫如深？博尔迪加同志说，如果照实说，我们就是在挥霍苏联的资本。我们却认为，如果我们对这种东西坐视不管，那我们就没有履行自己的职责，没有同极其有害的、几乎就是社会民主主义的改良主义倾向作斗争。

应该具体地谈论这种东西，而不是在引用科尔施同志的话之前去研究他的全部著作。在我看来，对政党以及在政治舞台上活动的政治组织，例如，对共产国际来说，这种方式才是适合的。这就是我为反驳博尔迪加同志的结论要说的话。

我和迈耶尔同志就决议的引言部分有过一次不大的争论：是关于修辞的问题。我还是认为，应该把这件事报告给扩大全会。迈耶尔同志在委员会里要求在决议的开头部分有关于相对稳定的措辞。而我从以后的辩论中得出判断，对德国危机的不同评述只在于修辞方面。在德国委员会中，我们应当指出德国形势的特殊方面。在决议中，必须强调目前对德国发展具有特殊意义的方面。德国这种特殊的方面就是尖锐的经济危机。我们认为，这场危机不是短暂的，在最近的将来也会是德国的典型特点；因此，决议从这场危机——经济危机以及由此而来的社会政治危机——出发，并分析从危机中所得出的结论。

在委员会中，我和肖勒姆同志也有过一次争论。大家知道，最初的决议草案在分析各种极左派别时提出过一种观点，即肖勒姆—罗森贝格集团打算迷途知返等等。但在委员会中肖勒姆、罗森贝格和康拉德同志集团发生了分裂。罗森贝格和康拉德同志表示，尽管有某些分歧，但他们会投票赞成决议；肖勒姆同志却坚决反对决议。他为自己的英雄壮举作了如下解释：他说，整个决议都针对左派。他重复说，已经同德国共产主义工人党断绝了关系，但同时却说：要是我投票反对自己的过去，那我就是个混蛋。

肖勒姆（在台下喊）：
　　完全正确。

布哈林（苏联）：
　　很高兴，肖勒姆同志证实我如实转述了他的话，但我要就这种说法说上两句，这也许会在全会上继续掀起辩论。我没有从这一点上看出肖勒姆同志任何特别的首尾一致，任何特别的逻辑，任何特别的——恕我直言——英勇。第一个观点是出于为自己的担忧。否则，怎么会同时提出两种截然相反的观点呢：我已经同我原来的德国共产主义工人党观点断绝了关系……

肖勒姆（在台下喊）：
　　我的?!

布哈林（苏联）：
　　您讲的就是这个意思：您自己承认，过去您犯过各种各样的错误；因为您犯过这些错误，所以它们属于您的过去。如果您与这个过去决裂，您就是在用这一点表明，您反对自己的过去。但同时您却说：如果我投票反对自己的过去，那我就是个混蛋。恕我直言，从这一点来看，您有些搞鬼。

肖勒姆（德国）：

胡说八道。

布哈林（苏联）：

魔鬼也曾是能人。同志们，这让我觉得，肖勒姆同志，往轻里说，在政治上有一些不彻底。他一会儿往东，一会儿往西，而在我看来，在同一时间提出两种完全相反的意见根本无助于政治路线的明确性和清晰性。可以高兴地说，罗森贝格同志和康拉德同志投票赞成决议，康拉德同志是柏林的积极分子，有相当多无产阶级群众追随他。

在委员会工作中还有其他一些声明。其中一项重要的声明是乌尔班斯同志作的。现在，乌尔班斯同志彻底同鲁特·费舍集团联合在一起了。他对我们说，他也要对决议投反对票，并提出以下论据：决议是针对左派的，显然，右派会取得领导权。政治路线在决议中谈得模糊不清：决议提出同一切左派分子作斗争，等等。接下去要求召开所谓的党的集中代表大会，要求一切形式的党内自由，等等。

我压根不觉得政治路线在决议中没有谈清楚。在我看来，谈得非常清楚。决议明确和直接写道，要在明确的政治路线基础上吸引包括左派在内的各个集团合作，怎么能说决议提出与一切左派分子作斗争呢？如果乌尔班斯同志把自己和鲁特·费舍集团看做是一切左派分子的化身，那么，他的话倒是有几分正确性，但这种情况根本是不可能的，是他的一种痴心妄想。

在委员会中与迈耶尔同志就政治策略属性问题也产生了一些分歧。他说，决议对他的集团态度不正确，等等。迈耶尔一再问道，到底要求他的集团怎么做，集团与中央趋近接下来要采取哪些步骤，等等。回答他说，迈耶尔同志从前的集团有责任同右倾危险作斗争，恰恰因为它从前与右派有瓜葛，并且在这方面有一定的传统。

以上是关于委员会工作问题的大致一些最主要的意见。我们采纳了几处非原则性的修改。除乌尔班斯、恩格尔、博尔迪加和肖勒姆等同志提出特殊意见外，决议整体上被一致通过。

我代表委员会请那些表示反对决议或对其表述有某种疑虑的同志发表意见、公开讲话并向全会提出自己的议案。我认为，在执行委员会全会上的辩论将有益于整个运动。德国问题相当重要，德国共产党是共产国际的主要支部之一。德国运动问题对其他政党有十分重要的教益作用，因此，我想代表委员会请所有那些与上述声明和反声明有关的同志，在这个讲台上公开陈述自己的论据。

就德国问题进行讨论

博尔迪加（意大利）：

布哈林同志热心地在这里转述了我在委员会提出的批评意见，他的这一举动使我必须再次阐明已经在委员会讲过的两点内容。我反对在决议中主张使用的斗争方式：这种方式就是摘引个别词句来证明派别倾向。我认为，这种斗争方式根本无助于向群众澄清问题的思想实质。

接下来我在委员会反对夸大思想恐吓，这种行为表现在有些同志一遇到合适的机会就向普通党员发难，在没有向他们解释清楚某一政治问题之前就说，既然他们反对中央委员会或执行委员会对问题作出的政治表述，那么，他们就是执行委员会的敌人，共产主义的敌人，等等。你们关于区分左派领袖和左派工人的一纸声明是不够的，要杜绝这种恐吓行为，向工人真正解释清楚政治实质。我压根不是要求一字不漏地去研究左派同志的著作和文章，但我想提醒执行委员会和在座的同志们避免与群众脱离联系。的确，有人批评我说，我本人时常不注意与群众接触,但我还是想提醒同志们避免失去这种接触。

肖勒姆（德国）：

我本来打算针对决议表决问题只作一个简短的声明,但布哈林同志热心的邀请促使我在读声明以前讲几句话;我会在最后读这个声明。

我认为,我在扩大全会和德国委员会所持的立场完全正确。我的错误是在围绕执行委员会公开信展开的辩论结束以后长期保持与德国共产主义工人党的联系;但这并不是说,我本人具有德国共产主义工人党倾向。我自身从来没有这些倾向。例如,在工会问题上,这个问题在某种程度上是德国共产主义工人党的绊脚石,我本人坚决同这些倾向作斗争,在法兰克福党代表大会后,我最积极地呼吁中央完全消灭这些倾向和集团,前党员舒马赫表现出来的正是这些倾向。

我的错误在于,在围绕公开信展开的辩论结束以后,我没有立即断绝与卡茨等人的一切对外和对内联系;正因为如此,在紧要关头,这些在思考共产国际的未来问题上与我完全另类的人才使我有口难辩,不能够在共产国际成员当中坚持自己的政治观点,我从来没有否定过或正在否定这些观点。应当承认这个错误;如果我在德国委员会这件事情上做得还不够明确,那么,趁此机会,在整个扩大全会面前,我再当众重复这一点。

但这并不是说,布哈林同志是正确的。我认为,他多少有些冒进。我对他的做法很失望。可以想象,如果你发现,你所进行的政治斗争是错误的,可以并且应当明确表示出来。我压根不想对布哈林同志进行人身伤害,只想提醒他,他过去曾反对列宁同志在布列斯特－里托夫斯克和约问题上的立场,过后他承认了自己的错误,对于布尔什维克领袖布哈林同志来说,这件事情很容易过去,如果不容易过去,那么,很显然,就要公开承认并以这种方式画上句号。我想用这个例子向布哈林同志证明，他在对我的这件事上有多么不正确。要是我认为德国共产党党内的左派斗争像布哈林同志在布列斯特－里托夫斯克和约问题上采取的与列宁同志相左的立场一样错误的话，那么，我就会明确地表明这一点：左派的斗争是错误的，荒谬之极。事情就到此为止。牢记过去的教训，我在今后会努力避免重犯类似的错误，做一名忠实于党内现在主导方向的斗士。（有人在台下喊：你在拿苍蝇和大象比。）

说什么苍蝇不苍蝇的在这里很不合适。如果我持这种看法的话，布哈林同志指责我在委员会的发言中有逻辑矛盾就是正确的。事实并非如此。我，老实说，并不认为左派就不犯错误，我当然不会这样提出问题。但我仍旧认为，左派在党内进行的斗争是正确的。

在决议第 5 页上，对极左倾向的描述中写道：

"极左派忘记了马克思主义的观点，策略在每一具体情况下都由客观条件所决定。他们不善于掌握新情况，更谈不上正确分析这些新情况，结果机械地把老一套用于完全是新的形势下"。

我认为，这种观点是不正确的。它不符合实际情况，因此，我不能投票赞成这一观点。说我们不注意新现象是不对的。我在全会的第一次发言时就引用了我和罗森贝格所写的文字来证明这个判断不正确。我不能投票赞成我认为是不正确的东西。接着谈到上面所勾勒的这种思想体系的"完全腐朽的、几乎是社会民主主义的内核"。我认为，德国共产主义工人党的倾向，我不止一次谈到过这种倾向，确实自身具有这种思想体系。我认为，这一点我明确地指出过，在卡茨的发言中反映出这种"左面的"取消主义思想体系。但是，把这些说完以后，这里的这句话无异于承认，所有被叫做极左派的集团都有腐朽的、几乎就是社会民主主义的内核。我不会在这种东西下署名。接下去在第 7 页上写道：

"一些极左派集团和它们的一些领袖到现在还搞不懂争取群众的问题"。

写这句话不仅是针对卡茨,也针对我,就因为我反对在柏林搞合并名单。我这样做不是出于原则性的考虑,而是认为这种做法并不实际,并不合理,我并不后悔这样做。

接下来,为了证明我们(罗森贝格和我)还是没搞懂争取群众的问题,引用了罗森贝格同志在出台公开信时写的条款。这一论据也站不住脚。

我针对这部分决议要说以下内容。我最坚决地反对决议,是因为决议的整个方针都在反对极左的思想体系,似乎它在妨碍争取劳动群众。我不会幼稚到认为哪怕不同意决议中所包含的一句话,就可以投票反对。我压根不认为,哪个和我的意见有分歧的观点可以使我投票反对决议。我可以投票赞成决议,如果决议在主要方面的总的路线能够为我所接受,甚至在存在一些分歧的情况下,我可以在专门声明中保留这些分歧。**但是,在目前情况下,有一个十分重要的分歧。我不同意说,在现在相对稳定的时期,极左危险妨碍把群众争取到共产党一边来,它们是现阶段的最大危险**。我不同意这一点。我仍旧认为,在相对稳定时期,**共产党内的最大危险是右倾机会主义派别**。正因为决议中没有这一重要说明——决议在这方面执行了公开信的不正确路线,我们公开指出过这一点——所以我才投票反对决议。

为了解释我这样做的理由,我可以再次重温左派的历史,但是,由于时间关系,我不能这样做。我再强调一次:尽管左派犯有一系列错误,但我认为,左派在过去的斗争是正确的。反对莱维的斗争,反对弗里斯兰特的斗争,反对在拉特瑙遇害后开展的运动,在莱比锡党代表大会上的斗争,捍卫列宁主义对党在准备无产阶级革命过程当中的作用的理解(我们在1923年进行了这场斗争),我们在1923年10月的立场,我们在法兰克福党代表大会上的纲领,我肯定左派的所有这些过去,尽管遗憾的是,左派犯有各种错误,尤其是鲁特·费舍同志所犯下的严重错误,我比在座的大多数同志都更早地反对这些错误。

根据以上这些考虑,我宣读以下声明:

"执行委员会应该在德国问题决议中明确表示出对中央委员会的态度;我不想,也不能拒绝这一点。为此我声明:

提交的决议重申了执行委员会致德国共产党的公开信,我曾旗帜鲜明地反对这封公开信,因为在这封公开信中,德国共产党左派自第三次代表大会以来的斗争被描述为反对共产国际和苏联的反布尔什维克集团的派别斗争。因此,投票赞成该决议无异于事后批准公开信,一笔勾销为争取在德国建成布尔什维克革命政党而进行的多年斗争,一笔勾销我引以为豪、无论现在和永远都不会放弃的斗争。

根据这些考虑,如果我有表决权的话,我会投票反对决议。

为了避免一些不怀好意的解释,我明确声明,我认为自己在扩大全会和德国委员会坚持的路线是完全正确的。"

乌尔班斯(德国):

同志们!我受马斯洛夫斯基同志(柏林)、格拉姆科(汉堡共青团员)和鲁特·费舍同志的委托以及以我自己的名义必须声明,如果给我们表决权,我们将投票反对德国问题决议。就此我想宣读以下声明:

"*关于德国共产党的形势和任务的声明*

1. 签名者同全会多数参加者一样,坚决拥护季诺维也夫同志的报告和提纲。
2. 为落实提出的任务必须解决德国共产党目前的危机……

前提条件:现在,已经具备一切客观条件进一步发展和贯彻统一战线政策,使这一政策摆脱极左、右倾以及过去的错误。德国正面临新一轮尖锐的阶级斗争。道威斯计划的实施表现为经济危机加剧、失业和半失业增加、资产阶级阵营面临困境、中产阶层和农村居民产生不满情绪，有社会民主主义倾向的工人开始意识到自己的处境，意识到 8 年来他们的领袖所实行的联盟政策把他们带进了死胡同；对苏联的好感增强以及广泛开展的反君主运动，这一切都预示着德国共产党将有机会争取广大群众支持共产主义和准备新的战斗。

3. 党必须采取非常灵活的策略才能利用这一客观上有利的形势，要抓住敌人阵营的一切短处和每一点分歧。党要把'救命面包'的问题摆在日常工作的中心，同时把日常要求同我们的运动的最终目标结合起来，指出只有无产阶级革命能够解决德国的危机。

执行这一策略会碰到一系列问题，首当其冲的是：

（1）利用有社会民主主义倾向的工人群众的左倾情绪及其对机会主义领导层的不满，并避免重犯 1923 年的错误，即不要与左派社会民主党人结成实际联盟。

（2）把议会活动同群众工作结合起来，条件是始终要把重心放在群众工作领域。在这一点上，我们需要类似在普鲁士、萨克森和柏林自治市出现的形势，利用这种形势实际向广大工人群众证明，必须结束社会民主党中央委员会一直以来的联盟政策。

（3）实行统一战线，争取工人和中产阶层跟党走。

（4）教育广大左翼工会为争取统一，争取建立英俄委员会而进行实际斗争。利用对苏联的好感，把这种好感同我们的工会工作结合起来。

鉴于以上策略任务，德国共产党目前的直接任务如下：

开展和加强没收原房主财产和资本的运动，目的是把这一运动变为反对一切君主以及反对君主制权力机关的普遍群众运动，同时反对资产阶级通过改变宪法进一步缩减无产阶级权利的企图。

开展反对失业、反对关闭企业和反对减少工资的群众运动，支持和保护失业者自谋生路，更加紧密地将失业者斗争同没收原房主运动结合起来。

在目前开展的没收原房主运动期间，必须将以下吸引工人的总的经济问题提到首位：反对关闭企业、反对苛捐杂税。

制定行动纲领

组织工作的重点：争取有社会民主倾向的工人，反对联盟政策，利用社会民主党内工人和领袖之间的矛盾，以及改良主义领袖集团内部的矛盾。

集中于工会工作

4. 正确执行这一策略必须明确和坚决反对党内的右倾和极左倾向。右倾机会主义集团在整个这一时期都是最大的危险；要想消灭右派，必须同时坚决打击极左派别，因为后者在一些情况下可能成为右派的直接支撑。德国共产党内的右派企图把灵活策略变为不讲原则，把统一战线策略从鼓动和动员群众的方式变为与德国社会民主党结盟，把必须争取加入德国社会民主工党的工人说成是德国社会民主工党是'第二个无产阶级兄弟党'，并最终将工农政府口号变为与德国社会民主工党结成议会联盟，这必然导致修正主义和取消主义。右派的根基在于：

（1）客观上严重的形势，革命速度变慢，资本主义的相对稳定时期；

（2）共产国际的一切右派分子利用目前形势，急欲变为公开的修正主义，企图修正共产国际第五次大会（克拉拉·蔡特金在1926年3月扩大执行委员会全会上的发言；洛里欧领导的法国右派提出的纲领；挪威的右派，等等）。右派在资本主义相对稳定时期危害极大，如果不持续地、积极地加以反对，就无法正确执行共产国际的策略。不进行这种持续的、坚决的斗争，我们党的革命性质目前危在旦夕。

5. 德国共产党内的极左倾向的根基在于，不相信能够解决成立布尔什维克群众性政党的任务而不滑向泥潭。德国共产党内的极左派通过排斥策略来反对机会主义，哪怕这种策略本身完全正确，他们认为，有关的策略手段可能被右派加以利用和歪曲。当前局势的复杂化，部分助长了极左倾向，使卡茨这类的公开的取消主义者得以滋生。目前，坚决有力地打击卡茨集团成为继续开展工作的前提条件。毫无疑问，那些追随卡茨的工人会在整个一段时期内脱离无产阶级运动。只有当极左工人群众看到中央严肃打击右派团伙时，才能够把他们争取到正确的路线上来。这些右派分子没有在任何问题上反思自己的看法，他们在对于1923年10月的问题上只承认犯了个别错误，认为执行委员会的公开信不是纠正1924—1925年的错误，而是在一定程度上重新回到1922—1923年的政策。

6. 在共产国际执行委员会公开信基础上组成的现在的德国共产党中央委员会，到目前为止没有落实这封公开信的内容。**公开信没有引起对1923—1925年错误的真正的讨论，而是引来一些纯粹是个人性质的攻击。党内形势在共产国际执行委员会发出这封信以后每况愈下。**尽管出现了客观上非常有利的形势，使党在没收房产问题上取得了表面上很大的成绩，尽管有共产国际执行委员会和党的支持，中央到现在还没有弄明白如何真正实现党内生活正常化并化解党内危机。卡茨事件之所以闹得严重不堪，是因为中央不在全党面前开诚布公地就整个左派的错误问题展开讨论，不公开承担全部错误的责任，而是掩盖问题和推脱一系列个人情况（肖勒姆、韦伯、马斯洛夫、鲁特·费舍等）。这些做法导致左派受孤立，导致思想混乱和涣散，把一部分左派工人推入卡茨集团，对这一集团本应宣布坚决打击；这种做法同时使另一部分工人群众心生怨气，让他们觉得会重新实行导致1923年10月惨祸发生的政策。

7. 共产国际执行委员会1925年9月发出的公开信是正确的。它提醒左派必须改正过去的极左毛病，保持过去所有好的方面，成为党的真正核心。公开信提出的、到现在还没有解决的问题如下：

（1）只有在清除左倾政策和对过去认真检讨之后才能贯彻真正的统一战线策略；

（2）左派倾向于布尔什维主义，但却不是真正的布尔什维主义组织，因此，直到现在，德国共产党内还没有真正的布尔什维主义组织；

（3）左派在反对机会主义者和修正主义者（恩斯特·迈耶尔、布兰德勒、莱比锡党代表大会）这一点上是正确的；

（4）为党的作用而斗争。反对布兰德勒修正列宁的国家理论；**同十月惨祸、这一惨祸发生的原因和结果作斗争。在党的一切基本问题上左派较之右派能够作出较为正确的决定；**

（5）左派在总的路线上的错误在于：容易产生反布尔什维主义的、与共产国际相敌对的情绪，尤其鲜明地表现为在统一战线策略问题上大起大落，特别是在法兰克福党代表大会上，以及在工会问题上；未能及时摆脱德国共产主义工人党分子；党内领导层的不良基础。正是由于既没有把分歧摆到所有党员面前（法兰克福党代表大会），也没有提交共产国际大会和一月全会，以及由于转变来得过迟，左派又继续犯了两个错误：

1）在纠正总统选举时所犯的错误时犯了右倾错误，对中派党的工人不正确地采取了统一战线策略。

2）坚持不放松同右派的斗争导致极左派的影响减弱，致使一部分左派工人疏远领导层。

8. 对目前党的危机当然可以在持续的相对稳定情况下，从总的客观环境、从德国阶级矛盾迅速尖锐化的事实当中找到解释。危机也有党的内部状况的原因，党仍像过去那样对右派和极左派没有信心。中央委员会的路线也使危机加重，中央不去贯彻公开信，而是对左派采取孤立，因此，不得不把领导权交给右派。罗森贝格同志和自己的德国共产主义工人党集团闹僵了，从而滑向了社会民主党阵营，这一情况也丝毫没能使形势发生松动。不去争取极左派工人脱离极左派领袖（这显然是目标），而去争取极左派领袖，结果把极左派工人推得更远。毫无疑问，这种方针只能加深党员对领导层的不信任，以及弱化对非党员群众的影响。

9. 党的内部康复只能通过净化党内气氛，去除明显是个人的因素，以及通过消除最近一次辩论的后果，认真理清政治分歧。只有这样，才能形成马克思列宁主义核心，化解一切派别和集团，选出深受全体党员信任的领导层。这个领导层要有能力确定和执行争取社会民主党工人的方针以及工会工作方针，而不至于失去党的革命性质。只有通过开展广泛的自由辩论才能明辨是非，全体党员都可以以口头或书面形式实际参与辩论，而不至于担心受到组织处理。辩论结束后要召开**集中的党代表大会**，选出有力的、得到大多数信任的领导层，这个领导层要坚定不移地逐渐地把党变成布尔什维主义政党，在思想上反对一切右派和极左派。同时要吸收所有有志于工作的人员加入进来，只要他们在实践中证明已经改正了自己的错误。

10. 摆在党及其现任领导层面前的出路有两条。或者是党走上前面所说的道路，通过明确党的政策、净化党内气氛，以及真正提出公开信所提出的那些问题，使党的新的领导层赢得党的信任,把中央与左派结合成牢固的布尔什维主义核心,以此逐渐化解右派和极左派,并且把重心放在争取极左派工人上;或者是现任领导层继续使用机械的组织方式,最终导致反对一切左派的斗争,并受制于右派及其意识形态、派别和政策。

在后一种情况下,党的危机必然更加严重,左派工人将不得不积极地反对这一政策,并宣布反对右派及其所控制的集团的斗争。

签名者:鲁特·费舍、乌尔班斯、П.马斯洛夫斯基(柏林)、格拉姆科(汉堡共青团员)。"

请允许我针对德国委员会在这里所提交的决议,对这份声明再补充几句话。

布哈林同志在德国委员会说,谁如果同意对形势所作的分析,如果大体上同意策略,那么,他就应该公开支持党的现任领导层,而不应该有任何怀疑。同在委员会一样,我不得不在这里指出,第三次和第四次大会所作出的决定,在两次大会中间举行的执行委员会全会所通过的决议,以及在两次大会后举行的执行委员会扩大全会所通过的关于统一战线和工农政府口号的决议都是正确的,但是,尽管有所有这些如实的分析和正确的策略,统一战线尤其是工人政府政策还是没能正确落实。

正确的决定压根儿不是党的正确政策的前提条件。当然,有人会说,现在,没有任何根据猜测德国共产党内会有某种派别。对此,我反驳如下:不仅是政治路线,而且首先是党内方针是党能否正确完成其所提出的任务的绊脚石。即便在现在的党员同志中,派别还不明显,形式还不尖锐,也不能保证方针会继续执行下去。不论党内方针多么鲜明地反对这一结论。这一方针——德国委员会的决议完全证实了这一点——在其总的路线中反对左派,为党内右派搭设桥梁。党如果继续这一方针,党内新的危机将在所难免。我个人认为,为了防止贯彻这一不正确的方针,直接任务是开展澄清意识形态的斗争,消除这一方针所体现出来的一切右倾危险。这些危险埋藏在党内方针中，不是随便谈谈某一集团在组织上、政治上或道义上的破产，以及用罗森贝格来借尸还魂就能解决掉的，罗森贝格不久就要投入德国社会民主党的怀抱中了。

德国共产党的这种危险由于右倾危险也公然表现在国际其他兄弟党内而变得更加严重。因此，必须使出一切手段来反对凡是有助于加强德国共产党的右派的现象。党内危机也属于这些现象之一，危机导致孤立并消灭整个左派，同时却为右派搭建桥梁。即便右倾危险甚至从表面上看不存在了，它也始终存在于德国的客观困难形势当中。必须从迈耶尔、弗勒利希等人在德国委员会所作的有关他们与中央委员会合作、有关继续合作的要求的各项声明当中，明确地听出，他们不再满足于与中央委员会的合作，他们打算全部吞下这个中央委员会，而绝不改正他们以前所犯下的所有那些右倾错误。（弗勒利希喊道：当然！）如果我们的中央委员会通过孤立左派、通过消灭左派的斗争来助长右派的这些企图，那么，我们就要使出全部力量来防止右派方针重新在德国共产党内大行其道。同志们，这一反对左派的方针由于把所有左派集团完全一刀切而在政治上变本加厉，例如，在关于卡茨的决议中指出一系列异常尖锐的方面。请允许我再对斯大林同志在德国委员会所作的结论提一点意见。他说：我相信博尔迪加同志所说的每一句话，我偶尔也相信肖勒姆同志，尽管他不总说真话，但我从不相信鲁特·费舍同志。看吧，同志们，这种道义上的评价……（布哈林喊道：道义上的？）对，道义上的！它让人感到奇怪，让我们回忆一下列宁同志在俄国和在国际代表大会上的讲话，列宁同志曾经严厉地批评过某些同志，但我无论如何也找不出这种批评和对待敌手的这种方式。同志们，请允许我向斯大林同志提出这点意见。我的看法是——不应该这样来反对政治上的敌手。对政治问题还有一句话要说。有人对我们讲：你们不要拿自己的任何政治路线来对抗中央的路线，不管它是在一次决议、一次全会上的发言，还是在德国委员会中提出来的。很难对一切问题保持这种态度,因为有时甚至在决议中忘记对一系列摆在德国共产党面前的重要问题表述意见。我举几个例子:关于对德国社会民主党的态度问题,和这个问题有关的关于萨克森政府的问题,以及关于德国政府的问题。如果问题实际摆在党面前,我担心……(布劳恩喊道:中央决定!)布劳恩同志,你应该明白,在这些问题上发生了某些分歧,我担心,今后也会发生分歧,而中央会在这些分歧中偏离共产国际的布尔什维主义路线。这些问题很快就要摆在德国共产党面前。我毫不怀疑,在这次全会后至少马上要对其中一个问题进行详细的讨论。最后,我还要说:无论扩大执行委员会作出怎样的决定,我们都会服从纪律,在共产国际和党的战斗行列中贯彻将要在这里决定的一切。

恩格尔(德国):

同志们,对乌尔班斯同志的讲话和提纲我没有什么要补充的。我仅限于宣读以下声明:

"关于党内形势的声明

1. 我不同意德国委员会的决议,但同意季诺维也夫同志的提纲和报告,两者完全相反。
2. 我同意乌尔班斯同志以及其他同志声明中的总的基本路线,但在以下方面表示不同意见:
(1)我仍旧认为我否定公开信的做法是正确的,因为它无异于恢复右派集团的领导,而扩大全会则宣布党内一个方向的反对左派的斗争。此外,公开信还将左派定性为反布尔什维克、反共产党人和共产国际的敌人;
(2)在卡茨事件上,我声明,主要错误在于德国共产党中央委员会,在于中央从根本上坚持不正确的对待有左的情绪的党员的态度。党应该马上争取让和卡茨一起被开除的工人回到党内。党不应该容许革命工人脱离它的队伍；

（3）在就极左派的问题上，我声明，当然在党内存在德国共产主义工人党倾向，但极左派是诚实的共产党员和革命者，他们竭力想使党不再重蹈1923年10月的覆辙，并且不会让自己被开除出党和国际。

3. 我坚决谴责把反对整个左派的政治斗争变为毒害党内空气的人为的放大个人事件。我认为，所有针对个别人的迫害手段都是错误的，因为这会让党走向深渊。

恩格尔
莫斯科，1926年3月13日"

对这份声明我没有什么要补充的。

马斯洛夫斯基（德国）：

在用几句话来谈德国问题决议以前，我要代表乌尔班斯、鲁特·费舍同志和我本人发表以下声明：

"就德国代表团针对克拉拉·蔡特金同志发言的意见

1. 克拉拉·蔡特金同志在扩大全会以及在德国委员会的发言明显反对第五次世界大会及其决定。克拉拉·蔡特金同志在自己的发言的政治部分，坚持了布兰德勒、塔尔海默和瓦尔歇同志对1923年十月事件所持的观点，公开要求把党的领导权交给右派集团。

2. 除此之外，克拉拉·蔡特金同志企图在政治上和道义上败坏德国共产党的整个路线，把政治问题归结为不合时宜的争吵。在这些与公开信的纲领毫不相干的对'鲁特·费舍—马斯洛夫'集团的个人攻击背后，隐藏着对左派的政治仇恨，左派在莱维—蔡特金危机时期曾坚持不懈地反对克拉拉·蔡特金同志及其支持者。为了继续瓦解和分散左派，为了迷惑工人并在他们中间制造混乱，进而为右派领导层进入党内铺垫道路，克拉拉·蔡特金同志采取了在任何一次党组织会议上都史无前例的斗争方式。

3. 德国代表团在否定克拉拉·蔡特金同志所下的政治结论时，同时应该和她对鲁特·费舍—马斯洛夫集团采取的这种斗争方式划清界限。代表团否定结论却肯定论据的做法使得立场变得不坚定和不明确，从而间接地有利于克拉拉·蔡特金同志的政治意图。

保尔·马斯洛夫斯基"

我发表这一声明不仅代表上述同志，而且还代表（有人在台下喊：卡茨？）老左派积极分子和老左派德国共产党党员，尤其是柏林党组织……

雷梅尔（在台下喊）：

再过一个月你就赶上卡茨了。

马斯洛夫斯基（德国）：

代表那些在最困难的时期同马斯洛夫和鲁特·费舍一起领导柏林党组织的同志。

保尔·弗勒利希（在台下喊）：

他们把组织搞垮了！

马斯洛夫斯基（德国）：

不，他们把党从你们手中救了下来！

同志们，如果把德国代表团就克拉拉·蔡特金同志发言的意见同就德国问题决议的语气加以比较，就会很清楚决议对右派集团的亲热态度。就委员会针对季诺维也夫同志的提纲——这个提纲为极左派和左派工人搭建桥梁，以便把他们争取到党和国际一边来——我根据自己，尤其是最近以来的亲身经验表示担心，德国共产党再这样继续辩论下去的话，中央会不会毁掉这座联系的桥梁。德国问题的决议部分证实了我的担心。

在这份决议中讲了什么呢？界限多么不清晰，对右派的立场多么不明确！看样子不想看见他们！相反，对左派的斗争却加强了。

对乌尔班斯同志的话我没有什么要补充的，我同意乌尔班斯同志的观点并表示，我将一如既往地按照在这里作出的决定工作，在回去以后将像在来莫斯科以前一样斗争和工作。

恩斯特·迈耶尔（德国）：

同志们！首先，我要代表自己和我的政治伙伴们赞同就德国问题所提交的决议。

有的同志在听完肖勒姆和乌尔班斯同志的分析以后笑了。在他们的发言中确实有可笑的成分，而我却感受到另一种情绪，我为德国党内这些在此时此刻讲这种话，丝毫没有从党的过去尤其是最近经验中学到任何东西的同志感到羞耻。这些同志自己承认，他们的政策遭到彻底失败和完全破产，却还想着要教训其他同志，教导别人如何在德国决议所提供的方案以外最佳地化解德国党内的危机。但最令人奇怪的是，在这几年来把握党的政治方针的鲁特·费舍同志没有亲自出马，而是假别人之手。

比起在这里阐述左派反对派观点的同志来说，德国工人和德国党内同志在政治上更加成熟、更加睿智和更加老道。听到最后一位同志讲到有些人在败坏左派反对派的名誉，我想对此回答说：没有人能够比刚才这四位演说家更加败坏左派的名誉。

现在，我来谈谈布哈林同志说过的话。他指出，在德国委员会内我和大多数人有一点不同。为避免误会，我必须讲以下的话。我同意决议中对所经历的危机的描述，我只想突出一下相对稳定的事实，布哈林同志却说，关于这一点在其他提纲中已经强调过了。我则建议在这里重新强调相对稳定的事实。这对于今后得出政治结论、对于继续采取统一战线策略都十分重要。尽管在德国提纲中有这些结论，但我却认为描述形势来论证这一策略更加合理。这一想法压根儿不证明在政治结论上存在分歧。

对那些从前的反对派——所谓的"右派同志"呼吁说，要继续向中央靠拢。对此，我们在委员会指出，到现在为止也没有告诉我们具体怎样靠拢。季诺维也夫同志指出，所谓的右派过于爱表示。说我们应该忏悔现在的错误，但这些错误又在哪里呢？反右派反得不够？我不知道，谁反右派更有力：是在舍恩兰克那件事上表决同意开除的我们，还是投弃权票的肖勒姆，或者是投反对票的施万？到现在为止，也没有给我举出一个具体的例子，证明我们在反右派的斗争中甘拜下风。有时，我会觉得，有人需要右派，人为地想要把我们刻画成右派，以为这样能够更有效地反对左派和极左派。我们则不这样看。一边说"右派"，而另一边是我们和中央携手并进，这会让人觉得党变右了。

肖勒姆同志和他的朋友们在这里发言时要求加强反对布兰德勒同志。

我们不止一次承认以前的错误，并小心提防不再重犯这些错误。难道肖勒姆和乌尔班斯同志能有效地预防过去和将来的错误吗？难道靠他们在这里阐述的观点能有效地预防机会主义和右倾危险吗？不，不能。他们想争取恢复往日的场景，想拥有从前的左派并尽可能地在此场景中让这一左派重演右派过去的错误。听到我们平和地、丝毫不夸大某一方面地表示不会重犯错误（因为党内全体同志已经有所领悟，不会帮助左派重新开场来反对右派），他们不禁感到恼怒和失望。我们坚决反对使斗争带有个人性质。任何不正确的政治方式都要反对，任何重新显现的危险都要克服。但不要给自己扎幌子，喊："狼，狼"，把党拖回到10月以前。

再来略微谈谈中央以及我们与中央的关系。同志们提出要更加向中央靠拢。我们愿意靠拢并请求中央不仅在柏林（我们不认为在中央本身内的合作有多么巨大的意义），而且在地方吸引我们的朋友们参加实际工作，步伐要迈得比现在更大。我们能够向中央和共产国际靠拢，如果让我们有机会在实际工作中反对右倾危险死灰复燃；我们将乐于在不久以前持极左派立场的同志们面前，同他们昔日的朋友、现在仍在极左派阵营的人进行斗争。

这种合作在最近半年以来成为事实，我们希望这种合作能变得更紧密些。这不仅是为了我们的利益。这其中并没有任何特殊的要求，像这里有人错误地所说的那样；有人大胆传言，说弗勒利希同志在德国委员会讲道，我们打算一口吞下中央，必须接受我们的全部条件。我对此感到惊讶。一切都是谎言。我们一再表示无条件地支持中央执行共产国际路线。如果我们争取更加紧密地合作，那也是为了党的利益。对我们心存顾忌这一点妨碍了党的工作，尤其在个别地方党组织把那些愿意在实际领域为共产国际工作的人拒之门外。正因为如此，我们争取公开承认已经存在的合作事实，就是为了消除最后的偏见，消灭阻碍我们和大多数党员同志的人为的障碍。我们根本不是想要复辟不可能复辟的东西，我们认为复辟它也是不对的。

我们努力在现有的客观有利的形势下，发挥党内的一切现存力量，争取更大的成就。

为此，我们投票赞成决议，尽管不能同意涉及我们的某些表述，我在上面已经说过这一点。

汉森（挪威）：

同志们！请大家注意，我不是以挪威代表团的名义，而是以我个人的名义发言反对决议。

在扩大全会的捷克决议中讲道：

"这里的右派也像许多其他国家的右派一样，企图利用给德国共产党的《公开信》去达到自己的派别目的"。

就在这几天，挪威国内的取消派在右派领导人的支持下公开讲话。右派领导人和中央机关不仅不对取消主义予以回击，反而利用德国问题来玩弄派系把戏，他们的目的是加强右派。在我看来，针对德国问题作出的决定不仅对斯堪的纳维亚国家，而且对共产国际各支部都具有毁灭性的后果。

我反对决议，不是因为在决议中把鲁特·费舍同志提出的党的路线说成是反布尔什维主义的。最近以来，在一些重大的、根本的布尔什维主义问题上不止一次把共产国际领袖与孟什维克苏汉诺夫相提并论；但同时却没有把他们开除出党的领导层和共产国际。我们已经习惯于在任何合适的场合下玩弄"反布尔什维主义"和"反共产主义"这两个术语；人们想借此使党正常化。我投票反对决议，不是因为我在根本上同决议中有关极左派和鲁特·费舍—马斯洛夫集团的说法有分歧。公开信之后，我从没有在任何地方赞同过费舍集团在德国所执行的政策；相反，我在挪威通过了一项直接反对这一政策的决议，并在报刊上捍卫这项决议。我对决议投反对票，是因为在决议中没有对德国的右倾危险给予必要的指明。德国问题在扩大全会上引起轩然大波很有代表性。只在鲁特·费舍那里，而没有在任何一位右派、第五次大会的修正主义者那里"找到"这些信，只在鲁特·费舍那里找到了。

罗森贝格（在台下喊）：

真倒霉！

汉森（挪威）：

接下来，我想指出，就在两个月前，在12月末和1月初，在对派别的打击战略上出现了某种转折。有人——而且相当有权威——已经谈到，必须把火力瞄准左派。法国的右派可没那么走运：他们太为所欲为了，以至于不得不稍稍改变战略。人们开始谈论法国的右派和德国的左派，反对挪威、捷克斯洛伐克、罗马尼亚等国的各种取消派的斗争被推到后台，反对右派势力加强的其他各种现象的斗争也被推到后台。

在辩论中呈现出对右派和左派倾向分量的截然相反的意见；有人故意把事情说成是，在国际范围内，目前打击左派要比打击右派严厉。如果时间允许的话，我准备用一系列例子来说明这种情况，我在斯堪的纳维亚委员会已经这样做了。有代表性的是，有那么多发言者反对诺伊拉特同志，尽管他强调必须在共产国际多数支部内对右倾危险给予概括性说明。"我们主要在同右派的斗争中能够战胜社会民主主义遗留下来的幻影"。我完全赞同诺伊拉特同志对共产国际形势和我们所面临的危险作出的评价，我相信，形势的最新发展将证实这种看法是正确的。有人说，在德国，应当反对极左派，而不应当对右派夸夸其谈，据说，当前形势如此。但是，要知道，我们的决定不是为这两个月作的，而是为更长的一段时间作的。布哈林同志说，"极左派四分五裂，很快将要灭亡"，为了党把罗森贝格同志保住，作了各种调动，总之，必须主要集中打击左派危险，而对右派则可以睁一只眼闭一只眼，对付一下就行了。这哪里是前后一致？这哪里有什么逻辑？在扩大全会上所进行的辩论，阐释法国等问题的方式与阐释德国问题方式的不同，这些都表明，有许多同志认为，右派和取消派在最近会干扰集中火力瞄准左派。如果说扩大全会的这一支部会取得积极的成果，那么，从根本上，我们要为此感谢最近所上演的可以说相当"出人意料"的事件。我完全明白，我所坚持的立场只会恶化我在挪威的处境，那里的人们将乐于抓住"汉森事件"来实行孤立策略等等；这一点我看得很清楚，就像看右派的讲话一样，他们把自己的观点隐藏起来，却在私人谈话中暴露了修正主义倾向。这一切我都相当清楚，并将全神贯注于今后的发展。我之所以坚持自己的立场，主要是因为我确信，这种阐述问题和解决德国问题的方式的政治后果将导致右派势力在共产国际加强。

我的立场在关于表决动机的简短声明中得以表明：

"我注意到，就德国问题决议指出了错误的前景，决议没有对未来一段时间的右倾危险给予必要的考虑，这可能带来使共产国际各支部右派势力加强的政治后果，因此，我**投票反对**所提交的决议。

我保留在附在记录后面的声明中更加详细地阐述自己观点的权利。

阿尔维德·汉森
莫斯科，1926 年 3 月 14 日"

布伦克勒（德国）：

同志们！有一位共青团员在乌尔班斯、鲁特·费舍等同志的声明上签了名。德国共青团代表团委托我在这里发表一份声明，以便大家了解共青团在德国共产党的政治问题上所持的立场：

"1. 德国共青团早在柏林党代表大会上就是第一个，并且是唯一一个支持共产国际观点的组织。

2. 德国共青团紧跟共产国际和党中央的路线。

3. 共青团几个月前出现的反对派已被取消。在德国共青团哈雷代表大会上（1925 年 10 月）六分之五的代表团成员赞成中央的路线。在这次共青团代表大会后，当时还在反对派地区（汉堡、福格特兰矿山）的委员会就在自己的决议中承认在德国共青团代表大会上的发言有错误。

目前，在德国共青团中没有稍微有些分量的反对派。

4. 在鲁特·费舍和乌尔班斯同志声明上签名的格拉姆科同志不是受汉堡或其他共青团组织委托行动的，而只是以个人名义行动的。格拉姆科同志不是汉堡共青团组织的代表，而是受青年共产国际执行委员会的邀请，作为在最近一次德国共青团代表大会上的反对派成员，以有发言权的代表身份加入代表团的。"

同志们，我发表这份声明，以便阐明德国共青团在中央路线问题上的立场。

罗森贝格（德国）：

决议中所描述的德国共产党过去的情景，在某些方面，并且是在一些相当重要的方面，与康拉德同志和我在过去以及现在的看法有出入，但我们两人都确信，决议所阐明的政治路线是正确的，无论是就党在反对资本主义斗争中的任务，还是就党内方针而言都是如此。

因此，我在使用自己的表决权时对决议投了赞成票，康拉德同志也是这样做的。

请允许我再补充几句话，是关于我们在12点钟从鲁特·费舍和乌尔班斯同志那里收到的政治纲领，这大大出乎我们的意料；我不想分析个人问题，也不想咬文嚼字地来确认这份纲领和找到的信中的著名纲领的相似程度。

我想对乌尔班斯同志说：不要轻率地谈论政治僵尸，否则会和某个马斯洛夫一起引来百年战争。

关于纲领，首先应当指出，如果从中去掉一些有现实性的部分，那么，它从根本上讲属于1922年。但是，即便那些在当时是正确的东西到了现在,在德国无产阶级经历了那么多事情以后,也已经变得不正确了。谁也不想否定德国左派的历史作为以及他们在1921—1924年间的功绩。左派在1925年惨遭失败,从根本上讲是因为鲁特·费舍和马斯洛夫同志所宣扬的"人民联盟"理论。这具尸体确实没能通过电击活过来。目前,德国的形势是:众多德国无产阶级,无论是做满全天、做不满全天的人和失业者,都渴望实际的政策。他们通过最近几年的经验明白,只有广泛采取统一战线策略,才能真正对抗德国资本的铁的战线。绝大多数德国无产阶级提出这种实际目标,无论什么样的派别鬼影都不能使他们改变方向。那些企图把老一套的派别盔甲从武器库里拖出来重见天日的人,很快将要遭受最惨痛的失败。在我看来,这里提出的决议对德国无产阶级的异常严峻的斗争很有好处。党员积极分子在党员群众和德国全体无产阶级面前所担负的责任指示他们把党的全部力量集中在一起进行有效斗争和确定党的统一。因此,我坚信,绝大多数的德国共产党党员会赞同这种实际工作,对一切派别伎俩(更不用说卡茨了)予以最坚决最无情的打击。那些企图在工人集会上回避现实问题,只对1921年和1923年的话题夸夸其谈的人,必将遭受应有的惨败。尽管有一些五花八门的辩论以及某些兄弟党的党员提出的令人诧异的批评,我却坚信,德国共产党党内的情况不会如此花哨和别出心裁。德国的劳动人民在过去的经验中学会了很多东西,明白什么是需要的、什么是不需要的。我坚信,德国共产党的绝大多数党员会义无反顾地跟党走,坚决打击各种狡猾伎俩。

鲁特·费舍(德国):

同志们!我想略微来谈一下关于德国的问题。在乌尔班斯同志代表几位同志发表的提纲和宣言中,已经明确阐明了我们就所提交的决议的政治方面想要说的一切。我再来谈一下关于德国问题决议中所包含的政治路线问题。这份决议在结构上只字不提政治任务，对德国的迫切问题一笔带过，只谈及原本毋庸置疑的关于争取群众的必要性，而这样做的目的是把全部力量集中在党内问题上，殊不知，这种形式只会加重德国党内的危机。谁也不会否认，当前形势对我们有利，当前形势大大好于道威斯计划实行初期，现在，我们确实有可能将广大群众争取到自己一边。然而，既没有讨论这些问题，也没有将这方面的某些分歧诉诸解决；如果说有分歧的话，那就是迈耶尔同志所说的"强调"，他尽管小心翼翼地，但却提到了关于稳定的问题，并且每个人都清楚，他的分析有别于决议所作的分析。关于必须集中力量争取社会民主党工人的问题也原本毋庸置疑，然而却把这些问题拿来讨论，从而忽略了因统一战线策略问题而出现的其他现实问题，这其实就是在兜圈子。必须具体地提出关于**在普鲁士、萨克森、柏林市议会和工会工作中**采取统一战线策略的问题，就整个策略的**全部政策并结合**关于无偿没收的全民公决问题。这里还包括失业问题、半失业问题和关闭企业等问题。党在经历过去沉重的极左派和右派狂热发作后必须找到**正确的路线**。决议避开这些具体的问题不谈，它描绘出一幅**泛泛的情景**，以便把火力集中在左派身上。

第二点是关于党内形势的问题。只有小孩子才会相信，可以靠关于德国问题的决议来化解党内危机。这份决议没有包含公开信的纲领：公开信承认左派是核心，党内一切都应该围绕在它周围。这份决议与公开信相悖：它继续把右派和左派混为一谈。

这份决议只会加重党内危机。迈耶尔同志和其他同志在这里所作的声明只会更加加重党内危机，在这些声明中指出，似乎反对取消右派的路线在党内是不正确的。这些问题对今后的领导具有决定性意义，但却还没有解决。我们不敢于解决这些问题，尤其在此刻，我们不应该在这些问题上兜圈子。迈耶尔同志企图隐瞒1923年10月无用功的举动证明了思想上的深刻失败。

我们参加了德国委员会，听到迈耶尔同志说，争论关于1923年10月的问题不值一提，最好是对现实问题进行争论。他说这番话是征得中央同意的，这意味着中央没有思想基础。

决议没有对这两个决定性的问题加以阐明，却用了大量篇幅疾言厉色地声讨左派和极左派。但即便如此，除了台尔曼同志提议的对极左派工人进行"换血"以外，没有提出任何别的与极左派进行斗争的方式。

我们认为，把社会民主党工人群众争取到共产党一边来的必要前提是，党要争取极左派工人，使他们认识到必须摒弃最近几年的德国共产主义工人党倾向，但我们压根儿不赞同"换血"，即便因此损失的只是几百名工人，但正是这些工人具有决定性意义，决定了我们党的自身性质。

就决议而言，我想说的就是这些。必须要回答问题，而不是兜圈子，用一些必须"争取群众"的话来搪塞，这种必要性没有人反对。最后，说几句个人的意见。我再重复一次，除非把在座的人当成小孩子，否则没有人会认为党应该把全部火力对准鲁特·费舍，就因为她一气之下在信里对一些中央委员发了脾气。我真想把其他曾经处在像我在莫斯科这种情况下的同志写的信摆在这张桌子上。这个理由站不住脚。

同志们，有人指责我不忠于共产国际，等等。我直接说：我签署公开信时是因为在内心里相信（怀着坚实的憧憬），认为靠共产国际的策略干预，能够纠正极左倾向而**不动摇党的根基**。但德国中央委员会却没有按共产国际的精神贯彻公开信，它使公开信完全或一半成为马上被右派抓在手中的武器。我问心无愧：**将来会证明，谁是共产国际的忠实战士，而谁不是。**

雷梅尔（德国）：

同志们！尽管鲁特·费舍同志在三封长篇大论的书面声明中展开了

自己的纲领,但我却不打算再去谈德国委员会在许多天里已经讨论清楚的问题。鲁特·费舍同志说,中央委员会没有根基,没有能力去同威胁德国共产党的右倾危险作斗争。

听完鲁特·费舍同志的发言后,不管是她第一次长篇纲领性发言,还是非纲领性发言,以及在委员会讲述错误、缺点和祖护右倾危险的把戏的发言,你会不由自主地感到吃惊,因为有人告诉我们说,中央委员会的全部政策都是错误,但同时又断定,德国中央委员会依然能够对右倾危险予以打击。如果不是这样一个积累了丰富革命经验的政党,倒还可以明白,党陷于右倾危险当中,但有着丰富经验的德国共产党员应该能够避免右倾危险。鲁特·费舍同志一而再、再而三地推出自己,强调说,既然德国没有她,德国中央委员会不由她来领导,那么,这些危险将不可避免。

我们不想美化事实,而是有什么说什么。在公开信发表之后,鲁特·费舍同志仍然有机会在德国共产党内工作,但不管在委员会里还是在全会上都无可辩驳的是,鲁特·费舍同志虽然签署了公开信,却在德国尽一切所能地挑动同志们反对中央委员会和共产国际。这以后,鲁特·费舍同志获得机会继续在中央委员会工作。在讨论任何实际工作时,她自己也说这些工作很有必要,但在中央就每项实际的议案表决时,她不是投弃权票,就是投反对票,目的只有一个,那就是每次提出一个特别的、没有坚实的政治基础的纲领。鲁特·费舍同志指出,目前中央和党所执行的政策是正确的。她对此没有任何异议。但尽管如此,她还是把问题说成是似乎党的政策会使党陷入难堪的境地。在扩大全会的讲台上不应该如此自相矛盾。

促使我在这里发言的其实不是鲁特·费舍同志的讲话。在我看来,她不值得让别人为她废话。促使我发言的另有其人,这个人暴露出整个共产国际都面临的危险,他的讲话同德国问题,也就是同鲁特·费舍集团问题有密切联系。汉森同志像鲁特·费舍一样，认为有义务保护共产国际，使它不致陷入"右倾泥潭"。从这件事可以清楚地看到，鲁特·费舍集团不仅在德国范围内有，而且还扩展到国际范围。正因为如此，许多天来，在德国委员会讨论德国问题之后，在这里还要涉及这个问题。在每一次扩大全会上，在每一次共产国际主席团讨论这种问题时，都会让人觉得，无论对布尔什维主义路线的右倾还是极左倾偏离，都具有国际性质。这还不算危险，危险在于企图建立该集团的国际联络，在各个国家联合起来用一种新的路线来对抗布尔什维主义路线。

同志们，汉森同志在这里讲这番话并非空穴来风。

汉森同志试图把德国共产党的问题同挪威共产党的问题联系起来，并且做得相当巧妙，以至于不得不来谈几个问题。汉森同志的问题不仅仅是挪威的问题。试问，有谁赋予汉森同志权利来打击右倾危险？我在这里指出一个事实。汉森同志向挪威工人党，向特兰美尔的党发出公开信，他在信中建议，在公开选举中撤销共产党的代表，并提出一系列明确要求。我想问大会的是，汉森同志是否有权同右倾危险作斗争？

接下来是马斯洛夫的问题，他在共产国际执行委员会回答完这个问题之后，并且在主席团已经作出判断之后，在信中描述了自己就这个问题的独立观点。他指责主席团，也就是共产国际执行委员会，说它的判断遵循的不是法律标准，而完全是特定的政治方式。汉森同志在挪威委员会讨论这个问题时也是这样说的。

同志们，如此易受机会主义动摇的人是不能够与右倾危险作斗争的。

我想说：共产国际正面临一个需要严阵以待的问题。我想清楚地指给汉森看，这条道路通向哪里：在这方面，德国有着太丰富的经验。大家都知道，鲁特·费舍—马斯洛夫在德国试图以西欧布尔什维主义来对抗共产主义，而到处游说这种形式的人就是卡茨。他周游各国，想把他的西欧布尔什维主义付诸实现。卡茨倒向哪里，整个共产国际都非常清楚。

在从党内被开除很长一段时间以前，卡茨及其在鲁特·费舍—马斯洛夫集团身上体现出来的"西欧布尔什维主义"就公然背叛了党。德国有一份由普费姆费尔特出版的反布尔什维主义机关报，名字叫《行动》；卡茨为这份机关报撰稿，刊登了一些剽窃来的反对党和共产国际的下流东西。

以某种西欧路线来对抗共产国际布尔什维主义路线的趋势发展下去就是这样。我们清楚地看到，这条道路通向哪里，一切企图借助西欧共产主义使共产党尤其是德国共产党过上好日子的做法都会遭到我们最严厉的反击。

弗格森（英国）：

有关德国共产党和德国危机的问题非常重要，其严肃性值得在座的全体同志予以格外关注。

我听了鲁特·费舍和乌尔班斯同志的发言，坦白说，在我看来，在他们的活动中重要的不是有两本账等等，而是在我们面前暴露出新的派别斗争的萌芽，而这种斗争会破坏和搞垮群众工作，导致德国共产党的分裂，使党所取得的一切成绩化为乌有。鲁特·费舍同志说，中央委员会在政治上破产了，而后又说，向全会提交的决议与公开信相矛盾，没有解决德国的现实问题。我认为，我们有权向费舍同志发问，她是否觉得这份决议符合右派的利益，她和她的团伙的其他成员回到德国，是否是为了借题发挥，重新挑起派别斗争，从而破坏德国共产党的统一？我认为，这个问题非常重要，因为在眼下，关键是要节约精力，把精力都用在支持现在的中央委员会及其工作上。费舍和乌尔班斯同志以前的发言都毫无政治分析和政治综合，现在的发言也是如此。费舍同志抱怨台尔曼同志，抱怨现在的中央独裁。有些同志在1923年也是这样做的。他们的发言满是一些针对党内方针的牢骚和抱怨，只字不提问题、路线和德国共产党中央委员会所面临的政治任务。我们已经厌烦了去破解过去的谜题：布兰德勒在1923年做了哪些事情？鲁特·费舍一贯用这个问题来遮挡，以便隐瞒她在1923—1924年没有做的事情。我想说，同志们，如此一再地刨1923年政治的老底，这只是一个借口。我们从千里之外来到这里，是为了讨论政治问题，而不是为了争议党内方针。我们中的大多数人未必对德国共产党的内部方针有很多了解。我们应该讨论政治问题，并且应该在决议的基础上作出评断，就像所有的共产党员所做的那样，我们看到，费舍、乌尔班斯和其他极左派同志在政治上不过是孩童而已。

他们没有为工会运动的国际团结做任何工作。我们有权希望得到德国同志们的支持。如果德国共产党坚定地支持俄国和英国工会争取统一的斗争，我们就会在阿姆斯特丹领导集团中注入健康的力量，从上到下一网打尽反动官僚。

即便在组织失业者和动员社会民主党工人这些问题上也无所作为；有的只是一些内讧和争斗，妨碍了德国共产党取得应有的影响。

全会要搞清楚，这些同志在决议通过后是否能尽心竭力地工作，支持中央委员会贯彻这一决议。

肖勒姆同志的长篇大论什么也没有证明，鲁特·费舍同志什么也没说，乌尔班斯同志通常是把别人想的说出来，他说："我要回到德国，目的是再次把这个问题全部提出来"。我认为，早就不该再顺着这些同志了。这个问题很重要，因为，现在德国的形势是，我们必须把全部精力放在支持现在的中央委员会上。肖勒姆—费舍—乌尔班斯团伙竭尽全力削弱党的威信，诋毁政治路线，诋毁共产国际的成就和斗争，对他们应当从严处理。

我认为，我们必须毫无保留地支持提交全会的决议，对那些不愿意支持这一决议，不愿意尽心竭力地工作和不愿意毫无保留地贯彻决议的同志应当采取严厉措施。

朗塞特（挪威）：

我代表挪威代表团对汉森同志的发言作一简短声明：

汉森同志在这里表现得像个冲动的小伙子，拍着胸脯大喊大叫："我也要加入这伙人，也想要分得荣誉"。雷梅尔同志把这份荣誉分给了他。我以后不会再扩大这件事了。费舍同志和汉森同志都在国际范围内察觉到一种普遍的右倾危险，这个右倾机会主义的庞然大物已失去控制，肆无忌惮，制造祸端，却没有受到共产国际的反击。汉森同志肯定地说，挪威中央委员会同样对发生在挪威的这种危险无能为力。然而，共产国际却有着打击右倾危险的传统，并且根据最近的通报和记录来看，斯堪的纳委员会可以确信，我们的中央委员会能够打击右倾和极左倾危险；我可以请扩大全会相信，在这个问题上没有什么可担心的。汉森同志在这里的发言说明了什么问题，同志们可能在得知以下情况后就会明白：挪威中央委员会也发生过类似于卡茨事件那样的叛乱，斯堪的纳委员会将整个这一事件的责任归结于汉森同志和他所执行的政策上。我想说的是，汉森同志没有权利一厢情愿地扮演法官的角色。

我代表授权我发言的挪威代表团必须声明，代表团全体成员投票赞成就德国问题提交的决议，汉森同志前面所说的一切内容都只是以他个人的名义进行的。

多里奥（法国）：

今天晚上，我们目睹了一场国际极左派的演习，许多演讲者都登台亮相。肖勒姆同志说，极左派遭遇了政治上的失败，并强调了这一失败的政治意义。确实是这样,但我们今天看到,他把枪口对准了另一个方向,同费舍结成了统一战线;汉森和博尔迪加同志也站在他们一边,就差多姆斯基同志了。不得不承认,极左派很容易抱成团,甚至比过去更容易。搞秘密外交是没有用处的,应该承认,我们正在遇到一次明确的成立极左派国际的企图。这不是头一次了。鲁特·费舍同志曾经有一次派代表来法国成立极左派。她的企图没有得逞。如果今天鲁特·费舍同志不承认派代表这件事以及她确实有这种意图,那我们有理由让她的狡辩落空。成立极左派国际的企图并没有某种明确的政治纲领;这种纲领只是反对右倾危险以及共产国际貌似右倾的方针。我想向鲁特·费舍同志透露一个小情报。法国右派和共产国际之间相距甚远,洛里欧—苏瓦林和共产国际执行委员会之间距离很远。扩大全会表明,共产国际帮助我们粉碎了法国的右派,向我们显示出打击右派的无限可能。我们力图打击右派,但要根据列宁主义,根据第五次世界大会来进行打击。根本不可能根据马斯洛夫的教条,根据西欧列宁主义来打击右派。鲁特·费舍同志的肺腑之言今天没有唤起我们的同情。鲁特·费舍同志因为她的拉帮结派的鲁特·费舍政策而脱离了群众。她已经失去了德国工人群众的信任。所以她才徒劳地求告于执行委员会委员。我向大家举一个例子,说明鲁特·费舍同志的政治错误不仅影响到德国:法国最近一次的公社选举正好和德国的总统选举同时进行。德国中央委员会当时所实行的拒绝结成统一战线的政策严重地影响到法国共产党的政策。我不想辩驳说法国共产党没有犯错误,但德国共产党在总统选举上的表现确实产生了影响。我们声明,不接受鲁特·费舍同志所有充满激情的演说,对她企图夺回对党的领导权的一切做法予以打击。她在这里把自己扮演成国际的拯救者,我们要在这里对她说,我们不需要这样的拯救者。她不是在拯救国际,而是在使它灭亡。极左派应当被铲除和消灭,对法国右派也应当如此。我们需要国际有一个列宁主义核心,对极左派和右派予以同样的打击。

主席格施克：

请汉森同志发表个人讲话。

汉森（挪威）：

我想就雷梅尔同志在这里所说的话指出，他只字未提取消派和他们在挪威共产党内的右派帮手，尽管这些人在特兰美尔办的报刊上恰恰提出要解散党，而又尽管雷梅尔同志恰恰是打击右倾危险的"应有"人选。然后，我要指出的是，关于在奥斯陆公社选举中的策略问题的决定是在首都全体党员大会上除四人反对外以全票通过的，并且经政治局一致批准的。奥斯陆党委员会的公开信受到特兰美尔的坚决反击。

我坚决抗议雷梅尔同志把我和卡茨相提并论。我和卡茨的距离正如季诺维也夫同志和苏汉诺夫的距离。

针对朗塞特同志的发言，我想指出，他所说的斯堪的纳维亚委员会将类似卡茨叛乱的企图栽赃到我头上是**一派胡言**，每位了解斯堪的纳维亚委员会决议和材料的人都会确信这一点。

主席格施克：

雷梅尔同志还要发言。

雷梅尔（德国）：

汉森同志不想不发言就走，可他的发言实际上什么也没说。我觉得，汉森同志搞错了场合。其实没有必要把挪威问题同德国问题搅在一起。在他发言之后我向他提了一系列专门问题。汉森同志非常清楚，我和委员会的其他成员一样，声讨挪威共产党内的右派和取消派的企图，如果汉森同志还胆敢在这里说，我没有反对这些派别的话，那么，他自己也不相信他在说什么。

汉森（在台下喊）：
　　但不是在全会上。

雷梅尔（德国）：
　　我不在这里讲，是因为我们不是在讨论汉森和挪威问题。
　　汉森同志后来还说，我把他和卡茨相比较。这种情况在党的历史上有很多。所有走上这条道路的人无疑会冒着走到从前卡茨同志地步的危险。汉森同志也会冒这一危险。这就是我所要说的。如果汉森同志想要悬崖勒马，是该好好考虑考虑他所走的这条道路了。

　　（会议休会）

第二十次会议

（1926年3月15日）

主席：格施克

继续讨论德国问题

埃尔科利（意大利）：

我请求发言只是为了说明表决的理由，可是，德国问题的争论已经到了必须更加详尽解释的时候了。在这里，有人利用关于德国问题的决议反对扩大全会的整个一般政治路线。必须给这个反对派以极其明确的回答。

首先，在讨论季诺维也夫同志的提纲时所确定的基本政治路线同德国问题决议中贯彻的那条路线之间有无矛盾？绝对没有那种矛盾。这就是为什么我们感到极为诧异的原因，我们要说明，一些同志在一般性政治讨论中并没有反对全会拟定的路线，甚至当时根本就未曾发过言，现在，他们却利用德国问题的讨论来从根本上进行反对。

在我们业已讨论过的季诺维也夫同志的提纲中，对威胁着共产国际的来自右的方面和左的方面的危险作了总的估计，同时也指出了同这些危险进行斗争的方法。提纲中指出：在德国，来自极左派方面的危险特别严重。来自右的方面的危险，我们主要是指法国，我们应当与其坚决地进行斗争。可见，关于背离共产国际路线的问题曾经提得十分具体和明确。在讨论总政策问题时，我们谁也没有对问题的那种提法提出异议。而现在，当这一提纲必须贯彻执行的时候，却出现了反对派。须知，一方面完全支持某一政治路线，而同时又反对在实际中去贯彻它，这是荒诞的。

同来自右的方面和来自左的方面的危险进行的斗争问题，正如汉森同志在这个问题上所说的，完全不符合一般性政治讨论中我们通过的原则，汉森同志认为这些危险是纯粹抽象的，因此他提出了完全抽象的斗争方法。他竭力给我们描绘来自右的方面的危险，但是，他却把来自右的方面的危险说成是某种无定形的和公式化的东西。他给我们指出的不是来自右的方面的危险，而只是**它的幽灵**，以期证明我们的决议是错误的。但是，在这些决议中，我们恰恰是反对对各种倾向作诸如此类抽象的描述的。任何一种倾向都应联系国际和国家范围内的客观情况去考虑。只有在这种分析的基础上，我们才能够确定当前哪种危险在国际范围或在个别国家范围是最严重的，以及用哪种方法与其作斗争才是最行之有效的。在讨论主要报告时，我们也作了这种分析，因此，在我们通过的提纲中十分清楚地得出了结论。我们照例指出过，在我们党必须不遗余力地联系群众的时期，来自左的危险可能妨碍我们基本政治任务的完成，并且可能给我们争取工人阶级的大多数的斗争造成困难。我们也同样不是抽象地，而是十分具体地提出了（没有留下任何可乘之机），并且解决了对待右的倾向的态度问题。我们在提纲中强调了在法国党内来自右的方面的危险特别大，并且我们在法国问题的决议中也指出了同这些危险作斗争的方法。我们的扩大全会在这一问题上继续执行共产国际历次大会的路线。我们总是力求不去大肆宣扬右的和左的危险的空洞的幽灵，而是具体地和现实地联系客观的形势及其向我们提出的那些任务，去观察和分析我们的错误和倾向。我认为，离开马克思主义这条唯一可行道路，而去拥护汉森同志强加给我们的那种观点，则是荒诞的。

某些对汉森同志的发言有反应的人指出了在国际范围内左的派别有联合起来的危险。对这一点无需看得如此悲观。我们注意到,现在,极左派集团中间有一种解体而不是联合的趋势。极左派已拿不出任何可以同我们相抗衡的思想纲领了。恰恰是利用争论个别问题时提出一般问题的这种方法,正是左派同志们采用的这种方法,证明他们没有一条统一的政治路线。如果他们有这样的路线,那么,他们早就应当在讨论主要报告时提出来了,而不是现在。值得注意的是,极左派中间只有一个同志有一般路线,他在这里为这条路线辩护过,甚至在极左派中间他也显得很孤立。也许这正说明为什么他声明的调子越来越忧郁,越来越惶恐不安。博尔迪加同志意识到自己很孤立。也许,正是因为这样,他才在对待争论中发言的极左派的其他同志采取了不十分明确的立场。他虽然在这里声明过,他不能在理论上和原则上苟同他们的观点,其实,他并不想切断自己同他们联合的道路。那些能够组织起来反对共产国际的国际派别组织的极左派分子在哪里呢?直言不讳地说:在我们面前的只是一些可怜的派别集团的残余,只是一些耍手腕的政客,他们不善于完成本国历史情况赋予他们的任务,他们不善于在共产国际的旗帜之下把本国工人阶级的先锋队吸引到**布尔什维克**党的队伍中来。

但是,正因为这样,同志们,我们才应当尽最大的努力同企图破坏我们各项决定威信的类似行为进行斗争;我们各项决定的威信不可能由于个别人的不满而遭到损害。他们并不公开反对我们,但是却竭力向我们的队伍发难,竭力制造一种假象,似乎共产国际打算放弃马克思主义和列宁主义的基础,而共产国际是建立在这一基础之上的,历次代表大会都未曾背弃过这一基础。

我们的扩大全会已经确定了我们各支部的工作在最近将来的发展中要遵循的路线。这条路线是正确的。我们应当在每一个国家里发展为群众性的党,扩大自己的影响,并通过经常正确地运用统一战线的策略来加强党。在德国问题的决议中没有背离这一基本路线。德国的同志应当在共产国际的全力支持下既在本国党内,又在跟着党走的工人群众中间贯彻执行我们业已通过的各项决定。

多尔西(美国):

我想就德国问题的决议,特别是就德国党新的中央委员会说几句话。费舍同志抱怨说,她的活动遭到激烈的反对,可是,依我看,这是完全理所当然的。费舍同志犯了一系列十分严重的错误并且拒不改正。她公然企图修正列宁主义的一些主要原则,况且她不仅不去纠正这一失误,甚至不想承认这一点。她企图破坏俄国党在共产国际中的威信。她连这一错误也没有改正,而是戏弄了俄国革命。我认为,鲁特·费舍—马斯洛夫集团的立场,特别是对待俄国革命的态度,应该受到坚决的谴责。俄国党,依我看,应当在共产国际中发挥最大的影响。俄国党应当在共产国际内部发挥自己的领导作用,而且,我想,俄国党会比共产国际的其他任何一个支部发挥得更好。

费舍同志一贯坚持错误的政策,拒绝公开表明自己对德国党和对共产国际的态度。就以她在公开信问题上的立场为例吧。费舍同志在莫斯科时在公开信上签了名,后来又在德国进行宣传,指望激起对德国共产党中央委员会采取反对立场,为的是使德共中央不去贯彻执行执行委员会公开信中的各项指示。毋庸置疑,她原本是反对公开信的,但她却没有公开说出这一点。她的所作所为表明,她不愿意公开发言和说出自己的意见,指望欺骗共产国际和德国共产党。

她对德国形势问题这项决议的立场是什么样的呢?她对这一决议的公开的反对立场是什么呢?现在,鲁特·费舍同志又说了些什么呢?她声称,决议是错误的,决议中作了不正确的分析,决议中提出的任务不符合德国的现状。鲁特·费舍想要什么呢?显而易见,她需要一个反对共产国际的国际反对派。但是，在这一点上也有好的一面。问题在于，鲁特·费舍同志投票反对现在这项决议。通常，她总是发言赞同决议，而不去贯彻执行。她终于下决心公开地为自己的立场辩护了。我相信，她维护自己的立场的做法是不能得逞的。

另一种情况，依我看，也是十分重要的。这就是她毫无能力认清德国党面临的极其重大的问题。这个问题在哪里呢？问题在于组织反对极左派的斗争。费舍同志不明白这一点，直到现在还是不明白。而任何一个企图成为德国党领袖的人，若连威胁着德国党的这一极其严重的危险，特别是来自极左派方面的危险都看不出，我看就不能够领导德国党。在这一点上，鲁特·费舍同志当是受之无愧了。

在法兰克福，她拒绝服从共产国际反对极左派的各项指示，特别是在工会问题上的指示。她不敢承认公开信中所阐述的共产国际的路线有关反对极左派的那一部分是正确的；她在上届莫斯科全会上的发言中只字未提德国极左派的危险，尽管她是在法兰克福大会之后作的这番发言，而她现在的立场仍然是错误的，因为她至今还不承认，德国的这一危险已严重到德国党必须与之作斗争的程度。费舍同志在这个讲台上承认她犯了一些小的错误，但这是完全无足轻重的。实际上，她并没有纠正这些错误。在口头上，她甚至赞成必须反对极左派，但是，在行动上，她无论是现在还是过去，都在反对共产国际的斗争中组织和加强德国的极左派。我认为，德国的情况是这样的：费舍同志应当离开德国党的领导岗位，并且让那些真正能够清楚了解党所面临的任务的同志去领导，去领导党进行斗争。只要费舍同志没有表示决心更坚决地执行共产国际的路线，她就应该成为一名普通战士。

我表示拥护德国党的现任领导。依我看，德国共产党上届中央委员会不仅得到在莫斯科的共产国际官方机构，而且也得到共产国际各支部的支持。我相信，在整个共产国际中都会认为，执行委员会的公开信是在领导和加强德国党的中央委员会方面的一个巧妙手段。新的中央委员会得到了整个共产国际的信任,并且,依我看,一定能够在党内建立起真正的列宁式的领导班子。本届中央委员会将进行既反对极左派又反对右派倾向的斗争。我们不仅是这一情况,而且也是另一个相当重要情况的见证人,即中央委员会善于在党的领导下组织群众。中央委员会用事实证明了这一点,尽管还存在许多中央必须与之进行斗争的困难。关于德国的情况和极左派同志(肖勒姆、费舍和其他一些人)的立场,我要说的是:我想,中央委员会对这些同志个人过多地关怀是错误的。为了同他们进行斗争,应该努力把他们的追随者争取到自己方面来。在目前的具体情况下,中央委员会应当从内部(如果在这种情况下可以使用这一术语的话)建立一个统一战线。

在争论中,同志们煞费苦心地说服极左派相信中央委员会的路线是正确的,这些努力都毫无成效,因此,中央委员会就应该撇开他们去继续进行工作。

博尔迪加(意大利):

关于德国委员会报告的讨论产生了这种趋向,以至我认为,我有必要发表第二次声明。这个声明应该十分明确,因为埃尔科利同志声称,博尔迪加在他后来的几次声明中语气越来越缓和了。我谨声明:第一,我认为,右的危险是确实存在的。埃尔科利同志认为,在政治讨论中已作出准确的分析并且已完全准确地指出右的危险,这一危险仅限于法国。然而,汉森同志把右的危险看做整个共产国际面前的幽灵也是不正确的。试问,可否把这种分析看做是严肃地运用马克思主义的方法即认为这种分析能够给我们指出世界性的右的危险的所在地,说右的危险给自己选择的地址是:热玛普沿河街96号,或蒙玛特利大街123号,即在《无产阶级革命》或《共产党人公报》杂志上。或许还会指出,右的危险每天下午六时至八时接见来客,正如法国的同志们转告我们的那样。应该完全用另一种方式进行分析。右的危险是存在的,它不仅白纸黑字地写在决议上,而且主要是在事实上和共产国际的政治行动中存在,正如我在政治辩论时的发言中所说的那样。

在这里通过的无论是有关一般政治路线的决议,还是这里讨论过的关于个别党的问题的决议中,都感觉到有这种危险,特别是在德国问题和法国问题上。扩大全会上没能展开关于俄国问题讨论这一事实也反映出这种危险。我在发言中曾指出,在目前的状态下,共产国际的机关无力干预俄国事情,而这一点证实了我的批评是正确的。共产国际给自己提出了一个关于国际无产阶级革命斗争和俄国无产阶级国家与共产党的政策间的关系的中心问题;有必要使共产国际能够着手解决这些问题。

从左的方面形成了一种反抗(我不是说派别,而是说来自左的方面的反抗),反抗来自右的方面的类似的危险,这是完全合乎众望的。可是,我直言不讳地声明,这一有益的和必要的、十分健康的反响,不应该而且也不可能是一种手腕或者是一种阴谋。我完全赞同埃尔科利同志的看法,他发现十分荒谬的是一些完全同意政治报告和提纲的同志竭力在最后的时刻在德国问题上充当反对向右转的反对派。有时,这些同志不能对一般性政治路线提出任何异议,他们变成反对派,只是因为他们作为一个集团,作为领袖或者过去的领袖,对涉及到他们的党和他们的国家的决议不满意。这就是为什么我不能同意他们的看法,不能同意所谓极左的这个反对派的看法。我说这话不是为了争取多数派的同情。我恰恰认为,多数派要对这种状况负责任,因为现在的反对派本来就是这个多数派,曾经在某个时期被誉为优秀的领袖。

最后,在专门的德国问题上,我的意见是,必须向属于左派的德国优秀的革命工人说明,他们应当提防两种错误的路线:对共产国际和俄国革命盲目崇拜,或者不信任的态度。一方面,无论是对共产国际,还是对俄国革命的这种态度，都隐蔽在一片完全赞同的声明中；另一方面，则掩盖在拒绝任何辩论和任何解释的盲目的乐观主义情绪中。这种盲目的乐观主义情绪不愿意实际进行建立共产主义工人阶级先锋队的尝试，它屈服于宗教的、教条主义的形式。我已说过，第二种态度对我们的危险并不亚于第一种态度，因为它关系到世界无产阶级和俄国革命的联系。

苏联共产党和苏联具有最丰富的革命经验，这是唯一的一次取得了胜利的经验，但是，德国的革命工人也有自己本国的经验，他们也要依靠自己本国斗争的教训甚至本国的失败。必须使他们凭他们的传统和他们的阶级嗅觉去发表有关右的危险的意见，右的危险在最近的战斗中已使人感觉到了。这个德国工人阶级的先锋队应当确定自己对党的策略态度，即确定对今天这样一个党的态度，这个党在臭名昭著的公民投票活动中对社会民主党、对共产国际总路线问题以及对世界革命的政治中心苏联共产党的问题上采取了十分令人怀疑的手法。俄国的革命，是世界革命的第一个重大的阶段，也是我们的革命。俄国革命的问题就是我们的问题。革命国际的任何一名真正的战士，不仅有权利而且也有义务参与这些问题的解决。

佩珀（美国）：

我受美国代表团的委托，想只就多尔西同志的发言补充一些意见。

美国代表团完全同意多尔西同志在这里作的关于极左派的发言。极左的危险确实是严重的。多尔西同志的论据极为出色，在讨论中不止一次地论证过。我们以高兴的心情像欢迎老相识那样欢迎这些论据并且表示赞同。我们想稍微作些补充。

多尔西同志试图从美国的观点来阐明共产国际的政策，特别是共产国际德国支部的情况。而美国代表团则认为，从美国的观点来看，如果要同左的危险作斗争的话，那么，就不允许忘记来自右的方面的危险。而多尔西同志却**只字未提**右的危险。

可是，难道能够忘记美国的整个工人运动目前正在向右的方向产生巨大的转变吗？要知道，这正是当下美国工人运动的**基本因素**。美国共产党内因此造成了什么样的情况呢？

第一，相当严重的极左危险。你们想知道为什么吗？危险产生了：正当整个工人运动向右转的时候，是共产党员们由于感到绝望，丧失一切希望，或者停滞不前，或者脱离工人运动而向左转。这无疑就是威胁着美国共产主义运动的最严重的危险。但是，能否忘记另一种危险呢？共产党员们随随便便就会同美国的工人阶级一起作出这种普遍的向右转变，他们就会受到工人贵族情绪的影响，他们就会随随便便地变为正在向右转的工人运动的后卫，这能说没有危险吗？如果用美国的观点来分析共产国际各支部的政策，那么，不应该忘记，就在不久以前，我们在美国党内发生过同社会民主党有影响的领导人物的斗争，我们当时不得不把这些领袖——洛尔等人从我们党内清除出去。美国有过自己的洛尔，正如捷克斯洛伐克有自己的古拉，挪威有自己的松德比，法国有自己的苏瓦林。这就是我想对多尔西同志的发言所作的补充。

现在，我来谈谈我们最关心的问题。毫无疑问，极左危险是德国最主要的危险。我认为，共产国际中德国问题成为广泛的、真正政治性的讨论，是思想"清洗"过程的重要特征。应当强调这一情况的全部重要性，即共产国际完全意识到极左危险的加剧并且准备好开始进行反对极左危险的斗争，而且决心进行无情的斗争。这就是正在进行的讨论的意义所在，国际决心从思想上彻底清除极左的危险。

我还想谈谈讨论中的另一个问题。肖勒姆同志说，按照国际的意见，极左派是当前的一个动摇因素，因为我们正处在相对稳定时期。这对吗？令人惊讶的是，肖勒姆同志作为一个**德国**同志简直不知道**德国问**

题提纲的出发点是什么。须知,出发点恰恰是确认德国今天和明天的基本因素不是相对稳定,而是激烈的、深刻的经济危机和政治危机。"左的思想"到了古怪的程度,肖勒姆同志!您没有看到"细节",而它恰好构成整个分析的基础,您简直忘记了决定因素,忘记了德国的危机,忘记了德国的稳定性已不那么稳定了。

肖勒姆同志说,好像国际认为极左派是涣散士气的因素,因为我们处于相对稳定时期。但是,国际认为恰巧相反。提纲中指出,极左派是涣散士气的因素,恰好是因为我们德国正经历着政治危机和经济危机,**深刻的危机正使社会民主党工人的队伍陷于混乱状态**。现在,极左派确实是涣散士气的因素,因为我们在社会民主党中有危机,因为现在终于具备摧毁将社会民主党工人和共产党工人隔离开的万里长城的可能。共产国际没有说极左派是涣散士气的因素,因为在相对稳定时期,我们应当执行"明智的"、"温和的"政策。但是,国际说过,极左派是一个有害的因素,因为它妨碍我们利用经济危机和政治危机,妨碍我们利用社会民主党的危机。

应该怎样解释肖勒姆同志的话呢?或者是,这些话是在愚弄德国党的好的左派工人分子的感情;或者是,肖勒姆同志既不了解德国问题提纲的内容,又不了解德国的实际情况。肖勒姆同志在这里大谈相对稳定,其实,我们正经受着危机。他陷于绝境,失望和悲观地长吁短叹,正像黑贝尔剧中的老安东一样:"我再也弄不清这个世界了"。当然,我们大家都知道,在国际范围内,相对稳定居统治地位,我们把这一事实作为自己政治纲领的基础。但是,看来,德国是这一相对稳定的最薄弱的地段。

肖勒姆同志不了解这一点,他不再去分析德国的实际。他并不理解**当前社会民主党**工人队伍中正在发生的严重的事件。甚至可以说,他不了解**共产党**工人队伍中发生的事,而共产党工人真正体验到需要把社会民主党群众争取到革命方面来,争取到阶级斗争方面来。是啊,肖勒姆同志,这就是争取社会民主党工人到革命方面来的过程,您原来就是一个涣散士气的因素。不能说,您在革命时期是好的,但在相对稳定时期就不好了。

季诺维也夫同志正确地分析了共产国际中这些新的极左派别的特点,因为他说过,在第三次世界代表大会上我们有过左派集团,他们因革命的急性病而冲动,犯过左的错误,但是,如今的极左集团已经同革命的急性病毫无共同之处了。有的则是一种腐朽的东西。

这是对的,同志们。新的极左派不是革命急性病的产物;相反,它是不革命的悲观失望的产物。如果有人不曾注意到笼罩着德国的危机,如果有人不曾看到社会民主党工人队伍中的深刻危机,那么,这只能用两种原因来解释:或是生理上的失明,或是(要知道,应当用政治语言来表达)不革命的悲观失望。由于明确了这一事实,我要痛斥极左集团的弥天大罪。

这种不革命的悲观失望,不单纯是意志薄弱,而是产生稀奇古怪的杂技表演的缘由,就像这些极左派同志们当着我们的面不止一次地变换自己的意见那样。最初由鲁特·费舍同志登场,她搥胸顿足地说:"请宽恕我,我是罪孽深重的人。"这起了点作用,同志们。接着肖勒姆登台了,他说:"我有罪,我十分有罪,我是更大的罪人。"这也同样起了点作用。同志们总以为极左分子真诚而郑重地认识到自己的错误。突然,天哪,多大的变化!两天前刚刚悔过的罪人,忽然在我们的面前摇身变成了公开谴责别人的控诉人。前天他们才表示过忏悔,而今天他们却故意断言,他们是国际的优秀的革命者,他们的使命是拯救共产国际免遭机会主义的右倾危险之害。

如果说,肖勒姆、鲁特·费舍和乌尔班斯诸位同志最近的发言和声明总的说还有点意义的话,那么,其意义就在于此了。

这些变色龙在我们众目睽睽之下，当着整个共产国际的面，不只是一次，而是多次变换自己的颜色。这种变化来得既迅速又巧妙，但是，终究还是查清了他们的**基本色调**，这就是：不革命的悲观失望。

在这些同志的发言中隐藏着极大的危险。

在这种立场的后面其实隐藏着一种什么想法呢？正如肖勒姆同志直言不讳地说过的，是这样一种想法：任何时候也不承认犯过的错误。换句话说：把犯错误拔高为革命的美德，推崇为不屈不挠的英雄行为。

肖勒姆同志声明说：我现在怎么能够放弃自己的过去，放弃自己原来美好的斗争呢？是啊，那我就会成为变节者！极左派的同志和许多右派都这样想：瞧吧，他们不愿意在国际内当叛徒。

这是怎么回事呢？在共产国际**内部和讲台**上有谁可能成为变节者呢？依我看，这是对国际极大的诬蔑并且是对共产国际的革命作用的一窍不通。国际应当奉告这些同志，当共产国际纠正了他们的错误，当右派和左派的同志们认识到这些错误时，他们就不会成为变节者；恰巧相反，他们会成为真正的列宁主义者和共产国际的享有充分权力的公民。

塞马尔（法国）：

听了左派分子不学无术的发言之后，法国代表团认为，自己有责任对德国问题以及各国党内想要继续执行错误政策并在国际内进行派别斗争的极左派的态度阐明自己的立场。

昨天，多里奥同志已经阐述了我们党对德国共产党危机的态度。我强调指出：我们党中央在德国共产党第十次代表大会之后立即谴责了鲁特·费舍—马斯洛夫集团的两面派的骑墙态度。由第十次代表大会所授权的总书记，这个曾是两届中央委员会的代表，在第十次全国代表大会上也谴责了德国共产党的极左分子。我们党投票表决德国委员会提交的决议案时，重新表示了对德国共产党中央委员会的信任态度，责成中央根据这一决议案和执行委员会的公开信的精神执行正确的政策。

法国共产党坚决谴责在国际的队伍中组织派别和进行派别斗争的极左派的一切企图。

现在，我再进一步分析一下德国共产党内极左危险的性质。没必要闭眼不看整整一年来鲁特·费舍—马斯洛夫集团培育的在共产党群众中，在对1923年事件还记忆犹新的群众中存在着的极左的趋势。中央的任务是：不仅要消除某些领袖的极左倾向的危害，而且要根除党的工人队伍中的这种倾向。必须在这里从政治上彻底粉碎鲁特·费舍—马斯洛夫集团，以便创造条件使中央去做应做的工作，使德国共产党正确地向前发展。这一极左集团有着同苏瓦林集团一样的趋势。它也充满着同样的失败主义的气味并且过低估计工人群众进攻的作用和力量；在德国共产党的目前状况下以及德国正经受着的经济的和政治的危机的条件下，应当坚决地同这种失败主义的趋势进行斗争。

德国是否有右倾危险呢？有的，这种危险是来自布兰德勒主义失败之后消沉下来和垂头丧气的尚未被同化的那些分子，但是，毫无疑问，最大的危险还是极左。

丝毫没有吸取教训的左派分子在这里进行的攻击不可能改变执行委员会通过的要同时进行反对德国的极左倾向和法国的右的倾向的斗争的决定。

法国是否有极左的危险呢？有的，它存在于尚未彻底根除无政府主义倾向的共产党的群众之中，而严重的事件可能加深这种危险。某些积极的工作人员容易犯类似的错误，但是，不能由此得出结论说，这些错误一般已经司空见惯了。

我们也像在国际范围内一样，在国内坚决地同极左危险进行斗争。但是，毫无疑问，我们这里最大的危险是来自右的方面，我们在这里已经果断地强调了这一点。必须对博尔迪加批评国际和我们党在同右派斗争中所采用的方法时所用的讥讽的口吻和手法给予应有的回击。问题不在于给国际和我们党指出右派的住址，并撬开热玛普沿河街96号和蒙玛特利大街123号的大门。必须在国际的各个党内，从上到下地在各个组织中开展反对右派的思想斗争，适当地揭露机会主义的危险。博尔迪加用自己的发言绝对没有减轻我们的任务。显而易见，他过低估计了右派的力量，就是那个栖息在各国内、各党内和来自外部的右派的力量。国际不能只局限于指出这种危险，它应当用灼热的铁去烧尽祸根。

我再说一遍，我们将同一切极左趋势、同建立极左派的一切企图进行斗争，但是，也不能低估存在着国际性的右派组织这一事实，不能低估在未吸取任何教训的左派的攻击下依然有实力这一事实。

博尔迪加同志发觉在执行委员会内部的某种不太正常的事情；我部分地同意他的看法：举止应当坦荡直率。极左派中的某些人窃窃私语，说什么拉狄克、塔尔海默和布兰德勒要回到政治舞台和领导岗位；极左分子把这视为右倾而归罪于国际的一些负责人。我们赞成使用并同任何派别的同志们合作，因为他们声称愿意在国际的各项决议的基础上真诚地工作。我们认为，既然德国党会证实它的领导是坚强一致的，就应当使用这些同志，因为在我们国际中优秀工作人员并不太多。我们相信，德国共产党的现任领导准备根据同国际达成的协议来讨论为了我们兄弟党的发展可否进行真诚的合作。

我们赞成利用国际中的一切力量，赞成使用一切愿意根据历次代表大会通过的各项决议，以及当前作出的各项决定而真诚实意地进行工作的人；我们只是不相信那些吹嘘自己过去的机会主义政策并把现在的一切错误都推到各国党和国际中左派身上的人。

不应否认，左派在各国党内都有自己的历史并且在组建各大党的事业中起过主导作用。也不应否认，即使是现在，各国党内还存在各种派别；甚至在似乎赞同国际的各项决议的那些人之间也对这些决议有不同的看法。

例如，在法国，有右派，有刚刚组建起来的中央，还有极左派分子；有的工作人员执行国际的正确政策，坚定不移地根据我们代表会议于12月1日和12月2日作出的决定自动组织起左翼。毋庸置疑，中派主义分子将按自己的方法去解释这次全会的决定，特别是有关民主集中制的运用问题。应当强调指出，安格尔投票赞成提交法国委员会的决议，除谴责右派的政策和实践的那一部分之外，明天他又可以说赞成国际，虽然仍同自己的朋友继续反对党中央。各种分子的分化，统一中央的探索，这些都不能掩饰各种趋势的存在，其中的每一种趋势都按自己的方式解释国际的决定，好像完全赞同决定似的。进行反对极左和右的错误的斗争时，不应当轻视国际中的左翼过去起过和将来还要起的那种作用。

我们坚决反对某些同志把季诺维也夫列入极左派而指责斯大林和布哈林同志纵容右派的企图。我们认为，这些企图在目前情况下是十分危险的，它们毒化着布尔什维克工作人员周围的气氛，毒化着在苏联和国际注定要起极为重要作用的老一代近卫军。我们竭力阻止任何肢解老一代近卫军的行为。而且我们坚信，联共（布）中央的工作人员有能力维护党的队伍的纪律，我们绝不同意博尔迪加的怀疑主义，他说什么不谈联共（布）第十四次代表大会上发生的争论就妨碍了净化全会气氛。我们认为，他这样说是错误的。

任何一个党都不可能对苏联共产党内争论的问题提出正确合理的、深思熟虑的见解，任何一个党都没有掌握足以提出郑重意见的必要的材料，争论反而不可避免地会引起本来观点就十分模糊的各派之间的纠纷，使他们任意支持这个或那个同志的立场，这对苏联共产党和国际都毫无益处。

我们认为，联共（布）关于不许把俄国的争论机械地照搬到共产国际各支部的决定是正确的和英明的。我们认为，这一问题应该从国际各支部方面加以研究，以保卫俄国革命不受其一切敌人的攻击，以利于各国党理论素养的提高；如果问题仍须争论的话，可以在下次全世界代表大会上去进行，届时，各国党及其积极的工作人员经过认真的研究和深思熟虑后将会弄清楚问题的。

的确，由于联共（布）第十四次代表大会上争论的问题，在工人阶级中感到一种惶恐不安，资产阶级报刊的毒计正在横溢，我们各国党内也觉察到某些惶恐不安的情绪。

我们相信，反对右派的斗争将由整个国际去进行，这里提出的决定都是根据历次代表大会的各项决定起草的，而且也是符合列宁主义和马克思主义路线的。我们要按照这种精神进行工作并且贯彻执行这些决定，我们将致力于密切联系广大工农群众，将建设强大的群众性的共产党来迎接同资本主义的最后斗争。

基于这个目的，我们将在国内和国际范围内抵制和反对右的和极左的危险，抵制和反对在全会行将结束时企图固定成形的危险，各支部将开展反对这些危险的斗争，并将共产主义影响在全世界范围不断增长和加强的过程中去战胜这两种危险。

基尔布姆（瑞典）：

同志们，我认为，我们瑞典党还是有权抗议极左派的论断的，他们说什么我们同右的危险作斗争不够坚决。然而，三年来，我们在极其艰苦的环境下进行了反对右的危险的斗争。我们拆分了党，驱除了右派领袖。我想，这充分证实了那种见解是不公正的，即似乎积极地支持我们斗争的共产国际执行委员会没有反对右的危险。

极左分子在这里还在继续执行他们从前的策略。在德国发表公开信时，他们就说，德国党让右派肆意横行。现在，汉森同志又说，关于德国问题的决议加强了各国支部内的右的派别。这样一来，开始时仿佛是把德国党交给右派任意摆布,而现在又把整个共产国际交给他们任意摆布了。简直令人可笑,例如,博尔迪加同志企图开个玩笑就抹杀掉过去全部的历史。没有指出右的危险的所在地,没有指出接待右派危险的时间。妙极了,可是,这一右派危险究竟是什么呢?极左派连一个问题也没有指出来。在统一战线策略中、在工会问题上、在市政工作中,这些危险在哪儿呢?

极左派的同志用自己的所作所为证实了他们实际上是反对统一战线策略的。

汉森同志说:"我之所以投票反对决议,是因为决议丝毫没有谈到德国的右派危险。"这是一个新方法。汉森同志之所以反对决议,是因为决议中没有提到某一点。对于一个共产党员、一个同志来说,如果他给其他人作出范例,说:这一决议虽有缺点,但是,我还是表示赞同的,因为它基本上是正确的,这样做岂不是更正确吗?

除了证明极左派同志掌握的令人信服的论据极其之少以外,我看不出还有什么别的东西。然而,他们反倒抱怨"右派隐瞒自己的观点"。他们一边这样说,同时又要求动员整个执行委员会比以往更加坚决地反对右派。怎么可以去反对还没有表现出来的东西呢?要知道,关于扩大全会不反对右的危险的声明,纯系谎言。塞马尔同志不久前还清楚地叙述了反对右派危险的斗争在法国是如何进行的。右派危险在德国和挪威都已显露出来,等等。

极左派想要干什么呢?他们想要让党驱逐右派。汉森同志抱怨斯堪的纳维亚委员会没有把松德比开除出党。就是说,如果右派做了蠢事,就应把他们开除出党,而如果极左派因自己的愚蠢的政策把工人群众驱逐出党,就不仅要留在党内,而且还要获得领导党的可能性。

同志们,我认为,必须十分坚决地对这些手段提出抗议。

极左派已证实了他们不相信革命,不相信工人群众等等。肖勒姆同志对此提出抗议……那又怎样呢？这清楚无疑地表明，他认为他个人受到了侮辱。

肖勒姆（从座位上说）：

十分清楚，你说的极左派，就指的是我！

基尔布姆（瑞典）：

何以见得？因为肖勒姆同志是极左派的一个好的，或者说一个坏的榜样。

除此以外，肖勒姆同志，我应该直言相告，您在我们的运动中，是与工人们毫无共同之处，又从来没有植根于群众之中的一个典型的化身。这就是问题之所在。我们每个党都有这类典型，德国党则更是如此。

不过，我想，如果肖勒姆同志对我的意见有异议的话，可以同我展开争论。

肖勒姆（德国）：

可以即席给您答复！

基尔布姆（瑞典）：

谈到不相信工人和革命，那极左派和右派在这方面都是一样的。为什么霍格伦现在会是社会民主党人，为什么弗罗萨尔和莱维成了社会民主党人呢？就是因为他们不相信革命和工人阶级。应当既同你们又同他们进行斗争。

博尔迪加同志警告我们。他指出在国际范围内反对右的危险的必要性。这不是别的，正是在国际内部的极左派别组织。我想请教一下，比方说，汉森同志，他是否同意这一点，他会在那样的派别组织中工作吗？我不去问肖勒姆同志，我想，在这类工作中，他早就有相当丰富的经验了。他从鲁特·费舍那里学到了一些东西。

那种号召会造成什么后果呢？大概右派会说："存在着极左的危险，极左派甚至想要建立派别组织，我们应当同他们斗争，既然执行委员会不采取必要的措施，那我们也应当组织一个派别。"

同志们，德国的情况就是这样的。右派在那里说，他们没有派别组织，况且极左派迫使同他们进行斗争并反对他们。中央在这方面不够坚强。因此，他们就应当组成派别。这样一来，极左派和右派就彼此互相帮助了。

同志们，我认为，在这里，必须较为明确地强调指出，必须铲除极左的思想体系。肖勒姆同志，我担心，如果不从共产主义运动中撵走一些同志，就不能把这一斗争进行到底。不管怎样，我们在不久的将来会看到事情将会怎样发展下去。

依我看，唯一的策略应该是：应当反对极左派，但也不应放过右的危险。我们无条件赞成的这条路线写进了关于德国问题的决议。如果我们不坚持这条路线，那我们在国际范围内就会碰到在挪威和在德国发生过的事情。汉森同志在党中央工作为时已久。到底取得了哪些光辉的成就呢？群众渐渐地离开了我们。德国的情况也是如此。鲁特·费舍同志和肖勒姆同志领导了德国党。他们取得了哪些光辉的胜利呢？他们把哪些群众带到党内了呢？在那里，极左派依然是混乱局势的组织者，而他们到处都是这个样子。应当结束这段历史了。但是，我们同时还要用最坚决的手段反对右派，只要他们一露出危险的征兆。

洛米纳泽（苏联）：

我首先就博尔迪加同志说几句话。人们把他同其余的全部极左派分子进行对比：一个诚实的、直爽的、自信的、正直的左的反对派分子，都是一些动听的绝妙的形容词；我也感到，博尔迪加同志本人也陶醉在这些恭维的甜言蜜语之中。至少，他竭力扮演了一个逗人喜爱的好争吵的男孩，一个一切都可以得到宽恕的男孩，因为他说话总是直爽、诚实和坦率。然而，一切都有个限度。列宁同志说过："'优点的延续'却成了缺点"①。博尔迪加同志的优点在当前，在众目睽睽之下，在全会期间，就变成了最令人痛恨的缺点。一开始，博尔迪加同志的发言只是有些滑稽可笑。在季诺维也夫同志的提纲发表之后，博尔迪加同志发表了四个小时的演说，在演说过程中他猛烈地抨击了共产国际的政策，却没有提出任何具体的东西：任何自己特殊的路线，任何自己的提纲，任何决议都没有。因为，要知道，邮政局还没有及时把所需的文件送到莫斯科来，他的提纲还没有来。他真想把整个金字塔颠倒过来，但是，邮政局来晚了，于是金字塔依然屹立如故。原因是令人可笑的，博尔迪加同志的全部发言也使人想起著名的德国男爵冯·格林瓦尔杜斯，科济马·普鲁特科夫谈到他时说，他"纹丝不动地坐在石头上"。但是，当博尔迪加同志把话题转到俄国问题上的时候，他则天天唠叨说，右的危险在于禁止谈论俄国问题的争论，这种说法就令人厌恶了。博尔迪加总是在我们党的争论问题上兜圈子，而又下不了决心说出他关于俄国党政策的想法：第十四次党代表大会决定的政策是对，还是不对？博尔迪加同志到处说：在各小组委员会上发言，就一切问题发表讲话，他的发言时间毫无限制，而他却总是没有勇气说出事情的实质：我们党的政策究竟怎样？结果怎么样呢？您原本是勇敢刚毅的人，您教育别人要有革命者的坦荡胸怀，而自己却像个市侩和庸人，因为凡是市侩和庸人都会胡说什么：苏联共产党不许共产国际的代表说话。博尔迪加同志也没有超

---

① 《列宁全集》中文第2版第42卷第451页。——编者注

出这种庸夫俗子的流言飞语。他对俄国政策的实质不敢说一句话。对俄国问题抱市侩的态度！而且，这不仅是庸俗的态度；我想，对俄国问题的这种做法带有恶作剧的性质。二者必居其一。要么，他认为苏联共产党的政策不正确，谁也不禁止他这样说（如果真要禁止了，他就幸运了），让他说吧。而如若您不能说什么，您就不应信口开河并且不要再胡说什么。右的危险就在于禁止讨论俄国问题。我应当指出，其他极左派分子也惯用这种不体面的、庸俗的手法。有些人是公开的，另一些人则是隐蔽地企图把季诺维也夫同志的提纲和报告同德国问题的决议对立起来。一方面对斯大林和布哈林同志进行攻击，同时又发表声明赞同政治纲领，这究竟意味着什么呢？这是派别分子的一种庸俗的、卑鄙的、恶劣的手法，其目的在于企图分裂俄国代表团。德国问题的决议和季诺维也夫同志的提纲都得到了俄国代表团的赞同。难道您认为俄国代表团也像鲁特·费舍一样，想的是一套，说的又是另一套吗？俄国代表团和我们党会朝令夕改地变换自己的观点和路线吗？请原谅，同志们！如果博尔迪加同志的发言真从实质上批评苏联共产党的路线，那我敢说，在我们党内他谁也吓不倒。我们都知道，博尔迪加是个什么样的人！他傲慢地评论列宁主义，在他看来，我们党内的争论意味着列宁主义的破产。我们知道，马克思的革命理论过去就是在马克思主义者之间的严肃的内部斗争中发展起来并推向前进的。当时，市侩们就曾大喊大叫：马克思主义不存在了。我们知道，就是在列宁主义者之间也存在着一些分歧，在这些或那些问题上存在分歧是不可避免的，但是，列宁主义现在是，将来也是我们的指导理论。博尔迪加同志用什么来对抗列宁主义呢？邮政局耽误了他的文件，但是，我却不幸或者说有幸拜读了博尔迪加同志的提纲，这是一篇糟糕透顶的语无伦次的空洞的议论，满篇是从马克思和贝格松那里信手抄来的引语，没有唯物主义，没有辩证法，没有一元论。我建议送博尔迪加同志来我们这里进二等的政治学校学习，谈不上去红色教授学院了。在那里，他的理论会被批得体无完肤。难道我们党会害怕博尔迪加同志的批评吗？

但是，博尔迪加同志在全会上起的客观作用是什么呢？我们看到了什么？是这样开始的：极左分子鲁特·费舍、多姆斯基、肖勒姆等同志，除了安格尔这个唯一有足够勇气的人（就不必说博尔迪加同志了），都相继发言了。他们发言表示忏悔，放弃自己的路线，自白悔过说：我有罪。这是事实，这证明极左派领袖不仅在政治上、组织上和思想上已经破产，而且还证明他们已身败名裂。如果以德国同志为例，具有典型意义的是，他们起初像放到罐子里的蝎子一样，咬个不停。除了在组织上进行一些小的钩心斗角外，极左派没有什么可以同德国党的政治路线相抗衡的东西。这是一个明显的标志，说明极左派堕落到连一个思想上、政治上，甚至组织上赖以进行斗争的阵地也没有的地步，剩下的只是个人之间的争斗、钩心斗角，极左派的全部思想上的家当就是鲁特·费舍虚构的谎言，说什么苏联打算加入国际联盟。这一忏悔的浪潮始于全会之初到全会行将结束之际，极左派又突然迫不及待地、匆忙地、笨拙地企图在国际的范围内联合起来。肖勒姆和鲁特·费舍（死对头）出来发表同样的声明。安格尔重复他们的话。然后，博尔迪加同志发表了意见并且基本上对他们表示赞同。不知道多姆斯基会说些什么，我想，很自然，他也会采取同样的立场。但是，最后是什么促使形形色色的极左派分子联合到一起去的呢？他们想要联合的共同目的是什么呢？这就是企图在反对苏联共产党的斗争纲领上建立极左派的统一，因为，全部极左派分子的一切公开的和隐蔽的、大胆的和怯懦的发言，包括独树一帜的博尔迪加同志在内，从实质上看都是指向这一点的。但是，这一图谋过于仓促，最后终因发觉从组织上钩心斗角收效甚微，便企图寻找一个反对苏联共产党的共同纲领，就是宣布也向共产国际发难。这里指的是，他们威胁说如果不建立新的国际，就要建立国际性的左派组织。我倒是有兴趣看看由鲁特·费舍、肖勒姆、马斯洛夫和博尔迪加诸同志组成的这个国际。只是不知道谁会是他们的主席,因为这几位超级人物都自命为世界共产主义运动的天才的领导人。毋庸置疑,这种企图是确实存在的。我认为,这里也无须夸大这种威胁的作用。所有在这里发了言的极左派分子在各自的党内都得不到什么有力的支持:博尔迪加同志在意大利不成其为一支力量,他失去了整个青年国际和绝对多数的支持者,他失去了优秀的革命者,自己过去的同志。无须自欺欺人了,他只代表他自己和一小部分还跟着他走的怀有不满情绪的小集团。而肖勒姆和鲁特·费舍都没有群众,也没有群众跟汉森走,多姆斯基也是一样。但是,在全会上结果会如何……

多姆斯基(波兰):

谁又跟着你走呢?

洛米纳泽(苏联):

我不想搞一个有别于党的特殊政策,也不需要掌握特殊的群众,而你们却主张特殊的路线,你们不敢说出你们在想什么,而自命为群众的代表。你们专门请这些人来,为的是让他们发言并阐述这种观点:造成一种印象,似乎共产国际充满可怕的左的危机!必须消除这种错误的认识!还必须说明,没有任何政治力量跟这些人走!

这是否意味着极左派分子就没有任何思想阵地了呢?这意味着近两年来,无论是德国党还是其他一些党本应当使斗争的策略、方式和方法适应新的条件,而在这些党内一些小资产阶级革命分子都起来反对。这就引起了波兰、意大利、德国的危机。但是,危机时期已经结束了,小资产阶级的革命性被克服了,造成新的危机的假象已**不能得逞**了。全会的任务就是在各项决议和讲话中,既让各国共产党、又让我们的敌人都清楚：新的危机是不会有的，**也不可能有。**

我还想说一说，不仅要在思想上，而且在组织上必须同极左派进行斗争。思想上的斗争，这是基本的和主要的斗争。但是，设想一下，德国共产党正在进行大量的工作，而鲁特·费舍将在这个党内同他在各个城市的过去的和现在的朋友频繁地书信往来。难道能只局限于进行思想斗争吗？反对派越是缺乏思想性，就越需要有组织的斗争方式。对待其他任何政党也是这样一个问题。

至于我们苏联共产党，建立反对我们党的统一战线的企图注定要像极左派的其他一切企图那样遭到政治上的破产。（鼓掌）

库西宁（芬兰）：

尊敬的同志们，我本不拟在全会上就德国问题发言。但是，昨天宣布了乌尔班斯同志的声明后，我认为有责任发表点意见。

我只谈一谈德国决议中的一个问题，即：**德国党的领导问题。**我已经多次当众强调过，左派（连同它的一切缺点和失误）在德国革命运动中完成了光荣的历史使命。首先是在1923年，它用自己的行动在多方面促进了德国党的布尔什维克化。可是，同志们，左派在法兰克福党代表大会上取得党权之后并没有给他们带来什么好处。左派取得权力之后陷入停滞状况。她在中央没有执行党的政策，而是继续进行派别组织活动。不久之后，主要是在1925年，以鲁特·费舍同志为首的这一派别的领导已形成一个体系，共产国际执行委员会把这个体系称为"鲁特·费舍制度"。

"制度"一词来源于"治理"。我想，鲁特·费舍同志现在也还不了解"治理"和"领导"的区别。现在，我就这两个概念说两句。在第三次代表大会期间，我们在提纲中写道：

"共产党组织的民主集中制,应当是集中领导和无产阶级民主的真正结合。这种结合,只有在整个党组织经常进行共同**活动**、经常进行共同**斗争**的基础上,才能实现。

共产党内的集中,并不是形式上的或机械的集中,而是**共产主义活动的集中**,即建成既强有力而又机智灵活的**领导**。

形式上的或机械的集中,乃是党内官僚集中掌握'权力',用以统治党内其他成员或党外革命无产阶级群众。只有共产主义的敌人才会说,共产党企图通过领导无产阶级的阶级斗争,通过实行集中的共产主义领导来统治革命无产阶级。这是一派胡言。"①

我知道,就是列宁同志也完全同意这种解释。我再说一遍,鲁特·费舍同志的集团任何时候也不会分辨出共产党的领导和高高在上的管理党的区别。管理作为最后的目的乃是这一集团的无原则性的基础。这种作法的苦果表现在德国党在群众中和党内生活中的影响在减弱。我们在鲁尔区和工会运动中,共产党员在群众中的影响大大减弱方面已看出这种后果。至于党的内部生活,那么,可以断定,几乎是彻底窒息了党内民主和生动的党内生活。执行委员会应当进行干预,因为这种制度如若继续下去,将会产生什么后果呢?继续这种制度就会断送党。执行委员会进行了干预,于是,德国的兄弟党很快就积蓄起力量使自己党的领导正常化起来。鲁特·费舍的反抗被粉碎了。

于是,鲁特·费舍的政策进入了一个新的阶段——两面派骑墙阶段,即一方面签署了公开信,同时又同德国保持秘密书信往来;进入了一个明显的和隐蔽的两面派骑墙阶段。现在,鲁特·费舍又进入了一个新的阶段。现在,她又签署了……乌尔班斯同志宣读的东西。这一新派

---

① 见《国际共产主义运动历史文献》中央编译出版社 2011 年版第 32 卷第 404—405 页。——编者注

别的纲领是两面派手法的最后阶段。

我们应该仔细地研究这个新的派别纲领。鲁特·费舍同志不知怎么在德国委员会上说不值得在委员会上进行讨论,要知道,讨论无济于事。昨天,在委员会的最后一次会议上,她不愿意宣读这个所谓的《宣言》,宣读这个新的派别纲领的内容;宣言如同什么炸弹一样。应当在最后时刻在全会上去宣读。这一点就够典型的了。但是,用伪善的言词拼凑成的这个文件的内容就更具特色了。在这个文件里,有的地方谈到党内的"危机"。他们硬说,现在德国党内危机四伏。不对,同志们,现在,德国党内并没有危机,危机已被克服。可是,他们却硬说,"危机,危机",因为他们**盼望**党内**产生**危机。其次,在这个文件中还提出一个论点:"毋庸置疑,那种方针(本届党中央的方针)会促使党员对领导机关不信任并且削弱党在非党群众中的威信。"恰好是党员对本届中央的不信任——这种不信任会加强这个新的派别。

海因茨·诺伊曼(从座位上说):

他们靠危机做投机生意!

库西宁(芬兰):

他们在自己的这个纲领中不能断言本届中央委员会执行着错误的政策,他们没有勇气这样断言。他们说了什么呢?他们声明说:面临着一种危险,本届中央委员会"必须把领导权交给右派集团"。这不是企图在党员中散布不信任又是什么呢?"或许本届中央要把党交给右派"。他们这样说是为了在党员中煽起不信任情绪。这就是这个纲领的目的。

其次,"**整顿**党的内部"(鲁特·费舍这样写的!)"只有通过净化党内气氛才能实现"(可见,她想要**净化**党内气氛)"免遭虚构的'个人'因素的侵害"。"消除上次争论的后果并且切实有效地说明政治问题——这是马克思主义中央修养的前提"。（要知道，中央应有这样的修养，谁应该是中央的主要人物呢？）"消除一切派别和集团，组建一个真正受全体党员信任的中央"，（这就是鲁特·费舍的中央！）如此等等。这一切都很明显。这并不像预想的那样狡猾。从字里行间就可以看出她的真正目的，因此，这也就不那么危险了。

再次，"只有通过全体党员不用担心任何组织措施，而能够口头上或在报刊上参加**广泛的自由讨论**，才能认真地查明情况"。昨天，鲁特·费舍同志签了字。可是，我们清楚地知道，她不久前就这个问题签过字，知道她执行了什么样的政策。在德国委员会的决议中，关于党内讨论写了这样一段话："讨论是为了使党在思想上深化和巩固，而不是使党迷失方向和瓦解，无疑，讨论要符合党的发展利益。"但是，鲁特·费舍的派别活动只会促进党的**组织涣散**和瓦解，她却把这叫做"整顿党的内部"、"净化气氛"、"集中"等等。同志们，我从来没有见过比这更加厚颜无耻的两面派手法了！

我再给诸位读一下德国委员会决议的另一部分：

"因此，德国共产党的健康发展、正常化和壮大，要求最迅速地消灭鲁特·费舍的派别组织及其政策上的两面派骑墙态度和说的一套做的又是一套的做法。

她的无原则的做法、她的危害党的外交手腕动摇了党员对中央的信任，动摇了领导干部之间的相互信任和党的某些阶层对共产国际的信任。"

我认为，这是委员会决议中极为重要的一点，因此，我要告诉这个新的派别组织：你们的企图是不会得逞的。我再说一遍，是不会得逞的！……共产国际和德国党不容许这样做。我们不过多地要求鲁特·费舍及其志同道合者。我们不要求她在所有的决议上签字，她签的字已经太多了，让她不要再签字了吧。除了她自愿完成的以外，我们不要求她完成更多的东西。我们只要求她停止派别活动。但是，我们要求这样做是无条件的。如果她做不到这一点,如果她还要继续搞派别活动,那么,她将要从共产国际中被**开除**出去。我想,共产国际有足够的力量去阻止共产国际队伍中的这种派别组织活动,共产国际不允许在它的队伍中进行那种破坏性的活动。

在德国运动的面前,展现出了有利的前景。德国的状况,正如决议中所强调的那样,有利于革命运动的发展。至少,现在,在德国显示出的相对的战后资本主义的暂时稳定性已达到美国资本主义显示出的相对稳定性的程度。德国的中央大概有足够的力量切实有效地用列宁主义精神来领导德国的革命运动。昨天,在委员会上,台尔曼同志提出的建议,被我们一致否决了。他建议,在决议中不要写上现在的中央是真正的列宁主义的党的领导班子。他认为,这样称呼这个中央似乎有些冒失,因为,它现在正处在向列宁主义的党的领导机关发展的阶段。我们回答说,恰好列宁主义者是不断发展的,是不断地更加深刻地理解列宁主义的,而这种革命的、列宁主义的发展能力,依我看,恰好是本届德国党中央的优秀品质之一。我们以共产国际的名义号召,不仅德国共产党的全体党员,而且德国的一切正直的革命工人,都要团结在这个中央的周围。

曼努伊尔斯基(苏联):

昨天,在共产国际执行委员会扩大会议上围绕德国问题展开的讨论带有一点国际极左派集团有组织的突然袭击的性质。而且,这次讨论向我们暴露出一些值得我们特别注意的他们的立场方面的问题。前面发言的人在讲话中已经涉及到他们立场的一个方面,我想再详细谈谈。我们现在是在同共产国际的各国党的极左的和右的错误打交道,这一点是毫无疑问的。在德国,是极左倾向;在法国,是右的倾向。但来自各个方面的错误,实际上都是要建立一个**失败主义的派别**,或者更正确的说,是要在共产国际中建立一个失败主义的集团。我们尚不知道这两个派别之间是否会发生像大家都很了解的第二国际的爱尔威派或像第三国际中霍尔特集团改组那样的重新改组。然而，这种有组织的"转换"的思想基础已经具备了，这是无疑的。鲁特·费舍或科尔施在一些主要问题上的立场已经同法国右派相近。而且，客观情况也导致这种"语言的混合"。工人运动的历史教导我们，在事件急剧变化的关头，由左向右的转变往往特别迅速地急转直下；有时，由左向右的转变带有较慢的"演化"的性质，这种演化最终是由工人运动的进展所决定的。而我们恰恰就是生活在这种进展的时期，工人运动正在战胜由于破坏中欧革命而发展起来的欧洲反动势力。各国共产党进入了一个更加深入群众的新阶段。而就在这个时刻，这些党分裂为带有宗派性质的右派和左派集团，进入新的阶段时，它们已经具有工人运动前一个时期的规模。法国的右派不懂得，法国的政治危机和金融危机将它们卷入激烈的阶级冲突之中，这些冲突必然要采用革命的形式。德国的极左派无法理解，在这个新时期，德国共产党所面临的争取群众的新任务。这两个集团都起着保守作用，它们阻碍党向前发展。因此，必须同它们进行无情的斗争。正是在这种时期，左的辞藻往往掩盖着机会主义的极端消极的情绪。而共产国际的作用，就是要无情地揭露这种思想观点的真正右倾机会主义的实质。有三个原因使德国的极左派同他们在法国的右派同伙相互接近起来。在这里，我们要提醒同志们：极左派今天的这些右派同盟者——苏瓦林、罗斯默、莫纳特——当初也曾经站在法国工人运动的左翼。

这三个原因是：

第一，他们不相信共产国际；第二，他们不相信我们革命的力量；第三，他们对本国的党缺乏信心。

就拿苏瓦林对待共产国际的态度来说吧。在他心目中，没有一点光明之处，到处都是漆黑一团，危机四伏。甚至在最近时期，在大家公认我们共产党做出了巨大成绩的英国,失败主义者苏瓦林也只看到了阴影,这反映了他自己的颓废情绪。把这种情景与我们在这里听到的鲁特·费舍、乌尔班斯、汉森的言论相比较,还是那些缺乏信心的论调,还是那些意气消沉的人们的处世哲学,对于他们来说,向共产国际猛袭过来的右倾洪流的幽灵,仅仅是从思想上掩盖着向他们自己涌来的怀疑主义的洪流。鲁特·费舍吓唬共产国际,说共产国际必然要向右转,要"布兰德勒化"。可是,为什么鲁特·费舍不想指出这种右倾危险的具体地点呢?因为按她的分类法,右派不在它发源的地方,例如,洛里欧在法国,凡不属鲁特·费舍—汉森和乌尔班斯集团的我们的世界共产主义运动都是右派。苏联共产党是右派,现在的整个德国共产党是右派。而鲁特·费舍,您扮演了共产国际救世主的角色!您不要笑。您险些埋送掉德国共产党,您在德国共产党里留下了什么呢?在鲁尔这个影响最大的组织中,只留下了4000名党员。在您之后,弗洛林同志经过了几个月时间才使党员人数增加了一倍多。现在,我们党内组织了9000名工人。我们出版刊物的订户也增长了一倍多,由您在的时候的15000订户增至35000订户。当然,这个成绩还很小,我们不能夸耀。但是,这个成绩说明党能够逐渐克服您为党留下的悲剧性的局面。此外,像在柏林的著名的西门子康采恩这样大的企业里,您在我们的党组织中做了些什么呢?在这里,也是在您的领导下我们失去了阵地。在十月公开信后,经历了最艰难的党内危机之后,没有您,党在柏林最近的市政选举中获得了4万张选票,而与此同时社会民主党却丧失了15万张选票。在您主管德国共产党的时期,您能举出很多这样的、尽管是不大的成绩吗?还有,不就是您,鲁特·费舍,把自己的代理人派往欧洲各共产党,比如,将卡茨派去捷克代表德国共产党,从而败坏了德国共产党在共产国际各兄弟支部中的名声吗?您逐渐在德国失去了阵地,但是,您作为典型的知识分子,在德国已感觉过分狭窄,您已经在梦想着夺取共产国际了。直到现在，德国共产党的无产阶级核心和领导才赢得了这个真正强大的按其成分是工人党所应有的威望。

德国极左派同法国的右派分子思想上接近的第二个原因是他们对俄国革命态度的一致。苏瓦林在纪念俄国十月革命八周年的文章中对争取俄国无产阶级持怀疑态度。右派分子玛尔塔·比托附和苏瓦林的意见，声称十月革命辜负了对它的期望，没有建立"社会主义的秩序"，说十月革命在破坏性工作方面很强大，说"对国内战争的崇拜"还主宰着十月革命。在列宁去世时，苏瓦林写道，这个坟墓使他想起"达美尔兰①或马霍默德②的坟墓，而不是一个工农领袖的坟墓"。为了证实我们在这里所指的是暹罗双生子③，只要不把这些话孤立地去比较，而是把它们同德国极左派分子关于苏联、关于苏联共产党的一贯言论相比较就足够了。科尔施教授重弹资产阶级报刊上"红色帝国主义"的老调。苏瓦林关于达美尔兰说法的厚颜无耻的无赖行为在政治上与从东方到西方的关于"红色达美尔兰"的说法有什么区别呢？当鲁特·费舍造谣说苏联要加入国际联盟的时候，她所追求的政治目的是什么呢？她企图使柏林的工人相信，苏联和苏联共产党已今非昔日，它们已蜕化变质了，它们已纳入了泛欧资本主义政治的轨道。由于对苏联和苏联共产党在共产国际中作用的这种估计，提出了一个与苏联共产党的农民共产主义相对的特别的、现代的"西欧共产主义"的概念。这些人没有觉察到，他们的方针反映了"西欧"资产阶级洛迦诺的方针，他们以及他们"左的"言词是资产阶级政治用来对付苏联工农群众的武器，正如同法国的苏瓦林是掌握在法国资产阶级手中一样。

---

① 即帕木儿，欧洲人称为达美尔兰。——译者注
② 即穆罕默德，欧洲人称马霍默德。——译者注
③ 两个形影不离的朋友。——译者注

第三个原因——对待本国党的失败主义。自己国家工人运动中分裂出来的那种集团的客观情况本身造成了失败主义情绪的土壤。不管党去做什么事，总会是一团糟。这个集团将一心窥伺着党，等待党犯下的每一个微小的错误，以便再度提醒自己叫嚷党内发生了"悲剧性的急转直下"。这个集团无论在法国还是在德国都是在利用困难进行投机。而这是它唯一的政治资本，它打算靠这个资本的利息维持到较好的时光。共产国际应该使德国鲁特·费舍和法国右派分子的投机活动有个限度。

同志们，我想再就乌尔班斯同志的发言，即他对斯大林同志的攻击说几句话。乌尔班斯声称，斯大林在德国委员会公开说过他不信任鲁特·费舍。乌尔班斯问道，从什么时候起俄国领导同志颁发了信任和不信任的特许证。乌尔班斯强调说，这在列宁时期是不曾有过的。而我倒要向乌尔班斯提出另一个问题。从什么时候起共产国际被置于这样一种局面：它要判断共产国际执行委员会候补委员鲁特·费舍的真正的观点，只能在德国共产党中央委员会得到了确凿的书面材料证明鲁特·费舍迄今所发表的声名完全是一派胡言之后才行。以前，我们一直有一种风气：所有同志在共产国际面前都能坦率地维护自己的观点。请回忆一下第二次、第三次代表大会的情况。当时，有极左倾向的意大利的同志们在代表大会上极力反对列宁同志。那时，进行的是公开的思想斗争，而不是两面派活动。我们有权说不信任鲁特·费舍，因为她企图在共产国际中进行两面派活动，列宁在世时没有这种政治流派。现在，需要彻底将它烧毁。我们的风气中不曾有过围绕法庭上评判马斯洛夫行为那种激烈争吵的事情。当布兰德勒在法庭上坚持错误的、不正确的路线时，党和共产国际在资产阶级法庭面前斥责了布兰德勒的这种路线。国际监察委员会承认，马斯洛夫在资产阶级法庭面前的表现不像一个革命者应有的表现。数百名在德国监狱里服苦役的普通工人都可以教给马斯洛夫在审判过程中一个革命者的基本道德标准是什么。党若对马斯洛夫在法庭上的行为缄默不语,那将是犯罪。在这方面,布尔什维克共产党员不可能有两种不同的评价。然而,为什么马斯洛夫在法庭上的不体面的行为能意外地受到极左派汉森和鲁特·费舍的拥护呢?他们在共产国际的哪些左的传统中能找到为这种严重的右倾机会主义的行为辩护的理由?而你们却把这称做革命的立场?不,同志们,你们完全迷失了方向。你们越快摆脱这个泥潭,公开承认自己的错误,对你们就越好。任何一个工人都不会相信你们赞成马斯洛夫在审判过程中的行为是在捍卫革命的立场。我们把几乎与马斯洛夫一案同时发生的在波兰被波兰资产阶级枪杀的三个波兰无产者希布纳、卡涅夫斯基和鲁特科夫斯基的老的革命传统同"你们的新传统"相比较。我们不怀疑我们德国共产党和共产国际其他支部的广大党员群众会发表意见赞成什么样的立场。

奥格尼亚诺维奇(南斯拉夫):

我代表南斯拉夫代表团,表示同意在扩大全会上发言反对极左派分子的突然袭击和他们的失败主义情绪的那些代表们的立场。极左派不是第一次在国际范围内表现出来。但是,像这种没有任何原则性行动纲领和没有任何大纲的极左派别,我们还不曾见过。我们应当肯定地说,在这个派别中起决定性作用的有两点:完全缺乏思想的明确性和不相信共产国际能够胜利。

正如根据布哈林同志建议通过的决议中所正确指明的那样,我们这里有一种危险,使人想起德国共产主义工人党①的危险。我们应该尽全力去克服这一危险。决议中也指出了一个正确的基本点,如果说极左分子的宣言中谈到了反对德国共产主义工人党倾向的斗争,那么,我们仅仅把它当做是一种手腕。极左派别在全会上没有说出她想要什么,她的

---

① 德国共产主义工人党是德国共产党中分裂出来的一个小组。

基础是什么，但我们可以肯定下面一点：这些极左分子暴露出对现时代的稳定抱有悲观情绪。我们知道，他们为什么没有发表意见。他们知道，他们公开发表极左派言论会遭致失败。他们十分清楚，德国共产主义工人党和博尔迪加的企图已遭到彻底失败，若再在这方面发表公开言论必将遭到同样的命运。他们已经感觉到共产国际思想上的强大力量，因此，就连比所有其他人都讲得更坦率的肖勒姆同志都没有提出纲领，因为他知道，一旦提出了纲领，必将被共产国际打个粉碎。他们的倾向表现在统一战线问题和工会问题上，但是，极左分子所特有的失败主义情绪说明，与极左倾向相反，他们非常接近右派分子。

在我们自己党里有很严重的右的倾向：例如，右派分子不同意民族问题的政策，客观上赞成大塞尔维亚帝国主义。在农民问题上也表现出右的倾向。

在共产国际的十月公开信问题上，他们也声称，公开信证实了共产国际向右转变。而现在，最右的分子在工会和农民问题上也开始采取极左的立场。

因此，我们看到，我们南斯拉夫的右派现在也在玩弄左的政治——极左派现在正时兴。这也表明，这种失败主义的极左派别有基础，它能将右派分子团结在自己的周围。如果说博尔迪加同志在这里与某些极左派分子脱离了关系的话，那他总还是曾经帮助过他们进行反对共产国际的活动。很可能，博尔迪加同志在这里的发言是有着最美好的意图的，然而，客观上他却帮助了极左派进行隐蔽的斗争。

如果说鲁特·费舍同志攻击中央的活动的话，那么，应当向她提出一个问题：她为贯彻十月公开信和为改进我们党的发展做了些什么工作？而如果说公开信得到了贯彻，党有了进步，那么，这一切完全是克服了鲁特·费舍给中央和整个共产党制造的困难和障碍而取得的。共产党克服了极左分子制造的困难和破坏，最近时期取得了相当大的成就，现在，应该争取完全消除派别以便通过这种途径有可能进行顺利的斗争了。

南斯拉夫共产党进了顽强的反对右派的斗争，现在，南斯拉夫共产党声明：南斯拉夫共产党完完全全支持在国际范围内开展反对极左派的斗争。在这一斗争中有助于共产国际的是欧洲工人明显的向左转和革命化，共产国际完全能够战胜这些失败主义的极左倾向并且带领无产阶级去参加革命斗争。要进行革命斗争，就不应该有像鲁特和马斯洛夫这样的一些"领袖"，而如果他们继续坚持进行反对共产国际和俄国革命的失败主义斗争的话，就要去反对他们。

季米特洛夫（保加利亚）：

保加利亚代表团完全同意德国问题的决议案。这个决议案完全符合全会的政治提纲的精神。我们认为，当前，德国党内最大的危险是极左派危险，它阻碍着党作为一个群众性的布尔什维克党向前发展。这个危险无论如何应在近期内彻底克服。应当永远结束鲁特·费舍—马斯洛夫—肖勒姆集团的非无产阶级的两面派的破坏性的政策。这是德国党向正确方向进一步发展的不可缺少的前提。当前，德共中央起领导作用的工人小组应当得到共产国际各个支部的大力支持。

博尔迪加和汉森同志硬说共产国际在向右转，说共产国际拒不进行反对右派危险的斗争。我们坚决驳斥这种说法，这样说是毫无根据的。以法国、捷克斯洛伐克为例，那里的主要斗争正是反对右派分子的，这清楚地表明，他们的说法是毫无根据的。还可以举保加利亚为例。恰恰是这个"右倾"共产国际帮助了我们尽快地较容易地克服了我们党的致命的右倾错误。这个错误是：1923年6月9日资产阶级政变反对斯坦博利斯基农民政府时，我们党的领导采取了中立的态度。

而现在，在遭受了惨重失败之后，保加利亚共产党内的直接危险是右倾取消派倾向。我们要把右倾危险当做主要的危险来反对。在这一斗争中对我们进行无条件帮助的是共产国际，而首先是苏联共产党。

同志们，现在，在全会闭幕会上所发生的一切完全清楚地表明，我们面临着**一场来自小资产阶级的、知识分子的极左派集团有组织地蓄谋破坏共产国际的统一和布尔什维克性质的活动**。这些集团以最不体面的办法利用俄国问题企图在国际范围内联合起来反对共产国际。（喊声：对！）整个共产国际应坚决地起来反对这种蓄谋并保持自己的革命统一和自己的布尔什维克性质。**我们深信，德国、意大利和波兰的真正的左派工人不会同鲁特·费舍、肖勒姆、博尔迪加和多姆斯基在一起，而是同共产国际、同经过革命斗争考验的苏联共产党一道前进。**（掌声）

博古斯基（波兰）赞同波兰代表团有关德国问题讨论的宣言。

波兰代表团关于讨论德国问题的宣言

波兰共产党代表团完全同意德国问题委员会的决议案对极左派倾向以及对尚未根除的右倾危险的评价，代表团声明：

1. 在对待以多姆斯基为首的极左流派上，我们代表团仍然坚持在讨论共产国际执行委员会报告时所持的立场。

2. 我们代表团认为，极左派分子反对德国问题委员会决议案的发言说明了来自极左一翼威胁着共产国际的危险。这个极左翼企图破坏共产国际及其各支部之间总体说来，尤其是目前十分必要的统一。

3. 极左分子近来的发言表明，他们打算继续进行反共产国际和反布尔什维克的活动。

4. 多姆斯基在全会开始时承认了他所犯的许多错误，这并不意味着多姆斯基已经认真地修正了他的极左路线，也不意味着他已经完全和无条件地转到了共产国际的立场上（这个立场也是符合波兰共产党第四次代表会议决议的)。相反地,他企图将问题由路线转到个别的错误上,实质上就是掩饰基本问题,我们把这种做法叫做波兰式的两面派手法。

代表团认为,多姆斯基同志不仅没有使自己与国际极左派对立起来,而且,我们深信,现在,他已经同意国际极左派的观点了。正像多姆斯基同志六6月份反对共产国际和我们各兄弟党支部的发言是与国际极左派集团有密切关系一样,他现在的立场实质上也同样是在支持这些集团。

5. 波兰代表团将一致同意委员会的决议案。

台尔曼(德国):

同志们!昨天,就德国委员会报告展开的讨论表明德国问题在国际范围内具有多么重大的意义。德国党不久前的作用,近几周和近几个月通过的决定、德国委员会的决议和执行委员会扩大全会对这一问题的讨论应当影响到整个共产国际的发展。在昨天和今天的讨论中我们看到,所有主要党的代表的发言都表示赞同德国委员会的决定。另一方面,极左派居心利用德国党内的分歧为他们国际范围内的派别利益服务,他们自始至终在搞突然袭击。

我们回忆一下第三次世界代表大会时的情况,当时,列宁发言反对那些刚经过战火硝烟的过分性急的革命者(在德国的三月行动之后,捷克斯洛伐克大规模的战斗之后,意大利暂停企业斗争之后)。列宁同志当时就曾提醒大家注意相对稳定的问题。当时的反对派有一个众人皆知的为自己辩护的理由:它刚从战火中来,它还不了解当时的情况。相反,现在的"左的"反对派是资产阶级思想和市侩作风的反对派。

如果反对派的方法为共产国际普遍采用,那么,共产国际就会被破坏,就会垮台。因此,不是只有德国代表团反对导致德国党瓦解、阻碍党发展的集团。

昨天，由极左分子发动的有组织的派别的突然袭击以及他们所采取的方法的性质说明，这个集团是无原则的，是软弱无力的。

鲁特·费舍—肖勒姆—乌尔班斯—恩格尔集团声称，他们拥护季诺维也夫同志报告和提纲的立场，这个提纲不仅是季诺维也夫的提纲，而且也是俄国代表团的提纲，或许还是整个全会的提纲，可能博尔迪加同志不这么认为。

这些同志耍两面派手法，一方面，他们声称同意季诺维也夫同志的提纲；而另一方面，他们却反对德国委员会通过的政治决议。

同志们，德国委员会的决议和季诺维也夫同志的提纲是统一的不可分割的整体。决议是德国委员会经季诺维也夫同志赞同而通过的。同志们，可以耍这种两面派手法吗？可以将德国问题的决议同季诺维也夫同志的提纲割裂开来吗？德国代表团在全会上批驳了这种两面派手法，同时指出，极左分子企图非法利用身为共产国际主席季诺维也夫同志的名字。

此外，我们看到，极左分子企图在其他方面制造矛盾。有些极左的同志甚至达到这种地步，他们利用联共（布）第十四次代表大会上所产生的矛盾，把这些矛盾转移到共产国际来。乌尔班斯竟然敢于向斯大林同志发动进攻。我们不知道，乌尔班斯同志在这里是以谁的名义发言，我们不知道鲁特·费舍和其他同志是否同意他的意见。但是，我要以德国代表团和整个德国党的名义声明，我们完全同意联共（布）中央总书记斯大林同志的意见。（掌声）

我们声明：向俄国党发动的突然袭击不仅是激烈地反对俄国党，而且也是反对共产国际，因而也是反对西欧的革命。

此外，我还要声明，极左派同志们的突然袭击不会动摇德国党和其他支部同联共（布）的团结，这方面的一切企图都将遭到失败。有这种企图的人必将由此而自我毁灭。

我想说一说在这个讲台上代表德国党发言的一些演说家。关于鲁特·费舍同志，这个人物简直不值得费唇舌：这与这个讲台是不相称的。整个全会猛烈地谴责鲁特·费舍的政治立场和所作所为。我们看到，她的两面派手法、她的缺乏代表性、她的派别手法不仅说明她的政治修养水平之低，不仅意味着她的失败，而且意味着她的整个集团的失败。

我要谈一谈昨天乌尔班斯同志所作的声明。他以鲁特·费舍、马斯洛夫和他本人的名义发表的声明，在某种程度上，恩格尔也同意的这个声明意味着什么呢？

我认为，鲁特·费舍同志与肖勒姆同志的联系相当密切。刚才暴露出来的问题表明，是共同的派别利益将他们联系在一起的。

至于乌尔班斯同志的声明，这个声明是派别的纲领，是这些同志们想用来与政治决议相抗衡的另外一个政治纲领。

有人说，这是：1. 不明确的纲领；2. 反共产国际的纲领；3. 至于党内的方针——可以说纲领对德国党在十月公开信之后的发展方针作了完全不正确的评价。

恰恰是在德国委员会内，乌尔班斯同志——还有其他一些同志——回避回答这个问题：你们是如何对待极左分子和马斯洛夫的问题？

乌尔班斯（从座位上说）：

我们没有回避。

台尔曼（德国）：

不，你们回避了。这些问题提出来过，而乌尔班斯拒绝回答，而且在这里，在全会上仍然闭口不谈这些问题。

斯大林同志在德国委员会上声明，乌尔班斯同志应当在中央委员会和卡茨反革命集团之间进行选择。乌尔班斯同志在昨天的声明中进行了选择，他以另一条路线与德国委员会的政治路线相对抗。

但是，乌尔班斯同志仍然试图说明他完全同意政治方针，却不同意党内方针。

同志们，难道可以这样割裂开来吗？难道党内方针不是与政治方针有密切联系的吗？党内措施对党的发展具有决定意义。

乌尔班斯声称，党内方针将工人们推向共产主义工人党。德国代表团一直支持这种意见：恰恰是这些同志将工人们推向了共产主义工人党，而最近的事件表明，这些同志使工人们产生了卡佩德主义者①的情绪。我们早在几个月前就曾经目睹了现在被开除的卡茨同罗森贝格、肖勒姆和其他人一起进行活动。在卡茨被开除之后，肖勒姆和罗森贝格同他分手了：新的分裂……而乌尔班斯却声称："罗森贝格接近中央委员会，很快他就要走向社会民主党人"。这意味着乌尔班斯也表达了马斯洛夫的看法，这个看法在我所引用的信中已有所流露，它归结为：似乎德国共产党正逐渐向纽伦堡、向社会民主党人靠近。乌尔班斯同志的这个声明是对中央委员会的指控，说明他对德国党的发展、对中央的政策全然不了解。

肖勒姆同志声称，今天就将决定其命运的决议，是十月公开信的继续。当然，决议是十月公开信的继续，它适当采用了其他的方法和符合客观情况的其他路线。它是十月公开信的完善，因为我们已经前进了一步，进入了一个新的阶段。我们正在经历第二个阶段，我们努力巩固党的团结并更认真地去着手完成任务。应当向全会报告，屈内同志在德国委员会作的声明对其他支部也十分有意义。

屈内同志的声明宣称：

---

① 此处俄文为"каапедистские настроения"，未查到确切含义。——编者注

"在讨论中,迈耶尔同志指责肖勒姆同志,说他了解德国共产党过去的党员卡茨敌视党的行动。肖勒姆同志从座位上否认了这种说法是正确的。就这个问题我想发表点意见:

在同罗森贝格和肖勒姆谈话时,我曾说过这样的意见,在由普费姆费尔特出版的《行动》杂志上发表的对德国共产党中央委员会委员最卑鄙的告密行为和对共产国际进行的前所未闻的侮蔑中伤之词的许多文章,因为卡茨辜负了对他的信任,可能普费姆费尔特是知道的。肖勒姆回答说,卡茨不仅将这些消息透露给了普费姆费尔特,而且还是他亲手撰写的这些文章。我反驳说,卡茨不具备能够书写这种文章的能力,对此,肖勒姆声明说是我搞错了,文章的作者是毫无疑问的,因为他曾亲眼见到过卡茨撰写的文章手稿。

肖勒姆认为,没有必要向中央报告这桩前所未闻的背叛党的利益的行为。因此,我确认,迈耶尔同志所说肖勒姆对卡茨危害党的行为是知道的,这是完全符合事实的"。

关于这一点我敢说:如果说肖勒姆同志早在几个月前就已经知道卡茨为普费姆费尔特所编辑的并且在许多年前就公开反对过苏联、反对过共产国际和共产党的卡佩德主义者的杂志撰稿,而且不向中央报告,那么,这种行为就说明了肖勒姆同志对待党和共产国际的态度。肖勒姆同志在德国委员会的声明和他在德国委员会表决时的态度,以及他在这里、在全会上的声明表明了肖勒姆同志的两面派手法。因此,我们要结合这个政治声明向德国的群众说明,在本当支持党中央的危急关头,肖勒姆同志却帮助了资产阶级的代理人,从而,他本人也加入了资产阶级的行列。德国党将严肃地对待这一事件。

昨天,恩格尔同志在德国委员会和在全会这里声明,他还不能完全与卡茨断绝往来。一方面,我们看到恩格尔同意鲁特·费舍同志的意见;另一方面,鲁特·费舍对恩格尔的意见表示默认。我们看到,在这里暴露出来的卡佩德主义者流派之间的密切联系。卡茨是资产阶级的代理人；因此，我们在这里多次提到的鲁特·费舍通往资产阶级代理人的金桥已经搭好。

我们将要根据通过的政治纲领进行顽强的思想斗争，我们要努力消灭一切有害于德国党的毒素。我们要争取每一名党员。我们要顽强地斗争，使我们的党团结起来，使它坚如磐石。昨天，我们耳闻目睹了一些分歧意见，说在相对稳定时期应当特别注意右的危险。党中央能够在反右和反极左派的斗争中获胜；我们有足够的力量，不仅在目前时期能够起来反对右的危险，而且能够改正和消除这些危险。关于迈耶尔同志在委员会和全会上的立场，我们声明：我们要同他合作，但是，要真诚地合作，不要耍外交手腕。迈耶尔在各种场所，无论在德国委员会还是在全会上都曾谈过（在一定程度上是以外交的形式）对中央委员会总的支持态度。针对迈耶尔提出的条件，我们则提出另外一些条件。如果他准备与中央合作的话，那只能以下列条件为基础：1. 与中央合作不要外交手腕；2. 同我们一起反对一切至今还拥护布兰德勒的同志；3. 同中央一起反对右的危险；4. 消除一切派别和派性的残余，公开同一切不愿这样做的人进行斗争。在这一基础上，同迈耶尔同志进行合作是可能的。

至于极左派集团，我认为，只有从党的本身进行的严肃的顽强的斗争过程中才能克服它。我们已在德国委员会声明过，我们要求正常化，我们要吸引一切工人分子来参加严肃的积极的合作，我们要同极左派的同志们进行同志式的争论，但是，不同鲁特·费舍同志争论，因为她表明，同她争论确实是不值得的。不仅如此，我们在德国还应反对鲁特·费舍，因为情况表明，她不仅是中央委员会的敌人，而且也是德国党的敌人。如果我们想要有一个强大的群众性的共产主义运动和一个强有力的共产党，我们就必须进行这场严肃的思想斗争直至最终消灭鲁特·费舍同志。因此，我们同意库西宁同志的意见，他在这里直言不讳地声明：如果鲁特·费舍今后仍将坚持她自己的做法，那她必将被开除出共产国际。我们的态度是：在共产国际内没有资产阶级代理人的位置，我们不仅在这里，在执行委员会的扩大全会上声明，而且为了今后的工作，我们还要发出警告：我们要结束形形色色的鲁特·费舍的派别是为了在党的发展中前进，为了沿着德国共产党真正统一的道路前进。

统一的共产党万岁！

统一的共产国际万岁！（掌声）

布哈林作总结发言

作为报告人，我的处境相当为难，因为，一般性政治辩论——说实在的——本应早一些开展，而实际上却发生在德国委员会的报告之后。因此，在结束语中，我不得不涉及到各种各样的问题。

首先，谈几点初步意见。博尔迪加同志在这里的讲台上多次谈到，在共产国际里存在"思想恐怖"。我们大家在昨天有机会看到，实际上，我们这里存在什么样的"思想恐怖"。在这里，宣读了各种各样的纲领，发表了各种不同的声明，各个集团在这个讲台上发表了自己的意见。我不知道，还能提供什么样的更广泛的言论自由。

德国党的，或者更正确地说，这个党内的个别集团和小组所采取的示威性的袭击所追求的是库西宁同志正确地阐述过的目的。这一目的在于制造一个共产国际内存在危机的假象。然而，我则认为，我们不应该自己吓唬自己。因为实际情况如何呢？在有关的一些党内演讲人发言的力量与实际力量对比之间存在着很严重的不一致。这一事实决定着整个局势，因此，说共产国际内存在很大的危机，或者说德国共产党内存在危机，将是十分可笑的。还有一个例证说明我们的恐怖或来自德国党中央的恐怖是臆造出来的。德国党中央做了些什么呢？难道中央在这次全会上不能有一个绝对一致的代表团吗？当然是能够的。但是，正是为了全面地阐述问题，德国共产党中央有意识地使那些本身并不起多大作用的集团和小组的代表有机会参加政治讨论并在这一讲台上陈述自己的观点。

现在，我再来谈谈博尔迪加。如果这样来组织讨论，还谈得上德国党内或共产国际内有什么恐怖吗？要知道，如果愿意的话，可以不邀请任何一个反对者到这里来。然而，实际做法与此恰恰相反，这是为了表明德国共产党中央没有任何理由害怕在莫斯科的共产国际执行委员会的扩大全会上公开地讨论复杂的问题。

博尔迪加同志在他的讲话中多次提出个别国家支部和整个共产国际中党的民主问题。没有必要过多地谈论这个问题。在季诺维也夫同志的提纲，以及在特别决议中，我们主张，在各个支部中、在共产国际内部及其领导机关内部，直至共产国际与各个支部的相互关系中实行党的民主方针。这一方针应比以前贯彻得更坚决。因此，问题仅仅是要在实践中去解决。但是，我要借此机会指出我们与博尔迪加同志以及其他同志——例如与肖勒姆——之间对如何理解什么是真正的党的民主之间所存在的分歧。在这个问题上我再说几句话，如果大家建议我们撤销和召开一次"集中的"党代表大会，在大会上，每个组织可以发表自己的意见并选出新的党中央，那我认为这是完全错误的方法。同志们这样发表一番议论，却不了解党内领导的连续性。博尔迪加同志把事情想象成这样：在某一个时刻，不管什么样的党的领导、党的机关、领导的积极分子，都一律不变存在，所有这一切必须重新从头做起。只存在充分的言论自由和各个集团、各种派别的完全自由等等，而由各派别势力在这一片混乱之中产生出党的代表大会和党的中央。博尔迪加又会向这个中央提出完成相同程序的任务，如此循环往复，其结果是：任何党、任何党的机关、任何连续性等等都谈不上。这样提出问题是不允许的，这与列宁主义毫无共同之处。在党的过去和未来之间会出现一个时间的鸿沟，这种情况我是不能想象的，博尔迪加和其他一些同志所设想的是不可思议的。

我谈谈辩论的问题。我认为，博尔迪加和德国反对派的一些同志极力想就是否可能进行辩论的问题持续地展开辩论，但在实际上，他们不希望在实质问题上进行任何辩论。下面举一个小的例证。在我发言谈到科尔施和谈到鲁特·费舍的信件之后，博尔迪加在德国委员会上声明，必须对这个问题进行研究并对其进行严肃的辩论。但是，为什么你们不进行辩论，博尔迪加同志，为什么你们不说引文是不正确的，我们歪曲了引文，或者说同志们这样讲是对的，或者说我们错误地理解了你们的声明。我们建议你们对此问题进行公开的辩论。我们敢肯定，科尔施在说"红色帝国主义"时，表现出了取消派的倾向，他是资产阶级影响无产阶级的导线。鲁特·费舍写"关于左翼的空谈"或处于"错误道路"上的共产国际时，这也是同一种取消主义的表现。请你们就这些问题的实质同我们辩论吧，请解释一下，是我们正确还是你们正确，请吧，请辩论吧，我们向你们提供这样做的充分条件，我甚至挑动你们参加这种辩论。但是，对你们来说，最好把辩论局限在进行辩论的可能性上。这实际上，借用鲁特·费舍的术语来说是隔靴搔痒，是性交中断。这样的辩论毫无意义。我们丝毫不想为了辩论而辩论，不想进行毫无内容的辩论，不希望空洞的鹦鹉学舌式地重复"辩论"二字。

博尔迪加提出的关于引文的重要问题也是如此。怎么样去揭露和反对错误的观点呢？借助于引文？我想是的！如果不存在其他的可能性，那我们就应当采用能暴露有关同志灵魂中腐朽东西的一切手段。我认为，这是正确的方法和正确的策略。这些同志中的一些人拿出这样一些论据："是啊，我们在某一封信里写过一点什么东西，但这仅是一句话，一个整体中的一个句子。"但如果（我举一个难听的例子）某个同志，或者像卡茨那样原来的同志给警察局只要写一句话，那么，这句话就足够把他开除出党了。在政治上也是同样的。可以写很短的一句话，甚至写一个字，但如果它们暴露出错误，那就应同它们进行斗争。但若不引用有关的引文，那怎么去进行呢？当然，是指具有一定意义的引文，这里指的是具有十分明确的政治意义的引文。然而，值得注意的是，博尔迪加同志和其他人只字不提我所引用的引文的内容。我们建议在这些问题上展开公开的辩论，就是主张在共产国际内有真正的党内民主，因为这种辩论是党的民主的最重要的组成部分。如果你们拒绝辩论，如果你们对引文中所包含的问题实质隐瞒自己的意见，那你们会反对在这个会议上公开讨论所有这些问题。难道这还不清楚吗？我想是十分清楚的。而对可能性进行议论，则只是空话连篇。

  博尔迪加同志提出反对右派斗争的问题也同样是不正确的。他在这里巧妙地谈到地点等等。但问题在于，我们应当具体地还是抽象地开展反对右派的斗争，我们应当反对右派的某种精神实质还是反对那些暴露出右派倾向的活生生的人。在这个会议厅里，只有一个"恩格尔"（译作安琪儿），但这也只是一个姓，而不是上天的神灵。右派通常是在一定的时间和空间里在某些党内存在的人物。我个人认为，应当反对具体的右派，而不是反对抽象的精神。博尔迪加提出这个问题是完全符合他的思维方式的。他总是独自在幻想和抽象概念的王国中行动，一旦碰到具体现象，便急忙躲开。他在具体事物的领域中躲避具体的斗争。在研究具体的右派危险时指出地理上的"地点"：巴黎、汉堡、柏林等等，这是可笑的吗？一点也不！相反，如果忘记了巴黎、汉堡、柏林等等，而硬说应笼统地反对右派，那才是可笑的。但那样斗争是不行的。可见，可笑的是博尔迪加的论据，而不是那些指出地点，即指出这种或那种危险确切表现在什么地方的人。

  有些同志在这里谈到在俄国问题上产生的危险。我认为，有责任对这个问题作几点说明。我认为，在谈到这个问题时，甚至连博尔迪加同志，可能还是第一次，不是特别大胆。是否应当这样来理解他的讲话：他要求立即进行辩论！至少我不这样理解。他声称共产国际无力讨论这个问题。他只限于核实事实。您建议做什么，博尔迪加同志？我们非常想知道。我不明白，博尔迪加同志要达到什么样的目的，我请他私下向我解释。起初他回答说——这是他的建议发展的第二个阶段——他主张有原则的辩论。但是，他"当众"则解释说，原则上，无论什么都可以赞成，于是他声明，他总体上是会赞成辩论的。这是他的观点发展的第三个阶段。最后，在我们面前的桌子上已经摆着第四个阶段：博尔迪加同志建议今年夏天召开一次专门的世界性的代表大会来讨论苏联的政府政策和革命无产阶级的政策之间的关系问题。这已经是有点具体化了，博尔迪加告别了抽象概念的领域，降到地面上来了。不过应该指出，他这样做是出于我向他以具体的形式提出问题所造成的压力。

我们中央以及我们代表团——这里，我是以苏联共产党中央委员会的成员，而不是以德国委员会主席的身份说话——的意见是：如果大家都要求开展这一辩论，那我们就同意并将投票赞成辩论。我声明，如果有必要，我将再次声明，如果外国同志要求辩论，我们准备投票赞成开始并展开辩论，但不要拿责任的问题当儿戏。请允许我们公开向您声明，您也将对这次辩论负有责任。请不要怯懦。

肖勒姆（从座位上说）：

听不清楚。

布哈林（苏联）：

肖勒姆同志，我只好在这里只同您争论了：这就要引起人们对您的特别注意。我再重复一遍，如果您敢负责，敢发起公开辩论的倡议，我们将投票表示赞成。但我们不能允许您拿这个问题当儿戏,我们不能说是苏联共产党把您的嘴捂住了。我们不允许您玩这类花招。我们公开地向您说过我们的愿望和我们的意见是什么,但到此为止了。而如果共产国际的一些主要支部认为换个方式更有利,我们就准备在共产国际中就进行辩论的事进行表决。关于这一点,我正式声明:"您不允许我们(带引号或不带引号)进行辩论",同时又没有胆量要求辩论,从而暴露了您自己的怯懦。

德国反对派的同志们和其他一些人是怎样谈论这个问题的呢?他们声称:我们赞成季诺维也夫的提纲,但反对德国问题的提纲。尽管到这里出席会议的同志们都十分清楚地知道,整个俄国代表团完全了解了所有的提纲,尤其是季诺维也夫同志和德国委员会的提纲,知道季诺维也夫赞成这些提纲,当然,也知道他在这个讲台上会肯定什么意见。这种花招的目的何在?鲁特同志亲自签署过意见,她发现俄国问题的辩论是不合适的。但随后她又以似乎禁止辩论为由开始玩弄花招。难道这是诚实的政治路线吗?鲁特·费舍在摇头。鲁特同志,您可以摇头和做别的动作。我坚持我的意见,这是花招,而且是怯懦的花招。

法国代表团内发生了这样一桩意外事件:代表团要求与俄国代表团委员会共同召开一次会议。我们同意了,共同的会议举行了。在这次会议上,发表了无数的声明,而且有的声明企图利用苏联共产党内的分歧意见。俄国代表团一致发表了反对的声明,坚决地驳斥了利用这些分歧意见的企图。这是事实。这是我们在这个问题上的一致立场。

鲁特同志怎么做都行;她一只手签署意见说辩论不合适,另一只手却做了一个与第一个动作相矛盾的动作。当我引用科尔施同志完全错误的和反布尔什维克的说法时,鲁特同志庄严地声明:"我不允许自己进行挑拨,我在俄国问题上不发言。"然而她后来又企图利用这个问题。这叫做什么政策?

现在，我谈其他的问题。谈到德国共产党的生活，任何人都不能否认，在执行委员会的公开信发表之后，德国党内发生了某种转折。我想就这个问题谈一谈在这个大厅里坐着的极左派的"原则性"。昨天，许多同志代表极左派发了言。我们来总结一下，看看这些同志是怎样对待执行委员会公开信的内容的。我的朋友汉森是怎样说的呢？他说，他赞成公开信，我在我们挪威党中贯彻了它啊，谢天谢地，你贯彻了它！但是，肖勒姆声明说，他之所以投票反对德国问题的决议，正因为它是公开信的继续。

鲁特·费舍则明确地说，她赞成公开信，却反对这个决议。肖勒姆认为，公开信"把党出卖给了右派"，因此，他现在就反对公开信。因此，在肖勒姆看来，鲁特把党出卖给右派了。显然，每一个发表与其极左派同伙言论相反观点的发言人所说的观点都只是要利用形势。他们都是胡说八道。

现在，谈谈恩格尔同志。我不知道用什么话语来形容恩格尔同志这一出色的声明。

他说："我完全拥护鲁特—乌尔班斯声明的基本路线。"但是，他接着举出下列一些同他们的分歧意见：首先，"我坚决否决公开信"。不错嘛！怎么，公开信就是这么不值一提的东西？公开信阐述了政治路线和组织路线，因此涉及到德国政治的一些重大问题。鲁特同志赞成这封信，乌尔班斯同志也赞成。公开信包含了某些基本观点吗？我想是的。而且不只是基本观点，还包括一系列重要的个别问题。而恩格尔同志却说，他同意乌尔班斯声明的基本路线，但不能接受公开信。可乌尔班斯同志声明的核心正是承认公开信。共同的路线到哪里去了？可是，还有一些人不明白这其中充满矛盾。

我接着说。在速记稿第 54 页的鲁特—乌尔班斯的声明中我们看到："当前形势的困难，局部地加强了极左派的力量，并且使卡茨那样的公开的取消分子更容易耍花招了。"试问：如果揭露出了公开的取消派分子，那么，隐蔽的取消派分子在哪里呢？

鲁特·费舍（从座位上说）：
听不清楚。

布哈林（苏联）：
鲁特同志，我给您递上一面镜子。就在鲁特—乌尔班斯那同一个声明中，在分析左派所犯的错误时说："在左派总的政策中，不正确的是对反布尔什维克、敌视共产国际潮流的姑息纵容，这主要表现在，在法兰克福党代表会议上在统一战线策略问题上的动摇，特别是在工会问题上的动摇，同样，也表现在左派没有及时地与卡佩德分子划清界限，结果形成了对于领导党不健康的情况。"下面，我举出众所周知的恩格尔同志拥护乌尔班斯声明的声明。这里白纸黑字地写着："至于卡茨，我声明，德国共产党中央由于它在对待左派党员态度上的极其错误的策略，成为了主要的罪魁"。鲁特和乌尔班斯说："卡茨是一个公开的取消派"。在恩格尔的声明中却只字不提这一点，因此，他的问题模糊不清。确实，既然全都是中央的错，卡茨又与我们有何相干！在鲁特与乌尔班斯的声明中承认，左派的重大错误在于没有立即进行斗争和没有与卡佩德主义者的倾向划清界限，而在恩格尔的宣言中说："在极左派的问题上，我声明，卡佩德主义者的倾向在党内是存在的，但极左派是一些正直的共产党人和革命者。"这一切从道德的观点来说是好的，但我们是用政治的观点看问题的，对它是进行政治评价的。鲁特和乌尔班斯承认，他们的错误在于他们没有与极左派划清界限，而乌尔班斯同志却硬说：我完全拥护乌尔班斯和肖勒姆，但卡佩德主义者是一些好小伙子。这算什么？是对形势的有原则的评价吗？绝对不是。这简直是乱弹琴。一个声明与另一个声明互相矛盾，一个建议与另一个建议互相矛盾。特别有趣的是……肖勒姆同志的逻辑思维能力。

他在自己的第二号声明中谈到自己时说了如下一段话：我的错误"不在于我有卡佩德分子的倾向，我从来没有这种倾向"。接着，他举出一些证据。肖勒姆同志谈到自己可敬的人物并肯定地说他没有卡佩德分子的倾向，他的错误不在这里。然后，他补充了这点情况。然而，是怎样补充的呢？我请同志们深入理解他的话："我所犯的错误，"——他说——"在于停止辩论公开信之后，我没有立即同卡茨这样一些人断绝外部和内部的各种联系，因此，才偶然犯了错误，等等"。这里他谈到了他不愿放弃的那些政治见解。说真的，我一点也不明白。肖勒姆同志，您说过，您没有卡佩德分子的倾向。这是您的第一个论点。您的第二个论点是，您与卡茨这样一些人关系密切；您读到"同卡茨这样一些人的外部和内部联系"。您同这些同志的外部和内部的联系可能是什么呢？我希望您不是指时间与空间上的接近，也不是日常生活上的相互关系；这里指的是对卡茨的政治态度。假如您偶然与卡茨住在同一屋顶下或者同他一起散过步，那我们对此不感兴趣，而在政治声明中谈论这些，对不起，简直是愚蠢。但是，这里的问题是指肖勒姆同志同卡茨的政治联系。只能这样理解他的声明。然而，换句话说，这意味着您本身对卡茨有好感，您在政治上与他接近，您有卡茨倾向。随后，肖勒姆同志，您声明，倾向是友善的，紧接着您补充说，您不放弃您的政治见解。我请您自己在这一片混乱中理出个头绪。三岁的小孩子也会明白，肖勒姆同志的逻辑是站不住脚的。当然，这里问题不仅在肖勒姆同志美好的逻辑特征上，而且还在一系列的政治上的随机应变的手段上，这是与肖勒姆同志第一次在全会上的发言直到今天会议的演变有着直接联系的。这些人不敢公开地为自己的意见辩护，因为他们不敢也找不到正确的政治解决方法，他们甚至没有足够的勇气去承认自己的错误。需要有整个共产国际的压力使他们感觉到他们身上有某种腐朽的东西,那时他们才会像雨后的蚯蚓那样开始蠕动。

因此,认清了新产生的极左派,从乌尔班斯到恩格尔,我们便看到,在这一集团的某些部分之间存在着极大的矛盾。但是,也存在这样一些怪事:同一个人身上自身存在矛盾。这些矛盾体现了新产生的极左派思想上的崩溃。而这个正在瓦解的极左派认为——或者是伪装认为——应当从"机会主义泥潭"中挽救共产国际。这种极左派的急先锋只是令人好笑。

现在,谈一谈这里提交讨论的一些文件。比如,乌尔班斯和鲁特·费舍提交的一个最重要的反对派的文件。我敢肯定,这个提纲中所有正确的部分都是全盘从我们提纲中抄袭下来的。而凡不是抄袭的部分,在政治上都是毫无用处的。鲁特·费舍发表了声色俱厉的演说,认为在我们的决议中一切问题都被掩饰着,最迫切的问题根本未曾触及到。在谈到这个问题时,鲁特·费舍和乌尔班斯都说,我们决议的最大的缺点是,决议中未触及到普鲁士政府和我们对萨克森的政策。

肖勒姆(从座位上说):

关于这点,我从来没说过一个字。

布哈林(苏联):

我现在也没有说您。其实,你们彼此之间联系得如此紧密,以致很难将你们区别开来。我们同意写上一条关于萨克森的政策,我可以向全会建议。但是,请大家听一下,乌尔班斯和费舍对他们认为重要的问题是怎样解决的:

"议会运动与群众工作相结合,但是,重心始终应放在群众之中……而且我们应当善于利用像普鲁士、萨克森和柏林公社这样的形势,以便用事实向工人群众表明，中断与德国社会民主党中央联合的政策是必要的。"这就是全部。他们确实发现了新大陆："我们应引导群众，使他们摆脱'前进报的人们'。"这就是我们与极左派的主要分歧所在吗？这不很可笑吗？你们就是这样来想象德国政策的"最迫切的问题"吗？像这样的东西还不如不写。这只是一些老生常谈，空话连篇，对教育群众毫无用处。

至于其他问题，我敢肯定，只要作一些简单的比较就能相信，乌尔班斯同志的决议是抄袭我们的。对这种抄袭的方法只有一点要说明：鲁特·费舍—乌尔班斯集团忘记抄录鲁特·费舍信件中众所周知的部分。可惜，这最好用来做个对比，并向德国工人指出提纲中所宣布的和信件中所写的有什么区别：提纲中空谈对苏联的同情，信件中指出苏联被彻底粉碎；提纲中谈到统一战线的政策，信件中是鲁特·费舍的"性交中断"；提纲中是对共产国际的忠诚，信件中是"共产国际正在瘫痪"。如果把鲁特·费舍—乌尔班斯的提纲同信件中有关部分并列地排印出来并给德国工人看看，那将是十分有益的。那时，每一个人都将领略这个集团的原则，每个人都将明白这个集团为之斗争的是什么样的真正"革命的"、真正"列宁的"政治路线。

现在，谈谈左派和右派。在讨论政治报告时，我已提醒注意，我们对统一战线策略的贯彻是与我们从共产国际内清洗右派分子的同时展开的。我举过一些例子——特兰美尔党，埃克隆德等等。整个共产国际都不应忘记这一点；当时，我们对右派分子进行了大清洗。有趣的是，尽管多次要求，肖勒姆同志却只字不肯透露他对开除舍恩兰克时的表决态度。但是，我们来用一般的方式提出这个问题。乌尔班斯在昨天的发言中企图提出一种理论，根据这种理论，现在的右派危险要严重得多，因为我们正在经历一个稳定的过程；因此，必须处处下大力气去反对右派危险，至少这是企图一般地提出问题。总之，照乌尔班斯的意见看，在稳定时期右倾的危险要大得多。但是，让我们换个方式来看待这个问题。那么，在直接革命的形势下，极左的危险同样也总是主要的危险了？我认为，根据乌尔班斯同志的结论（他试图建立某种关于右派和左派危险的一般的理论），在革命形势下左倾更危险，而在稳定时期右倾更危险。但是，这绝对不符合实际情况。我举1923年的形势来看，这是大家都记忆犹新的。在这一时期什么危险更严重——右的还是左的？当然是右的危险，我们曾全力反对它。

不能笼统地用一般的方式来说明，革命形势下右派危险小一些，而稳定时期右派危险比左派危险大。我认为，这种笼统地按百分数来划分危险的理论是不成立的。在不同的国家中，这个问题取决于不同的因素，而我们共产党人的责任是具体地分析各个国家不同的形势。在革命形势时期，德国的右派危险要大一些，而现在，在稳定时期，德国的极左危险要大一些。然而，在同一个稳定时期，法国的右派危险比左派危险严重得多。这是正确的，而且也是完全符合形势的。这就是为什么说，我们的责任在于分析具体的形势，而不是空谈这种危险和那种危险。为什么我们认为德国现在的右派危险不像左派危险那么大？因为，在前一个时期，右派也被彻底打垮，我完全赞成这样的意见，左派在反对右派这一斗争中是有功绩的。否定左派过去的一切是完全不容许的，这在政治上是不对的，也不符合实际情况。但是，正因为整个左派总的来说很好地打击了右派，所以极左派的危险现在更大。那些认为德国右派危险更大的人不了解，他们这样一来就否定了左派的功绩。因为这些功绩何在？在于顺利地反对了右派，因此，右派危险减小了。但是，如果你们声明，这一斗争是不成功的，那你们就更加一笔勾销了左派的功绩，否则，它们的功绩何在呢？

乌尔班斯对问题的提法是愚蠢和庸俗的，这不是马克思主义的提法，因为马克思主义要求具体地分析形势，而这一点在我们这里一点迹象也没有。在法国,情况则完全不同,因为在那里,右派从来没有像在德国那样被打垮过。我们只是现在在法国才开始转入应当打击右派的形势。我们的最近任务之一,恰恰就在于要集中力量反对这一危险。应当考虑到不同的历史时期,区别不同国家的不同形势。你们则统统混为一谈,对你们来说,所有的猫都是灰的。你们可以上千次地重复,你们贯彻列宁的策略,你们是真正的马克思主义者,双料的马克思主义者,但这都是空话,因为你们不能对形势进行具体分析。你们来到这里,作了如此出色的分析并且敢于喊叫,说我们想要把党出卖给右派。我们持什么态度呢?我们说,具体形势一般地说蕴藏着两种危险。但是,这些危险——可以说——按照不同的比例进行分配,而这种比例是根据各个国家不同的条件和这些党早已经过的不同的战斗来确定的。你们不要任何的"地点",任何的具体情况,而只知道大声喊叫。但是,对我们各国党最友善的正是这种空话连篇、没有生动内容的论据。我认为,而且我是完全坦率地说,德国当前还存在这种弊病,在那里,还在按照死板的公式办事。只是到现在,才力图给这些词句加上真正的政治内容。

必须停止关于"极左派工人流血"的无稽之谈。有人责备我们,说我们"要极左派工人流血"。我们提出了什么建议?我们在决议中说,必须要说服极左派工人。决议中说了这点吗?是的,说了。可为什么你们硬说我们想推开极左派工人呢?谁对你们这样说的呢?为什么散布这种无稽之谈。这只能解释为:你们的武器库中没有政治论据,你们不得已只能借助蛊惑宣传。过去、现在和将来,我们都声明,我们在决议里写着:共产国际和德国共产党的领导认为,自己最重要的任务之一是使极左派工人回心转意。但是,要解决这一任务,必须同极左的倾向展开无情的思想斗争。我们公开声明,我们认为,最大限度的思想斗争,从思想上向这些倾向开火是必要的,我们不隐蔽这一点。我们站在必须为争取正确的政治路线而斗争这一正确的立场上,而伴随这一斗争所必然产生的,我们认为是次要的东西。

不要以为我们不懂得极左派工人的意义。我们十分懂得他们的意义,但是,我们不是蛊惑家,我们不想把工人们争取过来而迁就他们的偏见。相反,我们想争取工人,使他们提高到一个较高的政治水平上。一个想确实成为工人阶级的领导者的党的任务就在于此。当然,像鲁特·费舍这样的领袖是完全不懂得这一点的。她经常对我们说,出于担心右派危险,她做了这做了那,但她从来没谈过自己的原则性的路线。关于同新产生的极左派别在一起共事的可能性的问题,也是这样来解决。我已指出过,极左派没有任何政治路线。对于一个真正的革命者来说,政治是最重要的,这是政治路线,而这些人简直没有一点政治路线。

现在,我们来做总结。现在,反对派的基本核心——鲁特·费舍同志没有政治路线,而如果说有的话,那便是隐蔽的取消派的路线,鲁特·费舍同志在组织上已经变成最激烈的民主党人。然而,在这种情况下必须记住列宁的话:"谁轻信人言,谁就是白痴。"① 我们不是白痴,我们在经验中检验这些声明,而经验——众所周知——已表明鲁特·费舍是怎样的一个民主党人她在签署公开信时承认自己有民主的美德,但签过这封信后,她的民主趋势表现在哪里呢?真正的民主精神到哪里去了呢?大概要在两面派的花招中去寻找,借助于"私人"信件,或者是靠拒绝就微妙问题发表意见?准备实行正确的组织路线的证据何在?没有。鲁特·费舍最独特的是组织上的崩溃。谈到问题的道德方面,我个人完全同意斯大林同志的声明,他一点都不信任鲁特·费舍同志。我们的见解是以什么为依据的呢?依据事实,依据经验的资料。当说起鲁

---

① 在《列宁全集》中文版中未找到相关的引文。列宁在1920年2月19日在给托洛茨基的电报中说过:"如果我们迷恋于向西伯利亚长驱直入的蠢举,那我们就是白痴。"(《列宁全集》中文第2版第49卷第261页。)——编者注

特·费舍同志的时候，问题不是她什么时候欺骗了我们，问题是她什么时候说过真话。针对这第二个问题：鲁特·费舍什么时候说过真话，我可以问心无愧地回答：我不知道有过这样的时候。当然，我是指政治方面的真话，而不是指个人生活中的。如果是这样的话，那么，斯大林同志是否有权利公开地这样说，或者他应当按鲁特·费舍的方法去耍两面派手法，也就是说，他应当对鲁特·费舍本人说他不相信她，而在委员会则声明完全相信她呢？您希望是哪一种做法，费舍同志？您提出了信任的问题，斯大林同志给了您完全正确的答复。

当然，人是善于向不同的方向发展的。肖勒姆同志在这方面表现出特殊的才能，他在极短的时间内以不同的形式出现。可能鲁特·费舍经过一段时间会使我们相信，她的本性改变了，她不说谎而说实话了。那时，我们将在政治问题上——我再强调一下，我指的只是政治问题——以适当的方式来评价她。我在这里就不谈其他的一些问题了，比如说，在我们各个委员会起草公开信时和这之前讨论过的一些问题。当时暴露出多少卑鄙的行为和谎言，两面三刀的手腕，以及其他许多东西，但是，我现在不谈这些了。如果鲁特·费舍同志现在发笑，那我就要对她说：您恰恰像一只出了水的旱鹅①；您想说什么就可以说什么，您装作一副什么都不曾发生的样子。

现在，谈一谈德国共产党现任党的领导。乌尔班斯、鲁特·费舍与其他同志在声明和发言中敲起了警钟：党在现任领导的领导下要毁灭。这当然只是投机行为。必须永远牢记，在鲁特·费舍的领导下，党几乎总是遭受失败。同时，甚至像肖勒姆同志那样"拥护"现任党中央的人对党内当前的情况是怎样说的呢？在发展的第一个阶段，他在这个扩大全会上声明说："问题是，经过很长的一段时期，党首次——我甚至

---

① 俄语中鹅有老奸巨猾的骗子之意。——译者注

认为——自建立德国共产党以来,首次发动和领导了广大的群众运动。"但是,请问,根据什么材料来评价领导?当然,首先是根据领导的成功和失败。如果现任中央的敌人说,在德国共产党历史上,共产党首次领导了广大的工人群众,那么,仅仅这一个证明就有足够的分量了。左派的战略是什么呢?它与之进行斗争的,正是在其领导下党首次成为劳动者的领导者,无产阶级领袖的那个中央。这说明什么?它说明,左派是阻碍中央开展争取群众工作的因素。左派反对的正是它自己指出的现象。它反对的是首次做了点工作的中央。因此,左派是争取群众道路上的障碍。如果我们对比一下鲁特·费舍领导的中央下遭到的失败和连肖勒姆同志也只得承认的党的现任领导所取得的成绩,结论就一目了然了。共产国际应当大力支持现任领导,支持它清除道路上的障碍。这就是我们在德国当前形势下得出的策略结论。

这是不是说德国共产党现任中央是很理想的,它的工作也是很理想的?现任中央还不够强大,思想工作还做得不够,民主尚未充分发挥。在所谓的大的政治领域,在工会工作领域和宣传方面,到处还存在着不少缺点。要知道,我们懂得的马克思主义不多,正如我们的朋友台尔曼同志通常所说的那样,看事物也应该在"过程"中去看。发展的过程和进程正是在于无法把目前党的状况与鲁特·费舍时党的状况进行对比。无论在党的领导方面,还是在党对待无产阶级方面,我们的情况,照肖勒姆同志客气地报道,是前所未有的。难道左派想支持这个中央吗?不,它不想支持。如果德国反对派在其组织工作方面有什么政治路线,那倒还不错。可是,他们没有政治路线。没有正确的纲领,没有实际的政治路线,他们只能依靠个人,依靠局势。这种情况是令人不能忍受的。应当尽快使德国共产党健全起来。我认为,中央和共产国际完全清楚地意识到了这一任务。

共产国际支持现任的中央,因为这个中央完全拥护共产国际的纲领。我们将要支持这个中央反对各种倾向、反对右派、反对极左派和反对最无原则的集团——鲁特·费舍同志集团的斗争。（雷鸣般的掌声）

表决并通过德国问题委员会的决议

主席格施克：

现在，就德国问题的决议进行表决。

在现有的决议文本中还缺少季诺维也夫的建议。他的建议是：

"统一战线策略的目的是要越来越多地引导群众参加反对资产阶级的日常斗争，使他们摆脱社会民主党和工会领袖的反无产阶级影响，争取最广大的群众支持共产国际的目标，最终用共产国际的纲领来联合整个工人阶级"。

这一建议在德国问题委员会上已一致通过，所以，我认为没有必要单独进行表决。

我们现在进行表决。

德国问题的决议以多数票通过，汉森同志投反对票。

还有几项声明：罗马尼亚代表团建议将罗马尼亚委员会转交执行委员会继续工作。另一项声明①是博尔迪加同志的，他建议将声明提交主

---

① 博尔迪加同志的声明："我书面陈述我对讨论俄国问题的看法。我有权指出，全会没有讨论俄国问题，为此全会既没有充分条件也没有充分的准备，这一事实使我得出结论：这是共产国际总的不正确的政策和右派倾向在这一政策上的结果之一。在一般问题辩论中，我在发言中也谈到了这一点。

我具体建议在夏天召开第六次世界代表大会，在大会议事日程上列入有关世界无产阶级革命斗争以及俄国和苏联共产党的政策问题，然后，经过一定的准备，应将这些问题提交各支部讨论。"

席团。

两项建议都获通过。

现在进行下一项议程——美国委员会作报告。

弗格森作关于美国问题委员会的报告

同志们,我认为,你们会赞成美国委员会的总结报告,尽管很短。我认为,它引起的讨论将与德国委员会的总结报告的辩论有本质的区别,因此,在向全会提出我们的决议案时,我只想做一两点说明。

第一,决议被全体一致通过,美国党的反对派也不例外。我们没有像德国委员会那样争吵,不像那里那样有一些同志弃权,不支持委员会的路线。

在我们美国党内一度存在的分歧不是由个人性质的纠纷引起,而主要是因为我们的兄弟党所处的工作环境十分复杂。美国的资本家阶级是极其强大的,美国的资本家阶级正处于新兴的崭露头角的阶段,它将欧洲置于自己的压迫之下并采取积极措施以便阻止和窒息美国的工人运动。美国的工人运动是工会运动,是由最反动的工会官僚——要知道就是由龚帕斯和格林这类的官僚统治着,而在我们欧洲各国是没有这种情况的。

由于我们注意到了这两个事实:资本主义的上升,建立了对全世界的霸权;和腐败的、非常非常落后的工会运动(腐败的,这是指领袖而言),因此,我们可以设想,至少是大致上可以设想,我们在美国的兄弟党所遇到的困难。我们通过的决议写得很清楚,上述事实都在决议中得到适当的评价。

我只想说,依我们看,这个决议将有助于结束根深蒂固的派别斗争,这种派别斗争妨碍着我们美国的兄弟党在斗争中发挥自己的作用。

这个决议使美国工党中的两派有可能和睦地工作,彼此合作并通过相互合作和协调工作的方法在美国建立一个真正的群众性的共产党。我还想说,在决议中,我们非常明确和坚决地表明了反对派性和派性复活的态度。决议中还较详细地阐明了我们的兄弟党的一些任务,特别是阐明了要加紧在农场主中开展工作、更积极地在黑人中展开工作、在对待南美各国的态度上更坚决的立场等问题。尤其是在最后这一个问题上,美国工党已取得一定的相当可观的成就。不是别人,正是墨西哥共和国的总统就工党由于美国在墨西哥进行帝国主义武装干涉而进行斗争一事向工党发来了贺电。这是党的发展中的一个极为重要的标志,是党的积极性的一个极好的证明。

我相信,美国的两个派别回国后都将毅然决然地摒弃任何一种派别斗争并彻底打击极左倾向,如果他们在美国的表现也像在德国那样的话。美国的同志们回国的目的是要使美国整个党团结在执行委员会的周围,并且遵循执行委员会的领导,完成决议中规定的任务,以便在美国建立一个真正的群众性的共产党,这个党将把美国工人阶级团结在自己的旗帜下,团结在共产国际的旗帜下。

多尔西就美国问题委员会报告作声明

在投票表示赞成决议之前,为了有利于消除我们党的错误,我认为需要作如下声明:

"美国委员会提出的决议是这样的,我们可以通过它并集中力量去贯彻决议中规定的措施。我们完全同意决议的基本路线,因为决议中强调并发挥了我们工党第四次代表大会上通过的工会工作的主要路线。我们党的第四次代表大会的决议规定了为了扩大工会宣传联盟的基础,要实行正确的政策并将其变为左翼的群众运动。决议还规定了对待中心或对待所谓的工会进步小组的正确政策,并且拟定了工会宣传联盟对待中心小组应采取的统一战线的策略。决议中强调了工会工作的极其重要的意义并指出了吸引全体党员参加工会和整个提高党对工会工作积极性的方法，委员会提出的美国问题的决议支持我们党第四次代表大会工会决议的基本路线，批判了重新修改这一正确路线的打算并坚定了党在工会工作上沿着这条道路前进的决心。第二，在美国问题的决议中表示相信我们的忠诚。我们希望这种信任的表示使造成大规模反对我们的运动和指责我们'不忠诚'的派别运动到此结束。美国问题的决议有利于纠正由于这场不正确的反对我们的运动所带来的严重损失。第三，向全会提交的决议纠正了最近一次党代表大会以来我们党在工会工作上所犯的一系列错误，即无烟煤矿罢工问题上的错误，过高估计争取工会权力而斗争的趋势和为了建立平行工会组织的趋势。决议无疑将保证我们不会重犯这种错误。第四，决议中十分重视修改工会宣传联盟的全部大纲以及大纲与统一战线政策的要求的协调关系，扩大工会宣传联盟的基地，尽可能多地吸引非党工人参加联盟的组织和机关的问题，一般地指示集中党的活动在美国工会中建立群众性的左翼的必要性，所有这一切都完全符合我们的观点。我们在我们的党内总是持这种态度。我们要竭尽全力去贯彻这一政策。我们同意决议中提出的关于建立一定的工作部门的建议，这个部门可以领导我们小组进行党的工会工作。我们是从我们党内目前所处的特殊情况的角度来对待这一建议的，我们绝不认为这个建议是有意在造成党员之间人为的隔阂，不让某一组织参加工会工作，不让另一组织参加党的一般活动。我们完全赞成决议中确定的我们党的其他各项特殊任务，如：将没参加组织的工人组织起来、注意发展重工业而不忽视轻工业生产工作的必要性、反对公司工会的斗争、加紧在黑人中开展工作、全面支持青年运动的建设工作、利用农业危机在农场主中开展有效的工作、加强妇女工作、坚持不懈地为反对帝国主义而斗争和同殖民地的工人运动和解放运动建立组织联系。最后，我们完全同意决议中关于立即停止派别斗争的坚决要求，不管这个派别斗争是由谁进行的，我们认为，中央委员会为贯彻这一决议所付出的真诚的和认真的努力将使党集中力量去胜利地完成党所面临的各项重大任务。我们拥护全会决议的纲领，我们一定要支持中央委员会。"

桑伯恩就美国问题委员会报告作发言

我认为，有必要简单扼要地读读美国委员会面临的任务，谈一下这些问题是怎样产生的以及在我们决议中是怎么解决的。

在我们党的上次代表大会上，领导权交给了新的中央。福斯特同志持反对意见，他被允许向共产国际提出抗议，并表示反对新的领导和中央委员会。福斯特同志来到莫斯科并建议对中央委员会的班子进行调整，福斯特以 13∶8 取得多数。福斯特同志的这一建议在我们的决议中当然遭到反对。同志们，你们听到许多有关美国党内派别斗争的问题，但我要说明，这一斗争不是个人之间的斗争，而是涉及到我们党的未来的政治问题上的政治派别之间的斗争。上次全会上提出了工人党的问题。在这次全会上，美国党的工作中心问题是在美国开展工会运动的问题。这两个问题在全会上都得到了解决，从而保证了我们党的工作能够取得最大的成绩。我们同样认为，既然问题涉及到党的内部情况，既然问题是要使党员之间达成协议，因此，这个政治问题引起的斗争就加强了我们党，从思想上纯洁了党并且在扩大党的影响方面有利于采取一条更明确的政治路线。在我们的决议中，我们一开始就说明，中央的班子不能调整，共产国际通过它的执行委员会的扩大全会号召全党大力支持现任中央。

同志们，自从我们担任党的领导时起，我就把党的团结看做是自己最主要的任务。我们知道，经过 20 个月残酷的派别斗争，我们的党若不向前发展和加以巩固的话，就会失去战斗力。中央委员会采取了反对派别斗争的路线。它竭力将全体党员团结在自己周围，正如这个决议所指出，它在这方面取得了一定的成就。同志们，我们坦率地说，我们没有团结起全党。但我们认为，依靠这一决议，有了中央委员会和执行委员会扩大全会的支持，我们可以进一步采取措施使我们能完成这项任务：消灭派别斗争。

在转入工会工作问题时，我应该提一下福斯特同志关于我们代表大会决议所发表的声明。在提交给你们讨论的这项决议中，强调指出了代表大会决议中基本路线的正确性，指出这项决议是该决议的发展。

同志们，政治路线的进一步发展在很大程度上对我们的工会工作具有重要的意义。我们试图在美国建立左翼的情况如何？为了做到这一点，我们有一个合适的组织——工会宣传联盟，它事实上是我们党的平行组织。属于这个组织的有党员和比较接近的同情者。提纲的要点是无产阶级专政和协助美国的共产党进行工作。由于对这个问题进行了讨论，中央委员会得出了结论：根据这个大纲不可能建立工会运动的左翼。如果把共产党的大纲当做统一战线的基础，那就不可能吸引非党工人来参加我们的统一战线，如果我们党内可能产生分歧的话，那就正是在工会问题上，因为中央委员会知道，有联盟所贯彻的大纲，有联盟机关的班子，这项工作是不能取得成绩的，大纲应作重大的修改。这些修改意见在美国委员会的决议中已经提出来了。决议中提出这一事实：在工会宣传联盟的大纲中有一系列的错误，决议强调指出，有必要彻底修改大纲，吸收新的成员参加左翼领导，至于工会宣传联盟的名称，决议指出，没有太大必要去更改它。同志们，我们认为，这个决议证明，中央委员会在这方面为改进我们的工作而进行斗争中所执行的路线是正确的，这项决议为发展美国工会的左翼奠定了基础，尽管我们的工会是世界上最反动的工会组织。由于委员会的决议是我们党的代表大会决议的发展，我们可以通过这项决议，对它先表示赞成。

说到我们党内的派别斗争问题，在决议中向福斯特及其追随者提出了要求：停止进行派别斗争和支持党的中央委员会。既然福斯特同志及其追随者将要履行这一要求，我们党内和中央委员会里的派性的残余便可以消除。

我在这个讲台上许下诺言：我们要竭尽全力达到这一目的，我们甚至要向福斯特同志让步，因为有了共产国际这项决议的支持，为了消除派别斗争的残余，我们可以做出这样的让步，在这次全会上，比以往共产国际的任何一次代表大会和全会上都更多地谈到了美国的作用。我们意识到，美国在现今的资产主义世界中起着何等重大的作用。我们清楚地认识到，我们党应当在反对强大的美国帝国主义的斗争中有着重大的意义。我们意识到，为此，我们必须有一个统一的党，我们需要一个能够贯彻共产国际路线的党。我们意识到，这个党不可能是一个只集中注意斗争的一个方面的行会组织，它应当像决议中指出的那样，考虑到斗争的各个方面和各个阶段，动员被压迫的工人、黑人、农业工人去支持中美和南美反对美国帝国主义的斗争。我们也一定要竭尽全力去执行全会的决议，去实现建设一个强大的党的目标。这个党将是美国无产阶级的领导者，并在未来向这个强大的帝国主义发起挑战，同其他资本主义国家和共产国际的共产党一起给这个帝国主义以最后的打击。

表决并通过美国问题委员会的决议

主席格施克：

现在，我们表决美国的决议。

美国决议被一致通过。

表决并通过季诺维也夫作的政治提纲

主席格施克：

现在，进行下一项议事日程：表决政治提纲。

我们再强调一下,各项决议和提纲的文字修订稿都已提交主席团。谁赞成季诺维也夫的政治提纲,请举起选举证。

政治提纲被一致通过。

下面,请季诺维也夫同志作总结发言。

季诺维也夫作总结发言

不断动摇的稳定和日益加强的布尔什维克化

同志们,我完全同意埃尔科利同志今天发言中对我们这项全会工作的评价:确实,我们在认真研究了欧洲和美洲的实际情况之后,制定了我们主要的决议,我们为共产国际各主要的党规定了进一步发展的有原则的路线以及类似的路线。我们可以问心无愧地说,我们尽了我们的一切力量去认真研究每一个斗争的重要地段、欧洲工人运动和全世界革命运动比较重要的地区的实际情况。我们仔细地考虑了前一个时期我们各支部犯的错误,我们力图根据列宁主义的理论和实际指出进一步斗争的路线。

没有必要闭眼不看这样的事实:在我们这次扩大全会召开之前,发生过相当多的严重事件。我们一些最主要的党不得不经历了艰难的时期。我们所有聚集在这里的人,对召开这次全会不是没有经过深思熟虑,不是没有担忧的。不用说,我们这次全会的工作进行得十分顺利,没有发生任何摩擦、障碍和麻烦。但我还是认为——我想这也是主席团会议同志的共同意见——尽管有这些困难,尽管有全会召开前一个时期的经历,我们仍然成功地——我希望不比前几年差——相当令人满意地解决了我们面临的问题。

在前面的开幕词中我们曾指出,共产国际的这次扩大的全会标志着目前时期是"资本主义不断动摇的稳定"时期。这段话最好地说明了世界上最主要的资本主义国家和东方当前的实际情况。

资本主义的不稳定性、稳定的动摇性是一个事实。这一特征是我们在我们决议中分析世界形势的基础。但是,说"资本主义不断动摇的稳定还不够。重要的是,与资本主义不断动摇的稳定的同时,共产国际可以肯定地说我们各国党的布尔什维克是在日益加强。"

资本主义不断动摇的稳定,共产国际日益加强的布尔什维克化,这就是会议的最主要的结论。

争取国际工会运动团结的斗争

我们全会所面临的最重要的策略问题,就是寻求我们革命的先锋队与广大工人群众接近的方法。由此可见,在本次全会上,统一战线的策略问题,尤其是国际工会团结的问题起着极大的决定性的作用。

同志们,仅仅在一年以前,是否愿意成立英俄工会委员会的问题本身还是有争议的。德国和法国党的某些著名的同志曾担心,这条道路是否会导致机会主义。时间证明,这条道路是正确的。英俄委员会成为革命的先锋队联系群众的桥梁之一。而现在,有些地方又出现了另一个极端:过去否定英俄委员会好处的地方,如今倾向于承认苏联单独加入阿姆斯特丹工会的必要性。我们坚决反对这两种极端。

无论过去还是现在,英俄委员会都起着很大的作用。但是,同志们,我应该提醒诸位:阿姆斯特丹右翼并没有在睡觉,它极力反对我们,它在英国活动频繁,它企图破坏英俄委员会这座通往统一的桥梁。某些迹象表明,右翼的工作进行得不是没有成效。可是,我们英国的朋友们、国际工会统一运动的朋友们也并非无所事事。这里聚集了我们各国党的领袖。他们应当十分清楚地认识到,争取国际工会统一运动的进一步发展取决于我们的努力,首先取决于我们在美国斗争的成绩。我们应当警惕地关注近几个星期和近几个月将要发生的事。我们提醒国际统一的一切朋友注意并对他们说:用十倍的努力去争取我们的事业,因为敌人没有睡觉,他们比以往更凶恶地破坏我们已经架好的国际工会统一的桥梁。

阿姆斯特丹右翼表现出很大的外交天才,尤其是在英国,但问题不是用卑劣的外交手腕可以解决的。阶级斗争的进程起着决定性的作用。在英国,面临着劳资之间严峻的决斗。正是这些决斗能解决英国工人运动进一步发展的问题。英国的总形势对我们有利。改良主义者右翼的背叛性质将会日益暴露出来。英国工人阶级将通过阿姆斯特丹的右翼向一切落后国家的无产阶级先锋队伸出手来。国际工会运动的统一事业将从各方面清除障碍。围绕这一问题,必定有一场激烈的斗争,因为这是当代现实中一个最重要的问题。像以往一样,坚持争取国际工会运动的统一,仍旧是我们主要的口号。为了切实实现统一战线,我们将以极其充沛的精力在世界各国开展工作。如果国际工会统一运动的敌人企图破坏我们这座桥梁的话,我们将尽一切努力用我们的胸膛去捍卫这座桥梁并同时再架设起另外三座桥梁。

列宁主义和反对倾向的斗争

在我们全会上,未能避免激烈的辩论,尤其是在最后两次会议上。我现在有机会发表结束语,在一定程度上可以说这是郑重的发言。在进行这种发言时,通常是不进行辩论的。但是,同志们,你们知道,在目前形势下,我应当放弃这种传统作法。

从侧面可以看出，由于德国的意见分歧，在我们全会的工作结束时产生了严重的危机。毫无疑问，我们的敌人正是会这样来解释最近两次会议的意义的。但是，我完全同意布哈林同志的看法，他指出不应该夸大其词地把这里发生的事说成是严重危机。然而，这不应该妨碍我们理解近两天来展开的讨论的意义。

我完全不理解，怎么可以去投票赞成季诺维也夫的提纲——要知道这个提纲是我们整个俄国代表团的提纲，是经我们政治局同意并由全体执行委员会一致通过的——而在一瞬间又指责共产国际执行委员会1925年8月的公开信，或者又否定这里提出的德国问题的决议，后者只是公开信的进一步发展。我在提纲中是完全肯定公开信的，无论提纲还是公开信，其路线是百分之百的一致的。凡赞成提纲的人，必定应当支持公开信，而且不能反对德国决议中阐述的路线。否则，就是持完全矛盾的态度，完全不能令人容忍的态度。

同志们，这里有人谈到"清血"的必要性。我反对这种"可怕的"用词。考虑一下从头脑中清洗掉某些原则性的错误观念倒是更重要的多。

为了反对右倾和极左的倾向，为了捍卫列宁主义，我们还要斗争许多年。在我们面前，产生了新的社会政治形势，在一些党内，出现了新的力量改组，无产阶级新的阶层在向我们靠拢，我们往往不得不重新学习基础知识，重新研究似乎已经解决了的一些问题。

我们是否需要在这次全会上想出什么新的原则的立场呢？我认为，不需要。关于这个问题，一切最重要最实质性的东西列宁都已说过。为极左派和右派倾向所敌视的共产国际的立场并不是一种偶然的立场，不是只考虑到一个月或一年的临时性的观点。这是列宁主义的根本和基础，这是共产国际的基础。但是，实际上，回顾以往，我们看到，马克思本人当时也不得不采取某种类似的立场。当时的极左派有时称做蒲鲁东主义，等等。马克思主义在其发展的过程中不得不为反对机会主义和反对无政府主义而斗争。共产国际也是站在同一个原则立场上的。列宁从从事政治活动的一开始便成为了马克思主义者，他反对两种倾向——在俄国党范围内和整个共产国际的范围内。

那么，在这一点上，我们是否需要一种新的原则性的观点呢？不，不需要。我们停留在共产国际老的立场上是不是就够了呢？是的，够了。我们在这次全会上是不是就是这样做的呢？是的，是这样做的。我们是否仍然站在列宁奠定的共产国际的原则立场上呢？依我看，是的。我们在这里是否进行了反对极左和右派倾向的斗争呢？是的，进行了。我们是否很好地进行了斗争呢？这个问题让别人来评价，但是，我认为，总的来看，这场斗争我们进行得不太坏。我们对第五次代表大会的决定未作任何修正。同时，我们对第三次世界代表大会最主要的、对当前时期具有特殊重大意义的决定，特别加以了强调并提到了首先要位置。我们对极左派和右派集团给予了相当有力的打击，这些打击的次数和力量是根据各国和各党的具体实际情况来决定的。

这里有人指出过，1925—1926年时期的极左派完全不同于1921—1922年时期的极左派。这是正确的，而且这种说法也适用于右派。他们也不是1921—1922年的右派了。这两者都更坏了。台尔曼同志曾十分公正地指出，1920—1921年，极左派带着他们的错误靠拢我们，他们身上还带着战斗的硝烟味，他们醉心于同阶级敌人激烈地搏斗并且充满了真诚的幻想，以为胜利只取决于我们。当时，这些极左分子的身上有时还带着一股新鲜革命的气息。1925—1926年的情况则不然。现在，极左派的老毛病不再有任何新鲜的、任何革命的味道了。现在，这些错误的危害性要大得多了。

现在的右派也在许多方面有别于1920—1921年时期的右派共产党员。当时，部分右派还曾与相当广大的工人群众阶层真诚地寻求由社会民主党通往共产主义的道路。1925—1926年的情况则不然。现在，右派往往是一些根本不相信共产主义的人物。现在，这些人往往是我们逐渐向社会民主党发展的政治家。而有时还会是这样，这些人有一段时间留在我们队伍里，他们抱有从内部腐蚀共产国际的特殊目的。

极左派和右派倾向的最大危险是什么呢？

持有极呆板立场的极左派——乃至他们优秀代表——使我们脱离了群众，阻碍我们被群众接受。右派则用别的方法达到同一目的。可以这样说：现在，极左派使共产主义脱离群众，而右派则使群众脱离共产主义。两者都同样不好，应当同这两者作坚决的斗争。

过去同两种倾向斗争的教训

在这方面，我们已经积累起很多的经验。我们可以勾画出一系列的有这些倾向的活生生的肖像、活生生的政治人物。这在某种意义上可能比任何的纲领都更有趣、更有教育意义。我们回忆一下最近离开我们的极左派，其中有哥尔特和潘涅库克这样一些人——过去杰出的马克思主义者。他们中还有一定数量的德国共产主义工人党的工人，一些正直的革命战士。需要使这些人回心转意。此外，还有另外"一批杰出人物"——舒马赫、卡茨。有一定数量的工人跟舒马赫走。无疑，我们能使他们中的一部分人回到我们的队伍中来。每一个这样的人物都可以作为书写一本很好的很有教育意义的政治小册子的主题，可以帮助我们弄清分歧的本质。直到现在，我们队伍中还有相当多的极左派分子。我们希望这些同志不要离开我们，而要在过去的教训中学到东西。指出名字是多余的，他们是众人皆知的。

现在，来看看已经离开我们的许多右派领袖。他们人数不少：莱维、弗罗萨尔、弗里斯兰特、霍格伦、特兰美尔；现在，正在离去的有苏瓦林等人，就不提那些像布勃尼克那种直接卖身投靠资产阶级的人了。有一系列的领袖脱离了我们。他们中间也有一些人，本来是可以认真地为国际工人运动效劳的。有一定数量的右派领袖还留在我们中间。共产国际应竭尽全力帮助他们中间那些真诚地想要锻炼成共产党员的人。

我们不能忘记，右派中有一些人可以认识到自己的错误并诚心诚意地回到共产主义的道路上来。这里可以提一下塞拉蒂同志。共产国际曾同他进行了严酷的斗争。当时与塞拉蒂同志有多少热情地书信往来，他经受了多少打击，参加了多少次直接的战斗，犯了多少严重的错误，而一旦弄清他真诚地认识了自己的错误，共产国际和意大利党就尽力使他更容易走上归途。而在意大利、德国和其他共产党中有多少过去的极左派的同志现在已采取了完全正确的立场并认识到自己的错误。共产国际的任务是要使他们更容易走上归途。

只是空谈金色的桥梁，这对于犯罪的人是没有多大用处的。应当坚定和明确地说：我们是世界共产党，我们的任务是推翻强大的敌人——世界资产阶级；为了这一目的，我们将竭力与愿意同我们一道为争取无产阶级专政而协同斗争的一切力量团结在一起。在这一场伟大的斗争中，我们应当利用每一支可以使其为共产国际工作的力量。我们不应当不珍惜自己的力量，我们应当记住，我们的工作人员不多。我们应当十分珍惜地聚集能够为国际无产阶级服务的每一点微小的力量。我们应当无情地反对偏离列宁主义路线的错误和倾向，同时，要尽一切可能去爱惜真正迷途的革命者并使他们更容易回到正确的党的立场上来。

在这次扩大全会上，我们反对了法国、捷克斯洛伐克、挪威、德国的右派。在德国，我们首先是反对了极左派。我们进行这场斗争不是出于我们之中什么人的个人考虑，不是下象棋，不是耍外交手腕，而是出于德国、法国和其他国家阶级斗争的整个形势。我们不得不在意大利

(博尔迪加)、在挪威、在波兰以及其他一些国家开展了反对极左派的斗争。我们这样做了，今后还将这样做。

同志们！十分明显，每一个斗争的对象都想逃避打击。他们每个人都这样议论："整个"极左派吗？那就让他们去打击极左派吧，但我肯定不是极左分子。我们指出伊凡，而他则"悄悄地诿罪于彼得"。右派也是一样。这里坐着一位法国的右派分子安格尔同志。他不像德国的极左派，他在全会上没有特别大发议论，没有像肖勒姆同志那样大动肝火。在全会上，不用同他进行许多争辩，但他造成的危险一点儿也亚于德国极左派。他坚持己见，像以前那样为苏瓦林辩解，不想承认自己集团的错误。

安格尔不同意法国委员会针对右派所起草的绝对正确的和有理有据的决议，而是"巧妙地"提出下列建议。他建议一笔勾掉法国委员会的整个决议，而通过一个只有两行字的简短的决议，上面写着，只是因为中央的错误导致反对派的组成。总之，要求大赦。看来德国的极左派也愿意这样做。他们大概也比较喜欢指名道姓（鲁特・费舍、马斯洛夫等人）和点出事实的决议，比较喜欢只是强调别人错误的"客观的"决议。共产国际完全正确地断然否定了这种做法。

我认为，在这里企图揪住某位同志长礼服的前襟不放，企图利用苏联共产党内的严重分歧的做法是不恰当的和极其有害的。自然，每一个共产党人都应当研究各个国家的重大问题，首先是战无不胜地无产阶级革命的国家里的重大问题。但是，小题大做地利用苏联共产党队伍内部的分歧，这是不允许的，没有一个流派、没有一个集团对此感兴趣，应当首先分析自己的政治错误并从中吸取应有的教训。

扩大全会始终站在列宁主义的基础上，并且对极左的和右派的倾向同样地进行了斗争。企图把问题说成似乎本次执行委员会只进行了一条战线的斗争，这是颠倒事实的。只要简单地列举几个这里通过的决议就可表明，共产国际一如既往地无情地反对右的和极左的倾向，对哪一种倾向都不让步。共产国际的路线依旧是从前的路线。共产国际现在依然站在列宁主义的路线上，并在将来也会坚决地站在这条路线上。

干部在成长壮大

分析某些支部或某些杰出同志的错误总是令人心情沉重和不愉快的，正因为如此，在各委员会上发出了悲观的调子是可以理解的。尽管如此，我们仍应客观地确认，我们的党成长壮大了，它们正在逐渐地布尔什维克化，它们正在成熟起来，正在变成真正的战斗的布尔什维克党。我们经过充分考验的干部还不够多。事实上，我们非常欠缺这样的干部。但是，我们现在还是可以毫不夸大地说，我们的干部正在成长，中层党员的政治水平正在提高，我们党的社会成分正在改善。最近一个时期，由工人阶级最基层涌现出来一些新的领袖，所有这些现象都说明，尽管有各种障碍，发展还是顺利的。

我们不能对犯了重大错误的人纵容姑息。如果公正地对已通过的决议进行评价，我们应该说，在当前情况下，对某些极左派和右派倾向的代表进行打击是正确的。对鲁特·费舍和对她周围聚集的人以及对那些采取类似立场的人进行的打击是完全公正的。对法国右派的打击，应当承认，是相当严厉的，但也是公正的和必要的。

各国共产党的成长和巩固

全会确认，我们一些党内的成绩是相当可观的。

例如，英国共产党，一年以前是什么样子，而现在又是什么样子？难道它没有大大地向前迈进一步吗？

意大利共产党呢？将它一年前和现在的情况比较一下，难道它没有大大地向前迈进一步吗？

关于德国共产党，也可以这样说，虽然它还有一些必须克服的困难。它正处在正确的道路上，正走向群众。它摆脱了孤立的状况，在将它和社会民主党和非党工人隔绝开的墙上打开了缺口，我们这样说绝不是想说明墙已被推倒。但墙将被推倒，这是很明显的。时机已经成熟，该对偿还诸侯财产进行公民投票的时候了。在第一次表决时，收集到1100多万人的签字。我们党走在这次运动的前列。台尔曼同志对我们说，红色战士联盟报的份数近几个星期由14.5万猛增到18万。这当然是小事一桩，但这是时代的特征，它象征着我们站在接近群众的正确的道路上。或者再看看红色妇女联盟，这个联盟在不断成长并逐渐掌握了非党群众。每个事实本身意义不大，然而综合起来就说明我们站在正确的道路上。

只要法国共产党善于克服内部困难。它就会取得很大成绩。巴黎一个区刚刚进行的一次改选，表明我们在成长，而社会党人在削弱。这个事件本身当然意义也不大，但它也是法国党成长的一个不大的征兆。

最后，看来美国党正处在消除分歧的道路上。我很遗憾，最后多数派和少数派都发表了宣言。就在我发表结束语之前，曾建议双方宣言的作者放弃宣言，从记录中撤回宣言并让主席团宣布问题已经取得一致看法。遗憾的是，在这个问题上，我没能说服少数派代表。多数派的代表同意了。结果，我们便有了两个宣言。

美国党所面临的艰巨的任务应当促使我们全体特别集中注意力去注视美国党内事件的进程并千方百计一定要达到党的统一。我们一刻也不能忘记美国资本目前所起的作用。应当坦率地讲，共产主义发展的客观条件在美国暂时还不够理想。在这种情况下，如果主观因素再跟不上，那么，群众性的共产主义运动有可能在几年之内也发展不起来。美国共产党面对着一个强大的敌人。现在，人们经常把美国资本主义的特权地位与过去英国资本的强盛时期相对比。但是，这种对比是站不住脚的。美国资本的威力现在要强大得多。美国的改良主义也更强大更放肆。在美国，我们现在要与之打交道的不是悉尼·维伯，不是知识分子费边派。不是的，现在，美国劳联的首领是永远难忘的龚帕斯的门徒，他们不是费边派，不是优柔寡断的人，这是一帮厚颜无耻的资本的走卒，这是一些采取攻势的反共产主义运动的代表，这是一帮很快就要滚向真正法西斯主义的先生们，这是一帮反对共产党人不择手段的人。

总之，在美国，群众性的共产主义运动发展的客观条件暂时还不能说特别理想。如果我们的党不立即统一起来，不把队伍团结起来，不停止派别斗争，那么，它可能过一段时间就会完全退出舞台。为了清楚地将实际情况告诉同志们，我讲得很直率，尽管承认这一点不是特别愉快。我们美国的党无论如何要统一起来，否则，它将根本不复存在。我想，你们将授权主席团最坚决地扑灭美国共产党中的任何一次派别的火焰。

我不能在中国问题上表示沉默。我已经说过，近来，中国革命的战略形势在恶化。人民的军队遭到一些失败。敌军的进逼在加强，敌人更疯狂了。但是，我们仍然认为，不久的将来形势会好转，而这要求我们特别认真地对待中国的事件。

加快革命发展的速度

共产国际当然不会制造奇迹。在不具备革命运动的客观前提条件的地方，共产国际不能一挥手就创造出这种前提条件。但是，回顾往事，我们可以说，共产国际给过我们各国党实际的支持，并不止一次帮助它们更快地度过了最困难的危机时期。请把目前阶段同以往相比较一下。

1871年，巴黎公社之后，法国的工人阶级几乎等了整整十年才等到重新产生微弱的群众性的社会主义运动。现在，请看一看当下的意大利。同志们，你们怎么看，较之巴黎公社的覆灭对于法国无产阶级，法西斯的胜利对于意大利无产阶级来说，是不是一次较小的失败？我认为，不是的。意大利工人阶级已经用不了整整十年就可以重新站立起来，重新振作起来并重建自己的党。

再请看保加利亚。当然，任何人也不会怀疑，保加利亚的失败不比1871年巴黎的流血事件小，保加利亚共产党人被屠杀的不比公社社员被镇压的少。我们的保加利亚党正处在极其艰难的境地，但有一点是很清楚的：它无论如何也不需要十年就可以重新站立起来。

目前，恢复我们阶级被镇压的运动的比较快的速度是从何而来？首先，当然应解释为：发展的速度整个地更迅猛、更快了。但是，主观的因素在这里也起了不小的作用。我是指俄国革命的经验，指共产国际的经验而言。这个经验是共产国际最珍贵的财宝。这就是为什么共产国际能够给意大利工人、保加利亚工人和国际无产阶级整个先进阶级一定帮助的原因。我们的经验，我们的国际友好往来，俄国革命存在的本身，这些因素在过去和将来帮助这个或那个国家工人阶级的力量迅速恢复和增长起来。

英国、法国和德国即将到来的阶级搏斗

从即将到来的革命发展的前景来看，欧洲一些主要国家的实际情况如何呢？

同志们，我们都应当很清楚，英国正处在其力量相当于一次社会急剧转折开始的重大战斗的前夜，这并不意味着可以用几天和几周来计算。我再来谈谈煤矿工人即将发生的冲突，如果罢工一旦爆发，共产国

际的最首要的任务就是在欧洲和世界战线的各个地区给这一罢工以国际的支援。完全有可能，英国的共产党人在这个问题上会同某些所谓的工联的左派领袖——同他们中动摇的一些小组——发生争执。这些领袖中的一些人在即将临近的社会风景面前把头扎在翅膀下面。他们还在幻想着没有大"罢工"、没有急剧的转变、没有冒险、没有大变革的所谓"正常的"发展。然而，英国的情况是，工人阶级恰恰应当公开地去迎接这样的震荡和战斗。你们大家都应密切地注视在英国将要发生的事。如果发生了罢工，就应在国际范围内表现出主动性。

在法国，危机逐渐成熟。在我们全会工作的时期，危机更成熟了。有些对我们对法国的诊断持怀疑态度的同志们，无论是根据这里所举出的论据，这是根据事件本身，都应当承认，危机确实正在成熟。现在，工农政府的口号在法国比在任何地方都恰当。我们听说，还有人对此持怀疑态度。他们是没有充分理由的。诚然，我们应该善于把这一口号同群众的日常斗争结合起来，与局部的经济和政治要求结合起来，然而，随着即将到来的危机的发展，工农政府的口号应越来越自信地在我们的宣传中提出来。

德国问题我们已经说过了，至于德国危机的意义，我们完全同意德国委员会报告人的意见。我们是指几个月来德国危机并不是无声无息、无足轻重的。不，在我们面前揭开了新的篇章。在德国委员会的决议中，对危机的阐述很正确。我们不想夸大危机。我们不想在德国当前的情况和1923年的情况之间画等号。但是，必须使自己明白，这次危险不是瞬刻即逝的，不是一件小事，它不可能在短期内消失。还可能上下波动，但总的来说，危机将要日益加深。

同志们，最重要的是，在所有这三个欧洲的主要国家——英国、法国和德国——发展的路线目前基本上是相同的，在所有这三个国家，资本主义的情况正在走下坡路。

1923年,共产国际公正地指出,对于德国无产阶级革命来说,来自国外的威胁在某种程度上要比国内的威胁大。1923年,德国国内发展方面的困难是相当大的,起义失败。实际上,1923—1924年,英美资本对德国资本主义的援助在很大程度上起了决定作用。1923年,在德国无产阶级革命取得胜利的时候,本来是可能发生法国和英国的直接武装干涉的。现在,德国革命的国际形势会更好些。有可能美国资本会再一次挽救德国资产阶级。但就总的情况来看,不能不承认,国际形势对正在发展的德国革命来说现在更加有利。

高涨的前夜

与英国、法国和德国革命曲线发展的同时,东方的革命事件正在成熟。所有这一切表明,我们正在接近新的高涨。作为革命者,连我们之中比较客观的和比较冷静的人,有时都会过高地估计形势的革命性。可以说,这已经是革命者的职业特点。即便我们改正了这一特点,仍然可以而且应当肯定地说,在世界形势中转机正在成熟。我们都感觉到工人运动高涨的接近。真正意义上的革命高涨还没有到来。但是,我们已经感觉到了工人运动中的新鲜气息。由防御向进攻的逐步过程已经开始显露出来。

在欧洲和东方的一些具有决定意义的国家中,转折已经开始了。转折不是几周或几个月能完成的,但已使人感觉到了,在空气中闻到了转折的飘香。窗户尚未敞开,但小气窗已经打开了。一股新鲜的气流迎面扑来。我们大家都贪婪地呼吸着这股新鲜空气。

苏联和世界革命的发展

我们研究我们自己的过去,这是很有效益的,但最主要的问题仍然是未来。对于全世界工人阶级来说,俄国革命从来也没有像现在这样具有如此大的吸引力,尽管现在还存在许多苏联必须认真考虑的困难,但我们总是处在社会建设的过程中。正确的阶级本能帮助全世界的工人(其中包括社会民主党的工人)正确的估计和理解现在苏联所发生的一切。这并不是说没有困难,并不是说我们内部的斗争是徒劳的,争论是无关紧要的。不,事情是涉及到无产阶级革命的重大问题。大家都很清楚,我们正在经历一个伟大的社会主义建设的时代,当然,这个时代有自己特有的困难,但社会主义建设的工作正在进行。

某些资产阶级教授热衷于谈论群众的心理。在这个问题上,他们不妨向革命者,首先是向目睹过三次革命的俄国革命者学习。实际上,在我们的时代,社会民主党工人的群众心理是极其有趣的。他们对待俄国革命的目前阶段的态度是极有代表性的。多年来,社会民主党的领袖不是用对俄国革命和苏维埃政权造谣污蔑的方法来毒化社会民主党工人吗?那又怎么样呢?当看到社会主义建设最初的一些重大成就时,社会民主党工人就凭自己的正确的无产阶级本能猜到了我们这里发生的事。这对群众心理的历史是一个很有趣的贡献。正是在现在,俄国革命对于一切正直的社会民主党工人来说,已成为一块巨大的磁石。这是目前共产国际整个工作中的一个最重要的因素。

仍然被资产阶级国家四面包围着的俄国无产阶级革命所面临的困难还是很大的。列宁已经不再同我们在一起了。现在和将来,还会出现新的难题。但是,苏联无产阶级革命不仅对共产主义世界而且对整个无产阶级的吸引力在增大,而且还将增大。

研究共产国际的决议

同志们，我热切地希望，不要局限于通过决议，我们必须：
1. 很好地研究决议，这一点远非经常能做到；
2. 很好地贯彻决议，这一点，很遗憾，也不是经常能做到。

问题不在于共产国际制定了如此多的新的提纲和决议。应当使党的全体成员集中注意力在每一个国家里对我们通过的决议进行仔细研究，使决议具体化并加以实现。

现在，我们在许多方面不得不采取新的工作方法。关于这一点，在这里说的相当多了。我们现在应着眼于筹备第六次代表大会。而最好的准备就是研究并贯彻已经通过的决议，在我们各国党的经验中检验它们是否正确，使我们的工作人员参加实现我们通过的第一个到最后一个决议。

宣布纯粹的原则和简单地公布共产主义提纲的时代已经过去了。我们已成长为一个世界性的组织。我们积累了很多经验。在选择我们党的领导干部方面，我们取得了某些成绩。应当认真地筹备第六次世界代表大会。我们认为，对这次全会的准备工作——在众所周知的当前情况下，再谈这个情况就是多余的了——做得还不够充分。在筹备第六次世界大会的工作中，我们应当不是在口头上，而是在实际上广泛地发扬党内民主。无论在共产国际的执行委员会还是在每一个共产党中，我们都应真正地协调委员会的集体工作。现在，这不是一个简单的愿望。现在，我们的干部成长起来了。他们比以前受到更好的锻炼。在当前没有直接的国内战争、一系列政治错误被纠正的时期，我们可以更大胆地贯彻"正常化"的原则和党内民主的原则。当然，我们所有的人都宁可让党内民主受到一些损失，也希望反对资产阶级的国内战争能爆发。但是，遗憾的是，在许多国家中，当前还没有直接革命的形势。我们现在正处在一个准备时期，战士磨刀擦枪准备投入战斗的时期。我们要做到不使每一分钟被虚度。

在这里已谈到改变共产国际制度的必要性。当然，我们还有一些弱点。我们的领导机关不总是水平很高的，与党的联系不总是很协调。只要及时地听取共产国际的忠告，有时是可能避免这样或那样的危机的。而另一方面，有时又矫枉过正——"干涉"往往发生得太多。我不像别人那样喜欢把形势理想化。不断地改进共产国际的组织，不断地消除缺点，这就是我们的任务。

同志们，我们已经说过，共产国际正在进行反对两种倾向的斗争。当需要进行打击时，又往往是无所作为，凡是密切注视着我们全会和我们各委员会工作的人，凡是认真研究过各个主要报告、提纲和决议的人，都应承认，共产国际用尽一切可能来克服这两种倾向。不同这些倾向作斗争，便没有列宁主义。

我们注意到进一步发展的两种前景，不这样做是不可能的，这种分析无疑是正确的。

在这种实际情况下，革命者、革命的党、革命的领导的任务何在？任务就在于客观地估计形势，认清两种前景，做到一切主观因素即本国党所能做的以便实现最近的、最有利的前景。我们应当解决这一任务。德国共产党中央委员会、法国共产党中央委员会、意大利共产党以及其他党的中央委员会在自己今后的工作中可以考虑得到共产国际执行委员会方面的大力支持。

共产国际将战胜一切困难

我们不能承诺在今后的工作中不会有危机。当然，这种危机是会有的。凡是不懂得共产主义运动精神的人，在这种情况下总是悲观地或幸灾乐祸地把每一个新的危机看做是一个新的困难。我们已经经历了数十次危机，今后还会经历危机。我们是一个囊括50个党的并在全球进行斗争的组织。如果想一想，各个国家当前的政治任务是多么不同，那么，对困难就能理解了。但是，同志们，也请你们回忆一下，我们在第一次世界代表大会到第六次世界代表大会之间积累的经验是多么丰富。这就是为什么我们的这个或那个党，或者是我们的这个或那个党内的个别工作人员跌倒在车轮下时，我们应该调动起全部的国际经验来帮助这些同志。

我敢说：共产主义，这是一个身强力壮的小伙子，他什么都能克服。他的器官十分健壮，他能应付一切疾病。这绝不是说，我们应当无动于衷地对待所犯的错误，对待正在成熟的新的困难和危机。绝对不是。但是，我们也不应该用这个或那个危机来吓唬自己并使自己陷入失望之中。

经过若干年令人难以忍受的资本主义反动时期，我们已经闻到了一股清新的气息。地球上六分之一的土地已经被我们夺取过来，敌人也相信是不能从我们手里再夺回去的。我们正处在东方——特别是在中国，那里居住着大约5亿人口——产生伟大的民族革命运动的时期。我们在工会、统一战线策略上，尤其是在争取世界工会运动的统一而斗争方面，已经有了正确的出发点。

在欧洲最大的一些资本主义国家中，首先在英国，我们的运动将不可遏止地向前发展。我希望其他的党也要效仿英国共产党这个榜样。英国共产党在我们的全会上作报告时讲的不是危机，而是他们的成就。我希望，在扩大全会的下一次会议上，作类似报告的不止是一个党，而是两三个党。

同志们，说过的话是不能抹掉的。在这里展开的辩论，在这里进行的打击是不能抹掉的。但是，我们也不能太久地停留在这里。我们的队伍要团结起来继续前进去争取共产国际的事业。不是下一代，而是我们这一代就可以看到社会主义在欧洲的胜利，而且我们希望不只在欧洲看到这种胜利。无产阶级将举行起义，无产阶级伸出了手，无产阶级将掐住资产阶级的喉咙。尽管有各种困难，共产国际还是在成长。这是马克思主义的、列宁主义的、布尔什维克的国际。它不夸大自己的成绩，它知道在自己的工作中还存在哪些重大的缺点，但是，它决心要消除这些弱点，完善自己的组织和自己的内部制度，改进自己的联络、宣传和鼓动工作。共产国际利用自己内部积累的极其丰富的经验，努力帮助各国党避免重犯其他支部犯过的错误。

我们大家都有一个共同的希望和共同的信念：全世界无产阶级奋起斗争，全世界无产阶级一定取得胜利。帮助全世界无产阶级更快地取得胜利，这是我们每个人毕生的任务。（经久不息的热烈的掌声。代表们起立，唱《国际歌》。）

（会议闭幕）

共产国际执行委员会
第六次扩大全会提纲和决议

根据执行委员会报告通过的决议

扩大全会满意地通过共产国际执行委员会的报告并且指出,执行委员会在贯彻执行第五次世界代表大会和1925年扩大全会的决议方面取得了巨大的成就。

首先,应当指出在争取工会运动统一的斗争中所取得的成就。

在布尔什维克化方面采取了重大措施。英国共产党和中国共产党取得了很大的成绩。执行委员会致德国共产党的公开信为德国共产党的团结和德国共产党在群众中取得重大成就创造了先决条件。由于执行委员会的援助,捷克斯洛伐克的右倾危险和意大利的极左危险得到克服。

扩大全会对执行委员会表示信任,并希望执行委员会在国内和国际范围内更充分地发扬党内民主。扩大全会号召共产国际各支部大力支持共产国际建立真正群众性政党的工作,这些党在相对稳定时期能够赢得并保持群众对它们的信任。

国际共产主义运动的当前问题

（根据季诺维也夫同志报告拟定的提纲）

一、资本主义的"稳定"和世界革命的策略

共产国际执行委员会上届扩大会议（1925年3月）指出资本主义制度正处于某种局部稳定状态，但同时也指出这种稳定完全是相对的，是极不巩固的。一年来的事实，完全证实了共产国际所作的分析。

共产国际从来不把这种"稳定"看做是资本主义（特别是欧洲资本主义）已经度过了腐朽和没落的阶段，看做是资本主义已经完全医治好第一次帝国主义世界大战的创伤，看做是资本主义已经解决了这次大战所暴露无遗的并使其空前尖锐的矛盾。资本主义衰落的时期仍然在继续。但在这个时期中，可能会出现暂时的、局部的好转。资本主义的这种好转，这种"稳定"，已经由共产国际在1925年指出过了。这种"稳定"是事实，但绝不能把它理解为资本主义的不断巩固的过程，即理解为标志着整个资本主义制度进入一个蓬勃发展的新时代的巩固过程，而是只能把它理解为资本主义制度在目前所达到的、与战后头几年的情况相对而言的巩固阶段。这种"稳定"的相对性和不巩固，目前表现得特别明显。

到1926年初，资本主义欧洲又遇到许许多多由于各种危机而引起的新的严重的困难：英国主要是工业危机，法国主要是通货膨胀危机，

德国则遇到严重的经济危机——道威斯计划的危机开始出现，波兰几乎濒于经济崩溃的地步，奥地利则面临其他种种危机。过去的一年已经十分明显地证实了欧洲许多主要国家的"稳定"是不巩固的。

为了看清楚世界资本主义究竟能够在多大程度上巩固自己的地位，我们不妨把它目前的情况与1913年（战前水平）的情况以及1918—1921年（战争结束和资本主义经济极度衰退时期）的情况作一比较。但是，我们不应当忘记，仅仅把目前情况与1913年或其他任何一年的情况进行对比，事实上是办不到的。因为，在过去10年期间，在世界经济内部就出现了一系列"质"的飞跃。

如果拿战前水平来作比较，那么，除美国之外，几乎任何一个欧洲主要资本主义国家都没有超过这个水平，甚至还完全达不到这个水平。但如果拿资本主义经济在战后初期最不景气的情况来比较的话，那么，目前某些资本主义国家的经济状况，相对来说是比较好的。

然而，仅仅采用这种尺度来衡量是不够的。为了断定资本主义在目前阶段的稳定程度，不仅要用绝对生产数字这个尺度，而且还必须研究一下关于主要经济部门的比例和经济发展的内在趋势的问题。

欧洲资本主义的局部稳定，在很大程度上是通过下列方式取得的：（1）对欧洲各国人民进行骇人听闻的压榨（增加税收、降低工资、普遍降低人民的生活水平）；（2）对殖民地进行压榨；（3）依靠正在对欧洲实行奴役的美国的"援助"（美国贷款），这种"援助"归根到底是为了迫使欧洲工人同时也为美国资本家干活。

换句话说，世界资产阶级竭力把"稳定的代价"转嫁给工人阶级和广大劳动人民。这在不同的国家里有不同的表现形式，但在任何地方都不外是加强对劳动人民的剥削。

1. 德国的方法引起了工业托拉斯化过程的加强，使美国得以奴役民营和国营经济，引起破产和失业。英国《经济学家》杂志竟把德国失业人数的增加看做是一种"健全的"过程所引起的后果，认为这种过程应当带来"更廉价和更经济的生产"。整个德国资产阶级和社会民主党上层分子，都把这种现象称为"生产合理化"。

2. 英国的方法是实行通货紧缩，其目的显然在于迫使工人同意降低工资，从而有可能减少生产费用，即提高利润。

3. 法国工业界目前所处的较为有利的地位，在很大程度上是依靠通货膨胀取得的。通货膨胀等于降低法国工人的实际工资。

另一方面，对削弱资本主义制度的"稳定"起重大作用的因素，便是苏联的巩固和殖民地半殖民地的反帝运动的发展。像俄国这样一个大国脱离了"传统的"（资本主义的）世界经济体系，这个事实本身就有着不可估量的意义。

在许多大国中相继出现的政府危机，以及各资产阶级政党的分崩离析、各树一帜等现象，也都是资本主义"稳定"的相对性的征兆。

美国。美国在世界经济中的霸权地位已日渐明显。美国的领土总共只占世界土地面积的5%，人口只占世界总人口的6.2%，而它在一些主要产品——煤、铜、棉花、铁、钢、石油、汽车等方面的产量，则占世界总产量的一半以上。它在资本输出方面占第一位。它输往国外的资本达到15亿美元，即占1925年发行总额（达45亿美元）的1/3。这些资本首先输往加拿大和南美洲，而且也与日俱增地输往中欧和东欧。美国的对外贷款和军事债款的总额已经达到210亿美元。美国通过资本输出的办法，为自己侵入世界各洲铺平了道路，其中也包括欧洲。欧洲正愈益陷于依附于美国资本的地位。

美国的资本输出还采取贸易出超的形式：美国对外贸易在迅速发展，而同时欧洲主要国家的对外贸易则大大落后于战前水平。当然，美国资本主义经济的发展是带有周期性的，甚至在目前就已经出现了局部的危机（采矿工业、纺织工业和缝纫工业），而经济总危机是必不可免地要出现的。

美国所攫取的超额利润的数额正在不断增加。美国资本主义在全世界的统治地位已经是不容争议的了。近年来，所有的重要国际"协议"——华盛顿公约、道威斯计划，在某种程度上还有洛迦诺条约，都深深地打上了美国帝国主义霸权的烙印。

国家机器和托拉斯的"结合"已经不是秘密了。在这方面，美国资本已经不需要任何掩饰。

美国资本吸吮欧洲的膏血，从而在客观上促使欧洲的革命化。

同时，从英国手里转移给美国的不仅是世界市场的王位，而且还有工人运动的反动因素的"王位"（美国劳联）。

英国。工业危机和周期性的失业，依然不断地给英国的整个经济生活留下无法抹去的痕迹。英国的对外贸易逆差在不断增长（1922年，入超1.8亿英镑，1924年——3.44亿英镑，1925年——3.955亿英镑）。**贸易入超部分勉勉强强靠无形输出（轮船运输和银行业务收入，海外投资的利润）来弥补**。1924年的煤产量达到战前水平的92.2%，1925年则下降到88.2%。钢铁工业在1924年达到战前水平的86.7%，而在1925年则下降到76.2%。与1914年方案比较，1924年的物价指数为174.7%，1925年上升到175.6%。工人的工资非但没有增加，而且在许多工业部门中实际上还降低了。曾经不止一次地使英国整个工业活动发生问题的煤矿工业危机，目前则大有达到前所未有的规模之势。

英国还不得不：（1）在太平洋上跟美国和日本进行斗争；（2）在欧洲跟法国（这个国家战时在发展重工业方面迈进了一大步）和德国（德国工业正在打算而且不得不打算跟英国竞争）作斗争，并且反对苏联（在东方问题上）。英国的自治领，**随着其工业化的程度**，正在不断摆脱伦敦的影响。英国输出的资本，已经不能满足其自治领的要求，因此，后者只好从美国输入资本。

为了抵制各殖民地瓦解英国帝国主义的趋势，英国资产阶级企图在英国和它的自治领之间在经济上建立一种互惠体系。

中国的事件使英国在东方的势力受到最沉重的打击。

尽管最近几个月来在某些方面有了局部的和短暂的好转，然而可以大胆地说：英国经济发展的曲线基本上是不断下降的；英帝国主义的政治影响正在不断削弱；英帝国主义的霸权地位已从此被美帝国主义所占有；英帝国主义的威力正慢慢地，然而是不断地在消失，尽管它在某些殖民地（例如印度）也取得了若干暂时的成就。

由于阶级斗争的尖锐化，**自由党**正处于瓦解的过程中。在**保守党**内部，正围绕着以下几个重大问题进行斗争：（1）保护关税政策问题，（2）摩苏尔问题，（3）对工人阶级所采取的策略问题。**工党**则处于长期的危机中，这个危机正使左翼的力量有所加强。

英国经济发展的进程使英国的工人阶级发生了深刻的变化。工人贵族的影响削弱了，工人群众正在向左转并在寻求新的道路。英国工人运动取得的进展是具有世界历史意义的。

法国。在过去一年中，法国进入了那些遭受着周期性危机的国家的行列，这是一个新的事实。在一年的时间里，法郎与美元的比价从每法郎兑换25美分降到每法郎兑换18美分。税收不断增加，战前税收占国民收入的13.3%，在1923—1924年度提高到21%，在1925—1926年度提高到25%。法国严重的财政危机（尽管这个国家的贸易出超、尽管法国的大工业在最近10年期间有所发展，尽管法国没有什么失业现象）说明：在这个帝国主义战争的战胜国里，资本主义的处境也同样越来越困难。即使对于小资产阶级政府来说，如果要想在保存私有制的情况下不采取一些对大资本家实行局部剥夺的措施而摆脱上述的窘境，也是越来越不容易了。摩洛哥和叙利亚的事件表明，法帝国主义的统治地位甚至还受到来自殖民地方面的打击。掌握政权的小资产阶级（左派集团），通过其上层代表人物，在每次改组内阁时都把一个又一个的阵地让给大资产阶级。但同时，小资产阶级的广大阶层（特别是农民）势必变得更加激进，更加革命，虽然它们目前在政治上仍然显得软弱无力。统治阶级对自己的力量正日益丧失信心，不相信自己能够从日益错综复杂的危机中找到出路。

由此可见，紧接在英国之后，法国也走上了长期危机和衰退的道路。陷入周期性危机的国家，不仅有第一次世界大战的战败国，而且就连最大的战胜国（英国和法国）也难幸免。要完全消灭这种危机，只有依靠社会主义革命。

法国大资产阶级的新纲领是：（1）限制议会活动；（2）由宗主国的干部组织装备比较精良的殖民地军队，以专门从事殖民地战争；（3）由国家把租税系统租借给资产阶级，让资产阶级来稳定"国内预算"（即所谓司丁尼斯化）；（4）扶植法西斯势力，作为反对无产阶级和中等阶层革命人士的力量。

这个纲领有可能促使法国无产阶级的共产主义先锋队成为广大劳动阶层的领导者，共产主义先锋队应当组织群众起来反对"民族集团"，并批判"左派集团"的动摇。

德国。德国经济状况的特点是：国内高度发展的生产能力与作为一个战败的和被解除了武装的国家的地位之间，存在着深刻的矛盾。工业的高度发展，工业生产能力大大地超出国内市场的需求，以及工业集中在卡特尔和托拉斯这种垄断组织的手里，这一切都推动德国采取帝国主义政策。另一方面，德国不得不根据和约的规定解除其武装，不得不接受外国对其税收、国家银行和帝国铁路的监督，不得不支付军事赔款和让外国资本源源不断地输入境内，这一切在一定程度上却又逼迫德国依附于帝国主义列强。这种矛盾当然要带来重重的危机。

一年前，德国境内通货膨胀危机的克服和资产阶级政治力量的加强，可以算是德国资本主义相对稳定的显著标志之一。然而，与社会民主党的观点不同（它们以德国帝国主义的最终稳定作为制定自己政策的依据），共产国际认为，这种稳定实际上是暂时的，是不巩固的。

过去一年的事实十分清楚地说明，共产党人对德国的政治和经济所作的分析是正确的。尽管在道威斯计划开始实行以后的这一年，德国在对外政策方面确实得到了相当大的好处（缓期偿还一部分债款），但在这期间，德国资本主义却从相对稳定状态进入极其尖锐的危机状态。这种危机造成了大量的失业（失业人数达 300 万人以上），引起了资本主义企业的纷纷倒闭以及生产的缩减。道威斯计划只不过刚刚开始实施，这个计划势必引起经济状况的进一步恶化和危机的进一步尖锐化。

1925 年，德国所支付的军事赔款只有 2.24 亿马克，而在 1925—1926 年度，它必须按照道威斯计划支付 10 亿金马克的军事赔款，而"军事赔款问题也就是降低工资的问题"（凯恩斯）。税收在 1924—1925 年度达 113 亿马克（1913—1914 年度为 48 亿马克）。1926 年，税收负担（这是实行道威斯计划的结果）还要不断加重。

然而，道威斯计划不仅意味着德国人民的不断贫困化，而且也给德国资产阶级造成巨大的困难。实行道威斯计划（对于这个计划是否可行，目前不仅共产党人持否定态度，就连资产阶级的许多经济决策人也有异议）的首要前提是，德国工业产品的出口额超过进口额。而在目前整个世界市场出现了漫无止境的销售危机的情况下，危机的克服只有通过紧缩成品的进口和削减消费量来达到。这种依靠牺牲工人阶级的利益来人为地提高德国的竞争能力的办法，势必引起法国、英国以及欧洲其他国家的商品销售量的缩减，从而使这些国家的经济危机更加尖锐。

德国开始向海外国家输出并夺取地盘。道威斯计划使英国煤炭工业的危机尖锐化的事实，是人所共知的。道威斯计划加深了全世界资本主义的危机；在德国，随着道威斯计划的实施，危机不断出现，而且一次比一次尖锐。

甚至在1926年，德国的经济危机也可能会有局部的缓和。然而，要想通过资本主义的途径来使经济取得真正的稳定，是完全办不到的，要使经济得到真正的稳定，只能采取无产阶级革命的办法。政府危机和议会危机接连不断地出现，保皇派反动气焰的上升，资产阶级各大党和社会民主党的危机，议会制度的破产，工人群众的左倾，小资产阶级倒向工人群众方面，这一切都为共产党人争取群众创造了广泛的可能性。

意大利。在历史发展过程中，掌握了政权的法西斯主义，在通货膨胀危机的压力和对外债需求的推动下，公然实行资产阶级和大地主的政策。一部分中等阶层受到剥夺。工人受到严重的剥削（取消八小时工作制，在企业里建立起法西斯主义纪律）。在对待中小农民方面，则实行了残酷的"库税"恐怖政策。法西斯主义的社会本质促使其采取一系列反对工人、反对中等阶级的独裁措施：取消结社权利法，实行新选举法，取消工会法，取消选举自己市长的权利，彻底镇压反对党和完全取消言论自由。墨索里尼的国内政策日益走进死胡同，因而法西斯主义力求通过实行帝国主义政策、掠夺新的殖民地和制造战争威胁来寻找出路。这种新的法西斯帝国主义，正日益使法西斯意大利沦为世界帝国主义列强的工具。

波兰。波兰濒于崩溃的经济状况，可以从下面这封由工业、银行、贸易、手工业和农业等行业的代表人物联名写给波兰共和国总统的信

(1925年11月17日）中得到最好不过的说明。

"波兰这个国家的经济生活，在每时每刻地消沉下去。工业系统的失业人数在不断增长，目前已经达到21.3万人，即占到目前就业工人总数的30%。这个比例数在欧洲是绝无仅有的。即使有工作的人，也往往每周只工作5天、4天，甚至3天。由于这样，在每6个工作者当中就有4个人没有工作……这种情况正在日趋恶化。再过不久就会看到，少数人将不得不养活多数人……工业停滞不前，因为产品没人买。小土地所有者本来是决定工业品市场容量的一个十分重要的因素，而现在他们却没有钱买东西。至于大土地所有者，在短期债款的高利率重压之下，也不能在工业品消费方面起什么作用。工人在目前工业奄奄一息的情况下，也不能成其为消费者。职员也无力购买商品。跟工业遭遇相同的手工业作坊，正日益减少。商业……从来还没有遇到过今天这样困难的局面。总统先生！波兰整个生产领域正在江河日下。许多企业已经彻底倒闭。我们连一分钟也不能再忍受了。"

财政部长在议会宣布"国库空虚"，指出在国内外都有"信用危机"。官僚机构已陷于前所未有的分崩离析状态。贪污受贿的现象比比皆是。跟上述现象同时并存的是白色恐怖和对工人实行暴力统治的制度，在饥饿的失业工人当中出现绝望情绪，等等。对乌克兰人、白俄罗斯人、犹太人、日耳曼人、立陶宛人等所实行的种族压迫，引起人们越来越大的愤怒。对人民群众的剥削不断加强。同时，捐税日益加重，物价日益上涨。不仅工人，而且小职员以及广大的小资产阶级阶层也都看到，他们的经济状况是怎样地一天不如一天。

多瑙河沿岸和巴尔干半岛的诸国。这些国家四分五裂的状况，引起了周期性的经济危机。由于原先工业经济区的丧失，使战前的工业基础受到打击。在关税政策扶植下的新工业，则又饱尝销售市场紧缩之苦。国联在奥地利和匈牙利所采取的经济复兴办法，正在使这两个国家陷入经常性的经济危机。战后实行的土地改革，并没有消灭封建土地所有制的残余，而且总的看来，也完全没有使农民的生活状况得到任何改善。在某些国家（希腊、保加利亚）中，大批难民的出现造成了政治上和经济上的新的困难。

民族问题不仅没有通过和约得到解决，而且还更趋尖锐。为了镇压少数民族，就必须有庞大的国家暴力机器，而维持这种国家机器的费用，则使人民不胜负担。

多瑙河沿岸和巴尔干半岛诸国，乃是英国、法国、意大利（近来还有美国）等帝国主义国家进行斗争的舞台。同时，某些巴尔干国家，特别是南斯拉夫，力图夺取巴尔干的霸权。法国企图利用小协约国来反对在英国影响下的匈牙利、希腊和保加利亚，反对德国，反对苏联。而英国和美国资本，则力图建立一个巴尔干集团或是东南欧集团，以便与小协约国相抗衡。这些矛盾交织在一起，便形成了新的战争危险。

尽管恐怖手段层出不穷，革命工人运动仍然不断发展。无产阶级与农民（农民饱受经济压迫，在一定程度上还有民族压迫）的联盟，应当成为共产党政策的基础。

东方。过去一年的事实证实了：共产国际执行委员会上次扩大会议对东方事件发展所作的列宁主义的估计，是绝对正确的。东方民族革命解放运动向前迈进了一大步，在某些地区，这个运动的发展速度甚至比我们所预料的还要快。这些事件由于是以开始工业化的东方为背景的，所以尤其具有重大意义。

我们可以把东方各国人民解放斗争的主要发展情况和成就列举如下：

1. 反帝斗争的尖锐形式，在摩洛哥和叙利亚表现为直接举行武装起义；

叙利亚和摩洛哥的事件说明，殖民地的民族解放运动在不断发展，帝国主义在不断削弱，为社会主义而奋斗的工人阶级的力量在不断加强，这是一个方面。另一方面，法国共产党坚决反对在摩洛哥和叙利亚所进行的殖民主义战争。这说明，无产阶级先锋队支持争取自由的殖民地人民的斗争，并把这种斗争跟国际无产阶级争取社会主义的斗争结合起来。

2. 千百万城乡居民参加的中国民族革命运动，具有广泛的群众性。

3. 在印度和中国，某种程度上还有埃及，大工商业民族资产阶级中的某些阶层退出了民族解放运动，这个运动的领导权已经转移到革命阶层的手里。

4. 中国革命无产阶级的独立阶级行动（上海、香港、广州的政治罢工）。在印度，迅速发展的工业使得印度无产阶级的社会力量不断加强，印度无产阶级已经开始起重大的作用。

毫无疑问，中国的运动具有世界历史意义。这个运动说明，世界无产阶级革命在东方拥有无穷无尽的潜力。

年轻的中国工人运动在整个民族解放斗争中所起的作用大大提高。工人运动已在中国取得一系列重大成果：建立起具有阶级观点的工会；与共产党人有联系的国民革命党——国民党的威信不断提高；东方革命民主政府的先例——广东革命政府的力量不断加强。这个政府依靠广大的城乡劳动人民，进行不屈不挠的反帝斗争。

拉丁美洲也可能而且应当成为反帝（反对美帝国主义）解放运动的据点。在目前情况下，生活在拉丁美洲的民族大部分是被压迫民族，它们迟早要投入反对美帝国主义的斗争。

苏维埃社会主义共和国联盟。与此同时，在另外一个地带，即在苏维埃社会主义共和国联盟——无产阶级战胜资产阶级的国家的联盟，经济正在迅速发展，无产阶级的经济和政治力量正在不断加强。尽管资产阶级国家对苏联实行长期孤立和包围的政策，尽管苏联在内战期间受到严重破坏，苏联还是能够很快地把自己的经济恢复到战前水平，能够在日益扩大和发展的社会主义建设中取得巨大成就。尽管苏联在国内建设方面还必须克服种种困难，然而苏联无产阶级所开始的经济、政治和文化建设，目前已经引起世界上日益壮大的、广泛的劳工阶层的深切关注和热烈同情。甚至那些多年以来对俄国革命和苏维埃政权进行疯狂进攻的社会民主党领袖们，现在在工人的压力之下，也不得不承认苏联正在不断巩固，正在克服其前进道路上最严重的困难。苏联的社会主义建设的成就，现在正日益成为整个国际社会主义的成就。苏联成为了世界各国无产阶级的核心，成为了国际无产阶级革命的中心。

目前，两大体系、两个世界（一方面是以美国为首的资本主义世界，另一方面是以苏联为首的无产阶级革命世界）之间，暂时还保持着相当不稳定的均势。美帝国主义仍然是资本主义世界的霸主。在国际政策方面，美国在必要时刻总是拉拢英国作为盟友（美英集团）。但这并不等于说，在这个集团内部就没有矛盾了。只要列举一下英国和美国在中国、摩苏尔、墨西哥等主要问题上所存在的矛盾，就足以说明这点。同样，这也并不是说，在资本主义世界的其余部分（它在一定程度上是美英集团施加影响的对象），也就没有内部矛盾了。

美国和英国之间的经济矛盾在1925年有了新的发展。英国和美国在太平洋、中国、日本、土耳其、南美洲等问题上所存在的矛盾，乃是孕育着新的世界大战危险的矛盾。英国本身就是美国的债务人，而拥有最发达的生产力和积累了庞大的资本的美国，几乎是整个其余资本主义世界的债权人。美国这个国家，目前不仅为其商品寻找销售市场，而且在更大的程度上为其资本输出寻找市场。英国则经常遇到工业危机和失业问题。在美国的支持下，帝国主义英国一再试图孤立苏联，阻碍它参加国际贸易和取得国外贷款，同时还采取包围苏联的政策，准备在适当的时机对苏维埃共和国发动新的进攻。

为了掩盖资本主义世界的真面目，为了掩盖上述从世界大战中发展起来的重重矛盾，在去年一副假面具被制作出来。这副旨在蒙骗劳动人民的假面具，便是洛迦诺公约。

洛迦诺公约的客观作用可归结如下：

（1）美国资本主义利用这个公约来巩固自身的利益，以对付整个资本主义的欧洲（欧洲的"和平局面"给美国提供了这样的保证，即保证债务人从事"正业"，并且不折不扣地偿付给美国利息。而同时，美国也怀着不满意的心情看到，欧洲的"债务国"正在作初步的但又是软弱无力的尝试，试图互相联合起来，以便在一定程度上能够跟美国对抗）；

（2）英帝国主义利用这个公约来维护自身的特殊利益，以反对法国（英国是"保证人"和仲裁者）；

（3）法国资产阶级正在巩固自己的特殊利益，以反对德国（拉拢英国作为盟国）；此外，洛迦诺公约十分清楚地说明，法国要在欧洲大陆建立霸权的图谋破产了；

（4）在法国支持下的英帝国主义，企图通过洛迦诺公约来建立一条反对孤立无援的苏联的战线，为此，便力图把德国也拉拢过去。

通过国联来"巩固和平"的方法（特别是洛迦诺公约之类的条约），越来越暴露出实际上就是为了准备新战争而采取的。由于国联的活动，特别是由于洛迦诺公约的签订而引起的和平主义幻想，无疑在工人群众当中还起着一定的影响作用，原因是社会民主党的领袖们都在亲自参加国联所进行的欺骗活动，而国联则在把整个第二国际变为其本身机构的一个环节。然而，整个事态的发展都要求破除这些和平主义幻想，要求向无产阶级的广大阶层以及与该阶级最接近的小资产阶级各阶层彻底揭穿国联的虚伪性。下面这种思想已在全世界广大劳动人民阶层中逐渐形成：只有通过无产阶级革命才能避免新的帝国主义战争，苏联的巩固是反对新战争的最可靠的保障，共产国际乃是领导劳动人民反对屠杀战争的唯一领导者。

我们可以用下面几段话作总结：
1. 在美国和大洋彼岸的若干国家中，资本的力量有所加强。
2. 从1925年后半年起，欧洲一切主要资本主义国家的经济危机趋于尖锐。
3. 生产资料大量集中在有银行资本撑腰的托拉斯和卡特尔手里。无论在美国和英国，或是在法国和德国，我们都可以看到托拉斯化程度的提高。
4. 美国和英国之间的经济矛盾的尖锐化。在第一次帝国主义世界大战之前，**英德之间的矛盾**是主要矛盾，而现在，**美英之间的矛盾**则日益发展。（同时，我们也不应当对其他一些重大矛盾的意义估计不足。这些矛盾包括：日美矛盾、英法矛盾等。）
5. 道威斯计划开始破产。
6. 500万人失业（如果把失业者的家属也计算在内，那么这个数字还要大得多）。
7. 几乎在所有欧洲国家中，中等阶层已联合起来。
另一方面：
1. 在占全世界1/6的土地上，社会主义（苏联）正在建设起来，虽然在这方面还有严重的困难。
2. 在几乎占世界人口1/4的土地上（中国），民族解放运动以及领导这个运动的工人革命运动正在不断发生和壮大。

3. 在摩洛哥和叙利亚,民族解放运动已经演变为直接的军事斗争。在印度和埃及,反对帝国主义的民族解放运动正在缓慢地、但却是不断地成熟起来。

4. 在整个资本主义世界中,共产党正日益锻炼成熟,虽然工人运动的发展是低一阵、高一阵。(这在很大的程度上跟工业的情况有关。)

共产国际反对匆忙地作出这样的结论,即仿佛资本主义已经不再有任何"稳定"了。但它也一如既往地反对社会民主党领袖的"结论",即认为资本主义重新在整整一个历史时代中得到巩固。

过去一年事态的发展,一再证明共产国际对世界无产阶级革命所采取的列宁主义的基本路线是不容动摇的。在资本主义进入局部的和暂时稳定的时期,由于没有出现直接的革命形势,共产国际可能而且应当针对这种情况相应地改变某些工作方法,但共产国际的目的和活动基础,则维持不变。

二、国际工人运动中的新现象和统一战线策略

在最近这个时期,各国广大工人群众要求统一的愿望极为强烈,同时最近几年来跟着改良主义走的广大工人阶层,对改良主义的估价有所改变,对改良主义的方法也产生了某种失望情绪。在目前条件下,要求统一的愿望,乃是一种在阶级斗争的基础上要求统一的愿望。

这些新现象是由于下面一系列原因引起的:

1. 许多资本主义大国的经济发展,又在引起广大工人群众生活的恶化,有时甚至使他们贫困化。英国资产阶级的状况每况愈下,这使它从殖民地和半殖民地榨取超额利润的可能性愈来愈小,从而为工人贵族(他们是在广大工人当中散布改良主义影响的主要工具)提供若干特权的可能性也愈来愈小。

失业现象在**英国**愈益普遍。第一个"工人"政府——麦克唐纳政府的试验,给改良主义幻想带来了严重的打击。资本的进攻,引起越来越严重的冲突(矿工),它使广大工人群众懂得,工人阶级有必要采取有组织的群众性行动。

在**德国**,失业人数大量增加。广大工人群众的经济状况一天不如一天。同时,帝制复辟的危险日益加深,统治阶级正准备赔偿给被推翻的王朝25亿马克,政府危机层出不穷,捐税负担日益加重。

在**法国**,财政危机所引起的后果,大有完全转嫁到劳动人民头上之势。叙利亚和摩洛哥事件,在工人看起来,只不过是为准备未来"大规模"的帝国主义冲突而进行的小小演习而已。无可救药的议会危机和政府危机,清楚地向广大劳动人民证明,整个资产阶级民主制已经病入膏肓了。

在**波兰、捷克斯洛伐克、意大利、巴尔干各国**以及其他许多国家,都出现了类似的现象。

2. 在欧洲许多大国,联合政策(即社会民主党参加资产阶级联合政府的政策,它的使命是通过和平的、改良的办法来赐给人民以恩泽)已显然破产。在法国、德国和波兰的社会民主党内部,在是否能够继续参加联合政府的问题上进行了公开的斗争。反对与资产阶级合作、反对继续参加联合政府的社会民主党"左"翼的代表人物,无疑也反映了(仅仅在很小的程度上)社会民主党普通工人的不满情绪。这些普通工人从与资产阶级实行联合的种种实践中认识到改良主义幻想的虚无缥缈,因而抛弃了(或正在抛弃)这种幻想。但这绝不等于说,这些社会民主党的工人阶层已经跟改良主义从此绝缘了。他们的心病是可能复发的,而且在一定程度上还是不可避免的。但在我们采取正确的策略的情况下,感染改良主义幻想的周期会不断缩短,直至最后我们把广大的社会民主党工人阶层争取过来为止。

3. 苏联经济发展的事实，对世界各国社会民主党的广大工人群众产生了巨大的影响。即使那些对无产阶级专政、对革命暴力和内战抱有特别深刻偏见的社会民主党工人阶层，目前也通过鲜活的事例认识到，苏联工人阶级的道路是正确的。苏联是工人掌握了自己的命运的唯一的国家，是进行社会主义建设的唯一的国家，是工人阶级的物质生活和精神生活能够逐步提高的唯一的国家，这个国家不能不对世界各国社会民主党的广大工人阶层产生吸引作用。国际社会民主党的领袖们过去对苏联所进行的污蔑，现在不攻自破了。到苏联来参观的工人代表团，对于社会民主党工人摆脱改良主义的影响起了并继续起着巨大的作用。

4. 最近这个时期，欧洲许多国家的社会民主党工人本能地感到，帝国主义战争危险又逐渐地逼近了。全世界都在扩张军备，把军事赔款转嫁给工人阶级，帝国主义者对日益高涨的东方民族解放运动实行镇压，新的秘密条约在不断签订，这一切都促使社会民主党的工人意识到一场新的世界规模的大屠杀的危险，而要避免这场屠杀，只有依靠全世界无产阶级的真正的、巩固的团结。

所有这些因素结合在一起，便使广大的社会民主党工人（还有非党员工人）产生了新的情绪，首先引起了他们要求把工人阶级队伍团结在一起的这种真诚的、普遍的和自发的愿望。这一切使得统一战线的策略甚至在英国、比利时和瑞典这样一些国家里，也取得了初步的巨大成就。

对于社会民主党工人的这种要求团结的真诚愿望，共产国际及其各支部应当坚决地和衷心地表示欢迎。

正是从这个意义上看，只有现在才为真正地实行统一战线策略奠定了广泛的基础。

这些具有重要意义的新现象，导致英俄工会委员会的成立，导致英国共产党和"少数派"运动的胜利，导致德国共产党人和社会民主党人的共同斗争（要求无偿地没收霍亨索伦王朝财产的运动），导致瑞典的工会运动战线上工人团结的初步胜利，导致挪威工人党思想的发展，等等。

在广大群众的压力之下，社会民主党领袖开始改变他们的策略，至少在口头上如此。在第二国际中，除了公开主张对苏联实行白匪策略的考茨基"派"以外，还出现了主张跟苏联保持"友好"关系的"左"派（奥托·鲍威尔是最令人注目的代表人物）。奥地利社会民主党是人数最多、实力最强的社会民主党之一，它的领导者都是一些最圆滑的改良主义外交家。因此，奥托·鲍威尔及其附和者（例如法国的孔佩尔－莫雷尔）的转变，是具有**象征**意义的。这说明，社会民主党的广大工人群众的情绪起了多么大的变化。

与此同时，这些社会民主党的"左派"领袖们仍然继续对共产国际进行污蔑，对它进行最阴险恶毒的攻击。正是这个奥托·鲍威尔，他在不久前的第二国际马赛代表大会上，给一份对苏联和东方各国人民表示"友好"的决议案中加上了这样一段话："共产国际在散布幻想，仿佛红军锋利的刺刀会给工人带来解放。共产国际认为，为了取得世界革命的胜利，就必须发动新的世界大战。共产国际之所以支持亚洲和非洲的革命运动，就是希望依靠这种运动，用战争来给资本主义以致命的打击。"这些社会民主党的"左派"领袖们很清楚地知道，事实上不是苏联在准备新的战争，而是帝国主义政府在准备新战争来反对苏联。但是，他们却故意利用社会民主党工人对战争的正当厌恶情绪，在伪善面具的掩盖下，以上述种种污蔑言辞来离间工人们与苏联的关系，以便打消社会民主党工人要求在国际范围内组织工人统一战线的思想。

社会民主党领袖们反对统一战线思想的另一种惯用手段，便是力图把"自己的"共产党人（即本国的共产党人）污蔑为共产主义运动的最坏不过的分子,说这些共产党人与其他国家的共产党人不同,跟他们是无法合作共事的。他们就是采取这种对本国共产党人进行污蔑的手段来达到上述目的。

最后,为了破坏统一战线的策略,某些社会民主党领袖甚至采取这样一种方法:他们把自己打扮成比共产党人坚决得多的"拥护统一"的人,但同时却提出这样一种看法,认为只有在共产党人放弃其独立政党的思想并同意加入社会民主党的时候,才能够有真正的统一。

毫无疑问,共产党和社会民主党根本谈不上什么合并的问题。否则的话,就等于直接出卖无产阶级革命的事业,就等于完全否定无产阶级的伟大历史作用。共产党必须作为一个独立的政党而存在,这是马克思列宁主义的最起码的知识。工人阶级在最近一个时期所取得的主要成果是:尽管有种种巨大的困难,但毕竟在世界各个国家里建立起了独立的共产党,这些共产党公开反对社会民主党领袖的叛变行为,公开维护无产阶级革命的思想并准备实现这种革命。只有在共产党的旗帜下,整个无产阶级才可能而且必定会团结起来。

同时,共产国际执行委员会扩大会议宣布,共产国际将要以空前未有的努力来贯彻统一战线策略,也就是要在社会民主党工人和共产党人可能达成协议的一切最重大的政治和经济问题上,建议社会民主党(还有非党工人)进行共同斗争和采取共同行动,以反对资产阶级。

共产国际执行委员会扩大会议坚决要求其所属一切支部,必须以坚定果断和开诚相见的态度来对待社会民主党工人要求对资产阶级进行统一斗争的愿望,必须在这个或那个实际行动中(甚至在最低口号的基础上)与社会民主党工人团结一致,必须对社会民主党工人抱同志般的、关怀的、正确的态度,以便他们有可能与我们一道反对资产阶级。

共产国际认为,没有理由改变自己对社会民主党,特别是它的领袖(包括"左派"领袖)所起的客观作用的评价。这种评价在共产国际的许多文件（从共产国际第一次代表大会到第五次代表大会）中都已经提到。共产国际执行委员会扩大会议坚决驳斥那种认为必须"修正"第五次代表大会决议的取消派见解（例如法国右翼反对派以及其他一些带有取消派情绪的"共产党人"的意见）。

共产国际并不怀疑，大多数社会民主党领袖仍然会像过去一样继续破坏工人统一战线。例如，德国社会民主党的领袖们甚至在连普通的共和主义者也会支持工人的问题上，也要进行破坏。然而，目前局势的变化正使社会民主党的广大工人阶层的思想发生变化。在不同的时期和不同的条件下，社会民主党工人在客观上所起的作用也会不同。这点是在实行统一战线策略时首先必须估计到的。

共产国际仍然坚持自己的意见，即认为统一战线的策略绝不是与社会民主党上层结成议会联盟的策略，更不是共产党与社会民主党上层进行合并，或是共产党放弃自己在宣传鼓动工作上的独立性的策略。共产国际一贯认为，统一战线策略无非就是在群众中进行革命鼓动的一种方法，就是有组织地动员群众的一种方法，就是把大多数工人争取到共产国际这方面来的一种方法。在当前的形势下，统一战线策略是尽可能广泛地把国际无产阶级的广大阶层团结起来的唯一正确的方法，是以宣扬马克思主义、反对改良主义的精神来对广大的社会民主党工人和非党工人进行经常的思想教育的唯一正确的方法。

反对统一战线的社会民主党领袖们经常说什么共产党人实际上并不希望有统一战线。这种说法是彻头彻尾的欺骗。对我们来说，"统一战线"的口号首先是为了实现工人的切身要求及其反对资产阶级的要求而对工人群众实行真正的阶级动员的口号。如果我们的这种宣传鼓动竟触犯了社会民主党领袖们的话，那么，正是因为这些领袖阻碍工人团结起来为解决其切身要求而奋斗。

与欧洲各国资产阶级向美帝国主义者卑躬屈节地求救一样，社会民主党的领袖们也把希望寄托在美国身上，企图依靠资产阶级在工人内部的典型代理人的美国工人运动的领袖来苟延残喘。

在获得高度的超额利润的基础上，美国资本寡头通过收买和腐蚀美国工人运动的整个上层，大力促进了工人贵族的形成。

美国劳联的领导权完全掌握在那些彻底被人收买的"工人"贵族领袖手里。通过建立大量的"工会"银行、在工人当中推销工业企业股票，以及建立公司工会等办法，使美国龚帕斯的工会实际上只跟资本主义企业"融合为一"。工会会员在不断减少。工会**有变为以工人贵族为主的排外性组织的倾向**。**工会跟企业主进行阶级合作的一整套制度也拟定出来**（巴尔的摩—俄亥俄计划）。泛美联盟的建立，首先是为了不让"他国"工人进入美国，以免影响工人贵族的特权。美国这些工会"领袖"，对苏联极尽污蔑之能事。

正是这样的"杰作"，使得欧洲许多改良主义的头头们羡慕不已。他们在德国、奥地利以及其他国家里都在鼓吹工人运动的"美国化"。开始仿效美国，建立与企业主勾结在一起的"工人"银行。工人贵族上层购买股票这件事，竟被说成是和平地"长入"社会主义的过程。阿姆斯特丹的右派头子们把美国劳联看成是摆脱布尔什维克危险的救星。他们用"美国化"来对付欧洲社会民主党工人想同苏联无产阶级接近的自发要求。除道威斯计划外，美国"恩赐"给欧洲的还有龚帕斯的工人运动"美国化"。

向全世界工人阶级揭露这种资产阶级政策的反革命实质，乃是当前最重要的任务之一。

三、共产国际各支部的危机和反对"左"右倾的斗争

在共产国际成立初期,共产国际的各年轻支部必不可免地要遇到一些危机。造成这些危机的原因是:整个时代的过渡性质,刚成立不久的共产党缺乏革命经验,党内往往还有一大批由社会民主党转到我们这里来的成员,党内缺乏公认的领导骨干,以及社会民主党在人数上大大地超过我们等等。共产国际的任务,主要是帮助各支部尽快地和比较顺利地度过危机,并使党内危机成为一种极其罕见的现象。欧洲的客观形势,对于工人阶级争取解放的斗争是有利的。这使得主观因素,即共产党为完成其所负历史使命而进行准备的程度,具有更大的意义。

在过去的一年内,捷克斯洛伐克和意大利党内的危机已被完全消除。在共产国际上次扩大会议召开时(1925年3月),捷克斯洛伐克共产党的内部情况十分紧张,此后,在共产国际的帮助下,到共产国际执行委员会本次会议召开前,捷克斯洛伐克共产党已经团结起来,矫正了路线,从而取得了巨大的成就。

通过不久前召开的代表大会,在意大利共产党内长期存在的极左倾危机(博尔迪加)问题已顺利解决。这次大会表明,党内有足够的力量来战胜脱离共产主义基本路线的倾向。意大利共产党的正确的政治路线,已经使它在群众工作中取得了巨大的成就,而在不久的将来,无疑还会取得更大的成就。

捷克斯洛伐克党内事态的发展,是说明必须克服右倾的一个例子;而意大利党内事态的发展,则是作为说服必须克服极左倾的一个例子。

德国共产党所经受的危机还没有结束。在1923年事件失败和布兰德勒中央委员会垮台以后,共产国际不得不同意把领导权交给"左派"集团,虽然它知道马斯洛夫、费舍、肖勒姆这些人会犯最严重的极左倾

错误。在法兰克福的"左派"全体代表大会上,共产国际坚决反对上述集团的错误(在工会问题和统一战线策略等问题上)。共产国际从领导权落入上述集团手中之时起,就提醒党要防止该集团的错误。当看到该集团已经不能不犯错误,而且从极左分子当中已经分化出一批能够把事业担当起来的优秀工人的时候,共产国际便支持剥夺马斯洛夫—费舍集团的领导权。共产国际执行委员会在致德国共产党的那封著名的《公开信》(1925年8月)中所阐明的路线,已经完全证明是正确的。党已经能够同更多的工人群众保持密切的联系。党在实行统一战线方面已经取得了重大的成就。我们党和社会民主党工人之间的那堵墙已经开始倒塌。为了彻底消灭1923年事件所引起的危机,德国共产党必须彻底战胜极左倾的偏向,因为这种左倾的代表人物(肖勒姆—鲁特·费舍—马斯洛夫)正在拖着党走向倒退。在这方面的任务是:在纠正这些"领袖们"的错误时,绝不要因此失去还在跟着这些"领袖"走的相当多的一部分工人,绝不要重犯海德堡的错误(即把左派工人群众开除出党),绝不要对在德国共产党内部还没有完全肃清的右派思潮作任何原则性的让步。

法国的情况对共产国际具有特别重要的意义。客观形势使得法国共产党在不久后将起巨大的政治作用。客观形势极其有利于法国共产党进行工作。但是,法国共产党的主要危险是**右**倾。法国的右翼反对派是各种各样的。除了彻头彻尾的反共反革命分子(苏瓦林)之外,除了公然从共产主义后退到工联主义的集团(罗斯默,莫纳特)之外,除了不善于理解新的任务而只知道重弹社会民主党老调的颓废分子(洛里欧)之外,在法国的反对派中无疑还有这样一部分人,他们是由于党的领导人的某些错误或是基于对工人党内部某些不正常现象的不满而倒向反动派的。法国共产党的任务应当是:(1)进行广泛的宣传解释工作,并使全党生活民主化,以便建立起一种可以促使目前的右翼反对派瓦解并把其中的优秀分子争取回党的局面；（2）在这个基础上，重新整顿党的纪律，对于不愿意跟苏瓦林之流决裂的党员，应不惜将其开除出党。

波兰共产党度过了严重危机的时期。党的领导人的极左倾的错误，差一点没有把党葬送掉。不久前结束的波兰共产党代表会议就农民问题、民族问题以及其他问题所作出的决议，共产国际是完全同意的。这些决议极其有利于该党走上正确的轨道。去年，德国、意大利和波兰党内的"极左"倾向又旧病复发，给共产国际带来损失。在目前的形势下，这种倾向的危害尤其严重。这种倾向的主要危险是不善于争取群众，不善于运用统一战线策略，不会明确地提出把大多数工人争取到我们这方面来的问题。

在德国要反对"极左"倾向，在法国要反对右翼反对派，这就决定了共产国际在反对当前"左"右倾的路线。至于在各国党内，共产国际要像过去那样既反对极左倾，同时也反对右倾。共产国际活动的基本路线仍然维持不变——这就是列宁主义路线，它能够根据具体的地点和时间，既善于反对右倾，又善于反对极左倾。

显然，反对极左倾的斗争，只有在不给右派以任何机会把这种斗争引向他们的胜利的情况下，才算是为列宁主义而斗争。反之亦然。

共产国际认为，国际执行委员会上次扩大会议通过的关于布尔什维克化的提纲，无论对于这个问题或其他问题，都是适用的。

共产国际扩大会议完全同意共产国际执行委员会主席团关于苏联共产党第十四次代表大会上的争论问题不应搬到共产国际各支部去讨论的决定。

四、共产国际的任务

1. 社会主义在欧洲取得胜利的客观条件正在不断成熟。日益具有重大意义的是主观因素，也就是：工人阶级的团结情况如何，各国共产党已壮大到何等程度，它们是否已经成为真正的布尔什维克党，对历史形势是否已能应付自如。共产党虽然预见到（通过对资本主义局部稳定的分析）无产阶级革命的发展可能相当缓慢，但也必须努力提高自己，使自己对比较迅速的革命发展形势做好准备。共产国际最近几年内的首要任务是：殷切关怀各国共产党的成长壮大，让它们受到政治教育和实际锻炼，使它们在组织上团结一致，具有坚定不移的思想和革命信心，并且善于接近群众。

2. 目前，欧洲许多主要资本主义国家在经济上已经走上绝路（尽管资本主义有了局部的"稳定"）；资本主义欧洲的生产力不是下降就是停滞不前；广大劳动人民的生活水平不断下降；美帝国主义日益把欧洲变为自己的附庸；广大工人群众——包括社会民主党工人在内，日益坚决地寻找摆脱目前局势的出路，他们从其亲身经验中体会到，社会民主党与资产阶级合作的政策——"联合"政策，不会给日益深重的危机带来任何解决方法。在这种局势下，共产党的任务是：要比过去任何时候更广泛、更坚决、更有力地向广大人民群众宣传自己的拯救欧洲的纲领——进行无产阶级革命、实行无产阶级专政、建立**社会主义欧洲联邦**（这个口号在1923年就已由共产国际通过），以及实现**"全世界无产者和被压迫人民，联合起来！"**这个口号。

在宣传建立欧洲联邦——使欧洲无产阶级和各国人民摆脱民族资本和美国资本的双重压迫的途径——这个思想时，必须考虑到以下几个方面。第一，必须把欧洲联邦的口号看做是无产阶级革命在欧洲各国胜利后建立起来的欧洲苏维埃社会主义共和国的国际关系的政治表现。第二，与实现欧洲联邦口号息息相关的欧洲各国无产阶级革命的胜利，不应当理解为无产阶级必须同时在整个欧洲取得胜利，而应当把它理解为整个革命震荡的时期。在这个时期里，无产阶级革命起初能够在一个或几个国家取得胜利，随后，则在欧洲所有国家中取得胜利。第三，欧洲联邦口号意味着，获得解放的欧洲各民族只有在完全自愿和承认充分的民族自决权的基础上，才能结成联盟。第四，作为一个无产阶级专政的口号，这个口号意味着宣布殖民地和半殖民地国家的解放，并在完全自愿的基础上与这些国家建立合作关系。

对"社会主义欧洲联邦"或"欧洲工农共和国联邦"口号的宣传，只要循着正常轨道进行（应当批判和讽刺用庸俗的和平主义观点来解释"联邦"口号的做法，并且揭露资产阶级思想在这个问题上的虚弱性），就一定能收到巨大的效果。

同时，在欧洲许多国家中（法国、意大利、巴尔干各国、波兰、捷克斯洛伐克、德国），还必须特别有力地提出"工农政府"的口号。

社会主义欧洲联邦与苏维埃社会主义共和国联盟联合起来，与全世界被压迫人民联合起来，与美国无产阶级的社会主义核心联合起来，就会形成一股使美帝国主义无法抗拒的巨大力量。

3. 各国共产党尤其应当针对国际联盟所召开的国际会议（经济会议和裁军会议），从共产国际的总的纲领性观点出发，向广大劳动人民群众阐释如何沿着反资本主义的政策的途径来拯救欧洲的具体纲领，以达到宣传的目的。

4. 除了开展这种广泛的宣传工作之外，各国共产党还应当善于向广大工人群众说明一系列具体的、局部的要求，最近时期的行为纲领，以及适应每个国家的具体情况和具体时间的最低要求。在这方面，应当把旨在提高劳动人民的生活水平、促进无产者的解放斗争，并且能够得到（而且已经部分地得到）社会民主党工人和非党工人的支持的那些要求，提到首要地位。

5. 要求统一——这是说明目前几乎是全世界工人的情绪的一个基本特征。要求统一的愿望越来越坚定；人们认识到，不恢复工人阶级队伍的统一，情况就会越来越坏；统一的口号，特别是工会统一的口号，在工人阶级当中愈益流行。以上这些就是当前工人运动的基本特征。

6. 在这个基础上，目前必须特别广泛地发展统一战线策略。广泛地应用统一战线策略不过是刚刚开始。统一战线策略的基本要领起初是在共产国际第三次代表大会上公布的，后来，经过共产国际第四次、第五次代表大会以及执行委员会几次扩大会议，这个策略的内容便不断具体起来了。统一战线策略是无产阶级先锋队的整整一个长时期的策略（直到把工人阶级的大多数争取到我们这方面为止），因此，它必须适应具体的时间和地点，并根据形势的变化而不断改变和具体化。

目前，尤其应当注意在第三次国际代表大会上所提出的、后来为第四次和第五次代表大会所发展和补充的策略决议。到目前为止，这些代表大会的基本策略观点仍然是正确的，因此，无需作任何"修正"。

7. 目前，实行统一战线的主要对象是**工会运动**。各国工人运动中所形成的"左翼"的主要特点便是它们都与工会运动有着联系。正因为如此，共产党人在工会中的工作便日益重要。对工会运动中的左派分子进行帮助，支持他们要求与工人阶级的力量团结一致的愿望，为恢复每个国家的工会的统一而奋斗，争取建立统一的代表工人阶级利益的工会国际，这一切都是实行战线策略的主要杠杆。共产国际认为，为了有利于统一起见，所有共产党人将同意工会国际不再独立地存在，而是要在召开两个工会国际的统一的国际代表大会的基础上与阿姆斯特丹工会国际合并，但各自保持宣传自由。当然，在还没有可能实现这种合并之前，每个共产党人的职责是全力协助工会国际的工作。共产国际完全支持联共（布）中央委员会发表的关于作为工会国际的一个组成部分的苏联工会根本谈不上参加阿姆斯特丹国际的声明。因为阿姆斯特丹国际目前只不过是帝国主义国联的工具，它不执行无产阶级的阶级政策，而是破坏工人的统一等等。

共产国际坚决要求法国共产党（当然必须跟党工会取得一致）和捷克斯洛伐克共产党（当然必须跟红色工会中央委员会取得完全一致）百倍努力地执行共产国际在工会统一问题上的策略。共产国际指出，在这个问题上的保守主义会给事业带来极其严重的损失。共产国际认为，法国和捷克斯洛伐克如果不克服这种保守主义，那么在实行统一战线策略和大力争取群众方面就无法取得任何重大的进展。从争取国际无产阶级的统一出发，特别是从争取建立统一的代表工人阶级利益的工会国际出发，共产国际要尽一切力量支持英俄工会团结委员会的工作，以及在这方面的其他任何真诚的尝试。共产国际坚信，即使在英俄委员会由于某种原因而不能够日益广泛地开展自己的工作的情况下，世界工会运动统一的思想也必将胜利。从这种角度出发，共产国际将全力支持已经开始在苏联展开的、对争取国际无产阶级统一的斗争日益具有重要意义的工人代表团运动，并且全力促进工会的一切具有重大意义的左派运动的发展。

8. 在执行统一战线策略方面，往往出现以下两种错误：

（1）在争取社会民主党工人方面，我们的党提出一些为还抱有改良主义思想的工人所显然不能接受的要求来作为共同行动的**条件**。例如，法国共产党在向法国社会党人提出建立反对摩洛哥战争的共同阵线时，其条件是要求对方接受撤退法国军队和与里夫人结盟这一口号。

（2）为了争取与社会民主党人达成协议，我们的党组织有时竟然承担起不说一句反对社会民主党的话的义务，也就是放弃共产党的宣传自由（德国共产党的一个地方组织在不久前就出现过这种事情）。

无论是前一种情况，还是后一种情况，都是不容许存在的。宣传从摩洛哥撤回法国军队，或是宣传法国军队与里夫军队结盟这种思想，是绝对正确的。然而在目前条件下，把要求改良主义者工人支持这两个口号作为共同行动的**条件**提出来，则是完全错误的。尽一切力量争取跟社会民主党工人达成共同的协定，是绝对正确的，但放弃自己的独立性则是绝不容许的。我们在执行统一战线策略方面的任务是，在保存自己的独立性和通过适当的方式来充分地宣传自己的思想的同时，还应当争取与社会民主党工人和非党工人达成协议的主动权，即使这种协议是建立在改良主义和半改良主义工人阶层所能接受的最低的要求（但必须是反对资产阶级的）之上的。这些要求大部分是社会民主党工人可以接受并符合他们的愿望的，而同时却是社会民主党领袖们所难以接受的（或是在群众的压力下不得不加以接受）。在这方面，要求没收德国旧日统治人物的财产，便是最好不过的例子。

不了解共产党人在现有的和将来可能成立的工人政党（像英国工党那种类型）中的作用，就会给统一战线策略带来严重损失。

不了解共产党人不能仅仅给社会民主党人写一封（或几封）"公开信"就算了事；不了解共产党人不能仅仅在形式上摆弄"统一战线"；不了解共产党人在正确运用统一战线的情况下，不仅要考虑到宣传效果，而且还要考虑到**组织上的巩固**；——这些错误在共产国际支部中仍然普遍地存在。

共产党应当比过去任何时候都要更加牢牢记住，统一战线策略也有它的危险的方面。由于社会民主党领袖是迫不得已（是在群众的压力下）才跟我们达成协议的，因此，他们一有机会就力图使共产党变为社会民主党的尾巴，也就是取消共产党人的党性。而在紧要关头，他们不是把整个运动出卖掉，便是把它变为资产阶级的性质。

在采取一切共同行动和对社会民主党工人的情绪作各种迁就的情况

下，共产党应当保持自己的本色，应当完整地宣传自己的纲领，应当把运动日益推向前进，并与群众保持联系。

9. 同时，当然谈不到共产党与社会民主党或是共产国际同第二国际合并的问题。（合并的建议是英国独立工党在不久前提出的。）有时候，社会民主党的领袖们也别有用心地提出这类建议（两党合并）。他们的手法是：提出不可能实现的东西来搞垮能够实现的东西，也就是说，他们企图通过提出可望而不可即的建议（两党合并），来打消共产党工人与社会民主党工人在当前的具体要求的基础上，在当前反对资产阶级的具体行动中，达成协议的这种切实可行的建议。

完全恢复工人阶级的国际统一，建立一个联合工人阶级全部力量的统一的国际，乃是共产国际必定要在将来实现的一项具有世界历史意义的任务。正是为了实现这项任务，无产阶级先锋队才在严重的斗争中和困难重重的情况下缔造了独立的无产阶级政党——共产党。只有这样的党才能一贯彻底地对资产阶级世界和社会民主党领袖的小资产阶级的妥协动摇持誓不两立的态度。建立起唯一能够始终不渝地捍卫整个无产阶级利益的独立的共产党，这是共产党人永远不应当放弃的一项成果。

10. 至于英国独立工党的建议，扩大全会认为，它在相当大的程度上是在独立工党的无产者党员的压力下作出的。这些党员对独立工党中央委员会拒绝英国共产党提出的关于建立反对资本进攻的统一战线的事实表示愤慨。扩大全会支持英国共产党的这种意见：本国工人具有组织统一战线的意愿，便是工人阶级具有实现国际统一的真诚愿望的最好证明。

共产国际执行委员会扩大全会建议，共产国际执行委员会应该密切注意英国事态的进一步发展，并随时使共产国际为建立英国工人阶级的真正统一战线而斗争。这种统一战线之所以必要，主要是为了抵抗资本对英国矿工的进攻。

11. 当然，统一战线策略所要求于**工人**的首要条件就是采取共同行动，但统一战线策略的内容却并不仅限于此。在有利的情况下，共产党人还应当提出一些有助于争取半无产者和小资产者阶层的局部性要求。例如，在通货膨胀的情况下，小资产者阶层首先受到打击，小资产阶级的直接危机不断出现。又如，在目前法国的情况下，相当一部分小资产者阶层可以而且应当被吸收参加反对资产阶级的行动。其中，也可以包括要求没收过去的统治人物的财产的运动。迄今为止，我们的宣传工作内容还不够**具体**，这是我们党的工作中的一项主要缺点，克服这个缺点，是我们的首要任务之一。

12. 在许多国家中，农民发生了严重的分化。这种分化现象也在资产阶级（还有天主教）的农民组织中表现出来。在这些组织内形成了左翼等。开始了日益有组织的争取农民的斗争（奥地利社会民主党的土地纲领草案，劳合—乔治草案等）。某些重视农民工作的共产党（法国、意大利），它们的努力已经收到显著的效果。共产国际各支部应当加强自己在这方面的工作，并且与整个共产国际的工作进行配合。

13. 东方民族解放运动的崛起和工人运动的加强，是一个极其重要的新事实。让欧美工人关心这个事实，向他们说明这个运动对于无产阶级解放斗争的重要性，使他们懂得必须支援东方并且跟东方合作，便是当前最重要的任务之一。

同时，共产国际应当尽最大努力来全面地支持和培育东方国家的工人组织，使它们与国际无产阶级的斗争日益汇合在一起。

第二国际也突然开始对东方问题感兴趣，马赛代表大会暴露出其所以产生这种"兴趣"的原因。原来，第二国际与帝国主义资产阶级一样，对东方的革命运动大为惊恐。它们试图扑灭共产国际和苏联在东方的影响。为此目的，它们极力想使日本、印度和中国的运动接受改良主义影响。

国联的国际劳动局所作的关于召开泛亚工人代表会议的决议，乃是在这个方面所采取的一个断然的步骤。同时，改良主义者还试图通过散布英国改良主义工会领袖的思想影响的办法，来瓦解印度年轻的工人运动。共产国际应当注意代表帝国主义资产阶级利益的工人贵族代表人物在这方面所进行的猖狂活动，并同他们进行斗争。

14. 共产国际执行委员会委托主席团密切关注日本的工人运动，因为，在日本具备进行**群众性**无产阶级运动的一切前提。这项工作在目前则更有必要，因为改良主义者正企图控制还处在萌芽状态的日本工人运动组织机构，并通过这些机构对同样具有远大前途的中国工人运动施加资产阶级影响（今后他们在美国社会党叛徒的帮助下，还会变本加厉地这样做）。

15. 关于新的、更大规模的帝国主义流血战争不可避免的思想（如果工人革命不在战争爆发之前胜利的话）正日益广泛地在全世界无产阶级先锋队中传播开来。全世界工人正日益清楚地看到，他们只有在与苏联密切联合的情况下才能进行反战斗争。对于建立国际无产阶级统一战线来说，反对战争危险占有极其重要的地位。共产党员应当注意把这方面的主动权掌握在自己手里。

16. 共产党的任务在于：正是要在目前革命斗争比较沉寂的时期，更加深入到广大工人群众的日常斗争的生活中去，**把大多数工人争取到自己这方面来**，同时在各种场合下要使自己即便不成为本国唯一的工人政党，也要成为国内**主要的、最富有影响的工人政党**。只要正确地执行统一战线策略，这项任务是完全可以实现的。

17. 在相当多的东欧和南欧国家里，例如在芬兰、立陶宛、拉脱维亚、波兰、罗马尼亚、保加利亚、匈牙利、意大利、西班牙等国（这些国家的人口总共有1.5亿），资产阶级实行公开的恐怖统治已经好几年了，合法的共产主义群众运动的发展受到暴力措施的压制。资产阶级的恐怖统治制度有继续发展的倾向。因此，仔细分析这种制度的阶级基础和方法，以及制定跟它作斗争的方式，实为共产国际当务之急。为了争取脱离地下状态和利用合法机会，就必须进行一系列艰巨的、顽强的、反复的尝试。应当要求社会民主党支持一切工人组织争取合法化，支持反对白色恐怖的斗争，从而使社会民主党的领袖们不得不暴露自己的真面目。

18. 由于在一些主要国家中存在着大量失业人口，共产国际所属各政党应当特别重视失业工人的运动。共产党应当担负起组织失业工人的任务并对他们的运动进行领导。在这方面，党必须注意不让失业工人运动与**工会运动亦即与在业工人运动脱节；共产党必须尽最大努力促使工会理事会利用工会的力量为失业工人服务。**

可是毫无问题，如果工会（在反动领袖的影响下）拒绝给失业工人以任何切实的帮助，或是对这种事情抱不闻不问的态度，共产党人就必须通过组织失业工人委员会的办法来把失业工人组织起来，用各种方法来支持这些委员会的工作，并通过这些委员会来领导失业工人运动。

19. 在某些国家（保加利亚、波兰）里，最近一个时期出现了倾向于采取恐怖手段的危险。刽子手灿科夫所建立的制度，使保加利亚工人当中滋生了一种倾向，即在某种程度上迷恋于采取类似爆炸索菲亚教堂的行动，虽然保加利亚共产党中央委员会坚决反对这种个人恐怖手段。同时，在波兰也出现了采取恐怖手段的倾向。

共产国际坚决反对个人恐怖。在反对这种斗争方法的时候，共产国际完全遵循正当的革命原则。共产国际反对小资产阶级—小市民式的对待革命暴力问题的态度。每一个自觉的无产者都知道，不使用革命的暴力，就无法推翻资产阶级，就不能把世界从资本的压迫下解放出来。只有通过武力，工人阶级才能使人类摆脱资本主义的耻辱。然而正是如此，共产党人才反对个人恐怖，因为他们并没有忘记，用个人的单干行动代替群众斗争的做法，只能对我们的运动起败坏作用，只能分散和瓦解我们自己的力量。

20. 共产国际认为，在许多共产党内，至今还缺少基本的最低限度的党内民主。最近这个时期的许多党内危机，都是由于缺乏党内民主而趋于尖锐化的。对民主集中制这个正确原则的理解，往往过于机械。由于这样，下层群众的主动性便受到束缚，同时党内也很难培养出朝气蓬勃的领导干部。中央委员会有时脱离党员群众。在这个基础上，这种或那种偏向就很容易形成宗派，从而具有特别的危险。

共产党只能建立在民主集中制原则之上。然而在运用民主集中制时，不仅要**从上而下**地进行领导和下达指示，而且要使我们党的全体党员的意志和意见能够真正自由地**从下而上**地得到反映。

民主集中制不仅是纪律，而是纪律加上领导机关真正地由选举产生，加上在党内对一切问题（除了采取直接行动的时候，这时候问题已事先加以解决）进行自由讨论，加上普通党员的真正的首创精神。

由于这一切，共产国际执行委员会扩大会议再一次坚决要求那些还没有使党内生活正常化的共产国际支部，实现党内生活"正常化"。

21. 在工厂支部的基础上改组党组织，这种办法是完全正确的。法国右派和意大利极左派反对这种组织原则，只不过说明，这种反对意见是跟他们的反布尔什维克的错误倾向一脉相承的。此外，共产党改组的经验，也完全清楚地证明，第五次代表大会就下列问题所作的决议是正确的，即建立街道支部，把那些不在企业中工作的共产党员从组织上联合在街道支部中，使他们能够在其住区里有计划地进行工作。

22. 应当特别重视共产党在大工业中心和大工业企业中的工作。必须指出，许多地方的共产党支部都是中小型工业企业支部，而在大型工业企业中，共产党人的力量却很薄弱。各国共产党应当特别注意本国最大的、具有决定意义的工业企业，特别关心在这些企业中建立最强有力的共产主义支部。

23. 必须加强我们党的宣传工作，特别是提高共产党基本干部的思想水平。因为，我们不应当忘记，在目前这个间歇时期，对于准备未来战斗的共产党人来说，就连一分钟也是不应浪费的。

24. 诚然，巩固共产党的组织和扩大共产党对群众的影响的任务，几乎已在一切资本主义国家中开始得到执行，但直到目前为止，却还执行得不够妥善，而且存在着相当多的问题。对于这项工作的方式和方法，今后应当在各个方面进行全面的、有计划的修订。根据列宁关于组织艺术的指示，在无产阶级的阶级斗争中，要"利用一切和全部可以利用的东西"，就不仅有必要合理地组织党员的工作，而且要善于从事经常的宣传活动，并尽可能广泛地把无产阶级的其他一切积极力量所包罗的广大群众动员起来。在统一战线的基础上，仅仅组织群众运动、示威游行和各种行动是不够的，还必须善于在每个群众运动中选拔表现积极的非党工会会员和社会民主党党员，吸收他们参加各种各样的宣传行动委员会或是其他一些能够成为今后发动群众和群众行动的组织据点的**统一战线组织**。共产党人的任务在于促使这些组织从事持续不断的积极活动，经常领导它们的工作，使它们之间建立起相互联系和合作关系。

此外，还必须广泛地运用各种各样**为了某项特定的目的而建立的群众组织**以及**同情者**组织，并使这些组织的形式跟每个国家的特殊条件相适应。在现有的群众组织中，首先要求共产党人对国际革命战士救济会的工作进行协助。共产党人在国际工人救济会这类组织中进行合作，也是很重要的，因为，这些组织已成为独立的非党组织并且已经掌握群众。

为了把无产阶级妇女的最积极的力量吸收来从事经常的革命工作，就必须大力地运用**妇女代表会议**这种方法，并使它具有能够跟具体条件相适应的形式。在进行巩固党组织这项绝对不可缺少的工作时，要做到无论如何不至于使共产党有孤立的危险,甚至不让党在群众中的影响有任何削弱。我们从一开始就必须对党支部和共产党党团的每个成员进行这样的思想教育,即我们在非党工人、社会民主党工人和工团主义工人当中进行的工作,也是党的一项工作。对于大多数党员来说,甚至还是他们的一项主要工作。

非法共产党应当与合法共产党同样努力地在广大群众中组织革命工作。这项任务,只要正确理解,就绝不会成为巩固党组织这项经常性工作的障碍,相反,还会扩大巩固党组织的可能性。非法党应当比过去任何时候更加广泛地采取公开组织群众运动的形式,并为扩大合法地和直接地参加各种无产阶级群众运动的机会而进行不懈的斗争。

25. 消费合作社也是一种群众组织。共产党应当在这种组织中进行经常性的实际工作,以便争取广大社员群众,并使合作社加入到反对资本的无产阶级统一战线中来。迄今为止,许多支部严重地忽视了这个问题。

26. 在青年工人当中,统一战线运动正在蓬勃发展,而社会主义青年国际的威信则有所下降。在这方面的重要的迹象是青年工人代表团纷纷前往苏联。青年工人希望积极参加工会运动的要求也不断加强。共产国际应当密切注意这种现象,并设法利用这些现象来扩大自己对广大的新的青年工人的影响。对于共产主义青年国际所发起的吸收一切青年参加工会组织和组织青年工人统一战线的运动,尤其应加以支持。共产主义青年国际必须比过去任何时候更加重视有待迫切解决的青年生活问题。

27. 共产国际执行委员会的组织工作应当加强和系统化。共产国际应当比过去更加大力吸收实力最强的支部来参加对共产国际的直接领导(参看书记处拟定的草案)。这不仅是一个组织问题,而且是一个深刻的政治问题。尽可能使各国年轻共产党的领导人积极参加共产国际的各项工作，乃是使这些共产党更快地和更正常地成长的一个条件，也是使这些党能够成为领导本国具有决定意义的革命事件力量的前提。

目前，广泛地运用统一战线策略只不过刚刚开始，这个策略的运用范围，将逐年扩大。

争取工人阶级的统一，这个口号必将成为共产国际今后全部活动的基本口号。要不断加强注意通过在工会中进行长期的系统的工作来争取工会！争取建立一个**统一的代表工人阶级利益的工会国际**！

应当大力吸引全世界工人更多地注意苏联的经济发展和社会主义建设。**发动国际无产阶级对苏联的工业化进行全面的支援！**

更多地注意东方！应当使工人们懂得，东方的民族解放运动（还有工人运动）对无产阶级革命斗争有着息息相关的利害关系。

更多地注意新的大陆！也就是更多地注意拉丁美洲、非洲和澳大利亚的工人运动！

争取农民！争取中间阶层！争取城市小资产阶级的主要阶层。为此，必须在适当的场合下提出最低的要求，以便不仅能够联合具有改良主义情绪的工人，而且能够联合其他阶层的劳动人民（小农和小职员等）。

反对新的战争危险！

支持派遣工人代表团访问苏联的运动！

为争取工人阶级的多数而进行坚持不懈的斗争！

为实现共产国际所有支部的布尔什维克化而进行坚持不懈的斗争！

共产党人在工会运动中的当前任务

(根据洛佐夫斯基同志的报告所拟定的提纲)

一、世界工会运动中的新情况

自共产国际第五次代表大会以来,世界工会运动曾发生了一系列的事件,对这些事件必须进行认真的研究,以便正确制定我们今后的策略。世界工会运动中的新情况有以下几点:

1. 工人群众生活水平降低;
2. 阶级合作新形式的出现;
3. 美国劳工联合会对欧洲改良主义工会运动影响的加强;
4. 各殖民地和半殖民地国家工会运动的迅速发展;
5. 多数改良主义工会中左翼的形成;
6. 苏联工会对世界工会运动影响的增长和各国工人代表团对苏联的向往;
7. 英俄团结委员会在组织上的形成;
8. 阿姆斯特丹国际内部斗争的尖锐化;
9. 群众对统一的要求与日俱增。

所有共产党都必须特别注意这些新的影响,因为这是我们争取工人阶级多数方面的一个新阶段。

二、工人群众生活水平的降低

最近一年，资产阶级对工人阶级在政治上和经济上的疯狂进攻仍在继续进行。这一进攻的目的是要通过降低群众生活水平的办法来降低商品价格，以便在世界市场上顺利地进行竞争。经济危机、空前的失业现象和国际改良主义的策略都有利于资产阶级达到这样一个目的：在许多国家中延长工作日，普遍降低工资，加重劳动群众的纳税重担。资产阶级的全部经济势力和政治势力都用于降低工人的生活水平，而工人阶级的全部力量，则用来勉强保持原有的地位。绝大多数国家中的工人阶级过去和现在一直处于防守的地位。对工人阶级施加这种压力，都是有计划地同时在各地进行的，而不管在那里执政的是什么样的政府（反动的、民主的或社会民主主义的）。各国群众的生活水平并不是在同一时间内降低的，降低的程度也不一样，因此，各国收入最低的工人以及最贫困的大陆国家就固定不变地成为被看齐的对象。统治阶级过去和现在就是这样靠牺牲工人阶级来争夺世界市场的。这种靠损害工人阶级来进行的竞争，到1926年初已使无数工人受到池鱼之殃，他们的生活水平大大降低，大规模的社会冲突已迫在眉睫。战斗力下降的时期已经过去，工人运动正进入一个激烈的经济斗争和政治斗争的新时期。

三、阶级合作的各种新形式

阶级合作的形式在美国表现得最为明显，那里的工会反动领袖们在迫使工人阶级服从资本的利益方面又前进了几步。这里最突出的一点就是，工会和企业主之间已经达成了有关提高劳动生产率的各种协议，即所谓"巴尔的摩—俄亥俄计划"（这是根据美国工会最先取得这项新

"成就"的一条铁路而命名的),并且在企业主参加下组织了工会银行,规定工会的现金应存入资本家企业,实行工人股份制,等等。**这种工会资本主义**受到了美国托拉斯方面赞许,甚至连实力最雄厚的托拉斯,都开始用宽容的态度来对待过去为它们所深恶痛绝的工会组织。在这一类新形式的合作当中,还有企业主在企业内所建立的工人和业主的混合工会,而且美国劳联已准备就此问题与企业主达成协议,其条件是只要会费能够上缴给工会。这种新型的经济合作已经远远越出美国,开始传入欧洲,在"美国化了的"德国最为盛行,而在德国布雷斯劳召开的最近一次工会代表大会上,还提出了经济民主等作为最近时期的具体口号。德国工会运动中的改良主义领导人不久前曾公开宣称:在德国和美国的工会之间,无论就目的或方法来看,都没有丝毫差别。这些通过工会机构来奴役工人阶级的新形式,是全世界工会运动,首先是欧洲工会运动的极大的危险,因为它的改良主义领导们目前都在一心向往着美国。

四、美国劳联对欧洲改良主义工会运动影响的加强

近来,美国劳联的政治思想影响在美洲和欧洲都有很大的增长。在美洲,领导泛美劳联的是美国劳联;在欧洲,阿姆斯特丹的右翼领导人也早已想依靠美国来反对英国工会运动的左翼。反动的美国劳联的这种影响的增长,是随着美帝国主义世界霸权地位的加强而出现的。改良主义转向美国,反映了改良主义者已不相信欧洲资本主义能够摆脱经济危机和社会危机。既然患多血症的美帝国主义要向患贫血症的欧洲资本主义的静脉中注射自己的鲜血,那么,目前按反动程度来说占世界首位的美国劳联也就要支持日渐衰弱的欧洲改良主义,并帮助阿姆斯特丹国际来抗拒红色工会国际和广大无产阶级群众左翼的进攻了。曾经有过一个

时期，英国的工人运动（那时它与英国资本主义的繁荣和在世界市场上的统治地位是相适应的）是最保守的，它已成为大陆资产阶级以及各种讲坛社会主义者所羡慕和赞扬的对象。现在，英国的地位已由美国取而代之，后者竟能从超额利润中拿出几文小钱来分给工人阶级中的一部分人，使得这一部分人支持美帝国主义及其世界霸权。这样一来，随着财政经济霸权从欧洲转移到美国，这种工人的帝国主义也就转移了阵地，而这个帝国主义的最露骨的代表者目前就是美国劳联。欧洲工会运动中右翼领导人的视线，正是萦注于美国劳联身上。仅仅这一点就证明了阿姆斯特丹国际的地位是极不稳固的。

五、各殖民地半殖民地国家工会运动的迅速发展

各殖民地和半殖民地国家的工会运动是战后时期的产物，仅仅在最近一年，它就成为了一支有组织的力量，并立即开始在民族解放斗争中起着非常巨大的作用。在这方面，中国和印度的工会运动特别重要。上海、香港和天津的罢工，表明了中国工人阶级的革命毅力和革命组织性已达到了很高的程度，在落后和身受双重压迫的中国无产阶级中，这种情况在一两年以前是难以想象的。通过这一运动，中国无产阶级这股滚滚向前、永无息止的洪流便立即投入了中国人民争取民族解放的斗争中，而中国无产阶级便成了中国民族解放运动的核心和基础力量。在这种情况下，中国工会加入红色工会国际具有了非常巨大的意义，这表明，被世界帝国主义奴役的各国工会，不是在阿姆斯特丹，而是在莫斯科才真正能够找到自己的同盟者。中国无产阶级的积极行动可以被认为是十月革命后的一次最重要的历史事件，因为它标志着世界帝国主义削弱和世界革命凯歌前进的一个新阶段。近一年半以来，震动了整个印度的大罢工也具有非常巨大的意义。在印度，斗争还没有具备像中国那样

的性质,但是,这些罢工乃是即将到来的政治斗争的先声,它表明,在印度也具有相当坚强的无产阶级群众,他们在最近的将来就要像中国一样,开始在民族解放斗争中起核心作用。这两个国家无产阶级的发动,给了英帝国主义以巨大的打击,使它再也不能恢复自己的元气,而被世界帝国主义奴役的各国工会运动的愈益增长的积极性和革命性的历史作用也正在于此。如果再加上印度尼西亚、突尼斯、叙利亚、埃及等革命工会运动的开展,那我们就可以看到,世界工人运动已进入了一个新的发展阶段。

世界无产阶级的生力军已一跃而登上了世界工人运动的舞台,它们在民族解放斗争中,因而也在世界政治生活中起着非常重大的作用。因此,阿姆斯特丹国际的右翼领导人也就力图掌控殖民地的工会运动,将"落后"国家的工人运动置于自己的监督之下,并使它们按照欧洲的,即改良主义的路线发展。也正因为如此,国际工人运动的右翼领导人在与各殖民地革命工会运动斗争中,才表现得更加积极了(比如:茹奥在压制突尼斯革命工会运动中的作用;在英国人的倡议下,印度已成立了费边社;英国工党代表格雷厄姆·波利在印度工会联合会代表大会上发表反莫斯科的言论,等等)。

各国共产党在对待殖民地和半殖民地国家的工人运动方面,都负有以下三项任务:

1. 在一切国家的工人运动之间,特别是在宗主国和殖民地、半殖民地国家的工人运动之间,建立经常不断的联系;

2. 在这些遭受双重压迫的国家争取民族解放和社会解放的斗争中,对它们的工人运动给予充分的、无条件的和各方面的支持;

3. 在那些把殖民地的居民运来充当劳工的宗主国(如法国),应当吸收这些工人参加工会,并大力开展文化教育工作,以便把他们培养成争取民族解放和社会解放的战士。

六、改良主义工会中左翼力量的形成

随着失业的增长,经济危机的延续不断,群众生活水平的降低和美国在世界市场上经济金融霸权的加强,无产阶级广大群众中的不满情绪也在与日俱增,这一点也不能不反映到改良主义的工会当中。多年来,完全处于国际社会民主党和阿姆斯特丹国际影响下的工人们,现在已经开始对改良主义的斗争方式与方法抱怀疑态度,并在开始寻找摆脱困境的出路。企业主的施加压力,法西斯反动势力的抬头,八小时工作制的取消,劳动条件的恶化,工资的降低——所有这一切都向工人群众提出了团结自己的队伍来进行斗争的具体问题。而如果没有统一战线,如果一个企业或各个企业间具有不同倾向的工人对有关工人群众切身利益的各种具体问题没有进行切实的协商,这一点是不能做到的。由此可见,资本的联合压力已使工人群众内部的团结思想愈加根深蒂固,这一点正开始表现在无产阶级的日常斗争中。几乎每一个阿姆斯特丹组织,除完全形成并早已进行工作的革命派以外,同时也都形成了左派,这个左派与右翼上层的区别在于,它们提出了统一战线和本国工会运动以及世界工会运动的团结的口号。拥护或者反对同共产党人结成统一战线,这是所有改良主义组织内部划分派别的一道分水岭。

左派并不是一个在组织上业已完全形成、在思想上业已定型的派别,它没有完整的纲领和策略:在每一个国家中,左派都各自有其特点,但是使得这个派别中的大部分人联合起来的一种思想,则是结成左的统一战线,与苏联各工会组织建立统一战线,并使本国工会运动与世界工会运动团结一致。

共产国际和各国共产党已十分明显地表示了对待改良主义工会内部日益加强的反对派的态度,这种态度是从布尔什维克策略的基本原则出发的，即对于在改良主义的政治和经济组织中出现的任何旨在反对这些组织的理论和策略的反对派运动，都永远给以支持。我们不能也不应该等待这些左派的最终形成，而是应该尽一切力量来帮助反对派运动去影响那些已开始摆脱改良主义思想影响的工人，应该尽我们的一切可能在共产党工人和社会民主党工人以及非党工人之间，建立紧密的联系和正确的相互关系。一句话，共产党应该关心改良主义组织内部所发生的一切事件和思想动向，尽一切可能帮助改良主义组织内部的这些因素去反对阶级合作。共产党应该完全公开地同所有这些反对派在具体行动纲领的基础上达成协议，当然，一分钟也不应该放弃为实现全面的共产主义纲领和要求而斗争。对待正在形成的反对派的基本任务，在于不向他们提出不能实现的要求，不提出他们所不能接受的纲领，而是在广大群众所关心的各项实际问题和具体问题上，同这些反对派达成协议，因为在红色工会国际的支持者同这些反对派结成联盟的情况下，解决这些问题就可以将团结工人阶级力量的事业推向前进。

七、苏联工会影响的增长和各国工人代表团对苏联的向往

当国际社会民主党和阿姆斯特丹国际的右翼面向美国的时候，这些组织的工人和成员对苏联的向往则在与日俱增。这种转变是由两个原因造成的：工人阶级的政治经济地位的不断恶化和苏联经济的增长。对苏联的这种向往远远地超出了欧洲的范围以外。广大的群众想通过自己的代表来了解苏联及其工人运动的现状。由于各国工人代表团的纷纷来到苏联和返回本国，对苏联的向往之心便更加增强了，因为社会民主党的工人在访问苏联以后不得不承认苏联工人的生活蒸蒸日上，而各资本主义国家工人的生活却每况愈下。因此，国际工人运动便出现了一个十分惹人注目的现象：一方面是工人运动的反动上层面向美国，而作为改良

主义运动基础的广大群众则面向苏联。各国工会上层和群众的这种发展趋向，说明了国际社会民主党和阿姆斯特丹国际当前所面临的深刻危机。

八、英俄团结委员会

英俄团结委员会的正式成立，就是英国广大群众和有组织的工人阶级大多数的新意愿在组织上的反映。这一组织的形成并非是没有经过斗争。

阿姆斯特丹国际对英俄两国工会运动的接近曾进行百般阻挠，英国工会运动的反动领导人在这方面也表现得毫不逊色。但是尽管如此，两国的工会运动的接近终于得以实现，并以成立英俄委员会的形式固定下来。

英俄委员会在广大群众中引起了热烈的响应，它标志着国际工会运动发展的一个新时期。英苏两国工会运动接近的事实本身证明：世界工会运动已经越出了现有各国际的范围，团结的要求万分迫切，因而已为自己计划了新的组织形式。英俄委员会是由红色工会国际和阿姆斯特丹国际的几个最强有力的组织所组成的，它实际证明了建立统一的国际和使各种不同派别的工人为反对反动势力、法西斯主义和资本的进攻而进行共同斗争是可能的。

工人群众了解这个委员会，而委员会也得到了许多组织（如挪威、芬兰）以及某些地方工会和联合会的支持和同情。虽然第二国际和阿姆斯特丹国际的右翼进行了疯狂的攻击，但是英俄委员会仍然继续赢得群众的同情。各国共产党都应该给英俄委员会以充分和全面的支持，并同对委员会的工作进行捣乱和企图破坏英俄联合的一切社会民主党和阿姆斯特丹国际的右翼分子进行坚决的斗争，共产国际热烈欢迎英苏两国工会组织的接近，并将尽一切力量来帮助英俄委员会实现它所规定的目的。

九、阿姆斯特丹国际内部各种派别的斗争

英俄委员会的建立和左翼的形成，在极大程度上加剧了阿姆斯特丹国际内部各派别的斗争。一年以前，在加入阿姆斯特丹国际的各个组织内部，只有一个是由共产党组织的，并在思想上接近红色工会国际的少数革命者的反对派。

近一年半以来，在阿姆斯特丹国际内部形成了一个反对派，这就是英国工会运动中的大多数和阿姆斯特丹国际大多数组织内实力相当雄厚的反对派别。这样一来，在阿姆斯特丹国际内部现在已经有了三个主要派别：右派、左派和中派。形势的特点在于中派和革命派在英国有基础，而这一点在很大程度上使阿姆斯特丹国际的处境更加复杂化，因而使得它的领导人不得不为对付反对派，特别是对付欧洲以外的"英国倾向"而去寻求外援。从表面形式上来看，右翼正在占上风；英国工联总委员会和国际秘书处代表所提出的有关团结的一切建议，通常都遭到否决。以乌德格斯特、梅尔滕斯、莱帕特等为代表的阿姆斯特丹国际的领导者始终坚持反对团结，他们反对左的统一战线，而与国联、国际劳动局和各种资产阶级组织勾搭在一起，宁愿和资产阶级结成统一战线，也不愿意和革命的工人结成统一战线。但右翼只具有表面上的多数，阿姆斯特丹国际各组织实际的多数成员无疑是主张团结的。这就使得危机愈益加深和复杂化。由此可见，阿姆斯特丹国际内部正在进行着严重的政治思想斗争，同时，领导上层（他们主要代表除德国以外的少数组织）正力图保持自己在反对英国工人运动和自身各组织内绝大多数成员方面的领导权。

十、全俄工会中央理事会和阿姆斯特丹国际

共产国际第五次代表大会和红色工会国际第三次代表大会所提出的关于红色工会国际和阿姆斯特丹国际通过国际团结大会进行合并的口号，和英俄委员会提出的成立一个"统一的包括各个方面的国际"的口号，均受到国际社会民主党和阿姆斯特丹国际右翼的猛烈的反抗。这种反抗是从以下两个方面进行的：一方面，发起一个运动来反对关于召开国际团结代表大会的思想，把它说成是"不能实现的和有害的"思想；另一方面，改良主义者力图把有关统一世界工会运动的整个问题说成是阿姆斯特丹国际和全俄工会中央理事会的相互关系问题，然后，他们就继续拖延与全俄工会中央理事会就统一问题所进行的谈判，甚至说，只要全俄工会中央理事会不声明愿意加入阿姆斯特丹国际，他们便拒绝举行不附带先决条件的代表会议来共同商讨有关如何恢复世界工会运动统一的问题。这也是遭到阿姆斯特丹国际大多数领导无理拒绝的问题。全俄工会中央理事会真诚希望尽一切可能，不问形式如何，在事实上促成国际工会运动的统一，并准备与阿姆斯特丹国际就国际工会运动统一问题进行谈判，而国际社会民主党过去和现在却都力图把这种愿望说成是全俄工会中央委理事会蓄意退出红色工会国际，与各国革命工会运动断绝关系，加入阿姆斯特丹国际，摆脱俄国共产党的影响，从而改变苏联工会运动的整个政治方针。

全俄工会中央理事会是红色工会国际的组成部分，像加入这一革命国际的一切组织一样，它现在执行着而且将来还要继续执行以红色工会国际为代表的世界革命工会运动所规定的争取实现世界工会运动的统一路线。如果改良主义者关于全俄工会中央理事会执行着反对俄国共产党、共产国际和红色工会国际的政策的胡言乱语竟使个别同志受到迷惑

的话，这只能证明，这些同志对存在于苏联共产党和苏联工会之间的不可分割的联系也认识不足。苏联的党和苏联工会之间的相互关系是由党和工会的多次代表大会，特别是最近一次的联共（布）第十四次代表大会所固定下来的。全俄工会中央理事会在与阿姆斯特丹国际进行谈判中，过去和将来所追求的都是红色工会国际和共产国际所共同追求的一个目的：用一切力量和方法恢复每个国家工会运动的团结和建立统一的工会国际，这个国际既将包括加入阿姆斯特丹国际和红色工会国际的一切组织，也将包括以上两个国际以外的一切组织。这一目的与改良主义者对苏联策略的任何曲解都毫无共同之处，因为，苏联在过去和将来的行动都是与共产国际和红色工会国际完全一致的。

十一、我们在争取统一斗争中的有利条件

共产党争取统一的斗争已经在许多国家内产生了显著的效果：随着斗争的发展，我们的党也正在学习如何既不放弃自己的共产主义原则，又能成为争取统一斗争中的动力，并扩大和巩固自己对群众的影响。在如何实现共产国际争取群众的口号方面，英国共产党是一个榜样。诚然，英国的客观形势对于扩大共产党的影响非常有利，但除去客观条件以外，可以说共产党的机动灵活和贯彻始终的策略，也起了巨大的、决定性的作用。

英国共产党的主要功绩在于，它善于就当前政治的重要问题与所有左翼人士建立认真的合作关系。足以说明这种做法的一个最好的实例，就是形成了一个现在领导着约有100万工人的少数派运动，另一方面，甚至现在连左翼中最温和的分子也都认为，如果没有共产党和少数派的参加，统一战线便是不可想象的。共产党党员的人数虽然不多（6500人），但它现在却是英国重要的政治因素，而少数派运动在欧洲工会运

动中也正起着愈来愈大的作用。共产党得到了广大群众，甚至具有温和情绪的工人们的信任。工人们知道，共产党的统一战线主张不是政治手腕，而是严肃的、真诚的和实事求是的主张。它的成就和影响的不断扩大都由此而来。

1月底在瑞典举行的统一代表会议也是统一战线策略的成功事例，这次会议联合了约8万名有组织的工人。在共产党人、工团主义者和非党群众之间结成了联盟，他们现在正共同为统一战线，为本国的和国际的工会运动的统一而进行斗争。

结成统一战线和为统一而斗争并不是用来对付工人阶级或它的个别队伍的一种手腕，这是用来对付资产阶级的一个策略，这是为了争取采取统一的行动来反对资本的一种重大的和真诚的愿望，这就是每一个政党应该通过自己的日常工作向广大群众说明的一个问题。顺利贯彻统一战线和统一策略的全部要诀就在于此。

十二、为反对开除、分裂和迫害革命的工会运动而斗争

阿姆斯特丹国际的右翼正在继续执行其开除与分裂的政策：

在意大利，正当法西斯主义凭借国家政权的力量向工会大举进攻的时候，工会领导上层便着手开除共产党员，理由是这些党员主张以坚决的行动反对法西斯的暴行。

在法国，改良主义总工会的领袖们正在唆使统一工会的会员脱离工会，并且不惜组织一些由三五个人组成的工会来与统一工会相抗衡。在改良主义工会领导人的公开支持下，政府捣毁了突尼斯的工会联合会并取消了突尼斯居民的结社自由。

在比利时，也开始了工会的清洗时期，同时，比利时改良主义者对苏联抱有莫大的仇恨，他们扬言要从自己内部开除那些罢工时期竟敢接

受苏联工会金钱援助的一些工会。

在芬兰，社会民主党公然向全世界宣布准备分裂职工运动，而且是在"拥护阿姆斯特丹，反对莫斯科"的口号下采取这种做法的。这种违背芬兰工人阶级利益的大阴谋，显然不是阿姆斯特丹国际事前所不知道的，芬兰社会民主党人在进行分裂活动时也正是指靠着阿姆斯特丹国际的帮助展开的。

在保加利亚、南斯拉夫和罗马尼亚，革命的工会不是被警察摧毁，便是处境极端困难，而这种情况却都是在社会民主党和改良主义工会领导人的积极协助下造成的。现在，当巴尔干的大部分左翼工会被警察破坏，革命工会运动的领导人遭到大批逮捕与屠杀以后，阿姆斯特丹国际却召开巴尔干工会的代表会议，为的是坐享白色恐怖的成果。

警察和改良主义分子对共产党人和革命工会运动的这种进攻，必须受到坚决有力的回击。为了统一和加强工会的战斗力，各国共产党对于从工会中开除共产党人和反对派的行动，对于摧残左翼工会的行动必须进行坚决的反抗。在改良主义者执行开除和分裂政策的地方，共产党人就应当动员最广大的群众，首先是动员有关工会会员反对分裂的威胁，赞成被开除者重新加入组织，恢复被破坏的组织。整个共产国际都应当动员起来，反对警察迫害，反对借助改良主义者摧毁左翼组织，因为开除共产党和左翼分子，分裂或摧毁任何工会组织的行动不论在何处发生，都是对整个国际工人运动，对整个共产国际的打击。

十三、我们在争取实现统一的斗争中的不利条件

我们不仅积累了正面的经验，而且，遗憾的是，也积累了反面的经验。工会错误路线的最明显的例子是鲁特·费舍和马斯洛夫的策略。这一策略是要使企业中的共产党人和社会民主党人的相互关系变得尖锐化

和机械化、形式主义地提出统一战线,这显然是由于想破坏统一战线,并唯恐有关共同行动的建议获得通过。这就预先决定了整个工会活动和统一战线策略的破产,并贬低了共产党在群众中的影响。每个共产党在工会中进行工作,是它的最重要的政治任务之一,这一工作同党的全部政策和策略是绝不能相割裂的。对统一战线和统一策略的错误运用,曾经产生了严重的后果,只是在更换了领导人之后,在德国共产党新的中央委员会切实表明,它愿意建立真正的统一战线和消除横在共产党工人和社会民主党工人之间的鸿沟以后,共产党在工会中的影响才开始增长。在法国,共产党和统一总工会对于组织改良主义工会内部的左翼,到现在为止几乎没有做过什么事情。在某些国家中还保留着显然是错误的口号——不惜任何代价谋求统一,这就不能不导致放弃对共产主义思想的独立宣传。这种口号使共产党在进行政治斗争中变得缩手缩脚。在某些国家内,争取统一的斗争被理解为无条件地服从工会中社会民主党领导所提出的一切要求。在那里,共产党人竟被弄到这种地步,甚至在自己被开除时都没有投票反对。

  在部分共产党人中间存在着以下两种危险倾向:一种是过低估计敌人的力量和过高估计自己的力量;另一种则刚好相反,过高估计敌人的力量和过低估计自己的力量。后一种倾向在部分共产党人身上则表现为过高估计阿姆斯特丹国际的力量和过低估计红色工会国际(和共产国际)的力量,而这种对自身力量失去自信的态度,不能不反映在我们对工会的策略中。所有这些事例都证明了以下几点:第一,各国共产党需要彼此经常就有关争取统一战线和统一的实际斗争的方式方法交流经验;第二,我们所希望的是组织上的统一,**而不是在政治上融于改良主义的组织中**;第三,**共产党人争取在工会中进行工作的权利,乃是党的一项最重要的任务**。

十四、为统一的国际而奋斗

　　各殖民地和半殖民地国家工会积极性的增长，召集泛亚洲和太平洋地区工会代表大会的计划，澳大利亚登上世界工会运动的舞台，英俄委员会的成立并得到挪威、荷兰和许多其他国家工会运动的支持，这一切都证明建立统一的工会国际，不仅是一种当务之急，而且也是有现实可能的。各国共产党都应大力争取建立统一的国际，应该向工人群众说明：要建立一个能保证国际工会运动达到最充分统一的国际，只有召集统一的国际代表大会，通过合并现有的各个国际并吸收至今尚未参加任何国际的一切工会组织的办法才能做到。争取建立一个包括所有国家、所有种族和所有大陆的工会组织的统一国际，在当前尤为必要，因为国际社会民主党和阿姆斯特丹国际的上层领导人正企图把只包括欧洲一部分工人阶级的阿姆斯特丹国际说成是唯一的世界组织。

　　对这种蛊惑宣传，应该进行坚决有力的斗争。阿姆斯特丹国际仅联合了欧洲一部分有组织的无产阶级，阿姆斯特丹国际不但不是世界组织，甚至也不是全欧洲的组织。还应该进一步指出，阿姆斯特丹国际的大多数成员，无疑都是拥护统一和反对当前它的领导上层所推行的分裂政策的。在争取召开国际的统一大会，争取合并红色工会国际和阿姆斯特丹国际，争取建立统一的国际的同时，要向群众说明，究竟怎样的国际才是工人阶级所需要的。我们需要的是以阶级斗争为基础的国际，这个国际将组织所有国家的工人为反对法西斯主义，反对反动势力，反对降低群众的生活水平，反对奴役各殖民地国家和争取劳动群众从资本政权下获得彻底解救而联合一致，互相配合，同时采取行动。

十五、红色工会国际在中央和各地方的巩固

争取统一的国际和使共产党员工人与社会民主党工人相接近的工作能否收到良好效果,取决于我们的队伍在本国和国际范围内巩固的程度。共产党人既要紧紧地捍卫工会运动的统一,服从工会的纪律,同时还应大力捍卫自己在工会组织内部进行思想斗争的权利,维护自己观点的权力,并以有组织的行动来维护自己的观点。这种在每一国家中巩固自己队伍和争取形成拥护红色工会国际队伍的斗争,应该与巩固红色工会国际自身的斗争同时进行。必须根据统一战线的策略和工会运动统一的精神,经常有计划地进行工作,以巩固加入红色工会国际的一切组织和革命少数派。

与此同时,还需要为建立统一战线并把**一切**工会组织——社会民主党的、自由派的、民主派的、教会的、红色的,等等——联合成为统一的全国性组织而进行坚决的斗争。

必须普遍宣传红色工会国际的纲领和策略,必须使每一个社会民主党工人看清楚,只要阿姆斯特丹国际的上层还对各殖民地和半殖民地国家的工人(他们的有组织的大多数正在聚集到红色工会国际的周围)抱藐视的态度;只要这个上层还拒绝与红色工会国际(它联合所有国家的革命的工会运动进行反对法西斯主义和反对资本进攻的斗争)结成统一战线,那就不可能打退资产阶级的进攻,甚至不能维护工人的起码的要求。这一点,我们应该着重向群众讲清楚,并且应该成为我们全部宣传鼓动工作的一个最重要任务。我们在各国和国际范围内愈是强大,我们就会愈快地达到真正的,而不仅是形式上的工会运动的统一。

十六、到工会中去，到群众中去！

尽管共产国际历次代表大会一再作出决议，说明工会工作具有非常重要的意义，尽管共产国际执行委员会各次扩大全会和主席团也不断就这一问题给予指示，但是到现在为止，仍有一些共产党，其中多数成员不仅没有在工会中担任工作，甚至还没有成为工会会员。另一方面，在共产党人已成立了工会党团的地方，这些党团却不是在工会内认真地进行实际工作，并在此基础上来争取群众，而是将十分之九的时间用在什么"高级政治"的问题上，忘记了社会民主党人正在通过日常实际工作才在工会中保持了自己的地位。这种经常违背共产国际所有决议和布尔什维克策略实质的现象之所以产生，是因为很多共产党人认为，工会工作是次要的工作，是一种粗活儿，说什么每一个党员都应当从事政治活动，至于工会中日常的、琐碎的粗活，是不值得共产党员去做的。这种情绪存在于很多党内，尤其严重的是，没有很好地同这种现象作斗争。必须同这种对待工会工作的非布尔什维克态度展开无情的斗争。

一个共产党如果不能通过在工会中进行这种劳心费力的日常琐碎工作而培养出工会实际工作的干部，培养出无产阶级日常经济斗争的干练的领导者；不能除贯彻正确的政治路线外，还以优良的实际工作，在工人中间赢得比改良主义者更大的信任，这样的共产党是永远不能掌握群众的。

共产国际在过去和现在都始终认为，吸引女工和青年工人参加工会工作并积极投入斗争，具有非常巨大的意义。所有共产党都应该在这方面表现出最大的主动性和毅力。争取女工和青年工人的工作，应当成为在群众中和在工会中进行共产主义工作的一个重要组成部分。

应该使所有党员不仅加入工会，而且要成为工会工作的积极分子；

应该结束对共产国际各次代表大会决议的那种消极对抗态度；应该永远牢记：工会工作是每一个共产党的最重要的政治工作，党的工作成绩应以工会运动的成绩来衡量。

十七、行动纲领

鉴于资本在经济方面的不断进攻，法西斯反动势力的抬头，许多国家中左翼工会组织横遭摧残，共产党人从工会中继续被开除，社会民主党人与反动势力勾结起来反对革命的工会（如南斯拉夫、罗马尼亚等国），共产国际执行委员会扩大会议决定根据下列行动纲领，在各国开展一个强有力的活动：

1. 反对直接或间接地延长工作日，争取一般工作日最多为八小时，地下采掘工作和有害健康的生产部门为六小时。
2. 反对降低生活水平，争取提高实际工资。争取同工同酬！
3. 争取由国家以最低生活费为标准支付失业保险金。
4. 争取工会组织的完全自由。
5. 反对法西斯反动势力和法西斯工会组织的垄断行为。
6. 争取改由有产阶级负起纳税重担。
7. 反对工会中的官僚主义，争取工会工作的民主。
8. 争取工会内部的舆论自由。
9. 反对阶级合作的一切方法，特别是美国的各种新方式。
10. 吸收一切工人、女工和青年工人参加工会。
11. 争取在每一个国家中建立统一的工会组织。
12. 争取使各国工人接近苏联的工人阶级。
13. 争取使西方工人接近被压迫的东方工人。
14. 反对国际联盟和国际劳动局。

15. 反对战争。

16. 争取共产党工人、社会民主党工人和非党工人结成战斗的兄弟联盟，反对资本。

17. 争取建立统一的，包括各国家、各种族和各大陆工会的阶级性国际。

这一行动纲领不仅不排除，而且还要求每一个国家、每一个地区，每一个生产部门都制订自己的实际行动纲领。制订这种行动纲领时，应该考虑到本国的经济状况，本生产部门的状况和阶级力量的对比，等等。总的看来，本行动纲领能够成为并且应当成为一个行动纲领，以便联合和动员广大群众，不仅去抵御反动势力的进攻，而且也去进攻资本主义和资产阶级国家。

从组织上掌握在共产党影响下的群众的方法和方式

1. 从第三次世界代表大会起开展争取广大无产阶级群众和扩大共产党对他们的影响的工作以来，由于采取了统一战线策略而在一系列资本主义国家内收到了巨大的政治效果。目前，我们还要全力以赴地解决这样一个任务：**从组织上巩固和加强**这种在群众中的影响。如果我们的党不能很好地解决这一任务，那么，在群众中已经取得的影响，过了一定的时期以后就会丧失一大部分，而又不得不重新作出努力来挽救这种影响。我们的党应当通过探索和采用适当的组织方式和组织方法，以确保对群众的影响得到巩固和不断扩大。

这次，从组织上巩固共产党对群众的影响的工作，虽然在资本主义国家内几乎到处都已开始，但是，至今还不是按部就班地进行，并且存在很多缺点。这项工作的方式和方法，今后应当从各个方面有计划地和全面地加以分析和研究。根据列宁同志所作的关于在无产阶级的阶级斗争中应当巧妙地"运用一切和全部可以利用的东西"的指示，不仅需要很好地组织党员的工作，而且要善于吸引尽可能多的无产阶级的其他积极力量，甚至吸引农民队伍和中间阶层中最先进的分子，来进行经常的鼓动工作和动员广大群众的工作。

2. 在统一战线的基础上组织群众运动、游行示威和各种行动这项任务本身，就要求使每一个共产党都负有责任在这方面不断地进行学习研究。但是，仅仅从事组织工作，那还是不够的，必须善于在每一次行动、每一次运动的过程中,从参加的群众当中挑选出无党派的、工团主义的和社会民主党的积极分子,吸收他们参加各种各样的**鼓动和行动委员会**,或者参加其他可以作为进一步影响群众和进一步展开群众运动和行动的组织据点的**统一战线机关**。这种在统一战线的基础上建立起来的委员会,首先是地方委员会(以及企业内的委员会),几乎在所有各个工作领域都是我党党员进行工作的现成的组织形式。

这种委员会,或者是为了达到各种暂时性的目的和执行每隔一定时期重复出现的任务而设立的(例如某些失业者委员会),或者本身就是一种较为固定的组织(例如,意大利企业内的鼓动委员会)。

如果设立这种委员会的原意只是为了达到暂时性的目的,那么,在这种情况下,就应当弄清楚有无可能进一步利用这种委员会的积极性方面来执行其他的任务,共产党人有责任在其进行活动的全部过程中,坚持不懈地搞好这些统一战线机关的工作,使这些机关之间保持良好的互相关系和事务上的合作,如果由于任务的重大而有必要建立国际联系的话,还可以在征得有关党或共产国际执行委员会的同意后建立这种联系。

3. 在工人运动的各个领域,即在**工会、合作社、工人体育协会以及各种各样文化教育性质的工人群众组织**等等之内,建立共产党党团的工作以及共产党员的全部工作,都应当做到不仅使共产党员排除孤立的可能,相反要使党员尽可能广泛地接近无党派的、工团主义的和社会民主党的工人,以便提高他们的积极性并经常对他们施加影响。为了达到这个目的,在任何一项工作中都可以找到一些**特殊**的组织方法和方式,但处处都要有意识地设法展开广泛左翼群众运动,因为这种运动始终不断地与共产党党团有着程度不等的联系。对**工厂委员会**的工作,情况也是如此,而在特殊条件下对所谓的工党的工作也是这样。

在许多国家里,由于战后的经济状况而产生了各种各样的群众组织

(战争受难者协会、通货膨胀受害者协会、房客协会等等),共产党人一定要在这种组织中进行工作。为了吸引无产阶级妇女中最积极的力量参加经常的革命工作,必须按照各地的适当条件尽量采用召开**妇女代表会**的方法。

在农民运动中,在特殊条件下的民族革命运动中,为了从组织上巩固我们对群众的影响,也需要采用特殊的、灵活的工作方法和方式。

4. 为了完成某种特殊任务而成立的同情者**群众组织**,是从组织上巩固共产党对群众的影响的一种十分重要的形式。这种组织可能是一种享有自主权的附属机构,也可能是独立的机构。这种组织必须选择最富有弹性的组织形式;除个人入会制外,一般还可以实行集体入会制。在每一个国家里,都应当分别同中央委员会协商,决定哪几个组织有权建议工会集体加入组织。

在现有的一些群众组织中,国际革命战士救济会的工作首先需要共产党人的协助。国际工人救济会之类组织的工作也需要共产党人的合作,因为这种组织是作为独立的非党组织出面的,而且已经掌握了群众。

在最近时期内,应当考虑到许多国家里成立的**反战协会**和**反对殖民暴政和压迫东方民族**协会作为新的同情者群众组织。在广大工农群众已热烈展开同情苏联运动(特别是通过向苏联派遣工人代表团运动)的国家里,就可以组织"工人—新俄罗斯之友"协会。在一定条件下,广大群众也在源源不断地加入**无产阶级自卫协会**,因而,这种协会也具有了重大的意义(例如,德国的红色战士协会的情况就是如此)。此外,在许多国家里,成立一些小规模的工人同情者组织,如工人俱乐部、民族之家协会、工人教育协会、大学生联合会等等,也是适宜的。

5. 在许多资本主义国家里,巩固和扩大共产党对群众的影响的适当而有效的方式,是部分地通过同情者群众组织,部分地通过专门的出版社,广泛展开**非党的出版活动**。但是,出版社要善于正确判断哪些通俗科学读物、工人画报、民用日历和革命小说等等最有利于提高群众的革命觉悟;他们要善于组织大量推广出版物的适当机构,这种推广机构甚至也能成为一种重要的"同情者组织"。

6. 从组织上加强我们对群众的影响的各种方式方法,都应当根据每个国家的特殊情况,作出**具体的规定**。枯燥无味的公式在这里是最无用的,此外,每一个党都应当尽量**有计划地**确定哪一方面的工作需要首先集中力量去做。把共产党的积极力量任意使用在大量新的工作方面,看来是没有什么好处的。

7. 特别重要的是各**地下共产党**必须致力于在广大群众中进行革命工作。必须正确理解这项工作决不妨碍积极从事建设我们党的组织,恰恰相反,它将为这种建设工作开辟广大的可能性。各地下党的责任是比过去更加广泛地采取一切公开形式组织群众运动,坚持不懈地进行工作,以扩大公开地和直接地参加各种无产阶级群众运动的可能性。

8. 共产党人在群众中进行的全部工作,在政治上都必须接受党的领导机关的领导,以共产国际执行委员会的决议和指示为依据。领导机关的政策指示和策略指示,必须针对不同方面的工作作出尽可能确切的规定,不仅应该集中注意路线本身的正确性,而且也要集中注意工作中产生某些偏差的危险性。党的机关应当注意把各种不同的群众工作妥善分配给各个党员,并认真检查其执行情况(责成定期汇报工作等等。)

党的委员会不应当忽视这样一种情况:在各资本主义国家内,我们党的很多党员,还没有充分理解第三次世界代表大会关于每一个党员都应该负责完成党的某项工作的指示。许多人认为,党的工作只不过是党组织直接进行的一些工作。因此,必须使党支部和党团的每一个成员都彻底地认清楚,他们在无党派的以及社会民主党的和工团主义的工人当中(企业、工会、合作社、工人体育团体、劳动妇女、同情者的群众组织以及农民等等）进行的工作，也就是党的工作，而对大多数党员来说，甚至就是他们的党的工作中的最重要部分。只是，他们在这项工作中不应当把自己跟群众等同看待，而应当始终作为群众积极性的**革命组织者**。

第二次组织会议工作总结①

在听取了苏联、德国、捷克斯洛伐克、法国各支部和地方委员会代表的报告之后,在听取了上述各国和意大利、英国、挪威的工会工作者的报告之后,在听取了有美国、瑞典、瑞士和青年国际的代表参加的热烈辩论之后,共产国际各支部第二次组织会议讨论并作出了关于支部、关于党的基层机构和中央机构、关于工厂报刊和关于工会中共产党党团工作的决议和指示,认为:

1. 实践完全证实了共产国际关于以支部为基础进行党的改建的决议的正确性,证明第一次组织会议所确定的下列路线是正确的:废除从社会民主党人那里因袭来的关于基干人员的旧传统制度;必须建立街道支部,从而把不在企业中工作的共产党员组织进去;按照工人和城市劳动居民的居住地点进行党的工作。

在过去一年里,共产党的组织工作已经前进了一大步。以支部为基础进行党的改组工作,在党员参加党的工作方面已经产生了良好的影响,在某些支部内,积极参加工作的同志人数达到了60%。同时,通过支部的建立及其工作的开展,这项改组工作也就大大促进了共产国际各大支部党内危机的消除和共产国际路线的迅速贯彻。

由于支部已经建立起来,并在进行工作,我们的党就得以把企业中

---

① 1926年2月10—17日共产国际各支部第三次组织会议通过,3月11日共产国际执行委员会扩大会议批准。

新的工人分子吸收到自己队伍中来，并且可能在工厂工人中广泛传播共产主义书刊。工厂出版的报纸在扩大和加强我们对工人群众的影响方面也起了极大的作用。它常常协助党接近无党派和社会民主党的工人，甚至接触更落后的阶层，帮助企业里的工人了解共产党的本质和政策。

因此，支部的工作尽管还存在着显著的缺点，但已经使得我们党有可能开始接近一般工人群众，接近那些至今还在受社会民主党影响和领导的工人阶层。支部的工作在很多情况下有助于共产党在企业中与那些迄今不愿接近我们党的工人结成统一战线。最后，但也是具有头等意义的是：共产党支部促使许多国家里的工厂工人加入或重新回到被他们已经遗忘的工会里来。所有这些都证明，按企业建立支部，对资本主义国家的（不论是合法的或非法的）共产党来说，实际上也是最适合于吸引工人群众讨论和执行党的决议的一种基层党组织形式，通过这种组织形式，还可以了解到工人群众的情绪，并能协助党的最高机关及时对这种情绪作出反应。

同时，共产国际各支部必须十分清楚地看到，进行党的改组工作时实际存在的一切困难，这就是经济危机的种种表现形式（共产党人大批失业、生产缩减等等），企业主的日益残酷的压榨，共产党人被大企业排挤出来而集中在小型企业、作坊里等等。

因此，组织会议强调指出，必须比过去更加重视各党支部；通过加强工作的政治内容，把支部的一切活动跟党的各项运动和政治发动结合起来，吸收企业工人入党以壮大工厂支部等途径，使支部更加活跃；竭尽全力保卫和加强各大企业中的党支部，特别是在经济危机和工人大批失业的情况下。

其次，实践证明，在大多数党内，支部工作的重大缺点之一是有些支部没有成立支部委员会，有些支部只有书记一个人，有些支部的工作还是显然没有充分展开。

由此可见，支部委员会仍然还没有执行领导机关的职能，这就使得支部的全部工作受到不良影响。各国共产党对支部委员会的建立、工作和组织机构问题，必须比过去给予更大的重视，必须注意做到通过提拔最积极、最有经验的支部委员，妥善地给他们分配党的各项工作，使支部有一个能对其全部工作实行有计划的经常领导的领导机关（支部委员会）。

在街道支部方面，应当消除在组织机构和组成人员上存在的一切缺点。在还没有设立街道支部的一些党组织中，必须把它建立起来，不要使工厂支部的人数过多，有些应当加入街道支部的人，就不应当编入工厂支部。另一方面，必须使所有不应当加入街道支部的党员（如建筑业和运输业工人，以及失业工人等等）编入有关企业的支部。最后，应当避免重犯某些党所犯过的错误，如建立过分庞大的街道支部，把全区或全分区的同志都编入街道支部，实际上这是使支部变成了按居住地点组成的旧组织。为了避免这种可能性，在一个区域分区内一般不应当只建立一个街道支部，而应当建立若干个街道支部，分别把本区（或分区）界内的街道或居民小区包括进去。

2. 对总的工作状况仍然不佳的党的机构，自下而上地进行一番整顿工作，这是各国共产党的首要任务之一。首先，必须建立**统一的领导**，消除人为地使组织工作脱离政治工作的现象，废除各分区、区和省委员会的双重领导制度（组织书记和政治书记），改为由这些委员会选出一名书记，负责领导委员会的全部工作，各部及其领导人都要服从他的领导。

改进下层机构即区和分区委员会（这种机构在许多地方还没有建立起来）的工作，对于加强和扩大支部的工作效果来说，将具有巨大的意义。组织会议认为，各大城市必须设立区委员会和分区委员会。因为只由一个城市中心来领导和指导基层的全部工作（或在大的城市里只由区委员会来领导和指导基层的全部工作）是无法胜任的。组织会议指出，在我们党的许多城市组织中，虽然已设有这种党的下层机构，但它们却还很不完善，区委员会内没有专职的书记，没有常设的部和固定的工作人员，因而使得党的基层机构的工作还远远不能令人满意。

因此，为了改进党委员会（中央、省、县和区委员会）的工作，就需要在委员会下建立常设的部，在这些部的协助下，党委员会才能认真地准备材料，研究考虑那些需要作出决定的问题，并且执行这些决定。对于共产国际的一些最大的支部来说，改进党机构方面的一项迫切任务，就是从人员方面以及工作方法和工作制度方面加强中央委员会的各部并提高质量。在提高各机构质量的同时，还应当尽量缩减这些机构的人员，并扩大仍然薄弱的各省委员会和大区的区委员会。

不管中央机构的规模如何庞大，都不可能独自完成党的全部工作和任务。中央委员会不应当代替全党进行工作，它只是作出提示，由省和地方的党的机关去执行。因此，这样的合理分工就有可能而且也要求在加强省、区和其他党委员会工作的条件下，裁减中央委员会的机构。

共产国际各支部中央机构在最近的一项迫切任务，是着手系统地了解全体党员特别是干部的情况。为此，共产国际各支部应当对党的情况进行调查研究，即了解党员的社会成分，了解党员加入了什么工会和其他群众团体，了解党员的动态，等等；此外，还要经常调查统计党的工作干部及其分配情况，选拔他们在党的各工作部门担任领导工作。

3. 组织会议满意地指出，在党外群众组织中开始设立党团的工作，已经取得一些效果。这种效果（主要在工会工作方面）表现为：在许多国家里，共产党已经在工会内部获得了某些支持；在有些地方，投票造成共产党人的人数增加了；在某些基层工会组织中，我们的党员担任了工厂中的选任职务，选入了某些工会的理事会；与工会运动内部的反对派建立了一定程度上的合作关系，等等。

必须通过共产党党团的更加积极的活动,通过消除党团工作的缺点,来巩固和扩大这些初步成就。

为此,党组织首先应当通过支部和党团,尽一切努力做到使共产党内在最近期间所有加入工会的党员,使我们的同志都能在工会组织内部以及工厂内最积极地参加工会的日常的事务性工作。

党委员会应当与共产党党团建立紧密的和经常的联系,经常地领导、指导和监督各党团的工作,听取它们的工作汇报。同时,必须反对某些地方现在实行的党委员会(工会工作部)包办党团日常工作的做法,而应当把这种工作全部交给有关党团及其工作人员去做。

另一方面,在共产国际各支部的目前组织状况下,党团也只能限于处理它所在的组织内自身的问题,而不能涉及应由党组织和机关(支部、党委员会等等)解决的问题。正如某些国家的情况表明,在党团内讨论全党性问题,将导致党团代替党组织的现象。

会议认为,对于党和党团工作的目前发展阶段来说,必须确立上级党团对下级党团的领导并使二者保持联系的制度,不但不应该导致削弱党委员会对所属各党团工作的总的领导,相反是加强这种领导。

会议指出,各级党委员会对建立党团及其领导机关(党团委员会)一事还没有给予充分的重视,会议认为,唯一正常的状况是:对党团日常活动的领导,一般应集中于这样一些同志的手中,他们在党团所在组织的领导机关中担任工作,因而最熟悉日常的工作。

4. 组织会议指出,在去年一年的时间内,共产国际各支部(通过各支部的中央组织部)与共产国际执行委员会(通过它的组织部)之间在组织问题方面所建立的联系是比较令人满意的。这种联系的建立在很大程度上是由于共产国际执行委员会组织部根据第一次组织会议的决议,执行了完全行之有效的指导员制度。因此,组织会议认为,今后保留这种制度是非常有益的。

同时，组织会议认为，有必要进一步加强各国共产党与共产国际执行委员会在组织工作方面的联系，共产国际的各支部应当与共产国际执行委员会组织部建立更加全面的情报联系。

此外，会议认为，共产国际各支部派遣实习人员在共产国际执行委员会组织部担任临时性工作，这也是有好处的。这种办法使得共产国际执行委员会组织部一方面有可能把各支部的组织经验运用于国际工作中，另一方面可以通过实习人员把组织工作的国际经验以及联共（布）党的某些经验带给各党。

最后，组织会议认为，有必要强调指出各国支部间的通信联系（关于支部、党和工会等等的工作，关于工人的各项切身问题以及他们的思想情况等等互相交流情报）的巨大意义。

组织会议指出，这方面的工作还没有充分开展，建议共产国际执行委员会组织部采取措施，扩大和改进这种联系，吸收更多的支部参加这项工作。

关于改进共产国际执行委员会工作问题的决议

1. 共产国际执行委员会的工作应当进行得更有计划。共产国际最强大的支部应当比现在更好地接受共产国际的直接领导。在这方面,改进执行委员会的工作不仅具有组织意义,而且还具有重大的政治意义。由于下述原因,这项工作无疑是很有必要的:

执行委员会应当比现在更加密切与各支部联系。各支部应当更加积极地参与国际问题的解决。因为,只有这样才能使各国共产党发展得更迅速、更正常。各支部更好地接受共产国际的领导是各国党使它们能够取得领导本国革命运动的必要经验的先决条件。

各支部在执行委员会工作中的积极合作,将有利于在国际和本国选拔党的领导干部。这样的合作能培养各国党及其领导干部的主动精神,能使党的群众比现在更好地理解共产国际的问题。各支部在执行委员会的工作中积极和主动地合作,最终还能增加各国共产党对非党群众的吸引力。目前开展这方面的工作是可能的,也是必要的。因为,在一些最重要的国家里已经建立了可靠的共产党,它们已经有了六七年的经验,并且内部是稳固的。据此,执行委员会扩大全会赞同苏联共产党第十四次代表大会提出的下列倡议:

"代表大会责成联共(布)代表团力求加强共产国际的机构,同时实行日益增强外国共产党在领导共产国际方面的影响的方针。"

扩大会议认为，这一倡议完全符合共产国际一贯的路线。

当然，共产国际像以往那样仍然是一个集中的世界党。但是，各国党应当更多地依靠自己本国的力量。这尤其是关系到共产国际各支部组建领导机关的问题。

为了实现这一改组工作，共产国际执行委员会扩大全会责成共产国际一些最大的支部（即德国、法国、捷克和意大利支部）各选派两名代表，而其余的较大的党（其中包括东方国家的党）各选派一名代表，在扩大全会之后的至迟半年内，能参加共产国际执行委员会的工作。

扩大全会希望共产国际执行委员会务必立即实行这些措施。

为了使这项改组工作得以实现，扩大会议希望，共产国际执行委员会在全会后的第一次会议上，重新选举主席团、组织局和秘书处，并同时选举共产国际执行委员会预算委员会。

2. 扩大会议希望，共产国际执行委员会今后使自己的工作更加有计划，更加经常化。在这方面，执行委员会扩大全会提出，建立在共产国际执行委员会秘书处所制订的改进执行委员会工作草案基础上的原则是正确的。应当每月一次定期召开执行委员会的会议，使执行委员会所有驻莫斯科的委员前来参加会议。为了解决最重大的政治问题和原则问题，共产国际执行委员会应当每三个月召开一次扩大会议，共产国际执行委员会全体委员必须出席会议。共产国际执行委员会主席团和组织局的会议也应该定期召开，共产国际执行委员会秘书处应当扩大，在秘书处组织的基础上，应当建立各支部的秘书处。

共产国际的活动应当有一定的工作计划性。共产国际各支部应当每三个月向共产国际执行委员会汇报自己的活动和工作计划。同样，共产国际执行委员会组织局也应定期审查共产国际下属各组织和执行委员会各部的工作计划。共产国际执行委员会组织局不仅应当有计划地调查各国党的组织机构，而且也应当调查它们的全部组织活动、工作安排以及报刊和党内书籍在各支部的发行情况。共产国际执行委员会应当仔细地审查各国党的行动纲领。

对于东方各国的问题，今后执行委员会的工作应当根据这些问题的新的重大意义，给予比现在更多的关注。

执行委员会扩大全会对共产国际执行委员会举办列宁主义培训班的措施表示赞同，并责成各国党贯彻执行主席团所发布的指示。

在制定共产国际执行委员会工作的总计划时，注意力中心应当放在即将召开的下一次共产国际世界代表大会上。执行委员会扩大全会希望，如有可能，将第六次世界大会定在1927年二三月间召开，并委托共产国际委员会最后确定会议召开的日期。执行委员会必须认真做好代表大会的筹备工作。当然，代表大会的议事日程尚不能最后予以确定，但无论如何都应该召开会议来研究有关我们政策的主要问题（工会问题、农民问题、民族问题等等）的全部材料，并及时将这些材料提交各国党讨论。共产国际执行委员会应当做好一切准备工作，以便在第六次代表大会上审查有关共产国际纲领的问题。为此，扩大全会委托共产国际执行委员会组织常务全权委员会，使其担负起领导各支部讨论共产国际纲领草案问题的工作。

3. 用上述方法加强执行委员会的机构，将使执行委员会能更有效地对共产国际决议的执行情况进行监督。共产国际执行委员会和共产国际各支部应当采取措施，建立基层支部向党委汇报和党委向共产国际执行委员会汇报的制度。只有在最密切联系的基础上，才有可能实现对决议执行情况进行监督的布尔什维克的原则。执行委员会扩大全会委托共产国际执行委员会认真地坚持不懈地对贯彻执行历次世界代表大会决议，尤其是对贯彻第五次世界代表大会决议以及历次扩大全会决议的情况进行监督。需要监督的问题是：国际运动的开展情况，对党员进行布尔什维克的教育情况，党的改建情况，党员干部的培养情况，党内生活正常化的实现情况，有关党员加入工会决议的执行情况，统一战线策略的贯彻情况，等等。

各支部应该在党的代表大会上作执行委员会工作报告。

共产国际执行委员会接受委托，要逐步地，然而是经常地进行这样的监督。

关于德国问题的决议

一、德国的形势

德国目前形势的特点首先是严重的经济危机,这种危机已体现为销售危机的形式,以及随之而产生的一切现象。

这个危机一方面是德国的国际地位,凡尔赛条约和道威斯计划所造成的整个国民经济的总危机;另一方面是德国失去了自己的殖民地,它的出口能力由于一些国家的关税政策而缩减,同时,它又不得不扩大生产为支付赔款创造前提。与此相矛盾的是向国外销售产品的可能性已经受到极大的限制,而本国居民的购买力又已降低,这种情况在经济总危机中都反映了出来。

为了试图抑制这种趋势,德国的经济便日益依附于外国资本(特别是实行美国化),德国资产阶级加紧改造全部生产过程(停办收入较少的企业,缩减生产机构,加大劳动强度,实行企业技术改造,广泛推行辛迪加化和托拉斯化,延长工作日,降低工资,等等)。但这又导致了群众的进一步贫困化,失业人口增加,需要减少,从而出现——至少在近期内——经济危机的加剧。

在外国资本的主使下,工业和银行巨头企图把这一过程的全部费用转嫁到广大群众的肩上。关税和捐税政策,剥夺中等阶级,通过捐税和农业危机使很大一部分劳动农民破产,缩小社会福利和向工人阶级进攻，这一切都是服从上述目的的，**这样一来，失业和广大阶层的贫困化**便成为了德国一切社会政治问题的中心。

整个形势的基本矛盾无法解决，洛迦诺公约所造成的复杂局面（一方面是表面上摆脱了困境，另一方面是德国受到外国资产的加紧奴役），以及经济危机引起的后果，所有这些都导致了**持续不断地政治危机**。

危机使得工人阶级内部发生了深刻的分化。广大无产阶级群众在所处环境的压力下愈益坚定地站在团结起来进行阶级斗争的立场上。社会民主党和工会上层分子则与此相反，他们企图与占统治地位的金融资产阶级紧密合作，分裂工人阶级，诱使一部分工人成为工人贵族，并完全效法美国的劳联使这些工人"摆脱"一切关于社会主义阶级斗争的概念（宣传德国工人运动中的所谓"美国主义"）。与这种公然出卖德国无产阶级利益的行为同时并进的，是对资产阶级的一切重大措施的竭诚拥护。另一方面，工人阶级中的广大阶层，包括工会和社会民主党内部、左派也正在发展。工会中的反对派、《帝国旗帜》反对派、失业者委员会、社会民主党工人队伍中的左派的出现，以及基督教工人队伍中的分化等等，所有这些都是无产阶级激烈动荡的征兆。一方面，依靠外国资本施舍的资产阶级德国已处于进退维谷的绝境，另一方面，苏联经济的欣欣向荣，以及工人代表团和它的影响，这二者都在朝着同一个方向运动。**工人阶级在斗争中联合起来反对资本的思想已成为整个工人阶级的注意中心。**

二、争取群众的方针

上述总的形势决定了我们党的主要任务。

德国无产阶级唯一的真正的出路是从本国资本和外国资本的双重桎梏上解放出来。摆脱经济衰退、生活水平降低、持续不断的政治危机以及德国的被奴役和沦为半殖民地状态的唯一出路，是建立苏维埃德国。

标志苏维埃政权的**工农政府**，目前已成为无产阶级先锋队的口号。不争取到无产阶级的大多数，就不可能实现这一口号。德国共产党应当把争取群众当做自己的首要任务。德国共产党始终应当成为工人阶级内部**团结思想**的政治代表者和政治体现者。顽强地进行**工会工作，执行统一战线策略**，提出无产阶级最广大阶层所拥护的局部要求，并为之斗争，这就是当前形势下唯一正确的策略。工人阶级内部向左的进展，是德国政治生活中一个极其重要的现象。党的任务在于：为加速这一过程而采取一切办法动员**全体无产阶级**的力量反对资产阶级。

共产党应当学会比社会民主党更加有力、更加具体地捍卫工人阶级的日常要求。德国共产党应当用实际行动向无产阶级证明自己与社会民族党不同在于：共产党是在真正地为实现工人阶级的日常要求而**斗争**，党应当使这一斗争与党的革命总目标协调一致。共产国际执行委员会扩大全会满意地指出，德国共产党已经广泛开展运动，动员广大劳动群众，从而为渴望团结的无产阶级今后的群众运动奠定了基础。

统一战线策略的目的在于引导日益广大的群众进行反对资产阶级的日常斗争，使他们摆脱社会民主党和工会领袖的反无产阶级的影响，逐步争取越来越广泛的群众同情共产国际的目标，并最终争取整个工人阶级站在共产国际一方。

三、极左倾向

横亘在党争取群众的道路上的一个巨大障碍，前一时期是、现在仍然是党内某些小集团的极左思想，这些人只有在事实的重压之下，并受到共产国际的遏制时方才后退。极左派忘记了策略随时都取决于客观条件这一马克思主义的原理。他们不善于抓住新的时机，更谈不到正确地分析新的时机。因而，他们把旧的方法机械地搬用到完全新的环境中来。法兰克福代表大会期间，极左派进行过反对共产国际在工会问题上的观点的斗争；在第五次世界代表大会期间，极左派进行过反对**国际团结运动**的斗争，当时提出的理由是，说什么这个策略是从俄国政府的利益考虑的，它意味着对麦克唐纳政府的支持；他们完全不善于找到向社会民主党工人相接近的正确道路，**极左派是争取群众过程中的最大障碍**。

特别需要揭露**这种思想**的腐朽的、几乎是社会民主党的内核，它明显的取消派倾向。左派说苏联是"赤色帝国主义"，这同资产阶级和社会民主党报刊的腔调完全一样；又说共产国际可能重复1914年8月4日的局面，说苏联与日本帝国主义订有密约，说组织英俄团结委员会是出于苏联的"国家需要"（这些都是科尔施教授说的）；说"新策略"（即正确的列宁主义的策略）无异于1914年的骇人听闻的背叛行为（这是先前的同志卡茨说的）；有人散布流言蜚语说我们争取工会的国际团结的斗争，与所谓苏联加入国际联盟有联系（例如鲁特·费舍）；有人胡说发生了"具有世界历史意义的"事件，用以影射共产国际似乎要破产，他们硬说"布尔什维克化的梦幻"已经破灭，说"第五次世界代表大会破产了"，而且不仅是第五次世界大会，他们还问："共产国际将怎样了呢？"（例如鲁特·费舍）。

近来流传的诸如此类的思想，完全证明了共产国际执行委员会给德国的《公开信》中对极左派所作的评价是正确的。

信中说：

"所谓的极左派有时只不过是社会民主党的、改良主义的、'左派'的情绪的挡箭牌，这种情绪大有走向公然出卖国际工人阶级利益的危险。"

资产阶级的社会民主党是这种思想倾向的发源地，这是无可怀疑的。共产国际指出，必须动员党内一切健康的力量反对这种取消派思想，以便将其连根铲除。

争取群众的问题至今还没有被某些极左集团及其某些领袖所理解。马斯洛夫写道，列宁在第三次世界代表大会上犯了重大错误，他完全不了解德国党的性质；卡茨在他的传单中写道，党的策略就是1914年的策略；肖勒姆同志把柏林的联合名单说成是一种拙劣的策格纳斯政策；鲁特·费舍说什么是"针对左派而发出的谰言"，她用讽刺和蔑视的口吻来议论党为全民投票而开展的运动；肖勒姆和罗森贝格的号召（《左翼的团结》）中硬说，《公开信》把党交给了左派，等等。

由此可见，极左派实际上就是一种起阻碍作用的因素。德国共产党必须彻底克服这种思想病症，才能争取到群众。说服和吸引极左派工人到自己方面来，是党的一项极其重大的任务。因为，在经受了几次重大的失败后，在感到几次痛苦的失望后，有些工人会认为目前党的政策是错误的。这是可以理解的。必须说服他们，使他们知道极左派的政策必然会导致脱离群众，导致"德国共产主义工人党"的思想，甚至在客观上导致直接的取消主义。

执行委员会扩大全会指出，在工人的压力下，极左派已处于自行消亡的过程。一方面，某些集团如罗森贝格—康拉德集团已走上正确的道路，声称拥护党中央委员会和共产国际的政治路线；另一方面，也有一些派别还在坚持极左派的错误，直至公开地背叛党（卡茨），或另一些派别也有发生这种背叛行为的危险（科尔施）。执行委员会希望极左派工人认识到：如果他们不彻底克服极左思想，将会给党带来多么大的损失。

四、马斯洛夫—鲁特·费舍集团

鲁特·费舍集团是德国共产党内最动摇、最没有主见的一个部分。这个集团的思想基础是不相信共产党，不相信工人运动和无产阶级革命。基于这一点，马斯洛夫把德国革命的发展看成是要拖延数十年之久的一个过程，他甚至企图证明（参看他在法庭上所作的供词），这样一种发展前途使他没有理由被指控为"叛国"。从这种不信任的思想出发，鲁特·费舍断言，德国共产党人并不感觉到自己能够代表未来，他们只不过是一些"出于礼貌"而参加运动的普通人，断言"党员群众中也有潜在的取消主义思想"，"群众逃避现实的生活"，等等。

这种观点所反映的是破产的小资产阶级的没落思想，而绝不是德国工人运动和共产党的开始蓬勃发展的局面。

在这样的思想基础上，根本无法执行明确而坚定的政策。这也说明了这个集团经常所处的无原则和动摇的状态。在法兰克福代表大会上，马斯洛夫—鲁特·费舍集团在一些重大问题上摇摆于共产国际的路线和反对这一路线的极左派分子之间。

当1925年4月极左派公开反对共产国际的时候，鲁特·费舍集团**在形式上**与他们决裂了，其目的是为了避免失去在党内的领导地位。但在这次**破裂**之后，他们的动摇思想不但没有削弱，反而更为加强和经常化了。

第十次（柏林）党代表大会是在共产国际与极左派之间的一次全民大动摇。最后，路特·费舍集团与它不久前所反对的极左派结成了联盟，共同攻击共产国际。对此，执行委员会曾于1925年8月通过致共产党员的《公开信》给予了反击。鲁特·费舍在这封信上签了字，从而就谴责了她自己的行为。

但是，在德国代表团回国后，她立即组织了反对共产国际路线的秘密斗争，并且展开了无原则地派别活动，攻击党内新的领导人。

柏林的党的领导机关、区委员会和城市委员会完全处于鲁特·费舍集团的控制之下，这些党的机关一开始就对《公开信》持否定态度。只是由于党员群众的压力，它们在长期动摇之后才同意了这封信，但仍继续展开全面反对中央委员会的斗争。在鲁特·费舍的领导下组成了反对派，反对中央委员会所作出的完全正确的决定，方法是通过与德国社会党联合提名来利用柏林市政当局选举中的剩余票数。鲁特·费舍同柏林区委员会和肖勒姆集团纠结在一起，反对这一政策。她又用同样的手法反对中央委员会为执行新的政治方针和吸收原有的反对派而采取的措施，所有这些勾当都是跟肖勒姆直到卡茨的极左派集团共同搞出来的。

如果说，在《公开信》发表以前鲁特·费舍集团还是一个介于共产国际和极左派之间的"中间集团"，那么，在最近的争论中，它就日益变成介于德国共产党中央委员会和"德国共产主义工人党"分子之间的"中间集团"了。鲁特·费舍在许多重大政治问题上都接近于科尔施的观点，即低估德国工人运动，用反布尔什维克的观点分析俄国革命和苏联的国际政策，支持那些捏造"向右转"、说德国共产党和共产国际向机会主义蜕化变质的神话。

鲁特·费舍实际上如此地支持反共宣传，同时却**在口头上"拥护"**共产国际的一切决议和德国共产党中央委员会的政策路线。她声称："必须与极左派作斗争"。

这种两面手法在共产党中起着分化破坏的作用。

只要担任领导职务的仍然是那些采用这种手法的人，社会民主党和无党派的工人就不会对共产党人表示尊敬，而德国共产党党员群众对自己党的领导人的信任也将消失。

为了德国共产党的健康发展、正常化和壮大，就必须尽快清除鲁特·费舍派别及其"骑墙"的政策和言行不一的作风。

她的这种无原则的做法和危害党的外交手腕，不仅破坏了党员群众对领导的信任，而且也破坏了领导干部间的互相信任和党内一部分人对共产国际的信任。

就这样，鲁特·费舍派在政治上、组织上和道义上终于破产了。

由于经常动摇于共产国际和党内最不坚定的极左派之间，由于以肆意的煽动蛊惑代替实行领导和进行党的教育工作，**鲁特·费舍集团既失去了共产国际的信任，也失去了左派党员的信任。**

扩大全会严厉地指出，鲁特·费舍违反了在《公开信》上签字而承担的义务。共产国际执行委员会和德国共产党中央委员会已经给予了鲁特·费舍改正错误并**用行动证明自己决心在共产国际内工作的**充分机会。

虽然如此，鲁特·费舍还是继续进行破坏性的工作和反对共产国际的政策。

扩大全会声明：共产党的工作是对德国共产党全体党员开放的，包括过去的左派和极左派集团的一切追随者，只要他们不仅口头声称而且以实际行动表现真诚拥护共产国际和德国共产党中央委员会的政策。

马斯洛夫—鲁特·费舍集团的追随者应当在中央委员会的政策与无原则的反对派的手法之间进行抉择。中间道路，介于两者之间的中间集团是不可能有的。

五、克服右倾

扩大全会指出，德国共产党内的右倾危险是存在的，而且今后也还会有。必须同这种危险作坚决的斗争。德国共产党新的中央委员会对已经表现出来的一切左倾的偏差给予了强有力的反击。这就是，开除舍恩兰克（不赞成开除的只有肖勒姆和施万两位同志），谴责蔡茨地方组织的机会主义纲领和选举社会民主党人米利希的行动，批判共产党员在成立巴登政府时弃权和在符腾堡区某些乡村地区村社机构选举时提出总名单（在有些地方甚至停止对社会民主党的斗争）纠正许多较小的右倾错误。

为了切实地反对各种具体的右倾偏差，就必须驳倒极右派散布的所谓"纠偏"的流言，因为这将为机会主义者所利用。"在与中派的斗争中过火的人，就是给中派分子帮忙"（列宁向耶那党代表大会的致词）。

扩大全会声明，只有完全不理解新的形势和党的新任务的人，才会认为德国共产党目前所采取的方针等于是回到党在 1923 年 10 月前所处的旧地位。 党不但没有倒退，相反是在前进。在德国共产党的领导更换后，反对布兰德勒集团的斗争不但没有消弭，而且这方面所取得的成就正在不断巩固。没有任何东西能把这种成就从德国共产党员的心目中一笔勾销。

客观的情况、革命发展速度的缓慢以及来自改良主义阵营的群众之涌入党内，造成了机会主义的危险。这种危险在共产党人的议会工作中，在市政管理机关、工会和合作社等组织中反应得特别明显。扩大全会相信党中央委员会今后仍将密切注视各种改良主义倾向，并及时地予以清除。

扩大全会指出，恩斯特·迈耶尔集团已承认了过去所犯的重大错误，并在执行党的工作过程中已朝着改正错误和接受目前的中央委员会的正确观点方面前进了一大步。今后，它应当公开地、明确地与自己从前的派别立场的一切残余因素划清界限，不仅在一般形式上，而且在每个政治问题和党内问题上明确表示不同意布兰德勒派的立场。特别是迈耶尔同志应当认识到，他所谓的并不是他靠近中央委员会，而是中央委员会在靠近他，中央委员会在向右演变的论调是错误的。

六、德国共产党的领导

目前的德国共产党的领导是在反右倾错误的斗争中产生的,并在与极左派的错误的斗争中得到加强。领导德国共产党的工作团队,组成了真正列宁主义的党中央委员会的核心。这就说明,在中央委员会内没有派别的狭隘性,中央委员会能够以正确的态度对待德国工人群众,在互相信任的基础上能够建立起德国共产党中央委员会与共产国际的相互关系。

在党的新领导下,德国共产党已经取得了一系列成就。例如,在柏林市政机构选举中,在反对赔偿王室财产的运动中,在反对洛迦诺公约的斗争中,在工会的某些局部工作中;在党内工作中也是一样,例如在以生产支部为基础的改组工作中,在广泛展开具有教育意义的党内争论方面,在吸收曾经受到排斥的人参加党的工作方面,在建立新的党内工作干部队伍方面。

与此同时,德国共产党内也还存在着许多缺点。最薄弱的一环是党的思想战线,党员的理论修养问题。近来,工会工作尽管已经有了显著的成就,并且已觉察到有必要克服一些复杂的障碍(工人生活困难和工会民主派的官僚主义现象),但安排得还不够好。德国共产党的积极分子干部的队伍应当尽力扩大,加强并受到锻炼。领导层自身应当在下一次党代表大会上充实力量。党员人数和社会成分(工业区和大企业占居多数的必要性)有待改进。中央委员会已走上坚决克服缺点的道路。

扩大全会指出,各种各样的派别集团正在向德国共产党的政策和领导进攻,希望党中央委员会加强执行目前的争取群众的政策,消灭派别活动的最后残余,集中力量捍卫党的消除极左派危险的正确路线,并且毫不留情地摒除一切右倾偏向。

德国共产党中央委员会的任务是吸引全体党员积极参加党的工作,不管他们过去属于哪个集团,只要他们决心不仅在口头上,而且在实际行动上拥护党的政治路线。

正确运用党内民主的原则,能大大增加党的力量,促进和推动从广大党员群众中成长一批新的积极工作的干部。无疑,有助于思想的进一步深化和坚定,而不是使党迷失方向和分化瓦解的争论是有利于党的发展的。

七、德国共产党的当前任务

德国共产党的首要的政治任务是争取德国无产阶级的基本群众,把日益增强的工人阶级内的左派团结在共产党的领导下,组织和领导反对道威斯计划加给人们的重担,反对降低无产阶级生活水平和反对失业的群众性斗争;与一切劳动人民阶层、与城市小资产阶级,更主要的是与劳动小农结成在产业无产阶级及其革命政党德国共产党领导下的战斗联盟。

为了执行好这项任务,并对放弃以革命手段夺取政权的机会主义企图以及拒绝提出局部要求的极左派倾向给予应有的反击;为了把争取实现局部要求的斗争同无产阶级专政的方针以及革命远景结合起来;为了推动自由工会内的工人群众走上实现有明确目的的共产党工会政策的道路和坚决提出目前尚未定型的左派的任务,党应当把工人群众的最主要的要求化为行动纲领。

在目前情况下,劳动者的斗争中心应当是以下几项要求:

1. 为反对企业主的进攻和保卫失业者的利益而斗争:反对任何降低工资的措施,争取提高工资,严格执行八小时工作制和采矿工业的七小时工作制;争取仿照英国工联(它对联合工会组织具有决定性的作用）的形式建立战斗联盟；大力促进建立工厂委员会的运动；使失业者参加生产，在整个失业期间发给失业者足够的津贴，坚持实行失业津贴制度来反对反动的失业者保险制；工会为捍卫失业者的利益而斗争，成立失业者委员会并吸收其加入工会组织；如果工会不能有效地援助失业者，德国共产党就应当独立采取措施来捍卫失业者的利益（组织失业者地方集会、示威运动、失业者代表大会，等等）。

2. **道威斯计划的重担转归有产者负担**。废除由群众负担的日用品捐税，展开反对提高房租的斗争。

银行、工业主导部门（采矿工业、冶金工业、化学工业、运输业）和大康采恩实行国有化，由职工进行监督。

企业的停办由工厂委员会和工会代表组成联合委员会实行监督。如果发生抵制生产事件，应当立即无偿没收企业，把其移交给国家或市政机构管理，并由无产阶级实行监督。企业只有在国家参加管理并受工人监督的条件下，才能享受国家贷款。

3. **加强工会**：根据生产原则建立统一的、有战斗力的强大工会，吸收企业中百分之百的工作人员加入自由工会。建立失业者的工会组织，把分散的工会联合起来。实现德国和国际范围内工会的统一。

4. **反对君主制度和法西斯主义的斗争**：为无偿地没收旧王室的全部财产而加强斗争，并围绕这一要求展开广泛的统一人民运动。

撤销国防军和警察机关中保皇党指挥人员的职务，解除反革命同盟的武装并解散这些同盟，整顿全德国和各州的行政机构以及市政机构。为反对道德败坏的君主制阶级司法制度和争取大赦政治犯而进行最坚决的斗争。

5. **为改善劳动农民贫困的物质状况而斗争**：没收地主的土地，特别是王公的土地；把土地分给少地的农民、佃农、移民和农村工人；减轻捐税负担，向贫农提供优惠贷款，反对容克地主的特权，废除通商条约以及针对工人、劳动农民特别是针对葡萄种植者的关税措施。

6. 在青年工人、劳动妇女以及职员和贫困化的小资产阶级各阶层中进行组织工作,并为满足他们的要求而进行最积极的斗争。在为满足广大劳动群众的这些要求而进行的斗争中,应当组成反对普遍贫困的无产阶级统一阵线,这个阵线要依靠在运动中形成的德国工人运动的左派,依靠强大的工会组织和统一委员会。

在为劳动者目前利益而斗争的同时,共产党应当成为反对凡尔赛条约、反对道威斯计划和洛迦诺公约、反对帝国主义者的一切阴谋的斗争的积极领导者。

这个斗争的联合口号是**独立的社会主义德国**同苏联、同全世界有阶级觉悟的无产阶级和被压迫民族结成自由联盟。

这一斗争要取得最后胜利,就必须推翻资本主义政府,把政权交给依靠劳动者苏维埃、依靠无产阶级武装力量和依靠劳动人民的支援和信任的工农政府。

共产党在这一艰巨、长期和忘我的斗争中,应该起一个坚毅果敢、毫不动摇并能指明前途方向的领袖的作用。

共产党肩负着重大的历史责任。她应当团结自己的队伍,一致行动,最大限度地发挥自己的全部力量。她应当真正成为一支钢铁般的革命队伍。

德国无产阶级万岁!

德国共产党万岁!

关于法国问题的决议

一、经济状况

法国资本主义结构中所起的变化

当前的法国已经根本不同于战前时期的法国。法国资本主义结构已经起了变化,这种变化对工人运动的类型和形式都起着决定性的影响。

自大战时起,法国的工业化速度突飞猛进。战争及其大量的需求关系促进了这一过程。战争时期的大量军事工业订货,建立新企业来补偿被占领地区工业的损失的需要,为恢复被战争破坏的地区所需的大量订货,再加上法国占有了像阿尔萨斯—洛林这样的新工业区,所有这些汇总起来,使现在法国的经济面貌起了变化。

战前法国经济中占主要地位的是中小型工商业。而目前在国民经济中占统治地位的则是大资本。与此相适应,中小资产阶级和农民在经济中所起的作用愈益缩小。

在这方面起决定作用的是法国煤钢工业资本的联合,加工工业的中型企业让位于主要制造生产工具的巨型企业。单纯从事贷款活动的银行资本的旧的残存已经过时;工业资本与银行资本已融为一体,许多工业部门已处于财政资本的控制之下。经济生活中的小食利者的地位已被新型的企业主取代,个别资本家、工业家和商人的地位则为强大的垄断组织如卡特尔和托拉斯所取代;分散在小工业中的熟练工人的地位也被集中在大工业的成千上万的半熟练和非熟练无产者所代替。目前法国的工业,无论从生产机构和企业的规模以及技术装备的完善程度来说,都比战前提高了很多。

伴随这种蓬勃发展的工业化而来的,是法国国内各种财产关系的深刻变化。对这一财产重新配置的过程起决定性影响的两个因素是:军事工业的超额利润和通货膨胀。由于通货膨胀,城市小资产阶级和农民失去了自己的动产的六分之五,这笔财产转到了财政巨头的手中,而后者把这些资本化为"物质"财富,用以扩大和改善生产机构。这样一来,中等阶级就失去了大约 1000 亿金法郎,这笔款项大约等于法国全部国民财富的三分之一。通货膨胀受害者的人数约为 1000 万人,其中四五百万人濒于破产,日益无产阶级化。

在法国农业中也发生了深刻的变化。早在大战前,农业劳动力就不足。战争使得这一情况更加严重。大战时期法国农村失去了一百多万农民,他们不是战死就是成了残废。工业的发展又不断地从农村中吸取劳动力。而劳动力的纷纷离开农村,也影响着农产品价格与工业品价格之间的不利于农民的比例关系("剪刀差")。通货膨胀虽然使得贫苦农民的债务有所减少,但它同时也榨取了比较富裕的农民阶层的地租;于是农村中便发生了以经济普遍衰落为背景的拉平现象。由于人手和物质资料不足,许多农民都无力耕种自己的土地。许多农村荒无人烟,播种面积不断减少。这时候,大资本就出场了,纷纷占有农业土地,以股份公司的形式侵入农业。

法国农村的贫困化,不能不使法国农民的政治积极性提高,不能不引起他们的极大不满。农民本可以利用战争来发财致富,但现在却深受劳动群众贫困化之苦。

阶级的重组

这种经济动荡不定的局面影响着国内阶级的重组。生产集中的过程，财政资本影响的增长，财产的重新分配，所有这些引起了法国社会各阶级比战前更加深刻的分化。按议会制框架和平发展的旧民主制的法国，已让位于一个新的法国。在这个国家里，阶级冲突日益加剧，破了产的居民阶层迅速转向左倾，不同的阶级都试图通过非议会的途径提出并解决政权问题。

在政治上的一端站着**大资产阶级**，即由大银行联系起来的工业资产阶级、商业资产阶级和农业资产阶级。它掌握着操纵经济的大权，它组成了各种卡特尔和托拉斯的严密组织；它拥有通过自己的银行要求支付200亿短期债务的能力，从而可以随时制造议会危机；它不再满足于一些旧政党来充当它在议会中的代理人，它建立了一些"非政治的"经济和政治团体去代替这些政党。用它的话来说，这些团体凌驾于各政党之上，但又借助于政党来对左派联盟的政府施加压力。不过建立在反映国内旧有经济关系的各政党的统治之上的议会形式仍然在限制它。这些政党诞生于战前的旧法国，当时占统治地位的是各工业部门的集团利益和地方利益，因而这些政党已不再符合集中起来的资本的利益。因此，大资本便企图采取以下两种办法：或是让议会完全服从它的利益，或是击溃小资产阶级及其政党的反抗，并通过非议会的途径解决社会冲突。

与此同时，为经营出口业的热潮所鼓舞，由于通过膨胀而大发横财，并且由于战胜德国而得意忘形的法国大资产阶级，力图在欧洲大陆和殖民地进一步实行帝国主义扩张。他们在国际政治中所起的作用，随着法国资本的经济地位的变化而变化。财政资本在战后的法国确立了统治地位后，具有了越来越大的侵略性质。但是，要想称霸欧洲，它的经济基础却还过于薄弱，它与法国的对外政策有着矛盾，给劳动群众带来了新的军事冒险的威胁。摩洛哥和叙利亚战争只是走向更严重的军事冲突的第一步。法国资产阶级的野心与它在国际关系中的作用之间的这种矛盾，在洛迦诺会议上暴露得特别明显，这次会议缩小了法国在欧洲的政治作用，使法国变成为欧洲的二流国家。

在政治上的另一端，遥遥相对而站的是无产阶级，它能在一触即发的社会冲突中起决定作用。它的人数增加了；战争时期人员的损失，使得法国人口迟迟不能增长，特别再加上实行工业化，就促使外国工人源源不断地流入法国。大约有300万来自波兰、意大利、西班牙和比利时等国的人补充了法国无产阶级的队伍。许多工业中心都像美国一样挤满了各国的工人。人数不断增加、集中在强大的工业中心并由于大生产的技术而使工资平均化的法国无产阶级，是一支强大的潜在力量。我们是否能在最近时期内阶级冲突的过程中，组织无产阶级的这批新生力量来解决它所肩负的历史任务，这要取决于我们的党和统一总工会。

最后，在无产阶级与大资产阶级之间，存在着始终处于动摇状态、经济窘迫、逐渐失去了政治统治地位的中间阶层。在最近举行的选举中，由于受到通货膨胀所引起的贫困化的影响，受到民族联盟黩武政策的影响，这些阶层已向左的方面转变，同那些还没有丢掉小资产阶级幻想的一部分工人在一起，帮助左翼联盟取得了胜利。从左翼联盟选举胜利时起的20个月以来，表明了中小资产阶级在反对大资本的斗争中是非常软弱无力的。左翼联盟的全部政策都贯穿着向财政寡头的进攻实行投降的思想。正是由于小资产阶级和农民在解决有关金融危机和政治危机的最复杂的问题时，没有决心越出资本主义关系的范围来寻求同唯一能够抵抗大资本的一股力量——无产阶级结成同盟，所以左翼联盟的全部政策就不能不说明这个联盟的软弱无力。

持续不断地议会危机的根源，正应该从小资产阶级十分微弱的经济作用和它的政治势力之间的矛盾中来寻找。追随左翼联盟的群众由于这个联盟的软弱无力而感到沮丧,他们对这个联盟的政策开始感到失望,并朝着左的方向转变。因此,我们党的任务就在于利用劳动群众这种转向左倾的过程,同他们在即将到来的阶级搏斗中结成联盟。

在这些日益窘迫的中等阶层中,还应当包括一些没落的社会集团——部分破产的小食利者、知识分子以及在一定条件下就会投入法西斯队伍去为大资本服务的退伍军人。目前,小资产阶级的分化过程可能使这个阶层增加一批新的成员。因此,我们的党应当特别注意观察这些阶层中的分化情况,及时采取措施以防突然袭击。

各政党的重新组合

在阶级关系重新组合的同时,也发生了各政党的重新组合,民族联盟和左翼联盟之间的斗争就已表明,建立比旧政党更加广泛的政治集团的问题在法国已提上日程。与资本的集中过程相适应,政治力量也在集中,社会矛盾日益加深。许多政党的社会基础都发生了变化。

十分明显,这个过程影响着目前在客观上已成为小资产阶级政党的社会民主党,尽管它的队伍中还有工人。社会民主党在左翼联盟中所起的作用,非常明显地说明了社会民主党近年来的演变情况。在社会民主党与共产党之间,不久即将展开一场争取对广大破产的小资产阶级和农民的影响的决战。我们的任务是说服这些群众,使他们认识到与无产阶级结成联盟采取革命方法的必要性,并用具体的经验向他们指出,只有共产党才能为广大劳动群众的利益进行真正的斗争,从而使这些群众跟着工人阶级的先锋队走。

财政危机

法国当前的财政危机证明，法国资本主义已不可能避免地接近于大规模的革命动荡局面。这一危机在目前所提出的主要问题有以下几个：

1. **预算问题**。即为了消灭预算赤字，究竟应当使哪个阶级负担起新的纳税重担？第四届小资产阶级政府已经在这个问题上碰得头破血流。

2. **国库破产问题**。为了避免使国库破产，必须在短期公债（约600亿法郎）到期前，征得债券持有人同意延期兑换，这就十分尖锐地提出了一个国家支付能力的"信用危险"的问题，而这个问题又能变成为巨大的革命危机。

3. **货币问题**。尽管贸易出超，但法郎却不断贬值，因为国家对货币的需要不断靠发行纸币来弥补。

4. **同盟国间的债务问题**。货币只有靠借外债来稳定，但法国资产阶级却只有在清理了将近400亿金法郎的军事借款之后才能借到外债。如果按照美国人提出的办法来清理债务，每年需要将近20亿的金法郎，而大约一百年之内，每年都要支付这笔款项。因此，在国民经济主要部门受到英美资本控制的情况下，就很难使预算得到平衡。用这种办法来解决债务问题，便有可能使法国在经济上殖民地化，从而大大削弱法国的政治独立性。美国资本的渗入法国和法属殖民地，造成了法国的独特的道威斯化的局面，这种局面成了稳定法国国家财政和法郎的基本条件。

所有这些促使法国统治阶级的地位变得十分动摇不定。即使法国资产阶级得以克服财政上的个别困难，例如，使法郎得到稳定，但是，不可避免的严重工业危机却仍然无法防止。目前，法国工业的表面繁荣，在很大程度上是由于通货膨胀,是一种人为的局面。国家在战前所积累的加上对国外的投资,380亿金法郎已耗失殆尽。由于通货膨胀而出现的贸易出超,实际上等于是国家的日趋贫困。因为,法国工业品的出售价格低于生产价值。目前,我们已经可以看到法国国内市场零售价格与世界市场价格拉平的趋势,而这一点使得通货进一步膨胀对资产阶级也无济于事了。在这种情况下,法国工业就面临着流动资金不足、生产成本急剧提高、丧失在世界市场上的竞争能力、销售危机以及失业的问题。为了摆脱这种困境,法国资产阶级便向工人阶级大举进攻,企图靠牺牲工人阶级的利益来恢复在世界市场上的竞争能力。

工人阶级处境恶化和革命形势尖锐化的另一个原因,是法国资产阶级企图使预算平衡。为了做到这一点,就必须利用间接税来剥削劳动者。所有这些都证明法国正走向深刻的革命危机;在这个危机中,可能出现暂时停滞的时期,但总的发展路线却排除采取议会的和合法的解决危机的办法。

无产阶级和党的作用

法国国民经济结构中的变化以及法国政治的新形势,非常尖锐地提出了关于无产阶级在即将到来的事件中应起的作用的问题。无产阶级在目前大资本与受其盘剥的小资产阶级间的斗争中,不能采取消极旁观者的态度。在反对摩洛哥和叙利亚战争的斗争中,无产阶级就已表现出它是能够彻底反抗法国资产阶级的帝国主义野心和掌握主动权的唯一的阶级。

我们党所面临的首要任务是,促使广大无产阶级群众充分认识无产阶级在反对大资本斗争中的**领导权**问题。只有认识到自己的历史任务、组成强大的工会并有着群众性共产主义政党的无产阶级,才能对阶级冲突的结局起决定性作用。因此,我们党的第二个迫切任务就不仅是扩大对广大无产阶级群众的鼓动影响,而且要通过建立群众团体来从组织上巩固这种影响。

我们党应当清楚地认识到,如果不能争取工会,不能把绝大多数工人阶级团结在工会队伍中,它就不能胜利地领导无产阶级进行斗争。必须坦率地说,法国目前处在共产党影响下的仅仅是工人运动的先锋队伍而已。而社会党则受小资产阶级和工人阶级中政治落后分子的支配。这种情况使得共产党内右派分子有可能提出这样一种理论,似乎由于通货膨胀、捐税和同盟国间债务问题而引起的大资产阶级与小资产阶级间的斗争,丝毫不能引起工人的关心。右派分子企图通过这样贬低无产阶级的作用来把当前的法国工人运动拉回到过去社会民主党的消极立场上。

列宁式的共产主义政党则恰恰与这种改良主义理论相反,它应当十分明确地提出,自己的第三个基本任务就是解决关于无产阶级与破产的中等阶层以及农民的密切联系问题。

在当前的法国,我们只能二者择一:或是无产阶级把大多数小资产阶级和农民争取到自己方面来,并且用不利于大资本的革命方法解决当前危机;或是像意大利那样让小资产阶级追随大资产阶级,而由大资产阶级建立以加紧对无产阶级和小资产阶级的剥削为基础的反动制度,把全部危机重担压在他们的肩上。

引导广大无产阶级群众走上革命斗争的道路,吸引小资产阶级和农民阶层投入这个斗争并使他们接受无产阶级的政治领导,站在反对大资本的广泛革命运动的中心,这就是我们党的最主要的任务。

二、党内情况和党的任务

在法国党内可以看到一种不健康的现象,这种现象跟近年来共产国际的一些支部所发生的任何一种典型危机都不相同。这是党所患的一种非常特殊的病症，这个党尽管三年来已在布尔什维克化的道路上前进了一大步，但**它还没有参加过国内战争**。

党在思想意识上的弱点

三年前，党经历了最严重的右倾危机，当时从党内清洗了聚集在弗罗萨尔周围的最极端的机会主义分子。三年来，党已变成了真正由工人组成的党，吸收了工人运动中最先进的分子，在很大程度上克服了工会中的无政府工团主义保守思想，并且掌握了列宁主义的基本策略原则。但由于党的绝大多数成员是战前的青年一代，他们没有经受过马克思主义的锻炼，不善于根据阶级斗争的经验来领会列宁主义的原理，因此，党的思想基础目前还不很稳固。党是在摸索中制定自己的策略路线的，仅凭对政治生活的直接印象办事，因而，在制定政策时往往缺乏政治远见。工人阶级内部的极其复杂的情况并没有成为党进行严肃认真的深入分析的对象。

缺乏战斗经验

法国党在思想意识方面之所以存在这种弱点，还由于党的干部没有受到足够的政治教育，缺乏公开斗争的锻炼。德国共产党的布尔什维克化是在德国无产阶级严酷的流血战斗中实现的；在工人意识中，这种斗争留下了不可磨灭的伟大革命教训的痕迹。意大利共产党是在与法西斯主义的斗争中得到锻炼和巩固起来的。法国共产党的情况则与此不同。它没有经历过这种战斗，没有在战斗中遭受过任何失败。它生活在合法环境中；它的政治经验十分有限，群众运动所采取的形式，最多不过是罢工和很少与警察发生过冲突的示威游行。因此，法国共产党的布尔什维克化在一定的意义上来说**多少有些停留在上层**，不像领导过大规模群众战斗的党进行得那样深入。

对右倾危险估计不足

举例说，这里的党员群众对右倾危险的感觉，不像经历过国内战争阶段的那些国家那样敏锐。这里的工人还没有看到苏瓦林分子在尖锐的武装突中的所作所为，而德国共产党人通过保尔·莱维叛变一事就看到过这种情况。在法国共产党普通党员的思想中，右倾危险还是一种抽象的概念。这样就造成了党内**对右倾危险的意义估计不足的巨大威胁**。但是这种右倾危险却已在频频敲扣党的大门。这种危险的到来与其说是通过苏瓦林知识分子小市民集团的途径，不如说是通过某些与右派有着联系并且还没有摆脱工会运动独立自主这种旧观点的工团主义者的媒介。罗斯默和莫纳特的刊物目前正在向这个集团灌输一套现成的意识形态。扩大全会对十二月代表会议后党所大力展开的反对右派的思想斗争表示赞同。

极左倾的错误

党由于缺乏战斗经验而使党的发展受到不良的影响还表现在另一方面，这就是党没有深入思考自身的某些极左倾的错误。在法国共产党内从来没有定形的极左派，因而它不必像意大利、德国和波兰同志们那样在进行残酷斗争的环境中去克服极左思想。党只是从传闻中听到，而不是在自身经验中体会其他各党所经历的这种偏差。

特兰的思想，即变殖民地战争为国内战争，把国内战争当做近景来考虑的做法，在当前条件下是一个严重的政治错误。

根据1925年5月当时对前途的看法，认为在无产阶级与资产阶级之间不久即将展开一场决斗，这种看法并没有给党带来多大的损失，只不过是使党在某些工人和小资产阶级的阶层中受到孤立。由于这种极左倾错误没有给广大党员群众带来严重的后果，所以他们也就不可能对这种错误作出正确的评价。

缩小了布尔什维克化问题的范围

但是，如果不从某些经验中吸取教训的话，党的真正布尔什维克化就不可想象。法国同志们认为，只要以工厂支部为基础来改建党的组织，就能使党成为真正的布尔什维克党。毫无疑问，党的工人化是党的布尔什维克化的先决条件之一，但是，这还不能代替布尔什维克化的全部内容。决不能把布尔什维克化的全部任务归结为单纯**组织方面**的问题。当党缩小了布尔什维克化全部问题的范围时，它也就把这个问题弄得呆板化了，把一项极其复杂的任务只归结为一系列的命令指示等等而已。党没有尽力做到使老年一代和青年一代干部在党组织内部起着有机的影响作用，而是单纯采取组织形式上的办法机械地排除老年干部。法国共产党面貌的特点是近年来党的干部的更新。如果否定这股新生力量的巨大作用，将是一个最大的错误。但是，这种转变却又只能导致党的缩小，只能把"老头子"推到反对"青年人"的反对派一方，只能产生组织内部的某些病态现象，**而对这些现象则是需要立即加以纠正的。**

党与工会的关系

党和工会间保持正当的相互关系，明确地认识工会的作用，这是使党接近广大群众、从而有利于实现领导工人运动的任务的基本前提。

当工会运动的基本任务是根据战后工业发展的规模把少数派的运动变为多数派的运动的时候，党的领导作用毫无疑问就应该表现得特别鲜明。正因为如此，党与工会的联系具有了决定性意义。极左派的错误，它的口号不符合于客观情况，说明了党没有正确认识自己的领导作用和与群众的关系。

由于这种错误的认识，结果产生了公然低估工会作用的现象。这首先就使得党和工会的关系趋于恶化。

这种情况由于以下的原因而更加复杂化了：在党以加快的速度进行更新和改组的时候，**工会组织却还是以老干部为骨干**，干部更新过程没有赶上党的发展速度。而刚刚接触到新情况的党内青年干部，则还没有来得及积累足够的经验，以便在工会内部卓有成效地展开工作和争取已经加入组织的群众的信任。于是党和工会之间便产生了隔阂，而这种隔阂又不是单靠吸收工会机关几个成员入党所能消除的。**老的工会干部**并没有完全克服自己的偏见，他们对工会运动脱离党而"独立"的问题产生影响。这里需要以极大的耐心，坚持不懈地进行长期的工作，来教育会员，逐渐更换不愿共事的工会干部，搞好合作关系。

苏桑·吉罗同志错误的领导方法之一，在于他把党和工会的相互关系看得过分机械，没有考虑到法国工会运动的特点。

我们党和总工会的领导人都应该清楚地认识到只有在互相信任的基础上进行合作，才能保证工会运动和党的正常发展。在工会中工作的同志应当懂得，他们在工会中仍然是执行党的主要指示的党的工作人员。他们在目前应当特别坚定地执行工会统一的任务和统一战线的策略，因为只有这样，他们才能使自己目前还很薄弱的基础得到扩大。另一方面，我们党应当严厉批判直到十二月代表会议党的前领导人的政策所表现的过多地干预工会事务的做法。如果在内部不克服与正确的统一战线策略相对抗的现象，那么，无论是党还是工会都不可能争取到广大的群众。

工会和接近群众的路径

在目前，红色工会是法国共产党的群众基础。如果说，在每个国家里，党与工会的相互关系问题是衡量党的成熟程度和它所具备的争取群众的能力的标准，那么，在法国，这就是一个**最精确的晴雨表**。党与工会之间的一切摩擦，都立刻会**反映在党对群众和群众对党的影响上**。因此，如果与工会的关系不能得到调整，这就标志着法国共产党和总工会二者与群众的关系开始发生危机。如果说在严重的金融危机、通货膨胀、中等阶层大批破产、旧政党衰落和阶级重新组合的环境中，在议会制度日益腐朽、两次殖民地战争和群众不满情绪日益增大的环境中，我们的党竟然没有得到发展，而某些工会组织的会员甚至在开始减少，那么，这种令人焦虑的事实应当促使全党和整个总工会振作起来，认识到在对待群众方法上的某些问题必须加以纠正。在法国，党主要是**从鼓动的角度对待群众**，它的**组织作用**却远远落后于它对这些群众进行鼓动工作的规模。

工人运动的宗派主义传统

在任何地方，参加党和工会的工人与未参加组织的人数的比例都不像法国这样低。法国的工人运动从战争阶段进入战后新阶段时，分裂成为许多宗派性的派别。工人运动的这种状况反映了法国这个充斥着小食利者、靠存款过活的人和中小资产者的国家的经济状况。法国工人中声名狼藉的"个人主义"是法国落后的工业状况所决定的，是由于无产阶级与小资产阶级各阶层保持联系而产生的。只有在这里，在这个工人运动四分五裂、缺乏组织的国家里，才能产生从思想上为实际脱离群众的旧派别的宗派主义策略作辩护的所谓"主动少数论"。在战前的若干年里，工人运动中形成了这些宗派的保守主义，它们满足于在自己的追随者当中搞狭隘的小圈子，耽溺于小组作风。法国的战后发展，它的急剧的工业化，无产阶级的新阶层的成长，所有这些都彻底清除了工人运动中的旧的集团。但无论是党或总工会在实际工作中却还没有完全摆脱以往时期的保守心理的残余。总工会的工作方法以及根据地域原则而不是以工厂企业为基础的工会联合会的组织形式，在战后时期很少改变。党与工会之间以及党中央与广大外围组织之间的关系的某种呆板化，党的机构与党的基层组织的脱节，所有这些在一定程度上都是沿着宗派主义思想的路线发展的。党和总工会满足于战后"狂飙突进"时期（1918—1920年）取得的成就。同工人阶级战前的组织状况比较起来，这无疑是一个巨大的成绩，但同法国在战后已成为无产阶级集中在大企业中的国家这一事实相比较，这种成绩的意义却是有限的。历史已使我们共产党和总工会在战后的法国处于极为有利的地位。

基本任务是争取尚未加入工会组织的群众

如果我们不仅能够争取已经参加其他组织的工人，而且能把**设法接近尚未参加组织的无产阶级群众**作为一项当前的任务，那么，我们在法国就不仅可能而且必将成为群众性的政党和群众性的工会。正因为如此，我们与那些无产阶级已经组织起来的国家有所不同，法国的工人统一战线策略就不仅应该考虑到与已经参加改良主义工会和社会党的工人采取联合行动，而且还要考虑到与**至今尚未参加任何组织的工人、农民和破产的各居民阶层**采取联合行动。因此，这里的统一战线策略不仅应当具有揭露某些首领的背叛行动的性质，而且要向没有参加组织的群众表明，我们决心同他们一起为实现他们的最起码的迫切要求而斗争。在法国比在任何地方都更加重要的是，除了对群众进行鼓动性的革命动员之外，还应当发挥统一战线策略的**组织作用**。在这方面，党已经取得了一定的经验。法国的历次工人和农民代表大会就是使这一创举得到扩大和深入的起点。党应当发挥集体智慧致力于寻找使我们能够更加深入群众的新的组织据点。党应当认真考虑，并且摒弃在运用统一战线策略方面的一切偏差，这些偏差使得我们不是接近群众，而且脱离群众，并且导致从政治上取消党。党应当肃清策略路线中的印象主义的动摇思想。

在过去一年里，党所执行的统一战线策略并非一贯正确。把党的一切口号（如联欢等等）当做是与改良主义工人实现统一战线的必要条件，这就是一种错误，这种错误阻碍了统一战线的实现。这个错误已经由十二月代表会议加以纠正。一般地说，党应当提出为最广大劳动群众阶层所能理解的统一战线的口号。

党在策略方面的错误和缺点

举例来说，在饶勒斯迁葬巴黎伟人祠时举行的示威不管是多么令人难忘，党都不应当过高估计它的意义，并由此得出结论说巴黎工人已作好起义的准备。这只会使党忽略组织工作，走上采取主观主义策略的道路，有**使党脱离**工人阶级基本群众的危险。1925年冬季和春季对法国法西斯危险的夸大，也是一个不小的错误，当时的客观情况并没有导致阶级力量的公开冲突。不应当在没有直接的革命形势的情况下使党和工人阶级处于长期的紧张状态。党在组织群众方面，应当及时克服这样一种思想情绪。同样的错误是在没有直接的革命形势时就提出了革命法庭的口号。这种空洞的口号并没有能引导群众行动起来。

其次,党和总工会为反对摩洛哥和叙利亚战争而展开的气势磅礴的运动,以及体现了法国工人阶级优秀革命传统的法国无产阶级的历史性的二十四小时罢工,决不能排除对这次罢工的准备工作中发生的组织方面的漏洞在党内展开健康的批评。我们党在坚决指出右派对罢工所采取的背叛性的失败主义立场,揭露他们对罢工的否定态度的同时,应当把反战罢工中取得的教训作为广大党员和工会会员认真学习的对象。在法国目前的形势下,我们不能满足于在法国1000万无产阶级当中有100万工人参加了罢工。在这里,党和总工会也应当抛弃那种认为工人阶级当中少数人举行罢工乃是正常现象的旧传统思想。当今,我们应当而且也能够率领法国最广大的工人阶级各阶层追随我们。这一点应当牢记、掌握和深入到党的意识之中。我们应当根据最近一次罢工的教训,向广大党员和工会会员指出我们的主要毛病,要让他们学会在即将到来的新阶段中不仅成为鼓动者,而且首先要成为工人阶级的**组织者**。

这一类的错误中还包括党在进行各种运动方面所犯的错误。这里还应该承认,这些运动都没能表明党所采取的各项运动是互相联系和有计划的,党在一定时期内只是使广大劳动群众的注意力集中在某些要求之上。党常常把运动搞得步骤零乱,毫无计划地使运动一个接一个,而每一个又都草草了事。

扩大全会十分满意地指出,最近一个时期,党在殖民地工作、农民工作、妇女工作以及反对殖民战争的鼓动工作方面取得了显著的成绩。

执行委员会对党的错误进行广泛的批评,目的不是为了贬低党所取得的成绩的意义,相反,是为了帮助它从过去的错误中吸取应有的教训,并取得决定性的进展。

党主动召开的十二月代表会议,是进行自我批评和纠正自己错误的一个良好范例。这次代表会议在矫正统一战线策略方面迈进了一大步。

扩大全会完全同意代表会议的决议以及代表会议所制定的政治路

线，扩大全会提出，任何企图回到十二月会议前的策略和政策的做法，都将受到严厉的谴责。扩大全会建议党中央委员会在各级党组织中贯彻执行这次会议的决议，并且彻底铲除党的旧工作方法的残余。

在政治方面

1. 党在制定自己的政策时，应当从目前金融危机和政治危机正在加深和发展这个前提出发。党不能臆测发动革命的日期，但应当给自己提出这样的任务：在目前有利条件下扩大自己对群众的影响，并且从组织上把每一项成就巩固下来。因为，即使在革命浪潮暂时停止高涨的情况下，只有采取这样的政策，才能使党保持已经占有的阵地。

2. 党应当针对即将来到的时期十分响亮地提出工农政府的口号，不仅把这个口号作为进行宣传的工具，而且也作为对群众进行革命动员的手段，把工农政府与不侵犯私有制基础、保持资本主义关系的联合政府、社会党政府以及其他各种各样的政府相对抗。为使工农政府的口号成为动员群众的手段，就不应当把它作为一个没有具体内容的抽象口号。党应当把实现这一口号的鼓动工作同超越资本主义社会范围的革命措施的纲领结合起来，同客观形势结合起来，并且坚持不懈地强调指出，只有采取这种措施，才能使劳动群众摆脱法国资产阶级在社会党人和工会改良主义分子支持下引导他们走上的绝路。

3. 同时，党在考虑到目前处于政治危机的过渡状态时，不应当放弃提出一些虽然超出资本主义范围，但可以成为广大群众运动的出发点的局部口号。因为，群众认为这种口号是可能立即实现的。这些口号包括：

（1）由银行和大资本出资清偿内债；

（2）一切捐税由富人负担，采取严厉措施禁止大量资本外流等。

但是，这种口号不能写入工农政府的纲领。因为，这个口号会使这个纲领失去真正的革命内容。尽管这种口号是任何资产阶级政府都不会使之实现的，但在群众看来却是立即可以实现的，因而能够吸引他们，并且使他们认识到成立工农政府和实施它的纲领中所载明的更加激进的革命措施的必要性。

4. 党在提出工农政府口号的同时，**党也应当争取实现在资本主义制度下有可能实现的一些局部要求**。例如，外国工人与法国工人享有平等的公民权，保护女工和童工的劳动，工人的国家保险等等。

5. 党除积极维护农民和因通货膨胀而破产的劳动居民阶层的利益外，还应当集中精力捍卫工人阶级的要求。这种要求首先包括捍卫八小时工作制，外国工人也同样保持实际工资的固定水平。

6. 由于反动派的进攻，跟日益严重威胁到工人阶级的一切成就的各种法西斯联盟和团体作斗争的问题已经非常尖锐地提出来了。党和总工会应当立即展开一个要求解散这种联盟的运动，并且力争吸收改良主义工会和社会党工人参加这一运动。此外，还应当大力展开运动，向党内和广大群众说明革命时期无产阶级斗争的方式和方法。

7. 同时，由于资本在经济和政治方面的进攻，就要求统一工会明确而坚决地提出工会统一问题。

8. 摩洛哥和叙利亚战争是党继续开展反战工作的又一个理由。此外，党应当利用法帝国主义摇摇欲坠的地位，在法属殖民地，特别是地中海沿岸殖民地广泛地展开工作。为了加强和改进党在法国和殖民地的工作，政治局和中央委员会必须对殖民地委员会实行有效的领导。

9. 目前的经济形势使得农民的政治积极性不断提高。党应当特别注意并大力加强在农民群众中进行工作。

同样地也应当加强注意在外国工人和直接参加资本主义生产过程的女工以及跟物价高涨、捐税等问题有特殊切身利害的家庭主妇中进行鼓动和组织工作。

党在合作社、体育组织等组织中的工作也应当加强。

10. 党应当为受战争破坏地区的富裕居民考虑提出一些要求。必须使这些要求得到实现，并以此为行动纲领，把战争受害者组织起来。

党内方面

在这方面，党首先应当努力肃清中央委员会内部旧的小集团斗争的余波，集中注意右的危险。只有根据12月1—2日的代表会议所制定并经共产国际执行委员会扩大全会所确认的路线改变党内方针，才能使党得到正常的发展。党所患的病症使法国的同志们了解到，**在党内由一个集团实行宗派统治的形式，已经再也行不通了**。当国内发生深重危机，使党肩负起重大任务的时候，党已不愿再由一个派别来进行统治。一切企图恢复党的小圈子统治的做法，都必然要遭到党的反对。法国共产党领导集体的任务，**要求扩大党的领导基础**。领导集体应当成为在工会以及其他团体中工作的全体党员的名副其实的联合中心，同时应当根据共产国际执行委员会所制定的纲领，把党内各种出身的人团结在自己的周围，反对那些在党准备进行严重斗争时进行瓦解活动的右派分子。

1. 实行党内民主：消除党的机构过分集中的现象，使地方组织更多地发挥主动性，同它们取得更加密切的联系，为此，指定中央委员会的一名书记负责与各省组织保持经常联系。

2. 在党代表大会召开前，认真地进行政治辩论，只要最近几月内的事态发展允许进行这种辩论；只要最近几个月内的事态发展不要求党集中全力采取大规模的政治行动，从而排除举行这种辩论的可能性的话。

3. 中央委员会对政治局的活动实行更有效的监督。

4. 在中央和地方，根据互相信任、密切合作和执行党的主要指示的原则，与工会领导人建立正常的关系。

5. 对共产主义青年团的工作给予更加经常的政治领导，更密切地注意共青团的特殊要求。

6. 对议会党团实行真正的领导，中央委员会更加注意检查议会党团成员的政治工作。

7. 发挥党的基层机关的积极性。

8. 必须特别重视组织和领导党的刊物。首先必须在条件允许的各工业区创办地方党机关报，以便开展争取群众的斗争。

三、反对共产党内的右派

对法国共产党内右派的分析

在目前形势下，共产党负有动员群众反对物价高涨，反对微薄工资、捐税重担、殖民战争、反动派阴谋等的重大责任。法国资产阶级日益加剧的危机，使党今后将负起更为艰巨的任务。

十分清楚，面临着日益加剧的危机，法国资产阶级将力图瓦解共产党，使它在广大群众中孤立，无法完成其领导无产阶级群众行动的历史任务。

法国的客观形势十分有利于我们党的发展。但是，在此前一段时期，它的成就并没有与这些条件相匹配。当然，这在不小的程度上是由于党的领导人的极左倾错误所造成的。不仅如此，这些错误还为右派发起批评提供了口实，使他们有可能联合一些抱有不满情绪的分子，并在这些分子的支持下推行其瓦解党的政策。右派所提出的是否定一切的批评,他们公然破坏纪律,对党和共产国际粗暴地进行攻击和诬蔑,他们所提出的政治纲领则更加与共产主义背道而驰。所有这些做法不仅无助于路线的纠正,反而使其受到阻碍。因为,党不得不把自己的精力用来与小资产阶级的机会主义和工团主义思想的复活作斗争。右派在客观上是为法国资产阶级的利益服务的。在这个时候,在党面临着艰巨任务的情况下,右派就是必须与之作斗争的主要危险。以某些党员为代表的右派,他们的全部政策都与某些因不服从党纪而被开除的党员有着联系,这些人力图破坏我们党的威信,瓦解我们的党,对党和共产国际进行最卑鄙的诽谤(苏瓦林),低估或者否定共产党的作用,恢复《亚眠宪章》时代的旧工团主义(《无产阶级革命》杂志)。

右派公开地或者隐蔽地与《共产党人公报》和《无产阶级革命》杂志进行这种合作,经常表示同意这些刊物,这就破坏了党的纪律,只可能导致党的瓦解。

右派并不是想改正错误和改进党的政治路线,而是力图破坏党和共产国际在法国工人中的威信。

诋毁党的运动

每一期《共产党人公报》都是极其卑鄙、龌龊攻击法国党、共产国际和俄国革命的小册子。《共产党人公报》编辑部甚至在表面服从党纪并停止出版自己的刊物的情况下,又重新对党大肆诬蔑:

"法国党的领导人没有能力彻底废除使党受到沉重压抑的制度。因为,如果这样做的话,他们就等于自杀。党没有选举过这些领导人,党不承认他们,而且永远不同意承认他们。他们只是懂得,他们仅希望利用缄默、诽谤、伪善……使自己可悲的政治生活再延续几个月。

必须以最坚决的态度谴责无道德论、犬儒主义、伪善、欺骗、捏造、两面态度和阴谋倾轧,这些都是新出炉的'列宁主义者'的最高政策所具有的特点,这些人一向盼望列宁死去,好用他的名字来做掩护。"

甚至党的最凶恶的敌人从来也没有像《共产党人公报》这样用如此肮脏的词句来诋毁党,而党内的右派却对它表示赞同。《人民报》或《晨报》上刊载这种侮辱性文章并不会对工人阶级产生任何影响,因为他们懂得资产阶级是在企图利用一切手段来破坏革命政党的信誉。但一个自命为共产主义的刊物竟然在工人阶级队伍和党的内部破坏党的威信,这就真正是要起到资产阶级报刊所不能起到的瓦解作用了。对此,党必须坚持予以反击。

法国共产党内同情《共产党人公报》的右派所力图诋毁和诽谤的不只是法国共产党,而且是整个共产国际,他们想从根本上破坏工人对共产国际的信任。这种例证,在《无产阶级革命》杂志和《共产党人公报》中俯拾即是。叛徒莱维、弗罗萨尔和霍格伦都还从没说过这样大量污秽的语言。

在右派看来,整个共产国际已经腐化堕落和处于瓦解之中。

"我们的保加利亚党受到巨大损失,而后几乎被消灭了。

我们的爱沙尼亚党也遭到同样的命运。

我们的德国党丧失了在1923年所取得的全部成就,失去了四分之三的党员,失去了200万张工人选票,丧失了它在工会中的全部影响(在最近一次的工会代表大会上只有两名共产党员)和在工厂委员会中的主要阵地。

我们的瑞典党分裂了,它的一个派别加入了社会民主党。

我们的英国党党员人数已寥寥无几,选举中得票之少令人耻笑,它在工党最近一次利物浦代表大会上遭到惨败。

我们的捷克斯洛伐克党、意大利党和美国党也都经历了深刻的危机,只是由于共产国际执行委员会慑于惨变的程度而作了让步,才免于分裂。

最后,法国党已失去了半数党员,组织混乱,名誉扫地,一切倡议均归失败……最严重的是法国党的理想和道德的堕落，共产主义在战后享有的威望已丧失殆尽。资产阶级嘲笑我们，而社会民主党则在日益加强，它已经不害怕我们了。工人阶级的绝大多数人把共产党人看成是懦弱无能、不负责任的人，阴谋家、冒险家，充其量不过是没有头脑的空想社会主义者……西欧的共产党报刊都只知自吹自擂，出言不逊，大唱高调……列宁逝世以来这段悲惨的时期究竟留下点什么东西？除一片废墟外，已别无所有。"

在《无产阶级革命》杂志中，所有这些都表现得更加厚颜无耻：

"为什么莫斯科在1924年更换了捷克党的领导人？派到中央委员会里的都是哪些人？这就是一些应当替1924年的列宁主义者抵罪的警察、小偷、工贼等。

本来就已经被人们看成是声名狼藉的执行委员会，由于参与了最卑鄙的阴谋而越来越失去众望。"

《共产党人公报》和《无产阶级革命》杂志采取这种做法，究竟是为了什么？同意这种做法的右派究竟想要怎样？是想把那些对国际革命运动大肆诬蔑的人请回党内来吗？还是在法国工人阶级中散布对共产国际的不信任情绪，以便为目前正遭到深刻危机并且无力凭借自身的力量来破坏和瓦解无产阶级队伍的法国资产阶级的利益服务，而来破坏共产国际的信誉呢？

决不能认为右派这样做是出于不自觉。

因不满意党的政策而跟着右派走的工人，应该认识到，右派集团所起的真正作用，并且谴责他们的失败主义的做法。

在对待俄国革命的态度上，也存在着这种失败主义的情绪；右派集团似乎也在为俄国革命辩护，但却竭力缩小它的意义并在法国工人中玷污它的声誉。

卢宗在《无产阶级革命》杂志中企图证明俄国的革命成果已荡然无存。《公报》杂志无耻地在伏龙芝逝世后写道：

"列宁墓中躺着他的经过防腐处理的遗体，墓顶上闪烁着神秘的光辉，克里姆林宫墙外站着武装的守卫，上面飘扬着鲜艳的旗帜，这与其说是工农领袖的坟墓，不如说更像马霍默德或达梅尔兰①的陵寝。

列宁是位英雄，而现在人们则在伪造英雄。人们写道，伏龙芝是个天才的战略家、非常坚强的革命者、大无畏的勇士。但是，了解他的人却肯定这是个三流人物，他在监狱中的表现，使得前政治流亡者协会拒绝接受他为会员。"

这是对伏龙芝的无耻诽谤。究竟为什么，正当大批工人代表团前往俄国，去亲自证实工农革命的成果，而绝不是改良主义者所说的所谓"成就"的时候，右派却热衷于贬低一切，诋毁一切呢？这难道不是帮助贝罗和其他资产阶级代理人在工人阶级中散布悲观和不信任的情绪吗？

对苏联之所以要采取这种态度，是由于他们认为，在当前形势下，俄国党的作用已经结束，无产阶级专政已经不必要了。

苏瓦林在《共产党人公报》中写道：

"尽管苏维埃共和国已经不害怕孟什维克了，但是，在俄国他们还在受到逮捕，只有在争论中毫无道理可言的时候，才会单靠镇压行事。"

玛尔塔·比戈在这个刊物上写的一段话，恰好说明法国右派的心理状态：

"在这个发展速度缓慢的时期，人们想看到在无产阶级主宰自己命运的唯一的国家里建设起新型的社会主义的组织。但是，工人阶级并没有看到这个理想中的新的社会律动，他们所看到的只是在尖锐革命斗争时期所必要、但在目前建设时期已经无用的政权形式。"

---

① 马霍默德即穆罕默德，达梅尔兰即帖木儿，这种不正确写法，为欧洲人习用。——译者注

由此可见，按照《共产党人公报》杂志的说法，俄国革命并没有创造新的"社会律动"，当前时期并不是进行建设性活动的时期。保留下来的只是国内战争时期的过时的残迹。

破坏党的工作

这种对俄国革命、共产国际和法国党的全部成就的彻底否定，必然导致对党的工作的破坏。在10月份的《无产阶级革命报》中，一名党员是这样来解释反对派的策略的：

"我们有一批同志在长时期交换意见后，决定完全停止进行党内的一切斗争，并执行'越糟越好'的政策。至于我，我踌躇了，尤其是因为这一批同志已失去一切信心，并且准备一有机会就煽动脱党或者撕碎自己的党证。

我想，我们越是孤立他们，我们就会更快地使党摆脱他们"。

能用这种方法来加强党和纠正党的错误吗？这是一种有组织的破坏行动，有组织地瓦解我们的党。"越糟越好"的政策，煽动脱党，这就是党内失败主义情绪的现实后果。

这种破坏活动、这种瓦解党的活动，正是在我们党采取行动反对摩洛哥战争的时候，正是在党需要大力动员群众反对法帝国主义和资产阶级强盗的时候发生的。

殖民地和民族问题

右派批评党的反对殖民战争的斗争，破坏这个斗争，原因是他们同意法帝国主义者对摩洛哥战争的看法，认为摩洛哥人是不开化的民族，是低等人种。在这个问题上，右派的社会爱国主义思想也表现特别明显。《无产阶级革命》杂志在1925年7月对这个问题提出了这样一种值得注意的见解：

> "法国共产党领导人对阿卜杜勒-卡里姆的态度，正像我们的俄国同志对孙逸仙的态度一样。换言之，他们认为他是无产阶级革命民族运动的代表，但法国共产党人过分支持阿卜杜勒-卡里姆的原因并不在此，他所代表的完全是另一些社会阶层，所追求的完全是另一种目的……凯末尔-巴夏①所代表的是真正的民族解放运动，而不是一个小省份的部落的行动。"

这样说来，里夫人反对法帝国主义强盗的英勇斗争就不是争取民族独立的斗争，尽管这个斗争打击着法帝国主义并唤起殖民地被压迫民族的独立思想。一位"共产党人"在论及这个问题时这样写道，共产党人不应当支持好战的里夫部落所进行的这个反对法帝国主义的斗争，而是力图证明应当反对阿卜杜勒-卡里姆，因为后者不是共产党人。毫无疑问，我们应当与宗教偏见和社会偏见作斗争，与殖民地人民的泛斯拉夫主义作斗争，并且协助他们发展工农群众运动。但是，当英勇的部落为反对宗主国帝国主义而举行起义和为争取独立而进行战斗时，我们应当反对的就不是他们的领袖（尽管他们也抱有某些偏见），而是帝国主义，因为它在力图征服他们。这个与众不同的共产党只想在法国资产阶级力图把里夫的起义淹没在血泊中的时候起来反对阿卜杜勒-卡里姆，于是高喊：**"摩洛哥属于摩洛哥人，而不属于阿卜杜勒-卡里姆。"**

不久后，潘勒韦在议会中所采取的也是这种立场，他声称他不愿意同阿卜杜勒-卡里姆进行谈判，而愿意与各部落进行商谈。这就是为继续进行殖民地强盗战争作辩护的社会爱国主义者和法帝国主义的立场。

从这个纯社会爱国主义的立场出发，也就产生了在右派对联欢这一

---

① 巴夏是旧日土耳其高级军事和行政长官的称号。——译者注

口号的批评。帕斯提纲中说道：

> "联欢不是抽象的东西，不能适用于一切场合。**它建立在相互的基础上，它的前提是各交战民族的经济发展水平大致相等，因而各交战军队的政治成熟程度大致相等；它的另一个前提是双方都具备能够宣传联欢口号的革命组织。**当一方是资本主义帝国主义国家的农民和工人，另一方是在封建领袖领导下力图争取民族独立的农民的时候，问题就不是这样了。**在摩洛哥战争中不应当提出联欢的口号。**"

"法治和文明"国家的兵士怎么能同半开化的农民联欢呢？在这句话里难道还听不出来社会爱国主义"英雄"时代的余音吗？

在阿尔萨斯—洛林问题上，右派所采取的也是这种社会爱国主义的立场。

"二百五十人团"的一封信中说：

> "阿尔萨斯—洛林举行全民投票的口号，在1918年是正确的，而在现在则只能受到冷淡和讪笑。为什么不要求撤出尼斯、萨瓦或科西嘉岛呢？"

在这种讽刺语调中包含着精细沙文主义的观点。阿尔萨斯—洛林自1918年起便处于法帝国主义的蹂躏之下。居民希望自治。右派认为：如果说在1918年签订凡尔赛条约时，我们党应当反对把阿尔萨斯—洛林并入法国，那么现在就应当把它与尼斯或萨瓦等同看待，即看做是被完全兼并的地区，而不应当与阿尔萨斯和洛林的居民一起进行反抗，反对法国政府的蹂躏。把这种说法同关于摩洛哥战争的说法对照一下，就可以看出右派的纯粹社会爱国主义的性质。

二十四小时罢工

对待抗议摩洛哥战争的二十四小时罢工的态度，也是如此。

右派反对罢工，首先是因为他们认为必须反对阿卜杜勒－卡里姆，而不应当支持他。但是，他们对于党的这种反战活动持完全反对的态度。当然，任何人也没有指望二十四小时罢工能够成为真正的总罢工。但是，如果反动派的成员不是散布不信任和悲观情绪，不是执行"越糟越好"的政策和孤立党的领导，而是积极参加罢工的工作的话，那么，罢工本来可以准备得更好一些。对于党的准备和进行罢工的策略是可以批评的。但是，反战争的罢工则是必须举行的。这是现代法国工人运动史上在党和工会同时提出的口号下举行的第一次政治罢工。罢工并没有吸引全体无产阶级参加，并没有得到完全成功，但是，也并没有像反对派甚至用压倒资产阶级报刊的音调千方百计证明的那样失败。即使受到镇压，党也应当采取行动；当然，它应当尽力取得最大的成绩，从这一点来看，二十四小时罢工并没能避免错误。但是，右派对行动本身所采取的做法，以及由于随后出现的镇压而提出的责备，所有这些都与革命精神毫无共同之处。

殖民地的解放运动正在扩大，这一运动与工人运动同样成了加深资本主义战后危机的重要因素，在这样的情况下，右派在民族和殖民地问题上所采取的立场和对我党的反战行动所采取的态度便更加危险了。

日常斗争问题

从卢宗在《无产阶级革命》上所发表的许多篇文章中，我们也可以看到这种错误认识。

根据《无产阶级革命》的意见，一切有关捐税、物价高涨、金融危机这样一些与工人阶级的日常生活有紧密联系并急剧地改变着大资产阶级与中等阶层的原有关系的问题，都是与我们的党和无产阶级斗争毫不相干的。这家机关报在1925年5月写道：

"在物价高涨问题上,也像在许多其他问题上一样,无产阶级不应当做小资看做产阶级的尾巴。它不应当抱怨物价高涨,而应当欢迎物价高涨,把它看做战斗时刻的到来。物价高涨在各方面有助于它取得胜利,**目前可能发生的对无产阶级最坏的事情,就是美元贬值。**"

当时为什么不提出"物价高涨万岁,高抬物价的商人万岁"的伪口号呢?这种"越糟越好"的政策,是与共产党为了争取无产阶级和中立广大农民阶层与小资产阶级,或把他们吸引到运动中来而进行的日常斗争的概念相违背的。

对捐税的态度也是如此(《无产阶级革命》杂志1926年1月号):

"围绕捐税问题而进行的斗争,是资产阶级内部的斗争,而不是无产阶级的斗争。"

这家刊物在1925年12月写道:

"正是因为无产阶级一无所有,金融危机不能触及它,充其量也只是间接地触及。'谁来缴纳捐税'这个问题的争论,是工人阶级以外的事。"

由于这样理解捐税问题,结果使得协约国间债务和道威斯计划问题都像捐税一样与无产阶级毫不相干了。

在10月号的《无产阶级革命》杂志中,卢宗断言:

"这是资产阶级的事情,是债权国之间的事情,对无产阶级没有直接的意义。

每年需要付给盎格鲁-撒克逊的资产者的10亿金法郎,是通过加税的办法出在法国产业家的身上,还是通过法郎再一次贬值的办法出在法国食利者的身上……所有这些只与法国的食利者有直接利害关系,而与无产阶级并没有直接关系。

这笔财富——这是最重要的一点——不是落入盎格鲁-撒克逊资产者的腰

包,便是落入法国资产者的腰包,反正不会留在法国工人的口袋里。工人根本不关心他的主人还债或不还债。"

这种荒谬的分析,清楚地暴露了同情《无产阶级革命》杂志的反对派已背离了共产党政策,暴露了他们抱有一种为群众所绝对不能接受的无政府主义者的最高纲领主义。按照这种理论,道威斯计划与德国无产阶级毫不相干,不管是德国偿付还是法国偿付,总归是只由资产阶级来支付。按照卢宗的说法,资产阶级不可能把对工人的剥削加紧到这种程度:在用加紧剥削无产阶级所得到的利润来向美国资本家偿付债款的同时,还能保有自己的利润。

德国和意大利的实例就说明了《无产阶级革命》杂志的论断的全部荒谬性。

埃里乌斯在《无产阶级革命》杂志(第12期)中企图证明,我们党捍卫工人的少量储蓄的主张就是一种社会民主主义倾向。

"如果激进派议员采取了我党所提出的解决资产阶级国家金融危机的办法,如果我们成为少量储蓄的捍卫者,这岂不就是一种社会民主主义的倾向吗?……"

党如果这样地对待物价高涨、捐税、金融危机问题,对待与小资产阶级和农民的关系问题,那么,对于党来说,政治后果将是灾难性的。

党的作用

除此之外,《无产阶级革命》杂志企图在党在工人运动中的作用问题上修正共产主义。这就是用一种较为隐蔽的方式恢复《亚眠宪章》时代的工团主义。尚贝朗在《无产阶级革命》杂志(第10期)上写道:

"在从无政府主义者手里夺回统一总工会时,我们的想法是始终忠于《亚眠宪章》的精神。工会联合会的任务是在两个工会系统中组织和发展那种有助于恢复真正的工团主义、工会自治、统一和各派行动自由的运动。"

恢复《亚眠宪章》的后果就是共产党作用的削弱。它不应当成为无产阶级的先锋队,不应当干预工人阶级的斗争。

阿洛在**杜瓦讷内罢工后**写道:

"杜瓦讷内的罢工,完全不像近年来我国所举行过的罢工。在杜瓦讷内完全是一种新的情况,**共产党采用最直接的方式干预了罢工**。从一开始就把自己的代表——议员安里耶派到那里。

在这场斗争中,工会组织和统一总工会都悄悄溜掉了,他们扮演了十分卑微的角色。或许是统一总工会里没有人能够领导运动,使斗争取得胜利。**或许是统一总工会打算为这样一些人作辩护,他们说共产党是无产阶级的先锋队,是指挥作战的司令部,说工会运动本身缺乏足够的力量,需要'助以一臂之力'**。领导罢工的工会地方联合会、食品业工人工会和工会机关如果是共产党的一些普通分支机构的话,那么,它们的这种表现倒是应当的。"

在第 8 期上莫纳特写道:

"如果工会无力与趾高气扬的布朗基主义作斗争,并使革命有无产阶级的性质,那么,在十月后(即在革命后)的第二天将会出现什么样的局面呢?

……它们知道,工人阶级应当自己培养自己的领袖,而不能到外面去找现成的领袖;它们知道,过去的工团主义应当适应目前工作的需要,而且为了这一点,它也无需成为党的附属品或尾巴。"

在卢宗看来,党是一个军事化的组织,它很适用于达到起义的目的,它是胜利举行起义所必不可少的,但是,**它不能培养整个工人阶级去从事革命**。这种类型的组织不能发挥阶级的自觉性,使工人阶级相信本身的力量，从而树立它的革命意志。

《无产阶级革命》杂志（第6期）否认党能够用革命的精神教育无产阶级：

> "政党完成不了教育工人阶级的任务。如果它从事教育工人阶级的话，它就力图使工人学会问一答一，而不是去启发他们的批判能力。作为政党，它的性质决定着它是应该这样做的。由此我得到结论，在法国或者所有其他国家最好有这样一个**组织，它不依附于政党**，但能坚持阶级斗争的观点，并以教育无产阶级作为自己的宗旨。"

所有这些引文都证明，《无产阶级革命》杂志根本不想加强党。相反，它力图恢复《亚眠宪章》时代旧工团主义的观点，降低党的作用，使它脱离工人运动。党内的右派不但不谴责这种危险倾向，不与之作斗争，反而赞同对《无产阶级革命》杂志的主张。

统一战线和组织问题

右派对统一战线的看法整个贯穿着机会主义。洛里欧说："**认为可以使领袖在群众中孤立，这简直是妄想**。越过领袖就无法实现统一战线。"

认为不可能使改良主义领袖在工人群众中孤立，这就意味着根本没有考虑到法国革命斗争的今后发展。相反，我们的一切行动都应当是为了使群众摆脱改良主义领袖，因为他们欺骗群众，把群众出卖给走向灭亡的资产阶级。

最后，在关于工厂支部的问题上，法国党内的右派采取了十分虚伪的态度。党内生活过于呆板，支部缺乏足够的政治积极性。但是，右派却不是力图改善这个基本上正确但十分年轻、尚欠完善的组织，而是对支部组织这个原则本身大肆攻击。

在右派的文章和言论中以及在他们所赞同的各种报刊中,都暴露出各种非常严重、对我们党十分危险的倾向。

关于右派问题的决议

党必须对右派的思想倾向、他们的目无党纪和瓦解党的活动给予有力的反击。

但是,在进行反对右派的斗争时,党不应当忽视他们包括不同类型的人物。

过去,党的政策造成了一定数量的不满分子。他们之所以倾向于右派,并不是因为他们同意右派的社会民主主义和工团主义纲领,而是因为他们同情右派对党内领导的呆板方法、对在工会方面所采取的错误路线以及政策的左倾所进行的批评。因此,很大一部分抱有不满情绪的工人和工会工作者虽然附和右派,但并没有接受他们的全部纲领。另一些人认识到右派的思想纲领是与共产党完全背道而驰的,他们组成了中派集团(莫兰,安贝尔-德罗);最后,许多人并没有失去对党的信任,他们通过批评和有纪律的活动,帮助党纠正政治路线和改正错误。

十二月党代表会议在党的政策、党内制度以及党与工会的相互关系方面所作的修改,已经征得执行委员会全会同意并作了增补,这种修改使得所有这些抱有不满情绪、但与党保持密切联系的分子有可能继续为党工作。

除去这些暂时追随右派、但不同意它的思想的不满分子外,反对派是由具有各种各样思想意识和社会成分的集团组成的,这些集团互相紧密勾结,联合一致向党进攻。

1. 《共产党人公报》集团不论从其成分或思想意识方面来看，都具有纯知识分子、小资产阶级的性质，都暴露出明显的社会民主主义倾向。这个集团专门从事破坏党和共产国际的威信并瓦解党，力图在党内破坏纪律和从外部领导派别活动。

中央委员会应当大力展开反对这个集团的斗争，不惜把他们开除出党，并与那些至今仍同这个集团保持联系的人的破坏纪律的活动作斗争。

2. 洛里欧—巴兹—迪努瓦集团在社会成分和思想意识方面都与前一个集团很接近。这个集团的首脑表面上遵守党的纪律，实际上却同样也暴露出社会民主主义倾向，指使它的一部分拥护者参加《共产党人公报》所进行的破坏党的威信和瓦解党的活动。

3. 《无产阶级革命》杂志集团主要以某些工会分子为支柱。从成分上说，这个集团虽然是无产阶级的，但它却企图复活工团主义思想。这个集团是右派中最危险的一派；它利用党的错误去复活在法国工人运动中曾一度起过重要作用的传统，这种传统在革命政党尚未成立的时候是健康的和必要的，但在目前却意味着退回到老路上去，意味着歪曲理解党的作用和法国工会的作用。

在目前大规模工业化的时代，工会应当力求成为工人阶级的群众组织，而不是像战前总工会那种类型的工团主义、宗派主义的组织。对这种工团主义思想，党应当特别加以注意并大力与之作斗争。

1926年的"工团主义者—共产党人"与1922年的工团主义者大不相同，他们在工人运动中所起的完全是另一种作用。当时，他们是从工团主义向共产主义演进，并且力图表现他们与共产国际的一切共同点，这样也就促进了联合一切革命力量的过程。而现在，他们是从共产主义退向工团主义，力图加深他们与党之间的差别，并引起法国革命力量的新的分裂。面临着法帝国主义日益加剧的危机和这一危机向法国革命运动提出的任务，我们党应当与上述企图大力展开斗争，开展思想运动，揭露这种立场的全部反动性。

党应当采取下列措施同上述两个集团作斗争：

1. 执行正确的政策，避免在将来发生策略上的极左倾的错误，因为这种错误会助长右派思想在党内不满分子中散播；

2. 建立党内民主制度，这一制度能从根本上铲除唯我独尊的和机械的领导方法；

3. 与工会建立正常的相互关系；

4. 在这样纠正政治路线的基础上，党应当展开反对右的社会民主主义或工团主义倾向的思想斗争，尽力使不满党的政策和一时误入歧途的真正共产党人摆脱右派的影响；

5. 在建立党内民主的同时，对那些仍然与党外刊物进行合作或对之表示支持、并继续破坏党的工作和执行"越糟越好"的政策的人进行严厉的纪律制裁。

在最近发表的某些文件中，一部分右派企图采取战略退却，对他们被法国党所揭露的最严重的错误保持缄默。

但是，仅仅避不作答是不够的。"二百五十人团"应当明确地说明他们是否放弃在重要策略问题上的错误观点，是否不再同情《共产党人公报》和《无产阶级革命》杂志，是否谴责这些刊物的反共政治路线和瓦解党的工作。

右派提出了关于被开除出党的人重新回到党内的问题。共产国际从来没有拒绝过被开除的人重新归队，只要他在党外时仍然是个忠心耿耿、遵守纪律的共产主义者；只要他承认自己的错误，自己加以批判，并且表示愿意回到国际中来。在第五次世界代表大会后，已向苏瓦林提出了一定的条件。他没有履行这些条件，于是共产国际执行委员会主席团拒绝了他所提出的关于回到党内的请求；执行委员会扩大全会批准了主席团的这一决定。

党和国际不拒绝审查某些被开除出党的人重新入党的问题，这些人尽管受到了党的处分，但仍然忠于党和遵守纪律，他们通过自己的行动证明他们与反共思想毫无共同之处，他们不同情诬蔑和瓦解革命运动的人，并且请求重新接受他们入党。党和国际把这些问题都作了明确交代，在这以后，对那些不顾十二月代表会议和扩大全会对政策和党内制度所作的修改，仍然继续进行宗派瓦解活动的人，将不予宽恕。

执行委员会扩大全会要求右派同那些力图从外部瓦解党的分子实行坚决彻底的决裂，并且根据党和国际已经纠正的政治路线在党内忠实工作。

扩大全会号召全体党员根据共产国际批准的政治路线，在党的工作和斗争中重新恢复党内一切力量的真诚合作。

关于英国问题的决议

(共产党的成就以及国际各支部从这些成就中应当得出的结论)

一、英国形势

英国形势的特点是,英帝国主义日趋崩溃。英国金融资本已无法保持战前的阵地。英国作为一个占据优势的帝国主义大国的地位,已转给了美国。

这一事实反映在长期贸易入超上,反映在长期的失业现象和主要工业部门产品缩减到低于战前水平这一现象上。同时,最低生活费却比战前时期至少提高了75%以上。

尽管英帝国主义对其殖民地所采取的新政策,即在加紧政治压迫的同时,对当地资产阶级某些阶层作出经济上的让步,并实行资本输出的政策,能使英国资本家的某些阶层暂时获得巨大利润,但这种政策最终将会引起殖民地工业更加强有力的竞争,从而不能使①英国的工业体系更加削弱。

在英帝国主义占优势的时期,英国资本家能够利用向殖民地人民榨取来的超额利润向英国工人阶级上层作些让步,以换取他们对自己的帝国主义政策的积极支持。在失去优势地位以后,英国资本家力图把自己

---

① 俄文本如此,疑为"不能不使"之误。——译者注

的损失连同军费开支转嫁到工人身上,为此,就在压低工人的工资和最低生活费。

二、英国工人阶级的革命化

英国资本家力图通过把英国工业的损失转嫁给工人的办法来夺回他们原有的地位,这种做法把英国工人阶级逐渐导向革命化。资本家竭力降低工人的工资,再加以长期的失业,迫使无产阶级为了自卫而实行联合抵抗并反对资本主义制度。

推动英国无产阶级向左转的另一个因素,是它与工党政府打交道时所取得的经验。一方面,这个经验提高了那些从不积极参加政治生活的广大群众的政治觉悟,另一方面麦克唐纳政府不能帮助工人群众而且公开支持英帝国主义,这就引起了无产阶级的积极活动的少数派对改良主义首脑的深深失望。

同时,苏联的不断进步以及在社会主义经济建设和在提高工人生活水平方面取得的成就,也推动了英国无产阶级的革命化。

三、英国工人阶级革命化的征兆

英国无产阶级的革命化表现在下列事实上:

1. 工人的社会主义思想的提高;

2. 英国工会运动内部发展了强大的左派,左派的最完整的组织形式是"少数派运动";

3. 在斯卡伯勒举行的职工代表大会通过的决议(反对帝国主义、反对道威斯计划、争取建立工厂委员会的决议);

4. 工会统一运动,所采取的组织形式是英俄委员会;

5. 共产党的支持，它反对工党利物浦代表会议的决议；

6. 工党的左派已开始组成；

7. 失业者的群众运动；

8. 工人要求释放英国共产党中央委员会的12名委员的运动（在请愿书上签名的有30万工人）；

9. 工人动员起来在"红色星期五"支持矿工（行动委员会的建立和"工业同盟"）；

10. 独立工党的下层对该党首脑施加压力，要求跟共产党人建立统一战线；

11. 共产党影响的增长。

四、共产党的成就

共产党在英国工人阶级革命化过程中起着重要的作用和领导的作用。这方面所取得的成就，归功于党能够对工人的日常斗争迅速作出反应，并善于正确执行统一战线策略。

英国共产党在扩大它的影响方面所取得的成就和为了在无产阶级中发挥领导作用而卓有成效地进行的工作，对共产国际各个支部来说都具有重大意义。

共产党在这项工作中取得的成就，决定于下列因素：

1. 从1924年起，英国党内已不存在派别。党能够在领导人员中开展大量的工作，并且通过与党的下层保持密切联系、吸引全体党员积极自觉地支持中央委员会的政策，来使党的下层认清党的政策。

2. 英国党根据过去的经验，认识到必须深入工会的工作，党要求全体党员都成为工会的积极会员，参加工会的日常工作，从而扩大自己的影响，并且在工会组织中起领导作用。

3. 党认识到必须寻找便于党接近群众的途径和方法，党给予工会中少数派运动以巨大的支持，并全力以赴地执行在工党中组成左派的任务。在工会、合作社和工党组织中有步骤地组织党团，也是这项工作的一个重要组成部分。

4. 党所采取的坚决与工党进行联合的策略以及反对工党开除共产党人的斗争，都表明党已充分认识到使工人阶级先锋队与组织起来的群众保持经常联系的重要性。

5. 在使失业者的斗争与企业中工人的斗争相配合的工作上，党已经取得了巨大成绩。党是通过以下途径做到这一点的：把失业者组织起来（同时坚持失业者仍然作为工会会员），使这种失业者组织参加当地工会组织，并由失业者的代表和职工大会的代表组成全国联合委员会。

6. 党要求党员坚持不懈地积极进行工作，因而尽管人数很少，却已经起了相当大的影响作用。

7. 党支持并加强了工会的国际统一运动，这一点已在英俄团结委员会上得到了反映。

8. 由于党一贯地积极支持从事斗争的矿工，使得矿工们普遍承认它是在英国矿工目前持久的危机条件下，能够捍卫矿工利益的唯一的一个英国政党。

9. 通过不断地向英国工人说明殖民地劳动者所受的剥削对保持英国无产阶级的工资和一般生活水平的实际意义，英国党第一次使得广大工人群众认识到反对帝国主义的必要性。这种认识已经转化为一系列的行动，这些行动表明，英国工人运动获得巨大的进展（给予印度纺织工人以巨大的物质支援，给予中国罢工者以精神上和物质上的支持，在斯卡伯勒的职工代表大会上作出反对帝国主义的决议）。

10. 党说服了工人群众，使他们确信把军队吸引到自己方面来的重要性，特别是鉴于资本家即将大举进攻（工党执行委员会致总委员会的公开信,对共产党人的审讯,工人的回答)。

五、共产党的任务

1. 党今后仍然应当高度注意在工会中的工作。因为,工会始终是群众工作的中心环节,并且全力支持少数派运动。因此,建立共产党党团并由地方和地区组织内积极活动的工会工作部来加以领导,这项经常性工作具有了比以往任何时候都更加巨大的意义。鉴于工业中将发生各种冲突事件,合作社的工作也要求特别予以注意。

2. 已经在执行中的促进工党内组成左派的任务,对英国运动的发展具有重大意义,这一任务应当在党的工作中占中心地位。

3. 英国党应当像过去一样积极支持工会的国际统一运动,并且向工人指出,欧洲工人阶级生活水平的降低以及各殖民地工业的发展,比任何时候都更为迫切地要求英国工人必须在普遍性的世界工会联合会的基础上,同各殖民地和世界各国的工人联合起来。

4. 英国党应当积极支持各殖民地被压迫人民的斗争,并且动员英国劳动群众支持一切反对英帝国主义的暴动。英国在中国所执行的殖民政策具有直接武装干涉的性质,其原因在于美英帝国主义之间的对抗。英国党的任务是唤起英国工人阶级反对这种干涉。此外,党在动员英国工人反对道威斯计划和洛迦诺公约方面的工作,应当继续开展并加以扩大,因为道威斯计划的目的在于变德国为英美帝国主义的殖民地,而洛迦诺公约则是用以反对苏联的工具。

5. 党通过自己的工厂支部,在广大英国工人群众当中已经胜利地继续巩固下来。党应当继续执行这项工作,直至彻底实现在工厂支部的基础上进行改组的工作。

6. 制定英国的土地政策是党的巨大任务之一。英国党应当制定策略路线，并在目前受着残酷剥削的农村工人、小土地占有者和小佃农群众中贯彻这条路线。党应当使被剥削的农民居民各阶层的斗争同工业工人的斗争配合一致，使两者联合起来进行反对帝国主义的共同斗争。

7. 大量英国工人群众仍旧对议会制度和自由主义传统抱有幻想。党应当大力展开运动，反对那种认为英国工人阶级能够通过资产阶级议会取得自由的幻想，并且应当向工人说明，如果工人阶级不在议会外直接展开斗争，英国资本家是永远不会让工人阶级取得政权和保持政权的。

其次，总罢工口号日渐家喻户晓，这就证明了工人群众积极性的不断提高。同时，党应当一如既往地指出，虽然总罢工或大罢工是反对资本家和政府的有效方法，但英国资本家阶级已经让人看透它是不惜以恐怖和国内战争的手段来消灭这种罢工的。因此，党应当像过去一样向英国工人说明，如果工人没有做好粉碎资本家阶级的武装反抗的准备，总罢工是不会取得胜利的。

8. 虽然党已经扩大了对英国群众的思想影响，但是，它仍然没有能造成新生力量纷纷涌入党内的局面。党的工作的一个最重要的阶段就是在最近时期内扩大党员人数。如果党决心做这项工作，那么仅在1926年内就能使党员人数至少增加一倍。

9. 党已经着手进行妇女工作，目前已经取得了一定的成绩。这一工作还应当更广泛地开展起来，特别是在女工和家庭主妇（直接受到资本向劳动者工资的进攻所牵连的）当中。党应当特别注意把企业中的女工组织到工会里来，特别是注意建立家庭主妇委员会，以便动员家庭主妇支持无产阶级的斗争。

10. 党应当比过去更加注意共产主义青年团的工作，并且给予更大的支持，全力协助它展开把青年工人组织到工会里来的运动和反对军国主义的运动。应当特别注意共产主义青年团与其他青年组织结成统一战线的运动。此外，党应当协助共产主义青年团组织工厂支部和地区委员会。

关于美国问题的决议

1. 共产国际执行委员会扩大全会认为,在美国建立真正群众性的无产阶级政党,是一个具有重大意义的问题。美帝国主义者的称霸世界,使得美国共产党人的工作变得特别重要和特别繁重。美国共产党将要起巨大的作用,而且在许多方面将要起**决定性的作用**。仅仅是由于这一点,共产国际各支部和整个共产国际都将密切注视美国支部的工作并给予其全面支持。

2. 同时,共产国际执行委员会扩大全会看到,在美国党的发展道路上最近将遇到多么大的客观困难。

正是在美国,改良主义采取了最丑恶的形式。资产阶级对工人阶级上层的收买已经十分普遍,这是由于以空前未有的规模榨取了超额利润的美国资产阶级,广泛利用着收买工人贵族的各种机会。

由于美国共产党人所采取的正确的政策和整个共产国际给予的支持,毫无疑问,美国共产党一定能克服一切困难,把工人阶级广大群众——他们的利益与美国劳联中腐化堕落、卖身求荣的工人贵族上层的利益不一致,而且也不可能一致——团结在自己旗帜的周围。

3. 美国共产党得以完成自己的历史使命的首要条件在于:不是在口头上,而是在事实上彻底地、无条件地停止美国共产党内的派别斗争。扩大执行委员会有理由期望美国共产党中央委员会多数派不再滥用机构,不从这方面来压制少数派,共产国际没有理由怀疑少数派的真诚态度。共产国际深信在美国党经历了艰苦沉痛的派别斗争之后,如果再发生一次派别斗争，就可能使美国共产主义运动长期受到破坏。

4. 共产国际执行委员会扩大全会认为，共产国际执行委员会1925年春天通过的决议中规定的路线是正确的。扩大全会认为，目前这条路线根本无需加以修改。共产国际执行委员会扩大全会认为，也谈不到重新更换目前美国共产党中央委员会成员的问题；美国共产党中央委员会的成员要由党在党代表大会上自行决定。党的任务在于以友好合作的精神执行既定的路线，并以此结束派别斗争。

扩大执行委员会号召全体党员支持中央委员会，后者对党进行领导的时间并不长，但是在重新建党的工作中却已经取得了显著的成绩。中央委员会通过大力从事改组工作，已经把不久前还按不同语言分成的18个党总支集中起来了。从党报上可以看出，美国共产党在思想意识方面已经取得了有决定性意义的进展。在重新开展建立工党运动方面，在保护外籍工人的运动方面，中央委员会都正确地执行了统一战线策略。中央委员会继续开展了争取党员加入工会的运动。

扩大全会希望，美国共产党中央委员会和全体党员能同心同德，切实执行扩大执行委员会就美国问题所作的决议。

5. 执行委员会扩大全会认为，工人党最近一次代表大会上两派一致通过的关于工会问题的决议，基本上是正确的。这一决议在扩大执行委员会的本决议中得到了进一步发展。

全会认为，围绕党在工会运动中的策略问题重新恢复任何形式的派别斗争，都是非常有害的。

6. 扩大全会认为，应当比过去更多注意工会工作，美国共产党中央委员会应当在内部进行如下分工：应当委托福斯特同志以及靠近他的一些与工会运动有密切联系的同志主要担任工会工作。当然，其他任何一个党员都不应当从这项工作中被排挤出来。为此，应当使福斯特同志以及同他意见一致的人在中央委员会工会委员会中占多数。这个委员会的任务，是负责直接组织和领导党员的工会工作。必须使工会委员会能充分自由地履行这项职务。当然，执行这项工作必须与中央委员会和党的政治局保持充分的联系并接受其监督。执行委员会希望中央委员会和政治局不要在一些细枝末节上对工会委员会进行过多的监督，关于这一点，在讨论组织工会工作部问题的组织会议的决议中，共产国际已向它的各个支部提出过警告。同时，执行委员会希望工会委员会的每一项决议、每一种措施都不会在党的一般政治路线和党内路线的执行上引起混乱，从而使工作毫无收获或失去协调。

共产国际执行委员会认为，中央委员会的多数派应当使福斯特同志和最靠近他的同志们真正有可能致力于这方面的工作。如果现在有人企图继续反对福斯特同志及那些同他意见一致、并且不仅在口头上而在事实上已经放弃派别斗争的同志们，那是绝对不能容许的。

在美国领导同志中进行这样的分工，在目前具有头等重要的意义。这种分工在最近的将来就应该得到实现，而且所有的同志都应当诚心诚意地遵守。

7. 共产国际执行委员会扩大全会认为有必要扩大美国党目前的政治局，应当有少数派的一位同志参加政治局。

8. 共产国际扩大执行委员会认为，党应当比过去更加重视采矿工人、铁路工人、冶金工人等这样一些起决定性作用的工种的工人。一方面，决不能忽视纺织工人、成衣工人、皮革工人等的工会工作；同时，更应当在重工业的广大无产阶级群众中大力展开工作，并使之不断加强。时刻也不应忘记，在美国这样的国家里，起决定作用的阶层是重工业中的无产阶级基本大军，而不是轻工业工人。

9. 在工会工作方面，党不应当仅限于进行思想宣传，它的任务包括全面执行统一战线的策略。为了争取在群众中的影响，一直就需要耐心细致的准备工作和坚持不懈的斗争，首先是通过当地的统一战线委会，为实现有关工人的普通的、具体的日常要求而斗争。如果事先没有适当的准备，直接以共产党的名义向群众提出主张（如最近在煤矿工人的罢工中），就不能收到预期的效果。应当避免采取这种做法。凡是在有可能通过采取统一战线策略在工会中取得领导权的地方，都应当妥善地利用这种机会。共产党的首要任务之一是争取工会，但进行这项工作当然应当与共产国际的原则和策略一致，而不能流于无原则地争夺工会职务。

无论在建立工会中的共产党党团，或是在这种党团中进行工作时，都应当特别注意，绝不要使共产党人在其他工人中孤立。不论是抱有分裂工会的意图的各个派别，还是建立平行的工会的做法本身，都不应当受到任何形式的鼓励。

10. 至于工会联盟，扩大全会认为，它的纲领应当彻底修改。负责团结共产党员工人以及同情者和无党派工人的组织，不能而且也不应当公开以纯粹共产主义的纲领进行活动。这个组织进行工作时应当**具备执行统一战线策略的真正可能性**，即应当善于提出一系列日常要求，这些要求能使共产主义先锋队与广大无党派群众团结起来，而不是隔离开来。

11. 如果由于党和工会联盟在纲领上以及在工作中犯了一系列错误而归咎于某一个人，那就不对了；至于错误，则无论如何必须加以纠正。

共产国际执行委员会扩大全会认为，没有必要立即改换工会联盟的名称，但联盟工作的性质和它的纲领则必须与统一战线策略的任务相适应。工会联盟的领导干部应当更换，要吸收大量无党派的和同情共产党的工会运动活动家参加工作。工会联盟应当仍由福斯特同志领导。

12. 共产国际扩大执行委员会希望美国共产党全体党员忠实执行以上所作的各项决定，共产国际扩大执行委员会声明：完全地和无条件地停止派别斗争,这是共产国际提出的一项要求,凡是违反这一要求的人必将为自己带来严重的后果。

为了党的思想教育,使党得到成长和巩固,而不是给党造成混乱和导致瓦解的争论,是符合党的利益的。

13. 把还没有参加组织的千百万工人吸引到工会里来,这仍然是共产党的最重要任务之一,这是在组织美国工人运动的道路上迈进的决定性的一大步。组织工作的纲领应当具有这样一个目的:加强现有的工会,支持在至今尚未建立工会的工业部门中建立新的工会。把尚未参加组织的工人组织起来的运动的一个重要方面,就是反对"公司工会"①的斗争。这种斗争的口号应当是:"打倒公司工会,工会万岁!"凡在公司工会已具有群众性的地方,我们的同志就应当进入这种组织,支持工人的要求,并利用在工人当中开展起来的运动作为出发点,来建立真正的工会。

14. 党应当比过去更加重视黑人工作。这项工作的政治意义将与日俱增。

15. 共产国际扩大执行委员会认为,由于农业危机的重新尖锐化,党应当密切关注农民问题。

16. 党应当在无产阶级妇女中大力展开工作,以便吸引她们参加工会并投入阶级斗争。

17. 应当更加注意共产主义青年群众组织的建设和少先队运动。共产主义青年团将来要培养出大批有锻炼的党员。中央委员会所提出的凡是有党组织的地方就应当有"青年组织"这个口号是正确的。应该采取步骤使这个口号成为现实,为了使青年共产主义者进入党内并参加党的工作,必须注意考察和互相配合,而在共产主义青年组织还十分薄弱

---

① "公司工会"是企业主所建立的一种工人组织。

的时候，尤其应当这样。

18. 共产国际扩大执行委员会呼吁美国共产党注意南美各国的工人运动（和独立运动）目前具有的意义。毫无疑问，在将来的推翻美国资产阶级的帝国主义压迫的斗争中，拉丁美洲的工人阶级和农民将起重大的作用。美国共产党不应当成为维护行会利益的政党，而应当成为善于在反对美帝国主义者的全部解放斗争中提出无产阶级领导权问题的政党。此外，必须使工人党与古巴、菲律宾等殖民地的工人运动建立密切联系，支持它进行反对美帝国主义的斗争。

因此，共产国际执行委员会要求美国共产党中央委员会对上述任务给予极大的重视，首先是派遣一批干练的工作人员，经与共产国际执行委员会主席团协商后，参加南美洲的经常性工作。

关于挪威问题的决议

挪威无产阶级队伍中产生了要求统一的强烈愿望。工人们开始理解到，只有通过联合整个工人阶级的力量共同打击资产阶级，才能顺利地进行反对失业、降低工资、住房困难和总的反对资本进攻的斗争。共产国际扩大全会欢迎这种渴求统一的愿望，并且对挪威共产党关于组织工人党的倡仪表示赞同。工人党是联合各个工会和一切工人政党的统一战线组织。

与流言蜚语相反，执行委员会扩大全会坚持强调，共产国际提出建立工人党的问题绝不是什么耍两面手腕。工人党的建立意味着挪威无产阶级的力量联合起来，共同抵御资本的进攻。

所有挪威工人都应当了解工人党的重大政治意义。挪威共产党的工人党员首先应当清楚地认识到工人阶级渴望统一的历史意义。共产党应当成为工人这种愿望的推动力。通过工人党将在无产阶级的先锋队共产党和广大工人群众之间建立起最密切的联系。

党应当了解，为争取建立工人党而斗争这个事实本身就已经具有重大的意义。特兰美尔提出了将工人团结到挪威工人政党内的伪善口号，他的目的完全是为了要加强他们自己的党。特兰美尔的这一口号是不能制止挪威无产阶级分化为敌对阵营的。

这种"团结"显然是不能抵抗住资本的进攻的。因此，特兰美尔的口号是与建立工人党的口号背道而驰的。只有在无产阶级斗争的基础上，各个工会组织和三个现存的政党（在保持各自独立性的情况下）

的联合，才能成为工人阶级力量的团结形式，这种形式能够促进反对资产阶级及其国家机器的斗争。

扩大全会确认，在挪威共产党建立工人党的斗争中，虽然某些同志在整体方面是正确的，但是，仍然犯有错误。建议通过共产党加入挪威工人政党的方法来建立工人党，这等于是完全不懂得共产党的作用。工人共产党员当然应当坚决摒弃这一典型的取消派的意图，这个建议是准备牺牲共产党的独立性，断绝共产党与第三国际的联系。

共产国际扩大全会坚决驳斥这种对工人党的不正确的解释。工人共产党员无论如何也不能牺牲掉挪威工人阶级最宝贵的财富，牺牲掉工人阶级的先锋队和工人阶级的共产党。

无产阶级要求统一的强烈愿望使一些同志们的右倾情绪以及另外一些同志的极左情绪大发作。具有右倾情绪的同志是这样对待要求统一的愿望的：他们准备掩饰党的政治面目，使党消失在群众之中；而具有相反倾向的人则想要避开工人群众，以便将党隔离开来免受"统一传染病"的感染。右派倾向是有害的，因为它没有考虑到党应当对工人阶级施加革命化影响。极左派倾向的害处则是它放弃了党与群众的联系。只有在共产党参加的情况下，挪威的无产阶级的力量才能顺利地聚集在阶级斗争的统一战线之中，而共产党只有当它不放弃自己的独立性，并始终是真正的广大群众性政党的情况下，才能成为力量聚集过程中的推动力量。挪威共产党的健康的工人核心，应当不断地克服争取建立工人党的斗争中出现的右的和左的倾向。

即使是统一政策的敌人破坏了根据全挪威工会联合会秘书处的倡议关于建立工人党的上层谈判，即使在这种情况下，也不应放弃争取建立工人党的斗争。

争取建立工人党的斗争是工人共产党员促进实现群众渴求统一愿望的最好方法，是满足这一愿望并发挥共产党革命作用的最好方法。争取建立工人党的斗争能够最好地激发党员到群众中去积极工作，尤其是在工会中积极工作。因为，没有工会参加这一斗争，工人党是不能建成的。

共产党应当通过提高每个党员和每个党组织的积极性，全力以赴地、比以往更顽强地在地方工会和地方工会联合会中进行争取建立工人党的斗争，应当把这一斗争同反对物价上涨、反对失业和住房困难的斗争结合起来。非常需要使党根据无产阶级最主要的迫切的要求结合最新的政治要求制定出行动的纲领。党应当认真地提出用列宁主义精神培养自己党员的问题。

挪威工人阶级处境困难。无产阶级广泛地开展反对资本进攻的斗争是不可避免的，然而相当一部分工人尚未意识到这一点。社会关系的落后极大地影响着工人阶级。由于缺乏革命传统，延缓了无产阶级摆脱改良主义幻想的过程。但是，无产阶级的生活困难日趋严重。资本的挑衅日益嚣张。只有整个无产阶级的力量团结起来才能摧毁资产阶级的统一战线。建立工人党是击退资本进攻的必要前提。共产国际号召挪威的正直的工人们跟随共产党去为争取建立工人党而斗争。

关于中国问题的决议

1. 中国上海和香港工人的政治罢工（1925年6—9月）已成为中国人民反对外国帝国主义者的解放斗争的转折点。这两次罢工是以争取国家独立和建立人民政权为口号的强大的全民运动的起点，而且，在这个运动期间，中国共产党领导的、并加入了阶级工会组织的中国工人阶级，已成为民主群众运动的领导力量，已成为争取国家独立和争取建立人民政权的首倡者和主要战士。同时，中国无产阶级在民主革命口号下发动的这个政治行动，特别是进一步采取的反对中国资本家的经济罢工斗争，一方面加强了无产阶级的阶级组织，同时却也导致了民族解放运动的分裂，使中国工商业大资产阶级的某些阶层脱离这个运动。

2. 无产阶级的政治**发动**，大力推动了国内一切革命民主组织，首先是人民革命政党国民党和广州革命政府的进一步发展和加强。由于国民党的中坚力量主张与中国共产党人采取联合行动，因而国民党成为了工人、农民、知识分子和城市民主派的革命联盟，这些阶层在反对外国帝国主义和整个封建军阀统治，争取国家独立和争取建立革命民主统一政权的斗争中有着共同的阶级利益。

国民党在广州建立的革命政府已经与最广大的工农群众和城市民主派建立了联系，并且依靠他们粉碎了帝国主义者所支持的反革命匪帮（并且正在实行广东省全部政治生活的彻底民主化）。因此，广州政府已经成为中国人民争取独立的先锋队以及今后在国内进行革命民主建设的榜样（共产党和国民党应当尽量使广州政府所推行的国内民主化的工作更加扩大和深入,在各地组织地方民主机关,实行土地改革。实现言论、出版、集合等的民主自由)。

暂时追随国民党的中国大资产阶级的某些阶层,近一年来已经与国民党疏远起来,因而组成了国民党右翼小集团,公开反对国民党与劳动群众结成紧密的联盟,主张把共产党开除出国民党,反对广州政府的革命政策。国民党第二次代表大会(1926年1月)谴责了这个右翼集团,肯定了民国党与共产党人结成战斗联盟的必要性,因而使国民党和广州政府的活动的革命方向确定下来,使国民党得到无产阶级的革命支持。

3. 中国群众性的民族解放运动的高涨,进一步加快了奉系和直系封建军阀集团的削弱、分化和崩溃的过程;这些集团是外国帝国主义者在国内进行统治的支柱,它们由于经常受到外国帝国主义者的支持而成为中国民族解放运动取得胜利的主要障碍。

由于封建军阀集团的崩溃和分化,以及民主组织影响的增长,中国民族解放运动走上了组织自己的军事力量的道路,这支军事力量的使命就是给予封建军阀集团以致命打击,并成为反对外国帝国主义者、争取中国民族独立的支柱。广州政府在这方面也创造了更加合于情理的组织形式,借以组织民主军事力量和处理军队与劳动居民群众以及城市民主派之间的相互关系。人民军队已在华北建立起来,并进行了反对封建军阀集团的斗争,这是民族解放运动的一个巨大成就,这支军队与广州军队联合在一起,是建立中国民族民主革命军的基础。中国共产党人和国民党的任务应当是最坚决地支持民主革命军事力量的建立,同时坚持不懈地进行工作,使军队自身的内部关系(建立军队、选拔和重新训练干部、认真安排政治工作)及其与常驻地区和暂驻地区的居民群众的相互关系实现革命化。

4. 中国民族解放运动中民主倾向的增长以及中国无产阶级在这个运动中影响的加强,与中国民族解放运动从以共产国际和苏联劳动者为代表的世界无产阶级革命方面所得到的巨大的精神和政治支持有着极其密切的联系。中国人民反对帝国主义者的统治的斗争和全世界无产阶级反对帝国主义者的斗争是在相互紧密配合下向前发展的。共产国际各支部的任务是向各帝国主义国家的劳动群众广泛说明中国劳动者反帝斗争的全部意义，大力支持这个运动并且坚决反对帝国主义者用武装干涉或封锁的方法摧毁这个运动的一切企图。这个斗争应在下列口号下进行："不许干涉中国"，承认中国完全独立，废除一切不平等条约，帝国主义政府的一切军队从中国撤出去。同时，中国共产党人应当向中国劳动群众说明，只有领导革命斗争反对世界资本的共产国际才是劳动群众在争取民族或社会解放的斗争中的革命同盟者。必须向群众揭露第二国际和阿姆斯特丹国际对中国民族解决运动所采取的行动的背叛性质，以及它们力图在善意的幌子下，实际是支持帝国主义者抱有企图消灭中国人民争取独立斗争的野心。

5. 各国的帝国主义者为了保持对中国的统治，力图利用中国群众性民族解放运动发展中的一些喘歇时机，向中国发动新的攻势，这种攻势的基本目的在于完全破坏民主革命的中心和组织。中国共产党和国民党在面临新的危险的情况下，应当最广泛地展开政治工作，发动群众支持人民军队的斗争，利用帝国主义阵营内部矛盾，以革命民主组织领导下的广大居民阶层（工人、农民、资产阶级）的民族革命统一战线去反抗帝国主义者。

6. 中国共产党只有在全部斗争过程中不断巩固自己的组织，加强自己作为中国无产阶级的阶级政党和共产国际的支部的影响，才能完成它所面临的领导中国劳动群众反对帝国主义者的历史任务。中国共产党的自决进程，近一年来由于党领导下的广泛的经济和政治罢工而有了很大的进展，但是，党在组织上还很不完善。中国共产党的政治自决将在**反对右的取消派和极左情绪**这两种同样有害的倾向的斗争中得到发展；

右的取消派否定中国无产阶级的独立的阶级任务,并且主张与一般民主民族运动进行不定形式的联合,而极左情绪则企图越过运动的革命民主阶段,直接解决无产阶级专政和苏维埃政权的任务,忘记了农民是中国民族解放运动的基本的和决定性的因素。尽管环境特殊,中国民族革命运动的策略问题却与1905年俄国第一次革命时期俄国无产阶级所面临的问题很相近。中国共产党如能吸取列宁主义所总结出来的这次革命的教训,并且从政治上和组织上加强党,定将大大有助于消除和防止上述背离正确策略路线的现象。

7. 中国民族解放运动的基本问题是农民问题。中国民族解放运动的革命民主派能否取得胜利,要看4亿中国农民群众能够在多大程度上同中国工人一道,并在他们的领民下参加决定性的革命斗争。中国农民生活于极端艰苦的条件下,外国资本的输入,破坏了农村中的宗法关系。农业技术的极端落后,使得不可能靠土地来养治国内日益增长的人口。外国廉价商品的竞争摧毁了家庭手工业。军阀集团之间连绵不断的内战,使农民群众遭到彻底破产。千百万农民没有土地,一贫如洗;土地很少,租赁条件很苛刻,同时在富有的土地占有者与大批田户间又有经纪人进行高利贷剥削;无力负担的捐税弄得民不聊生,而且还寅征卯粮;官军如盗,到处抢劫;对日用必需品定出各种特种税,包括外国帝国主义所规定的盐税;城乡之间设立关卡,征收厘金——所有这些都破坏了中国农民的经济基础,使农民变成革命力量取之不尽的源泉,这支力量将会而且必然会向戕害农民的祸首,向军阀集团和外国帝国主义者进行猛烈的冲击。农民群众对不久前轰轰烈烈的农民武装起义(19世纪中叶的太平天国起义、义和团起义等)记忆犹新。各地农村到处都有各种不同类型的农民革命组织,有时还发生反对压迫者的武装斗争。但总的说来,中国的农民还处于分散状态,还远没有进一步组织起来。参加国民党的中国共产党人的基本任务是向全中国的农民群众说明,只有在工农联盟的基础上建立独立的革命民主政权，才能彻底改善农民的物质状况和政治地位，才能提出战斗的口号，借以吸引农民群众积极参加斗争，这种口号应当把农民所理解的和关心的政治要求和经济要求与反对军阀和帝国主义者的一般政治任务结合起来。同时必须注意到，在反对军阀封建制度残余和反对帝国主义的斗争中，中国农民将在长时期内是一支联合的力量。由于农民中呈现一定程度的阶级分化，而且要与农村中的无产阶级和半无产阶级阶层以及它们的组织尽量保持接近，因此，仍然需要把农村中现有的一切农民组织联合成为共同的革命中心（参看1925年十月共产国际执行委员会扩大全会通过的农民问题提纲），这些中心便能发动全体农民进行武装斗争，反对军阀以及支持目前农村中半封建秩序的官僚买办和士绅。

8. 在工人运动方面，中国共产党应当竭力为改善工人极端艰苦的处境而深入展开经济斗争，加强和扩大今后工人的工会运动，中国共产党领导下的工会今后固然应当最坚决地和经常地参加中国一般的革命斗争，但同时也应当成为能密切关心工人日常经济要求和领导他们进行反对国内外资本家的斗争的真正具有经济性质的工人组织。必须加强工会联系，使之能分开存在并建立在生产的基础上，必须组织代表会议和工厂委员会。同时，党应当在工会内部组织党支部，借以加强自己在工会中的影响。

9. 中国共产党应当特别注意防范国际改良主义在中国无产阶级和民族解放运动中建立据点的一切企图。我们预计自美国和日本龚帕斯主义所代表的极右翼起，直到奥托·鲍威尔领导下的所谓左翼为止的一切国际改良主义集团都将向中国发起进攻。所有这些集团的宣传都将在和平主义和民主制度的口号下进行，以便给美国资本的进攻打掩护。为了对付这种宣传，中国共产党应当展开一个广泛的运动，揭露整个国际改良主义的叛徒面目，指出它企图在东方成为帝国主义反对劳动群众的解放运动的支柱。

10. 中国共产党应当成为中国无产阶级的群众性组织。在已经成立了与无数工人保持联系的阶级工会的情况下,党在过去一年内的成长当然还是不够快的。中国共产党必须尽快消除对于做群众工作的工人的入党问题所持的旧的狭隘宗派主义观点。必须铲除工人入党方面的一切多余的形式上的障碍。只有在扩大和团结的基础上,党才能保持在运动中的领导地位。

对捷克斯洛伐克共产党右派集团备忘录的答复

（答复 B. 古利亚、K. 瓦涅克、И. 汉德利日、И. 霍拉、B. 瓦涅克、Л. 格利希、Ф. 弗里德里希。）

扩大执行委员会在看到古利亚等集团企图诋毁捷克斯洛伐克共产党中央委员会的备忘录之后，坚决驳斥这个备忘录，并且完全同意捷克斯洛伐克共产党中央委员会的活动以及捷克斯洛伐克共产党代表团对这个备忘录的答复。

捷克斯洛伐克共产党自第五次扩大委员会以来已经取得了很大的成就。

中央委员会根据扩大执行委员会的决议并且在其所建议的联盟的基础上，执行了坚定而明确的政策，使党未经受很大波动便脱离了严重的危机。

党同那些公开或隐蔽的布勒尼克分子毅然断绝了关系，在1925年1月召开的捷克斯洛伐克共产党第三次代表大会上，右派因党内无人支持而几乎没有代表，这次大会呈现了一派完全一致、坚持革命的绝对忠于共产国际的景象。

在十分顺利地进行了选举运动之后，捷克斯洛伐克共产党在选举中取得了巨大胜利，获得了将近100万张选票，成为捷克斯洛伐克的第二大党。此外，党所开展的一系列运动，都受到群众的广泛拥护，并且非常有助于群众正确理解共产党的口号和思想。例如：因捷克社会民主党人所提出的有关组织工农政府的建议而开展的运动，根据德国改良主义工会向德国社会民主党所提的建议而开展的并且至今尚未结束的统一战线运动，以及因联合政府与赫林卡的党进行谈判而开展的有关民族问题的运动。党在改组工作、农民工作、合作社运动以及其他工作方面都取得了进一步的成绩。

在工会运动方面，这是捷克斯洛伐克的最重要但是又最复杂艰巨的一项工作，还没有取得很大的成绩，但党却已遇到来自右派分子，特别是上述备忘录的草拟者之一汉德利日同志极其强烈的反对和公开破坏，他甚至违反共产国际、工会国际和党的决议，阻挠木器工人协会加入红色工会联合会。为了在工会方面取得决定性进展，党应当彻底粉碎盘踞在工会中的右派分子的抗拒。

备忘录中对党的成绩避而不谈，或者加以歪曲。比如，党在选举中获得的成就，甚至党的敌人也不能不承认，但备忘录的作者却企图以狡猾的数学计算方法加以贬低，完全不考虑党的过去的全部历史及其所处的复杂环境，当时党不得不同那个不惜采取最下流的诽谤诬蔑和最残酷的迫害手段的反共产主义联盟作斗争。

其次，他们硬说党忽视了工厂委员会方面的工作。然而，即使在这方面，也可以指出许多重大的成就。例如，目前正在开展一项大规模的运动，争取召开采矿工人工厂委员会，并且在冶金工人中也在开展类似的运动。工人委员会也卷入了反对实行工资税的斗争。工厂委员会创办了《统一战线》报，还派出了捷克斯洛伐克工人代表团，并且组织了与此有关的准备工作和汇报工作。

在右派提出的这个文件中，充满了非同志式的吹毛求疵的批评，然而，正是这些同志根本不想采取任何行动来帮助党解决面临的艰巨任务。

备忘录的草拟者们企图表明他们与布勃尼克毫无关系,说他们对布勃尼克并没有给予过任何支持,说布勃尼克问题似乎对党根本没有特别重大的意义(然而实际上这是一个涉及党的生死存亡的问题)。这种说法是不符合实际的。在反对布勃尼克运动蓬勃展开的时候,古利亚在《红色权利报》编辑部党支部内提出了一项决议,反对开除布勃尼克。此外,不论在捷克斯洛伐克党内危机的原因问题上,或是在对共产国际第五次代表大会的评价上(重犯"左派幼稚病"),以及在其他问题上,备忘录中所反映的古利亚的观点与布勃尼克之流的观点是完全一致的。

甚至在第五次扩大委员会之后,右派集团(斯卡拉、科万达)在克拉德诺代表会议上还企图作出决议,谴责扩大执行委员会。

至今,备忘录的草拟者还认为,扩大执行委员会关于联盟的决议是错误的,并且不放弃自己的任何一个错误观点。他们反而把事情说成是共产国际接近了他们的观点,硬说共产国际直到最近才认识到与极左倾作斗争的必要性。

备忘录中说:"目前,在共产国际执行委员会公布了给德国党的《公开信》之后,在共产国际开始认真地反对重新出现的小资产阶级革命狂之后,最重要的一个支部的路线被纠正了,**捷克斯洛伐克共产党内的一切争议问题将比过去,比共产国际许多支部发生严重危机的时期,更能得到实事求是的解决。**"

这里的右派也像许多其他国家的右派一样,企图利用给德国共产党的《公开信》去达到自己的派别目的,企图把事情说成是捷克斯洛伐克也像德国一样,党过去和现在所遇到的不是右的危险,而是"左的"危险。但是,上一届共产国际扩大执行委员会就已经指出,捷克斯洛伐克共产党的整个发展过程以及整个国内和国际形势(党的产生、国内的民族特点、它的地方主义、在利害关系对立的各大国包围下的小国地位），都使党面临着产生机会主义倾向（右倾）的危险。右派企图利用《公开信》来达到自己的派别目的，这是一种徒劳无益的做法，并且十分明显地在备忘录中暴露出他们想钻联共（布）第十四次代表大会上争论的空子。

扩大执行委员会坚决谴责这种做法并谴责这个备忘录，认为应当把整个备忘录看成是古利亚集团力图制定的派别纲领；扩大执行委员会要求捷克斯洛伐克共产党中央委员会继续同这个集团作最坚决斗争，因为这个集团从人数上和影响上来看虽然**微不足道**，但毕竟是一个令人不能容忍的有组织的派别。

凡是愿意忠于共产国际和执行它的指示的人，凡是诚实的、严守纪律的希望在党内与中央委员会共同进行工作的人，就应当受党任用，一切保留派别的企图都应彻底终结。

捷克斯洛伐克共产党的布尔什维克式的统一万岁！

共产国际万岁！

图书在版编目(CIP)数据

共产国际执行委员会第六次扩大全会文献(2)/吕瑞林,戴隆斌主编.
—北京:中央编译出版社,2013.12
(国际共产主义运动历史文献/王学东主编;42)
ISBN 978-7-5117-1948-5

Ⅰ.①共…
Ⅱ.①吕… ②戴…
Ⅲ.①共产国际-代表会议-会议文献
Ⅳ.①D165

中国版本图书馆 CIP 数据核字(2013)第 290354 号

共产国际执行委员会第六次扩大全会文献(2)

出 版 人：	刘明清
出版统筹：	薛晓源
责任编辑：	盛菊艳
责任印制：	尹　珺
装帧设计：	田晗工作室
出版发行：	中央编译出版社
地　　址：	北京西城区车公庄大街乙5号鸿儒大厦B座(100044)
电　　话：	(010)52612345(总编室)　(010)52612335(编辑室)
	(010)52612316(发行部)　(010)52612315(网络销售)
	(010)52612346(馆配部)　(010)66509618(读者服务部)
传　　真：	(010)66515838
经　　销：	全国新华书店
印　　刷：	北京印刷一厂
开　　本：	787毫米×960毫米　1/16
字　　数：	435千字
印　　张：	31.5
版　　次：	2013年12月第1版第1次印刷
定　　价：	190.00元

网　　址：	www.cctphome.com	邮　箱：	cctp@cctphome.com
新浪微博：	@中央编译出版社	微　信：	中央编译出版社(ID:cctphome)

本社常年法律顾问：北京市吴栾赵阎律师事务所律师　闫军　梁勤
凡有印装质量问题,本社负责调换,电话：(010)66509618